U0115185

▲全漢昇院士（1912-2001）

全漢昇夫婦與長子任洪▲

全漢昇夫婦及二公子任重▶
香港中文大學中國文化研究所成立時與負責同仁合照▼

▲香港中文大學中國文化研究所
　蕭立聲先生畫展

◀參加婚宴合照（前排左
　起）：全漢昇老師、嚴
　耕望老師、王德昭老師

▲全漢昇先生與新亞諸師（前排左起：蘇慶彬、金中樞、王德
昭、孫國棟、全先生、牟潤孫）及新亞歷史系同學合照

▲香港新亞研究所校慶聚餐（1989）

史學研究叢書・歷史文化叢刊

邦計貨殖
——中國經濟的結構與變遷
全漢昇先生百歲誕辰紀念論文集

廖伯源　主編

《全漢昇先生百歲誕辰論文集》編輯委員會

主　　編：廖伯源
編輯委員：王業鍵、何漢威、林燊祿、陳慈玉、鄭永常、黎志剛
執行編輯：楊永漢、鄭潤培、張偉保、陳俊仁
編　　務：溫如嘉、羅志強、官德祥

目次

代序／門外漢讀全先生的研究[1]

許倬雲[*]

全漢昇先生為中國經濟史學家。他早年從陶希聖先生游，參加《食貨》的陣營，從事中國社會經濟史的研究。當時，馬、列主義唯物史觀風行全國，《食貨》研究社會經濟，而不落馬、列教條，却致力於發掘經濟史的史料。《食貨》的許多研究論文，至今仍有參考價值，即是為了他們這批社會經濟史的先進，開闢了史學的新天地。

全漢昇先生進入中研院史語所工作時，前輩史學家，如傅孟真先生、陳寅恪先生，均為一代宗師。在經濟史領域，全先生很快即脫穎而出。他對唐宋大運河的研究，刊於史語所專刊，於東南經濟發展有細密的探討。這一課題，涉及經濟重心的轉移，實為中國歷史上一個重要的轉折點。他的研究要旨，現在已納入一般教科書，成為歷史常識。

全漢昇先生的另一研究課題是中國中古的自然經濟。他指出中古時代的若干種類的實物交易，例如穀類與絲帛，作為交易媒介，這些媒介卻又依舊是貨品。中古自戰國即有貨幣，漢代使用貨幣為流通的媒介也發展為相當成熟的市場經濟；中古時期，又由貨幣經濟配合自然經濟，成為混合的形態。這本是一個難以解釋的現象。全先生廣徵博引，臚列史料，使這一現象的特徵昭然顯著。

---

[1] 本文原載於《薪火集：傳統與近代變遷中的中國經濟：全漢昇教授九秩榮慶祝壽論文集》，言簡意賅，對全師學術成果及貢獻深具發蹤指示，鉤玄綜括之功，未因十年歲月壇遞而失色。茲蒙許倬雲院士同意轉載，藉光篇章，謹此敬誌謝忱。

[*] 中央研究院院士。

中國經濟發展，因為國土遼闊，各地生產的貨品不同，故漢代即在農業生產的基礎上，建構了全國性的市場網絡，各地特產得以互通有無，交換流通。中古時期，五胡十六國及南北朝，全國性網絡由於政權分立而碎裂。隋唐統一，但天寶以後，藩鎮割據，中國實質上分裂，全國網絡也碎裂不整。自然經濟或者即為補充貨幣經濟之不足？

全漢昇先生在近世經濟的研究，大致集中在兩大課題，一是明清時代白銀流入中國的問題，一是清末洋務運動引發的近代工業建設。後者是全先生在史語所後期的工作，前者則是赴香港執教中文大學後的主要研究範圍。若以課題研究的時代言，却是白銀流入的現象發生於近古，而工業建設出現於近代。

先說白銀流入中國。自從白人發現美洲以後，美洲的白銀經由太平洋航道流入東方，以此支付歐洲購買東方產物的代價。那時歐洲尚未經歷工業革命，未有機器生產的廉價商品，以資交換。白銀流入東方，換取東方產品，東方與西方之間的交換，第一次將全球經濟編織成一個龐大的世界經濟網絡。這現象的研究，經過華勒斯坦（Emanuel Wallerstein）的提倡，已成為世界史學的顯學。

全先生的研究，在中國史學領域，不僅有發軔之功，而且具如此深度與廣度的研究，至今也還不多見。這一課題，仍多可以發揚之處；例如，東南亞經濟發展過程中，這一大筆長期流入的資金，其流動轉移的路線如何？又如：有了將近三百年的長程順差，中國政府財政何以並無重大裨益？明清兩代財用，何處取資？消費方向何往？是否藏富於民？民間消費習慣有無顯著改變？何以並無明顯的資本積蓄？以致未能開展近代的資本主義經濟？——凡此課題，中共史學界在討論資本主義萌芽時，未有深入討論；前數年討論東亞經濟與儒家倫理的熱潮中，也少有人注意。拜全先生開創之功，其中還有不少可以深入的研究工作，可以著力。

全漢昇先生於中國近代工業建設的課題，漢冶萍公司及江南製造局的研究，均為力作。這些問題已是中國現代史的範圍，全先生梳理文檔、文集、書信……諸種史料，充分發揚史語所學術傳統中，史料研究的功力。於史

料，堪稱竭澤而漁，鉅細靡遺；於分析，堪謂細針密線，滴水不漏。全先生研究涉及清末官督商辦，也涉及當時實業建設籌集資本的特色。

我以外行人來看問題，以為全先生所指的現象，不僅是清末洋務運動發動的建設，實在是開啟了一個中國傳統的國家財政結構之外，另一個資源蓄水庫。如果結合這一現象與上一節所述二百多年來中國長期貿易順差來看，我們是否能因此觀察東南財富累積豐厚，雖有十九世紀海通以後的經濟逆勢，這一深厚的經濟基礎，不僅足以支持湘軍、淮軍平定太平天國之亂，甚至還足以支持他們的洋務建設。庚子亂拳，東南督撫能有東南自保的力量，也因為東南有如此深厚的經濟實力。更進一步，國民政府能在北伐以後，頗有建樹，其經濟基礎，也在於東南的財富。中國傳統的稅賦主要在田賦丁稅及鹽稅等雜項。明清政府向工、商業求取財源，大致不外一時一地的勸捐輸納，從來沒有建立制度，以工、商業的財富為主要財源稅源。於是這一長期積蓄於東南工、商業的財富，則清末收取釐金，始為曾、左、胡、李開拓平亂財源，而又以捐納及官督商辦的方式，發動了近代工業建設的契機。

綜合言之，全漢昇先生數十年來的研究工作，舉凡運河研究、自然經濟研究、白銀流入中國研究、以及近代工業建設後研究，無不指出重要的經濟史課題，留下許多後人可以跟進的足跡。更足多者，這幾項課題，都有經濟史以外的意義，於當時中國社會史及文化史，也有其可以引伸探討的題目。中國近代發展的史學，一向著重專題研究，數十年來出現了不少研究成果。所惜者，不少研究題目，各自孤立，於是少有可以引伸推衍的餘地。此中關鍵，也許在於缺少觀察歷史現象的大框架，缺少直達活水的井眼，以致不能一個題目接上另一個題目，發為累積的效應。全漢昇先生的研究，幾乎無處不是直達活水的井眼，由此繼長增高，推波助瀾，將可擴大為巨大框架，有助於解釋不少重要的歷史現象。

今值同人慶賀全漢昇先生高壽，我於經濟史及中古、近代歷史，均為門外漢，只能在牆外，瞻仰宮室之美，徘徊讚歎而已，然而欽佩之忱，則出自誠心。僅以蕪文祝長者大壽。

漢代紡織業

——以四川紡織「夜作」現象作個案研究

官德祥

一　前言

　　漢代紡織業發達，官營有織室服官，私營則農桑並舉。其以陳留郡襄邑及齊郡臨淄為全國兩大重心。〈為焦仲卿妻作〉載曰：「……雞鳴入機織，夜夜不得息……」，即反映漢朝人士熱情投入紡織生產。與此同時，西南地區冒起另一紡織業重心——四川，成鼎足態勢。四川紡織業憑有利的主客觀條件，直追襄邑及齊郡。當中以四川成都出現「夜作」，體現該地區紡織業如何發達。[1]筆者根據「夜作」的線索追尋，發現地方郡太守乃促進成都紡織「夜作」的關鍵人物，其對當地紡織業的貢獻史蹟，能填補漢代紡織業史若干空白地方，極值得深入研究。[2]

　　為了讓讀者清楚漢代四川紡織業的來龍去脈，本文先從宏觀角度，即漢

---

[1]　參見李根蟠：〈對戰國秦漢小農耕織結合程度的估計〉，《中國社會經濟史研究》1996年第4期，頁1-8。又，《墨子》〈非樂上〉第23曰：「農夫蚤出暮入，耕稼樹藝，多聚菽粟，此其分事也；納婦人夙興夜寐，紡績織絍，多治麻絲葛緒綑布縿，此其分事也。」，見孫詒讓：〈非樂上〉第23，《墨子閒詁》（北京：中華書局，1986年），上冊，頁235。

[2]　剛出版《漢代婦女生活情態》第三章〈漢代經濟的女姓生活考察〉中有討論到「夜作」問題，但獨欠對四川成都夜作的探討；詳見顧麗華：《漢代婦女生活情態》（北京：社會科學文獻出版社，2012年），頁156-157。

代整體紡織業的興盛及其發展作交待。然後，再進入四川成都作微觀分析。筆者非紡織史專家，撰文旨在拋磚引玉，冀各方家不吝賜教。

二　漢代紡織業興盛原因

漢代紡織業之興盛，究其原因有兩大方面：（一）政府大力鼓勵；（二）紡織技術革新及生產工具的發明。

先說政府的大力鼓勵。筆者在檢西漢各帝紀中「農桑並提」的內容，已反映出西漢歷朝皇帝對桑種的重視。茲舉《漢書》中例子如下：

1. （文帝）及孝文即位，躬脩玄默，勸趣農桑，減省租賦。（23/1096）[3]
2. （景帝元年）詔曰：……郡國……無所農桑……。（5/139）
3. （景帝後元二年）詔曰：……朕親耕，後親桑……欲天下務農蠶。（5/151）
4. （昭帝元平元年）詔曰：天下農桑為本。……耕桑者益眾……。（7/232）
5. （建昭五年）又曰：……方春農桑興，百姓勠力自盡之時也。（9/296）
6. （成帝陽朔四年）詔曰：……其令二千石勉勸農桑，……。（10/314）
7. （平帝元始元年）……大司農部丞十三人，人部一州，勸農桑。（12/351）

由此得見西漢朝皇帝對農桑並舉不遺餘力，文帝以減省租賦作利誘，景帝親耕收上行下效之功。成、平二帝亦派中央官員到處勉勸農桑。種桑目的明顯是用來養蠶，養蠶就是為繅絲作紡。漢政府大力鼓勵種桑，其目的就在此。

關於養蠶繅絲，傳世文字及地下出土均有反映。談到傳世文字不得不提〈四民月令〉。〈四民月令〉精扼簡要地按月記載養蠶紡絲的資料，現介紹其

3　前者為卷數，後者為頁數，下同。

內容如下：

> 正月……命女工趣織布……。[4]
>
> 三月……清明節命蠶妾治蠶室。[5]
>
> 四月……繭既入簇，趣繰，剖綿，具機杼，敬經絡……。[6]
>
> 六月……命女工織縑、絹及紗縠之屬。可燒灰，染青紺雜色……。[7]
>
> 八月……風戒寒，染彩色。拓染色黃赤，人君所貴……。[8]

可見漢代人早有利用「蠶妾」從事蠶業生產，蠶事內容還包括養蠶、繰絲、紡織、印染等一系列工序，如把這工序與以下考古發現一起結合來看，對漢代紡織生產鏈有更深刻認識。[9]

在一九七二年嘉峪關市東二十公里的戈壁灘上，東漢晚期磚墓內，發現了大量反映有關蠶桑、絲絹的彩繪壁畫和畫像磚。中有采桑女在樹下采桑，有童子在桑園外揚杆驅趕飛落桑樹的烏鴉，還有絹帛、置有蠶繭的高足盤、絲束和有關生產工具的畫面。這一方面印證了當時的河西走廊正是絲綢之路的必經之地，也同時反映出該地是農桑繁盛、生產絲綢的地區。這點與〈四民月令〉所描述絲織情況有類同的地方。[10]

另外，東海尹灣漢墓出土有關西漢末東海郡〈集簿〉載「春種樹」。學者發現東海郡上計〈集簿〉之年「春種樹」共六十五萬六千七百九十四畝多，比往年多種四萬六千三百廿畝，分析其為種經濟植物——桑樹。[11]儘管有

4　嚴可均輯：〈崔寔（三）〈四民月令〉〉，《全後漢文》卷47（北京：商務印書館，1999年），頁474。

5　同前註，頁475。

6　同前註，頁476。

7　同前註，頁477。

8　同前註，頁478。

9　同前註，頁475。

10　張家升：〈漢代絲織業發展的考古學觀察〉，《東南大學學報》（哲學社會科學版），2009年6月，第11卷，頁167。

11　詳見高偉：〈從尹灣簡牘「春種樹」面積資料談西漢東海郡的蠶桑、紡織業〉，收入連

學者反對「春種樹」的樹不僅指桑樹，還包括其他種類。[12]無論如何，「農桑並舉」乃漢代農業經濟「主調」，這點應無異議。

漢代紡織業興起，除了上述得到漢朝政府鼓勵外，紡織技術之改良及生產工具的發明也對其發展有著深遠的影響。

漢代紡織主要是絲紡織和麻紡織。[13]紡織大抵利用紡墜紡紗時，先把絲、麻纖維撚一段纏在拈杆上，一手提系紗線，一手轉動或用手指搓動紡輪，紡輪飛快地旋轉，帶動拈杆給絲、麻纖維加撚。將加過撚的紗纏繞到拈杆上，繼續添加纖維並牽伸拉長，再加撚，再纏繞，直到繞滿拈杆。一般較大的紡輪用於紡制麻線，小型的紡輪用於紡制絲紗。[14]紡輪攜帶方便，可以隨時取出撚紗，甚至連走路、聊天時也可以操作懸吊的紡輪。這種紡紗的方法，不但技術要求低，又不需專門的場地，專門的時間，對於生產規模不大的個體農家，一直就是非常適用的紡紗方式。紡織史專家認為兩漢個體戶多以此方法進行紡紗。[15]

漢代使用的紡織工具既有傳統的紡輪，也有先進的紡車，既有原始的絲，又有靈便的絡車。紡車適於紡棉、紡麻，特別是紡棉，邊抽絮邊加撚，

雲港博物館、中國文物研究所編：《尹灣漢墓簡牘綜論》（北京：科學出版社，1999年），頁158-161。持桑樹說之學者有張顯成、周群麗：〈尹灣漢墓簡牘校釋〉，《尹灣漢墓簡牘校理》（天津市：天津古籍出版社，2011年），上編，頁6，注1及高恆：〈漢代上計制度論考——兼評尹灣漢墓木牘《集簿》〉，《尹灣漢墓簡牘綜論》（北京：科學出版社，1999年），頁128-137。

12　見邢義田：〈從尹灣出土簡牘看漢代的「種樹」與「養老」〉，《天下一家——皇帝、官僚與社會》（北京：中華書局，2011年），頁540-564。

13　當然還有毛織和棉織，但在兩漢時期來說前者應不及麻、絲般普遍。「汶山郡……有旄、班罽、青頓、毞」，見劉琳：〈蜀志〉，《華陽國志校注》，卷3，頁296。旄乃毛織制之衣物。班罽有花紋的毛織布。

14　詳見劉興林：〈漢代的紡紗和繞線工具〉，《四川文物》2008年第4期，頁91。

15　徐州銅山洪樓的紡織畫像石上的紡織場面，都有高大的房屋，有多人出現，甚至有兩部織機，這些都不是以普遍個體農家的紡織生產為藍本的。直到現在，紡輪仍在少數鄉間被用於蠶絲的加撚，其中定有其方便使用的原因存在。詳見劉興林：〈漢代的紡紗和繞線工具〉，《四川文物》2008年第4期，頁93。

工作效率高，紗線質量好。漢代尚無草棉，只是紡絲、紡麻。蠶絲很細，雖經集緒，用紡車加撚，如操作技術不高就不容易掌控力度。貴州清鎮、湖南長沙及資興等地漢墓中出土陶紡輪，有的還保存原來的鐵軸杆。[16]不同的生產規模和織品類型，對調絲、紡紗工具有不同的要求。漢代紡紗工具的呈多樣性，正好說明漢代社會紡織生產蓬勃的一面。[17]

另外，漢代織機用腳踩躡提綜是一項重大的發明。[18]江蘇銅山縣青山泉紡織機具畫像石中，左刻一織機，一人坐在織機前，右刻一紡車和紡者，旁邊有一人躬身而立，正為紡者遞傳物件，圖中沒有反映調絲的畫面，只刻一紡一織。圖中紡機的構造，與洪樓、留城畫像石圖中的紡機基本相同，為腳踏提綜斜織機。這種簡單的織機，應為一般家庭用的小型織機。

漢代畫像石常載記有關紡織的訊息，著名的〈慈母投杼圖〉，圖上有斜織機。織機的基本形制是在一個長方木架的機座尢上，前端設有機座板，後端斜置一個機架，機架後端豎有兩根支柱。機架與水平機座大多成五十至六十度的斜角。這種結構便於操作者觀察織面情況。[19]操作的人既可坐著織造，又可一目了然的看到開口後經面上的經線張力是否均勻、經線有無斷頭。更重要的是雙腳代替了手提綜的繁重勞動。另外，梭子的利用更大大提高了織造的速度。畫像石反映出漢代紡織機具的基本情況。山東滕縣、嘉祥、肥城，江蘇沛縣、銅山同樣發現繪有織機的漢代畫像石。

除發明先進的紡織機外，印染花紋技術亦有所提升。

漢代紡織品身上都加插動物紋樣、文字，增加其可觀性及吸引力。《說文解字》記載織物組織分類有十九種、按色彩命名多達三十五種。動物紋樣以龍鳳辟邪、珍禽怪獸、虎豹玄鳥為主，同時配以飄渺的雲氣，表現出人神交融的世界。植物紋以各種花草作幾何紋的襯托。上世紀六十年代，在新疆

16 見孫機：《漢代物質文化資料圖說》（上海：上海古籍出版社，2008年），頁66。
17 詳見劉興林：〈漢代的紡紗和繞線工具〉，頁94。
18 孫機認為「歐洲要到六世紀才出現這種裝置」，詳見孫機：《漢代物質文化資料圖說》，頁67。
19 劉克祥：《蠶桑絲綢史話》（北京：社會科學文獻出版社，2011年），頁47-48。

民豐縣出土了漢錦和紋羅。在新疆古樓蘭地區也出土了一批東漢絲織品。有「延年益壽」「大宜子孫」文字錦、「長壽光明」文字錦、「長樂光明」文字錦，以及瑞獸紋錦、瑞禽紋錦、波紋錦。近年來在山東日照海曲漢墓、湖北荊州馬山漢墓、甘肅武威東漢墓、北京石景山區老山西漢王室貴族墓等都發現了漢代的絲織品。[20]總之，漢代絲織業不僅在經濟文化發達的地區獲得發展，而且在經濟相對落後的邊疆地區也得到普及。[21]

三 漢代紡織業的發展概況

漢代紡織業的興盛原因業已交待如上，現就其發展概況簡述如下：

漢代紡織業大致可分為官營及私營兩類。就官營方面，據《漢書》卷十八〈百官公卿表〉載西漢少府有東織、西織。應劭曰：「舊時有東西織室，織作文繡郊廟之服」即指此部門。[22]西漢末，成帝河平元年省東織更名西織為織室。到了東漢，省織室令，置丞。[23]另外，西漢陳留郡襄邑[24]及齊郡臨淄皆有服官[25]。又，〈貢禹列傳〉載：「方今齊三服官各作工數千人，一歲費鉅萬。三工官官費五千萬，東西織室亦然」[26]，官營紡織業規模之大由此見

---

[20] 張家升：〈漢代絲織業發展的考古學觀察〉，頁165。另，劉克祥：《蠶桑絲綢史話》，頁56。

[21] 一九八三年十月，廣州象牙山南越王墓也出土了大量的絲織衣物和車馬帷帳，其精美程度也可以與長沙馬王堆一號漢墓出土的絲織物一爭高下，同時漢代的印花紋版在廣州南越王墓曾有出土，印花凸版，青銅質地，這都說明當時南越國絲綢業相當發達。詳見鄭巨欣：〈前言〉及其注54至59，《中國傳統紡織品印花研究》（杭州：中國美術學院出版社，2008年），頁5。

[22] 王先謙《漢書補注》卷18〈百官公卿表〉載：「東西織室，見貢禹傳。東織令史見宣紀」，頁301及《漢書》卷8〈宣帝紀〉注1，中華書局版（以下從略），頁252。

[23] 詳見王先謙：〈百官公卿表〉，《漢書補注》卷18，頁302。

[24] 《漢書》卷28上，〈地理志〉，頁1558。

[25] 同前註，頁1583。

[26] 《漢書》卷72，〈貢禹列傳〉，頁3070。

其中梗概。

至於私營方面，規模或比不上前者，但估計其總體產量應相當可觀。私營者又可以因其規模之大小，分成兩種。

一種是家庭式小本經營，指的是一般四五口之家，男耕女織。漢代文學作品對此有所描述，藉此可窺見其一麟半爪。

《古詩源》載幾篇漢詩對家庭式紡織業有所描述，其內容如下：

> 日出東南隅，照我秦氏樓。秦氏有好女，自名為羅敷。羅敷善蠶桑，採桑城南隅，青絲為籠係，桂枝為籠鈎……緗綺為下裙，紫綺為上襦。[27]（〈陌上桑〉）

> ……大婦織羅綺，中婦織流黃，小婦無所為。挾瑟上高堂，丈人且安坐，調絲方中央。[28]（〈相逢行〉）

> 十三能織素，十四學裁衣……雞鳴入機織，夜夜不得息。三日斷五匹……事事四五通，足下躡絲履。……左手持刀尺，右手執綾羅。朝成繡袷裙，晚成單羅衫。[29]（〈古詩為焦仲卿妻作〉）

由此可見漢時婦女十三、四歲開始參與紡織工作。製成品有裙和襦，反映出「自給自足」的狀況。紡織品則以織綺最為普及，製成品包括有羅綺、緗綺及紫綺。另外，上文又載述不同年齡經驗的大婦、中婦，其所負責織物亦有所不同，而丈人則在中央位置負責調絲工序。又，記載婦女紡織實際情形：她們四肢需要不停運動，手腳並用。婦女的平均體質一般比男生弱，「雞鳴入機織，夜夜不得息」，辛勞程度絕不亞於田中農夫。

另一種是規模較大的私營紡織工作坊，他們能利用先進機械來幫助生產。[30]例子〈西京雜記〉卷三，其文曰：「霍光妻遺淳于衍蒲桃錦二十四匹，

27　沈德潛選：〈陌上桑〉，《古詩源》（北京：中華書局，1963年），卷3，頁72。

28　沈德潛選：〈相逢行〉，頁74-75。

29　沈德潛選：〈古詩為焦仲卿妻作〉，《古詩源》卷4，頁82-87。

30　學者認為陳寶光妻子是經長期摸索，才能把原來的綜束和操作加以簡化，由於圖案

散花綾二十五匹。綾出鉅鹿陳寶光家。寶光妻傳其法，霍顯召入其第，使作之。機用一百二十鑷，六十日成一匹。匹直萬錢」。[31]霍氏要用機來織綾，六十日才得一匹，一年即六匹，其價格如此高昂，原因正由於此。

此外，《漢書》卷五十九〈張湯傳〉載：「（安世）夫人自紡織，家童七百人，皆有手技作業，內治產業，累積纖微，是以能殖其貨，富於大將軍光」。[32]雖然，憑此話不能確知家童七百中有多少投入紡織產業，但應有相當部份從事紡織。要知，紡織品是漢代時人重視的商品，以綾一匹「直萬錢」計，其利潤極其可觀。張氏投放更多人力於紡織商品性生產，歸根究底是高利潤誘因所使然。

又，〈四民月令〉中描述田莊主無論在農業、手工業、商業都表現得相當活躍。農業的種植範圍相當廣泛，其中包括釀酒、作醬、紡紗、織布、取絲、染色等等；一年之中有八個月進行商業活動，買賣交換都是些如麥、豆、粟、布帛等生活的必須品。其經營方式主要是囤積居奇和賤買貴賣。[33]綜合上述「霍光妻」、「陳寶光妻」、「安世夫人」及田莊諸例子，均說明私營紡織業非僅為自給之用，而是進行著商品性的生產。

漢代紡織業發展成重要經濟產業之一，更可從當世文字學者的著作中得到進一步佐證。文字學者如劉熙在其著《釋名》中〈釋采帛〉第十四便保存了許多有關漢代紡織業材料。就〈釋采帛〉一節，筆者可歸納出以下三個與紡織業生產有密切關係的地方——（1）漢代紡織品的色彩（2）不同類型紡織成品的名稱（3）紡織生產過程的載述。

複雜，綜束數量仍然很大，多的上千束，操作十分艱鉅，詳見劉克祥：《蠶桑絲綢史話》，頁48。

[31] 《太平御覽》（北京：中華書局影印），卷816，〈布帛部·三·綾〉，頁3628。

[32] 《漢書》卷59，〈張湯傳〉，頁2652。

[33] 嚴可均輯：〈崔寔（三）〈四民月令〉〉，頁473-480。另見馬良懷：〈漢晉之際莊園經濟的發展與士大夫生存狀態之關係〉，《中國社會經濟史研究》，1997年第4期，頁9。而〈四民月令〉田莊中的各種農產品和手工業產品均可上市出售，商業活動多在農閒時進行，見田昌五等編：《中國歷代經濟史·先秦兩漢卷》（臺北：文津出版社，1998年1版），頁509。

　　（1）關於漢代紡織品的色彩種類，劉熙於〈釋采帛〉中記載了十多種布帛顏色。當中有「青色、赤色、黃色、白色、黑色、絳色、紫色、紅色、緗色、綠色、縹色、緇色、皁色、紺色⋯⋯。」[34] 由此可見，漢代紡織成品色彩是很多元。筆者估計不同顏色的成品，應該是為了滿足不同口味和不同身份的人，令他們在紡織品市場有更多的選擇。

　　（2）〈釋采帛〉還載記了各類品質不同的布料，如「布、絹、縑、綈、錦、綺、綾、繡、羅、繾、紈⋯⋯」等，林林總總紡織成品，令人聯想到漢代各階層人士的衣著品味和其背後各款服式的文化。[35]

　　（3）劉熙還在其《釋名》中記述了若干關於紡織製作過程。例如：

　　「布，布也，布列眾縷為經，以緯橫成之也。又太古衣皮，女工之始，始如是，施布其法，使民盡用之也。疏者，言其經緯疏也。⋯⋯」[36]

　　「練，爛也，煮委爛也」。畢沅《疏證》轉引自《華嚴經音義》中《珠叢》云：「煮絲令熟曰練」。[37] 今人王國珍《《釋名》語源疏證》認為「練」字無論是作名詞還是作動詞，都含有義素練治、加工。[38]

　　「笭箄，經絲貫杼，一閒并，一閒疏，疏者笭笭然，并者歷箄而密也」。[39]「疏」是一種用粗絲織成的稀疏的布。它是用四升麻織成的布。比它細的大功布、小功布分別是九升、十二升。「升」是古代區別布的粗細所用的單位，相當於今天計算紗線的支。[40]

34　王先謙：〈釋采帛〉第十四，《釋名疏證補》（北京：中華書局，2008 年），卷第 4，頁148。另見王國珍：〈釋采帛〉第一十四，《『釋名』語源疏證》（上海：上海辭書出版社，2009 年），頁 151-153。

35　王先謙：〈釋采帛〉第十四，《釋名疏證補》卷第 4，頁 147-154。

36　同前註，頁 149。八十縷為一稯，七稯布為布中最粗劣者。漢代以八十縷為一稯，即幅寬二尺五寸，有五百六十縷經線載於《中國簡牘集成》11，頁 18，轉引自沈剛：《居延漢簡語詞匯釋》（北京：科學出版社，2008 年），頁 2。

37　王先謙：〈釋采帛〉第十四〈注〉，頁 149-150。

38　王國珍：《《釋名》語源疏證》，頁 154。

39　王先謙：〈釋采帛〉第十四，頁 152。

40　王國珍：《《釋名》語源疏證》，頁 155。

「紡纑絲織之曰疏。疏，寥也，寥寥然也」。[41] 織疏用的麻縷少，其經緯線稀疏。[42]

「煮繭曰莫。莫，幕也，貧者著衣，可以幕絡絮也。或謂化牽離，煮熟爛牽引，使離散如絲然也」。[43]

「紬，抽也，抽引絲端，出細緒也。又謂之絓。絓，挂也，挂於杖端，振舉之也」。[44]「紬」是因其製作工藝——抽取——而得名。[45]

東漢劉熙《釋名》透露了漢代一些紡織成品名稱、款色及製作過程等訊息，值得重視。至於，比其早出東漢許慎，在其《說文解字》〈糸部〉中早亦提出許多有關紡織過程的字如：「紡」「織」、「繼」「續」、「經」「緯」、「絓」「礙」、「紓」「緩」、「紊」「亂」、「締」「結」、「纏」「繞」、「束」「縛」等。[46] 上述「糸」字部的字其演生成流行語，皆反映出漢代紡織活動的普遍性，並成為行內人士所共用的專有名詞。筆者認為此等字及合成詞，可看成為漢代紡織業趨向生產專業化的指標。

基本上，劉熙所載有關紡織事情都沒超出《說文解字》〈糸部〉的範圍。[47] 許慎所釋的字更細緻。若以紡織品所舉色彩多寡來計算，許與劉二氏所記內容則大致相若，只是彼此側重點不同。許氏《說文解字》除了指陳出各種類紡織品色彩外，還羅列了許多專有名稱，例如：綠、縹、絑、縓、緇、縑、緹、繻、紫、紅、緦、綪、緹、纁、紺、縉等。[48] 不同色彩的紡織品和細分的專名，與劉熙所釋相配合，反映出漢代流行紡織品之種類繁多。

---

[41] 王先謙：〈釋采帛〉第十四，頁152。

[42] 王國珍《《釋名》語源疏證》，頁156。

[43] 王先謙：〈釋采帛〉第十四，頁153。

[44] 王先謙：同前註，頁153。

[45] 王國珍《《釋名》語源疏證》，頁157。

[46] 見段玉裁：〈糸部〉，《說文解字注》（上海：上海古籍出版社，1981年），十三篇上，頁645-650。

[47] 〈糸部〉糸字細絲也，段玉裁注「絲者，蠶所吐也，細者，微也。細絲曰糸……。」見同前註，頁643。

[48] 同前註，頁649-650。

　　總而言之，文字材料上所提及絲織品的名稱，當時已有紈、綺、縑、綈、紬、素、練、綾、絹、縞，以及錦、繡、紗、羅、緞等花色品種。[49]一九七二年長沙馬王堆1號漢墓出土絲織品有絲綢四十六卷、服裝五十八件。僅袍子就有素絹綿袍、綉花絹綿袍、素羅絹綿袍、素綾羅袍、朱紅羅綺綿袍、黃綉花袍、泥金銀彩繪羅綺綿袍、泥銀黃地紗袍、彩繪朱紅紗袍、紅菱紋羅綉花袍等上十種。品種有素絹、素紗、綺、羅、錦、綉繪等，可見一斑。[50]

　　另外，《尹灣漢墓簡牘》出土有題目〈君兄衣物疏〉所載衣物清單中「繡被、閒中單、閒青復襦、……霜丸復衣、練小綺、青綺復襦……」。[51]就以馬王堆1號漢墓及尹灣漢墓所出土紡織成品，琳瑯滿目，這一切都是表現出漢代紡織業高度發展。無論從地上傳世的文字及地下的考古發現，漢代紡織產業正朝向著商品市場化的道路邁進，愈來愈多漢人投入紡織生產。

　　漢代紡織業的基本概況在上面已作簡單介紹。以下筆者想就幾個與相關的問題作一些討論。

---

[49] 一九七二年長沙馬王堆漢墓出土了平紋的絹、紗，素色提花的綺和羅綺，以及彩色提花的錦。其中不乏精美者，出土保存較好的絹，其經密最小值為每平方釐米55-57根，緯密為經密的1/2-1/3左右。而出土的羅紗經緯比較均勻，經密每平方釐米58-64根，緯密每平方釐米40-58根。出土絲的單絲投影寬度平均值為6.15-9.25微米，而現代家蠶絲為6-18微米；單絲截面積為77.46-120平方微米，而現代家蠶絲為168平方微米，無不透露出其在某些方面甚至超過了今天的水平。詳見張家升：〈漢代絲織業發展的考古學觀察〉，頁165。

[50] 侯良編著：《西漢文明之光──長沙馬王堆漢墓》（長沙：湖南人民出版社，2008年），頁153-162。見劉克祥：《蠶桑絲綢史話》，頁50。部份實物圖可見中國國家博物館編：《文物秦漢史》（北京：中華書局，2009年），頁159-163。又，「隨著漢代種桑養蠶和紡織業的發展，絲織品成為這時期的主要輸出品。由於兩漢版圖擴張到今東南亞等地區，政府加強了海上絲綢之路沿海港市的管理，例如今徐聞置左右候官，在縣南七里，積貨物於此，備其所求，與交易。在漢帝國的南部地區出現了一些比較重要的商業城市，例如番禺、徐聞、合浦、龍編（今越南河內）、和桂林（今桂林）等」，見張家升：〈漢代絲織業發展的考古學觀察〉，頁167。

[51] 張顯成、周群麗：〈尹灣漢墓簡牘校釋〉，《尹灣漢墓簡牘校理》（天津：天津古籍出版社，2011年），上編，頁103-109。

　　首先，前文引述漢代官府紡織業在齊有服官。尹灣漢墓簡牘載東海郡縣丞（海西丞）「輸錢齊服官」的珍貴記錄，反映出漢代官府紡織業，耗資國庫不菲，此點在簡牘中得到證實。[52] 然而，漢代官營紡織業生產，除了滿足宮廷實際消費外，是否存有其他方面的支出呢？

　　關於漢代紡織業，筆者根據史書所載，認為從下列三方面去思考：（1）漢皇帝以紡織品「作賞賜物」、（2）官府把紡織品「作支付官俸用」、（3）利用布帛「充當貨幣功能」。

　　關於皇帝利用紡織品作賞賜物，筆者抄下《漢書》各朝帝紀，詳見下列簡表：

西漢皇室賞賜官民織物簡表

時間	內容	出處 （卷數/頁數）
文帝元年	……今歲首，不時使人存問長老，又無布帛酒肉之賜，將何以佐天下子孫孝養其親？……有司論令縣道，……其九十已上，又賜帛人二疋，絮三斤。……	漢書（4/113）
文帝十二年	……其遣謁者勞賜三老、孝者帛人五匹，悌者、力田二匹，廉吏二百石以上率百石者三匹。……	漢書（4/124）
武帝元狩元年	……存問致賜曰：「皇帝使謁者賜縣三老、孝者帛，人五匹；鄉三老、弟者、力田帛，人三匹；年九十以上及鰥寡孤獨帛，人二匹，絮三斤……。」	漢書（6/174）
武帝元狩六年	六年冬十月，賜……千石以下至乘從者帛，蠻夷錦各有差。	漢書（6/179）

---

52 同前註，頁 11-12。

武帝元封六年	詔曰：……賜天下貧民布帛，人一匹。……	漢書（6/198）
昭帝元鳳元年	三月，賜郡國選有行義者涿郡韓福等三人帛，人五十匹，遣歸。……	漢書（7/22）
昭帝元鳳元年	詔曰：……有不幸者賜衣一襲……	漢書（7/225）
昭帝元鳳二年	夏四月，……賜郎從官帛，及宗室子錢，人二十萬。吏民獻牛酒者賜帛，人一匹。……	漢書（7/228）
宣帝地節三年	又曰：……其加賜鰥寡孤獨高年帛。……	漢書（8/248）
宣帝元康元年	……加賜鰥寡孤獨、三老、孝弟力田帛。……	漢書（8/254）
宣帝元康二年	三月，……賜……鰥寡孤獨高年帛……	漢書（8/255）
宣帝元康三年	賜……鰥寡孤獨高年帛……	漢書（8/257）
宣帝元康四年	……加賜三老、孝弟力田，人二匹，鰥寡孤獨各一匹……	漢書（8/259）
宣帝神爵元年	詔曰：……賜……鰥寡孤獨高年帛……	漢書（8/259）
宣帝神爵四年	詔曰：……賜……鰥寡孤獨高年帛……	漢書（8/263）
宣帝神爵四年	夏四月，賜……貞婦順女帛……	漢書（8/264）
宣帝五鳳元年	皇太后賜丞相、將軍、列侯、中二千石帛，人百匹，大夫人八十匹，（夫人六十匹）……	漢書（8/265）
宣帝五鳳三年	詔曰：……加賜鰥寡孤獨高年帛……	漢書（8/267）
宣帝甘露元年	詔曰：……賜……，鰥寡孤獨高年帛……	漢書（8/269）

宣帝甘露三年	詔曰：……其賜汝南太守帛百匹，新蔡長吏、三老、孝弟力田、鰥寡孤獨各有差……	漢書（8/272）
元帝初元元年	又曰：賜……三老、孝者帛五匹，弟者、力田三匹，鰥寡孤獨二匹……	漢書（9/279）
元帝初元五年	詔曰：……賜……三老、孝者帛，人五匹，弟者、力田三匹，鰥寡孤獨二匹……	漢書（9/285）
元帝永光元年	春正月，……賜……高年帛。	漢書（9/287）
元帝永光元年	三月，……賜……鰥寡孤獨高年帛。	漢書（9/287）
元帝永光二年	春二月，詔曰：賜…鰥寡孤獨高年、三老、孝弟力田帛。	漢書（9/288）
元帝建昭五年	詔曰：賜……三老、孝弟力田帛。	漢書（9/296）
成帝建始元年	賜……三老、孝弟力田、鰥寡孤獨錢帛。	漢書（10/303）
成帝鴻嘉元年	詔曰：……加賜鰥寡孤獨高年帛。	漢書（10/315）
成帝綏和元年	詔曰：賜……三老、孝弟力田帛，各有差。	漢書（10/328）
成帝綏和二年	成帝崩，太子即皇帝位，賜……三老、孝弟力田鰥寡孤獨帛。	漢書（10/334）
平帝元始四年	賜……鰥寡孤獨高年帛。	漢書（12/357）
平帝元始五年	五年春正月，……禮畢，皆益戶，賜爵及金帛，…… ……常以歲正月賜宗師帛各十匹。	漢書（12/358）

　　綜合上表，西漢各朝皇帝賞賜之紡織品主要以布、帛、絮三種為主。從皇帝賞賜對象而言，可歸納出主要兩類人：官員及老百姓。關於官員的賞賜，涉及官員有丞相、將軍、列侯、中二千石、太守、廉吏、郎從官、吏獻牛酒者、長吏及三老等。由此得見，漢皇帝的賞賜官員面很寬，上至丞相，下至長吏三老等。至於老百姓，則以高齡老人、孝弟力田、蠻夷、行義者、不幸者、鰥寡孤獨、貞婦順女等。至於東漢皇室情況相若，故不贅言。

　　除了上述皇帝賞賜開支對紡織品構成有需求外，而漢代另一紡織品支出便是與「匈奴和親政策」有關。

　　西漢政府為了與匈奴和親，向匈奴大量賜贈紡織品。若把西漢時期皇室織物賞賜額與贈匈奴額比，後者所支出則更遠非前者所能比擬。[53] 要知，匈奴乃西漢政府大敵。對付匈奴，一是用兵，一是和親。西漢武帝長期對匈奴用兵，大大打擊西漢的經濟。武帝晚年追悔莫及，遂有〈西域傳〉中「輪臺詔」之恨。[54] 漢朝官員亦意識到征戰，不及「和親」划算，故傾向後者多。漢朝特產織物便成為交換和平的重要「外交媒介」。現以西漢一朝為例，筆者舉出幾條相關史料，見下表：

---

[53] 查〈景帝紀〉並無賜衣物的載記，不過有「賜諸侯王列侯馬二駟，吏二千石黃金二斤，吏民戶百錢……」的記錄。

[54] 《漢書》卷96下，〈西域傳〉，頁3929。

西漢皇帝贈匈奴織物簡表

時間	內容	出處 （卷數/頁數）
漢高帝初年	……歲奉匈奴絮繒酒食物各有數，約為兄弟以和親。	漢書94上/3754
孝文前六年	遺匈奴書曰：「……服繡袷綺衣、長襦、錦袍各一，比疏一，黃金飭具帶一，黃金犀毗一，繡十匹，錦二十匹，赤綈、綠繒各四十匹，使中大夫意、謁者令肩遺單於。」	漢書94上/3758
	……漢歲致金絮采繒以奉之。……	漢書48/2240
孝文後二年	……故詔吏遺單于秫糵金帛綿絮它物歲有數……。	漢書94上/3763
漢武帝初年	單於曰：「……漢常遺翁主，給繒絮食物有品，以和親……」	漢書94上/3773
漢武帝年間	單於遣使遺漢書云：「……歲給遺我糵酒萬石，稷米五千斛，雜繒萬匹，它如故約，則邊不相盜矣。」	漢書94上/3780
宣帝甘露二年	單于呼韓邪于正月朝天子于甘泉宮……賜以冠帶衣裳，……衣被七十七襲，錦繡綺縠雜帛八千匹，絮六千斤。	漢書94下/3798
宣帝甘露三年	匈奴呼韓邪單于稽侯狦來朝，……賜以璽綬、冠帶、衣裳、安車、駟馬、黃、錦繡、繒絮。	漢書8/271
宣帝甘露四年	呼韓邪單於復入朝，禮賜如切，加衣百一十襲，錦帛九千匹，絮八千斤，……。	漢書卷94下/3798-3799

元帝竟寧元年	單於復入朝，禮賜如初，加衣服錦帛絮……。	漢書94下/3803
成帝河平四年	正月，……加賜錦繡繒帛二萬匹，絮二萬斤。	漢書94下/3808
哀帝元壽二年	單於來朝……加賜衣三百七十襲，錦繡繒帛三萬匹，絮三萬斤。……	漢書94下/3817

　　上表清楚顯示漢室把大量紡織品賞賜給匈奴，如成帝河平四年及哀帝元壽二年所加賜錦繡繒帛由二萬至三萬匹，而絮則二萬斤至三萬斤。此應是西漢政府對匈奴賞賜數額最多的兩朝。儘管不是每一條史料都載著具體數額，但據已有數字看，繒帛賞賜每次平均約萬多匹，絮亦萬多斤，這表示出皇室對紡織品的需求甚為殷切。[55]

　　至於漢代政府利用紡織品「作支付官俸」及「充當貨幣功能」，經濟史家全漢昇先生有以下論斷：「到了漢代，貨幣經濟雖已經抬頭，但它的發展程度究竟有限，所以『王莽亂後，貨幣雜用布帛金栗』；直至後漢光武帝建武十六年，始行五銖錢。官俸的一半，雖用錢支付，但其餘一半，還須以穀發放。至於田租，……亦均以穀發放」。[56]全氏認為此屬自然經濟與貨幣經濟雙軌並行的顯例，他當中提及布帛替代錢幣作交易，這點從漢簡中也得到佐證。

　　根據《居延漢簡釋文》（頁359）載曰：「出河內廿兩帛八匹一丈三尺四寸大半寸直二千九百七十八給佐史一人」。[57]又，據永田英正《博羅松治簡》

---

[55] 此處或會產生疑問，究竟對匈奴大量賞賜的紡織產物是來自那裡？其來自官營織室、三服官抑或其他途徑，還是三者皆是。筆者估測賞賜官員和百姓的數量有限，即以織室或三服官能應付裕餘。不過，按上表所載賞賜匈奴織物數額非常巨大，應付不下時，不排除政府會利用私營紡織品充數，可惜此點欠有力的文字證據。

[56] 全漢昇：《中國經濟史研究》（一）（北京：中華書局，2011年），頁5。

[57] 陳直認為：「邊遠地區，錢幣運輸異常困難，故形成上述情況。」詳見陳直：《居延漢簡研究》（北京：中華書局，2009年），頁23及頁609。不過，筆者認為布帛比錢更

補記「吏受奉名籍」載：「……正月祿帛一匹，二月癸巳自取」（394.1圖
124）[58]、「絑絮二斤八兩直四百　給始元四年三月四月奉……」（308.7圖391甲
1617）[59]。總的而言，漢政府以帛作奉之漢簡例子應不少，僅舉上述幾條漢簡
材料，已見到絮、帛等織物誠如全氏所言與錢幣交替互用。

　　此外，傳世史書亦載有漢代時人以布帛作錢的交易情況，茲舉其中三則
例證如下：

(1)《太平御覽》引張璠《漢記》曰：「朱巂少孤，母以販繒綵為事，同
　　郡周起負官債百萬，縣催責之，巂竊母帛為起解債」。[60]此例說明百萬
　　官債能以一定數量的帛代替支付。

(2)（桓帝）永興二年三月甲午，（但）望上疏曰：「……敢欲分（巴郡）
　　為二郡，一治臨江，一治安漢，各有桑麻、……布帛……足相供給，
　　兩近京師。榮等自欲義出財帛，造立府寺，不費縣官，得百姓歡
　　心……」。[61]此例東漢中期見到，四川人士有用「帛」來支付府寺的建
　　築費用。

(3)漢末建武十二年，「（公孫）述乃大發金帛，開門募兵，得五千餘
　　人，以配（延）牙。……牙因放奇兵擊漢，大破之……」。[62]漢末非常
　　時期，金與帛替代貨幣成為普遍人士信任的交換媒介。

難運輸，陳氏說有可議的地方。

[58] 永田英正著、張學鋒譯：《居延漢簡研究》（上）（桂林：廣西師範大學出版社，2007
　　年），頁201。

[59] 同前註，頁202。

[60] 《太平御覽》中華書局影印版，第4冊，卷814，〈布帛部一〉，頁3619。《張家山漢
　　簡》〈算數書〉載有「繒幅」算題，計算其買賣價，詳見張家山二四七號漢墓竹簡整
　　理小經組：《張家山漢墓竹簡》（釋文修訂本）（北京：文物出版社，2006年），頁
　　140。

[61] 劉琳：〈巴志〉，《華陽國志校注》卷1，頁49。

[62] 劉琳：〈公孫述劉二牧志〉，《華陽國志校注》卷5，頁480。

上示三則例「朱鷪竊母帛為起解債」、「巴郡義出財帛造立府寺」及「公孫述發金帛募兵」，若與漢簡所載結合起來看，足證紡織品曾替代貨幣作過交易用途。

四　漢代四川紡織業的歷史發展

探討漢代四川紡織業的歷史發展，必需從長時段的角度去觀察。現由先秦說起，古巴蜀之地，大概為今天四川一帶。「蜀之為國……其地東接於巴，……其寶則有……錦、繡、罽……桑、……麻、紵之饒……。」[63]由此可見，先秦時期四川地區早已擁有紡織生產要素。兼且，桑麻被蜀國當地人視之為寶，可見當地人對紡織業是十分重視。

至秦惠王時，欲謀楚，群臣議曰：「夫蜀，西僻之國，戎狄為鄰，不如伐楚」。司馬錯、中尉田真黃曰：「蜀有桀、紂之亂，其國富饒，得其布帛金銀，足給軍用。……得蜀則得楚，楚亡則天下并矣」。[64]「然秦惠文、始皇克定六國，輒徙其豪俠於蜀，資我豐土……豪族服王侯美衣……」。[65]由此得知，早期四川歷史的發展中，紡織產品在富國強兵上是「主角」之一。

漢代四川紡織業在考古上的發現不少，對了解當地種桑、養蠶、紡織技術都有很大幫助。

例如：一九七六年成都交通巷出土西周銅戈上有蠶形圖，又戰國時期巴蜀銅器上的蠶紋或蠶紋變體，這些都表明了漢以前成都一帶已是桑蠶產

63　劉琳：〈蜀志〉，《華陽國志校注》卷3，頁175。今日四川省簡稱蜀，蜀字早在商代甲骨文已存在，漢許慎《說文》對蜀字有以下解說：「蜀，葵中蠶也。」蜀之古義，蠶之形。不過，有學者認為上目象蜀頭形之蜀字很可能是馬字之誤。推測出商代出現了馬頭蠶神之人像。而西王母是遠古傳說中的一位紡織女神，因此西王母與桑蠶紡織之間關係密切。出土畫像磚中的馬頭神即蠶神的形象。牛天偉：〈漢晉畫像石、磚中的〈蠶馬神像〉考〉，《中國漢畫研究》（桂林：廣西師範大學出版社，2005年），第1卷，頁92-97。

64　劉琳：〈蜀志〉，《華陽國志校注》卷3，頁191。

65　同前註，頁225。

地。[66]根據四川漢墓出土的畫像磚，內容有不少是描繪桑園的情形。如四川成都平原是我國古代長江上游地區最發達的桑蠶紡織業基地。成都百花潭出土的嵌錯宴樂水陸攻戰紋壺上就有女子採桑的圖像，漢以後無論文字及畫像均表明四川成都平原是古代桑蠶紡織業生產地之一。[67]

另外，四川德陽黃滸鎮出土的東漢「桑圃」畫像磚，表現整齊成排的魯桑幼株。其狀況像山東嘉祥武氏祠畫石中「秋胡妻」一節出現的桑樹。[68]畫中桑樹與秋胡的身體等高，有學者認為此顯然是人工精心栽培的地桑，這種桑產於魯地，所以史書中稱「魯桑」。[69]故此，種桑普遍化和園田化的趨勢，實有利於四川巴蜀絲織業的發展。

又，四川出土的紡輪及畫像石，其內容能反映到絲織製作的過程。根據四川寶興隴東東漢墓群出土「紡輪」共八件，「算珠形，飾弦紋或素面，多有鐵軸，軸上粗下細，細端有一小鉤」。另有，石紡輪七件。餅形，磨制，輪盉薄，多有鐵軸。[70]此八件『紡輪』的出土對研究西南地區紡織業史極具價值。

再者，漢代畫像石上有『織機』的圖像，圖中的機械都是簡單的織機，沒有複雜的提花機。七十年代，夏鼐研究漢代錦、綺、文羅等實物，推測當時已有了提花機。[71]不過，未幾，夏氏在一九八三年於日本的講演《漢唐絲綢和絲綢之路》中便修改前說：「漢代提花織物可能是普通織機上使用挑花棒

---

[66] 另參考牛天偉：〈漢晉畫像石、磚中的〈蠶馬神像〉考〉，頁98。另參見盛磊：〈四川漢代畫像題材類型問題研究〉，頁150，注3。

[67] 袁庭棟：《巴蜀文化志》（成都：巴蜀書社，2009年），頁108。

[68] 見孫機：《漢代物質文化資料圖說》（上海：上海古籍出版社，2008年），頁64。

[69] 牛天偉：〈漢晉畫像石、磚中的〈蠶馬神像〉考〉，收入《中國漢畫研究》第一卷，頁97。

[70] 四川省文物管理委員會：〈四川寶興隴東東漢墓群〉，《文物》1987年第10期，頁40、47。

[71] 夏鼐：〈我國古代蠶、桑、絲、綢的歷史〉，收入《考古學和科技史》（北京：科學出版社，1979年），頁115。

織成花紋的。真正的提花機的出現稍晚。」[72]據夏氏說，提花機的現世應晚於漢代。近年出土的漢代錦、綺、紋羅等這些品種多樣、紋飾複雜、絢麗多彩的織品。若要完成這麼複雜的工藝，必須使用提花機。而提花機卻在畫像石上沒有見到。[73]

最後，值得一提的是四川錦陽東郊永興漢墓出土的絲織品，其所用的蠶絲為桑蠶絲，在顯微鏡下觀察，無論其縱面投影，還是截面切片投影，均與現代蠶絲纖維投影相符。根據電鏡照片中絲纖中間部位發暗的情況，說明絲腔是中空，因此可以推定其絲纖是經過精練的，即經特別處理的熟絲。此織物結構為平紋組織，從其織造的細密程度可以認定為絲絹。經密 110 根 /cm，緯密 56 根 /cm。經緯密度比為 1/2。[74]據此考古發現可知，漢代蜀郡於絲織商品的製造，早已具備相當技術和設備。

上舉各考古發現，在文字上同樣得到證明。

關於漢代四川紡織業相關文字記載，不得不提楊雄〈蜀都賦〉、王褒〈僮約〉和常璩《華陽國志》。不過，筆者為行文安排，把（西漢）楊雄放於王褒及常璩之後。

常璩《華陽國志》〈巴志〉載有四川桑蠶業的地理分布，其文曰：

> 墊江縣，郡西北中水四百里（今重慶至合川水路僅二百三十里），有桑蠶……。[75]

> 巴西郡，屬縣七，去洛二千八百一十五里。東接巴郡，南接（廣漢），西接梓橦，北接（漢中）、西城。土地山原多平，有……桑

---

[72] 夏鼐：《考古學論文集》上，王世民〈前言〉注1（石家莊：河北教育出版社，2000年），頁11。

[73] 劉克祥：《蠶桑絲綢史話》，頁46。

[74] 見朱冰等：〈四川永興漢墓出土染色絹分析〉，《中國科技史料》第24卷第2期（2003年），頁150-154。

[75] 劉琳：〈巴志〉，《華陽國志校注》卷1，頁69。

蠶。[76]

劉琳校注曰：

> 巴西郡地處嘉陵江流域中部和渠江流域，位於四川盆地方山丘陵區的
> 東部，海拔僅二五〇──七〇〇米，地面相對高度只五米左右，谷地
> 寬淺，梯田廣布，故曰『山原多平』。渠江流域為四川省苧麻的主要
> 產區，嘉陵江中游為蠶絲的主要產區，至今西充、南充、南部、閬、
> 蒼溪等縣蠶絲產量幾佔全省之半。[77]

　　另外，《華陽國志》〈巴志〉記載其特產，居於首位的就是「桑蠶」。在
談到巴郡將分為二郡時，二郡物產中佔首位也是桑。[78]四川紡織業發達與種
桑業關係密切，於此得見。又，王襃〈僮約〉載：「植種……柘桑，三丈一
樹，八赤為行，果類相從，縱橫相當。」[79]四川田莊有栽培柘、桑活動，而且
種植極為井然。[80]

　　至於，西漢楊雄（漢宣帝至王莽時代人）世世以農桑為業，其〈蜀都
賦〉載：「爾乃其人自造奇錦，紝縿緽繀繆繂盧中。發文揚采，轉代無窮。
其布則細絺（《古文苑》作「都」字）弱折，綿繭成衽，阿麗纖靡，避晏
與陰。蜘蛛作絲，不可見風。篇中黃潤，一端數金……」。[81]東漢蜀郡太守

---

[76] 同前註，頁90。

[77] 同前註，注3，頁91。

[78] 見袁庭棟：《巴蜀文化志》（成都：巴蜀書社，2009年），頁108及參考官德祥：〈從王
襃〈僮約〉探析漢代中葉田莊商品經濟〉，《中國農史》第29卷第4期（2010年）及
官德祥：《論漢末益州牧劉璋與分三巴》，《新亞論叢》總12期（2011年），頁82-87。

[79] 王襃：〈僮約〉，《全漢文》（北京：中華書局，1958年），卷42，頁359。

[80] 佐藤武敏：〈漢代絲織品的生產形態〉，《日本學者研究中國史論著選譯》（上古秦漢）
第3卷，（北京：中華書局，1993年），頁508。另見，官德祥：《從王襃〈僮約〉探
析漢代中葉田莊商品經濟》，《中國農史》第29卷第4期（2010年）。

[81] 鄭文著：〈蜀都賦〉，《楊雄文集箋注》（成都：巴蜀書社，2000年），頁319；藍勇：
《南方絲綢之路》（重慶：重慶大學出版社，1992年），頁3-4。又見黃贊雄：〈南方少
數民族絲綢史略〉，收入朱新予編：《中國絲綢史：專論》（北京：中國紡織出版社，

廉范未當郡太守前，曾經婉拒當時蜀郡太守所贈的蜀布，疑即此「黃潤細布」。[82]據《文選》卷四〈蜀都賦〉載：「黃潤比筒，贏金所過」。黃潤細布屬高檔次商品，以它作禮物具體面。除了絲織品外，成都古來盛產大麻。黃潤細布，細麻布，亦稱為「蜀布」。有學者認為西漢武帝時張騫在大夏見有身毒商人販去的「蜀布」即與此同類。[83]

漢代四川紡織品中除了以黃金相比擬的「黃潤細布」外，另外還有著名的「蜀錦」。〈蜀志〉載：「文翁立文學精舍、講堂，作石室，一作玉室，在城南。……郡更於夷里橋南岸道東邊起文學，……其道西城，故錦官也。錦工織錦濯其江中則鮮明，濯他江則不好，故命曰「錦里」也……」。[84]錦是用彩色絲線織出各種圖案花紋的絲織品。成都有錦江，織錦洗濯其中，其色澤鮮明，稱錦里，所產錦名聞遐邇。蜀漢置錦官督造，行銷全國。蜀錦成為蜀漢政權的主要財政來源。[85]

不過，學者對於漢代四川織錦發展曾抱懷疑態度。藍勇對「奇錦」有以下看法：「據《漢書》載漢代成都設有工官，但以冶金銀器為主，仍無錦官之設……」。藍氏推論合情理。筆者以為漢代四川織錦還處於初生階段，織錦業在漢代是有存在，但並不普及。反而，蜀布才是當時所流行的四川紡織

1997年），頁330-336。

[82] 據〈廉范列傳〉載：「范父遭喪亂，客死於蜀漢。……年十五，辭母西迎父喪。蜀郡太守張穆，丹（廉范祖父）之故吏，乃重資送范，范無所受……。穆聞，復馳遣使持前資物追范，范又固辭……」。《後漢書》卷31〈廉范列傳〉，頁1101。《後漢書》並沒有具體指明「持前資物追范」是什麼東西。不過，王先謙〈集解〉則引惠棟曰：「東觀記穆持筒中布數篋，與范，范曰：石生堅，蘭生香，前後相違，不忍行也。遂不受……」，詳見劉珍著，吳樹平校注：〈廉范傳〉，《東觀漢記校注》（鄭州：中州古籍出版社，2008年），卷14，頁575及後注4。由於版本不同，字句略有出入，不必深究。最重要的是「布」，指的是蜀地生產的蜀布，黃潤細布為蜀地織造業中的名貴商品。應是時人流行送禮首選。

[83] 劉琳：〈蜀志〉，《華陽國志校注》卷3，頁243，注3。

[84] 同前註，頁235。

[85] 同前註，頁236，注4。

商品。[86]

關於「蜀布」問題，言人人殊。究竟蜀布是絲織品、麻織品抑或是棉織品？傾向認為蜀布是麻織品的代表學者有鄧少琴[87]、任乃強[88]、藍勇[89]、江玉祥[90]、吳興南[91]、劉琳[92]，至於認為蜀布是絲織品的學者有李曉岑。[93] 不過，前述學者有一點共識，他們大都認為蜀布不是棉織品。

不過，學者趙岡和陳鍾毅分析說：「張騫使用特殊名詞『蜀布』，可見不是絲綢一類。《史記正義》在蜀布一詞下注『土蘆布也』，這正是 tula 的音譯。它是在四川織成而被商人攜往印度販賣。大夏商人從印度買來。我們可以想像到，當時中國紡織技術早已淩駕印度之上。木棉從印度傳至永昌郡的哀牢人再傳到西蜀，經過蜀人運用中國既有之紡織技術，織成很高級的棉布，其質量竟勝過原產地的印度布，於是棉布又由中國四川倒流至印度，

---

86 見孫機：《漢代物質文化資料圖說》，頁75。

87 鄧少琴說：「麻紵之目，是為家庭婦女生產之工藝品……而遠銷大夏諸邦……。」，詳見鄧少琴：〈巴蜀史稿〉，《鄧少琴西南民族史地論集》（成都：巴蜀書社，2001年）上冊，頁255-256；趙毅：〈試論張若治蜀〉，《西南師範大學學報》（人文社會科學版）第26卷第3期（2000年5月），頁52。

88 蜀布最早在蜀地馳名原因，在於印緬等熱帶、亞熱帶人苦熱。苧麻布色最白，不畏水濕，汗漬不汙，疏能散熱。故行銷苧布特早。詳見任乃強：〈中西陸上古商道——蜀布之路〉，收入伍加倫、江玉祥主編：《古代西南絲綢之路研究》（成都：四川大學出版社，1990年），上篇，頁107。

89 王鳴盛：〈筒巾細布條〉，《十七史商榷》（北京：中國書店，1987年），卷48，頁5；見藍勇：《南方絲綢之路》（重慶：重慶大學出版社，1992年），頁8。

90 見江玉祥：〈古代中國西南『絲綢之路』簡論〉，《古代西南絲綢之路研究》，頁34。

91 吳興南：《雲南對外貿易——從傳統到近代化的歷程》（昆明：雲南民族出版社，1997年），頁31。

92 劉琳：〈蜀志〉《華陽國志校注》，頁243，注3。

93 李曉岑則認為「雲南的歷史學者紛紛著文認為張騫在大夏見到的『蜀布』是雲南木棉布，即所謂『桐華布』。……草棉的纖維比木棉長，用以織布質量更佳，因此大夏沒有必要通過印度從雲南進口木棉布。……大夏帝國從四川進口的『蜀布』應為絲綢布。……結論是『蜀布』決不是雲南的『桐華布』，而是絲綢。」李曉岑：《白族的科學與文明》（昆明：雲南人民出版社，1997年），頁142-143。

並遠達大夏國。從時間上來看，四川開始植棉並織棉布可以上溯至西元前 2
世紀或更早」。[94] 趙岡等堅持蜀布乃棉織品。筆者以為趙岡等的「棉紡織倒流
說」深富想像力，惜欠證據。[95] 反之，堅持蜀布為麻織品的眾學者們都有其較
可靠的論據。故此，筆者傾向麻織說。

　　另外，饒宗頤認為「巴地的幏布、賨布[96]、氐人之紕，蜀細布……都是漢
代四川的出產……所謂蜀布乃是極廣泛的名詞。」[97] 饒宗頤之說或可解釋得到
上述學者們對蜀布持不同看法的因由。正由於蜀布是一廣泛之詞，以至不同
時空情境下，絲質、麻質、棉質的「蜀布」令人混淆。筆者傾向漢代蜀布主
以麻織物為主。不過，從漢代四川普遍種桑種麻的歷史發展看，絲織與麻織
並不存在排斥，而且應該呈雙線發展。

　　筆者估計「蜀布」的發展歷程，乃由黃潤細布先打響名堂，及後「蜀
布」建起自己品牌。其他不同原材料的紡織品遂以「蜀布」名牌作招徠。
「蜀錦」便是後起之秀，且在東漢至三國紡織品市場上大放異彩。打個譬
如，「蜀布」儼如今天某名牌轎車的商標，在此商標下有許多不同型號產
品，它們有屬高、中、低檔次。蜀錦便是蜀布中最高檔的品牌。

　　至於漢代蜀布暢銷國際，交通孔道所起的作用很大。由於蜀布的流通，
一條經四川、雲南、緬甸、印度、巴基斯坦，到達阿富汗的商道，乘時而
興，任乃強稱之為「蜀布之路」。任氏認為從四川到北緬甸一段是「蜀商運

---

[94] 見趙岡、陳鍾毅：《中國棉紡織史》（北京：中國農業出版社，1997 年），頁 18。

[95] 石聲漢：〈明末以前棉及棉織品輸入的史蹟〉，收入《石聲漢農史論文集》（北京：中
華書局，2008 年），頁 206-209。

[96] 《文選》〈魏都賦〉注載：「槃瓠之後，輸布一匹二丈，是謂賨布。廩君之巴氏，出幏
布八丈」，詳見嚴可均：〈應劭六〉，《全後漢文》（北京：商務印書館，1999 年），上
卷 38，頁 394；黃今言：〈秦漢少數民族地區的賦稅和貢輸問題〉，收入《秦漢經濟
史論考》（北京：中國社會科學出版社，2000 年），頁 286。賨布是土著少數居民的產
物，洪適《隸釋》卷第 7〈車騎將軍馮緄碑〉載道：「……將軍南微五溪蠻夷，……斬
首萬級，沒溺以千數，降者十萬人，收逮賨布卅萬匹……。」

[97] 饒宗頤：《蜀布與 Cinapatta──論早期中印緬之交通》，頁 2。

售蜀布量最大的區域」。[98]筆者認為若以成都為同心圓的中心一點四向看，南至印度、巴基斯坦，西達中東等地，北至西藏，東至中國沿岸。成都便成為整個中國與西亞、南亞、中東商貿網絡的中心點。成都為二千年以上不衰的城市，與此不無關係。

五　日入而不息──四川紡織「夜作」現象探析

西漢政府鼓勵老百姓農桑並舉，早已為全國（包括四川）紡織產業提供了堅實的基石，紡織業亦因此得以初步商品化。到了東漢，紡織業再進一步，婦女們積極參與紡織業生產。四川紡織業在此宏觀氣候下遂快速起飛，並以「蜀錦」為重要商品。東漢末至三國時蜀錦受歡迎程度，有增無減。[99]此時四川紡織業商品化程度與從前「自給自足」已不可同日語。漢代成都已躍身為全國成衣商品的龍頭重鎮。「夜作」現象亦就此背景下應運而生。

《後漢書》卷三十一〈廉范列傳〉載曰：

> 成都民物豐盛，邑宇逼側，舊制禁民夜作，以防火災，而更相隱蔽，燒者日屬。范乃毀削先令，但嚴使儲水而已。百姓為便，乃歌之曰：『廉叔度，來何暮？不禁火，民安作，平生無襦今五袴』。[100]

四川乃天府之地，其首府成都更是漢代西南最大都會，是一個擁有「綜合性經濟職能」的城市。所謂「綜合性經濟職能」指的是，一個集農業、手工業、商業、交通樞紐和消費市場等「特殊職能」於一身的綜合性城市，吸

---

[98] 任乃強：《中西陸上古商道──蜀布之路》〈下篇〉，頁108。

[99] 蜀錦比臨淄錦、襄邑錦知名稍晚。到東漢未，蜀錦已與臨淄、襄邑的產品並駕齊驅，甚至有後來居上之勢。至於蜀布的產地則以西蜀為上等，《鹽鐵論》〈本議篇〉：「齊阿之縑，蜀漢之布」。西南益州郡、永昌郡所產毛織物、木錦布、火浣布（石棉布）都是在從桑蠶基礎上發展出來。

[100]《後漢書》卷31，〈廉范列傳〉，頁1101-1104。

引著許多人口集中居住。[101] 范曄以「民物豐盛，邑宇逼側」形容成都的居住環境，文筆生動貼切，同時也意味著一個重大的成衣製作及銷售市場在背後蠢蠢欲動。

上文中又提到「舊制禁民夜作」。「舊制」者說明漢朝政府一向以來都有法則規定，嚴禁人民在晚上進行紡織活動。如何知道「禁民夜作」之「夜作」專指紡織業呢？這可從後文「……民安作，平生無襦今五袴」便有所明示。至於禁夜作的原因，就是為消防安全問題。

紡織品是易燃物品，一旦失火，在邑宇逼側的環境下造成的人命財物損失必然很大，故有「防火災」之語，指的就是防紡織品所引起的火災。此句話的另一癥結在於其後之「更相隱蔽，燒者日屬」一語[102]。為什麼老百姓甘冒火險，左閃右避官員隱蔽夜作呢？蜀郡太守廉范出現，又如何改變這兩難局面，既避免火災，又能迎合「夜作」的大趨勢？

由於蜀郡太守廉范對東漢四川紡織業貢獻很大，在未討論夜作之先，必須對其人的生平背景、性格及行事作風作一分析，以助明白其處理「禁民夜作」的內在理路。

《後漢書》〈廉范列傳〉載廉范字叔度，京兆杜陵人，生卒年不詳。筆者綜合《後漢書》及《東觀漢記》所載廉范相關之生平事跡，推斷其出生年約為東漢光武帝建武中晚期，死亡時間約為東漢章帝崩（西元八十八年）後數年。總言之，廉范當高官的時間正值東漢「明章之治」時期。東漢章帝建初六年（81），廉范遷為蜀郡太守。[103] 在此之前，他曾到京師受業，「事博士薛

---

[101] 見官德祥：〈漢代西南特殊職能地區與商業〉，《新亞論叢》，第 11 期（2010 年），頁 77-84。

[102] 「燒者日屬」，《後漢書》對此並無注解。另《資治通鑑》卷 46〈漢紀三十八〉胡三省注曰：屬，之欲翻：聯也，聯日有火也。及查《東觀漢記》其與《後漢書》有一字之差，其文：「燒者日日屬」，於此其意思才得顯明。按此筆者疑《後漢書》脫一「日」字。

[103] 《後漢書》與《東觀漢記》沒有明言載建初中，究竟是指那一年。查司馬光《通鑑》卷 46 載：廉范遷蜀郡太守那年應為建初六年，即西元八十一年，見《資治通鑑》，中華書局版，頁 1488。

漢」。其後，京兆太守曾想招攬他，但他沒答應。永平初，隴西太守鄧融準備了厚禮以聘其為功曹，亦遭他拒絕。他當蜀郡太守前曾當過雲中、武威、武都三郡太守，因此對於郡守的權力、職掌及行政程度理應瞭若指掌。據其本傳所記：「在蜀數年，坐法免歸鄉裏……」，此後史乘再沒有任何有關其當官記錄，據此可知，蜀郡太守一職應是他為漢朝政府效力的終點站。

廉范的曾祖父是廉褒，在成、哀二帝期間曾當右將軍。祖父廉丹，在王莽時為十大司馬庸部牧，根據《後漢書》其本傳注載：王莽改益州為庸部。及後，廉范父親因為政局紛亂，客死蜀漢，其本傳載曰：「范父遭喪亂，客死於蜀漢。……年十五，辭母西迎父喪。」廉氏自「辭母西迎父喪」始，命運步步逼近四川。最後，他流寓西州，西州即巴、蜀地區，被朝廷安排為蜀郡太守。[104]

根據史書所載，廉范當蜀郡大守前發生了三件事，它們能反映出廉范的特殊個性。而這個性有助我們瞭解他當蜀郡太守時，為何不依舊法，「不按本子辦事」，膽敢「毀削先令」。

第一件事：前提及廉范父親在蜀遇到亂事，不幸客死於蜀漢。廉范向母親辭行，使趕快「西迎父喪」。廉范在負喪歸途中，其乘坐的船於葭萌觸石破沒。他在極度危難的情況下，竟妄顧自身安全，「抱持棺柩」，結果他與棺柩一起沈溺水中，幸好「鉤求得之，療救僅免於死」，最終他獲救。時人以其行為極「義」。[105] 以一個年僅十五歲的少年，身陷險境，仍不忘捨生取義，可見其為人。

第二件事：據《後漢書》廉范本傳載：「薛漢坐楚王事誅，故人門生莫敢視，范獨往收斂之」。前提廉范年輕時，曾身赴京師受業「事博士薛漢」。范是有情有義的人，明知此舉定觸怒當今主上，他仍無所畏縮，甚具膽識和義氣。結果，明帝急召廉范入宮對其詰責。史載當明帝得悉廉范是廉頗後人，廉褒是其曾祖父，廉丹是其祖父後，便赦免了他的罪。《後漢

---

[104]《後漢書》卷31，〈廉范列傳〉，頁1102，注2。

[105] 同前註，頁1101。

書》引述了明帝當時的話曰：「帝曰：『怪卿志膽敢爾！』因賞之。由是顯名」。[106] 從這句話，我們可以看到皇帝亦認同廉氏家族膽敢過人和重情義的遺傳基因。只要廉范認為是對的事，他不怕觸怒任何人包括當今皇帝。

第三件事：廉范剛上任雲中太守，便不幸遇到匈奴大舉入侵，形勢極其不妙。〈廉范列傳〉載述當時狀況曰：「會匈奴大入塞，烽火日通。故事，虜入過五千人，移書傍郡。吏欲傳檄求救，范不聽，自率士卒拒之。……會日暮，令士各交縛兩炬，……虜望火多，謂漢兵救至，大驚。……」由此可見，廉范是一個有勇有謀的郡太守。他不甘泥守傳統，對「虜入過五千人，移書傍郡」的做法置之不理。後面一句「范不聽，自率士卒拒之」足以反映其自信和果斷的性格。

綜合上述三事，筆者得出以下結論：廉范膽敢過人，早有「不與朝廷同心」的前科。另外，他處事決斷，不畏強權，並有謀略。當他當了蜀郡太守，他勇於破舊，事出絕非偶然。

漢代郡太守雖是一郡之首，但不代表其可任意妄為。郡太守是要向中央負責，一舉一動備受中央監視。太守如有任何破舊立新的政治動作，都要謹慎行事。偶有差池，輕則烏紗不保，重則入獄甚或丟命。廉范如此得百姓稱許的太守，也在當蜀郡太守幾年後，「坐法免歸故里」。史書沒交代其犯了甚麼罪，僅從此點足反映為官者如履薄冰。[107]

另外，廉范「毀削先令」，不是只懂破壞不建設。他做事是有計有謀。他了解成都民居密集，「夜作」紡織的布料極其易燃，火災無可避免。政府不想見到火災頻生，制令不准夜作。這削足適履的方法當然不合情理，而且欠積極性。因此，他下令家家戶戶「嚴使儲水」，以積極態度面對。此外，廉范是個極重情義的人，「好周人窮急」。別人需要幫忙，他義不容辭。尤對老百姓，他視為同族已親，因禁火而不能夜作，令百姓蒙受經濟損失，

---

[106] 同前註，頁1102。

[107] 同前註，頁1103。史書語焉不詳，筆者估測廉范「坐法」實與其在蜀「毀削先令」一事有關。

為人父母官，他對此深表同情，最後「放令夜作」。《東觀記》云：「百姓皆喜，家得其願。時生子，皆以廉名者千數」。廉氏受百姓高度愛戴，就在於其能體恤民情。[108]

六　漢紡織「夜作」現象及其生產量

農忙除有季節之分外，每一天有農忙、農閒時段。日間是農忙時段，居民從事翻田耘土的耕稼工作。晚上是農閒時段，較多生產力從正業耕稼工作中釋放出來，直接或間接參與副業「夜作」生產。[109]〈廉范傳〉中的「夜作」便是漢代紡織業於較發達地區的特色現象。其實，「夜作」現象，西漢時候已出現。班固《漢書》〈食貨志〉載：「婦人同巷，相從夜織」，即其明證。[110]另外，據漢詩〈為焦仲卿妻作〉載：「……十三能織素，十四學裁衣……雞鳴入機織，夜夜不得息」。[111]與及《後漢書》卷八十四〈列女傳〉載曰：「廣漢姜詩妻者，同郡龐盛之女也。詩事母至孝，妻奉順尤篤。母好飲江水，水去舍六七里，妻常泝流而汲。後值風，不時而還，母渴，詩責而遣之。妻乃寄上鄰舍，晝夜紡績，市珍羞，使鄰母以意自遺其姑……」。[112]綜合〈為焦仲卿妻作〉的「夜夜不得息」、〈列女傳〉的「晝夜紡績」及〈廉范傳〉的「夜作」等都反映漢代紡織產業興盛的一面。

---

[108] 王先謙：《後漢書集解》注引《東觀記》，見《後漢書集解》卷31，〈廉范列傳〉，頁389。

[109] 就此或有人會提出男女分工的問題，過去有不少專家學者為此作討論。但筆者認為男耕女織的分工，並不完全符合夜作的現實環境，筆者對於男耕女織的絕對分工，不表贊同。我們不能排除男女共織的現象，一如我們不能完全排除女姓參與農事般。

[110]《漢書》卷24上，〈食貨志〉，頁1121。另外，顧麗華認為〈食貨志〉「相從夜績」指的是「鄉村婦女農閒時相聚織布」。筆者認為有兩處地方值得商榷。第一，〈食貨志〉並無確指夜績的具體地方，「婦女同巷」一語反令筆者認為較似在城內發生。第二，「夜績」顧名思義在晚間舉行，農業是「日出而作，日入而息」，又何需分農忙與農閒，詳見顧麗華：《漢代婦女生活情態》，頁156。

[111] 沈德潛選：〈為焦仲卿妻作〉，頁82。

[112]《後漢書》卷84，〈列女傳〉，頁2783。

不過，由於史料所限，有些問題仍不大清楚。如「婦人同巷，相從夜織」一句便引起連串問題。

首先，「婦人同巷，相從夜織」是否屬集體生產？又，「相從夜織」當中又有沒有「協作」成份？而「集體生產」令人聯想到兩件事情，第一是由甚麼人領導「集體生產」？若是自發性，沒有主導者，當中有沒有所謂「協作」成份。所謂「協作」，可以理解成從事同樣工作的人，聚集在同一場所從事勞動。大家共用同一批工具與原料，也無須移動或運輸，可省下運輸費等費用。又，「相從者」是否指從事有系統的生產，「相從者」是向大地主及莊園主等人負責，抑或是各自獨立無組織下一起工作？如獨立從「婦人同巷」四字看，僅表明她們只是毗鄰居住，相約一起夜作。上述問題，《漢書》語焉不詳。

筆者推測「婦人同巷，相從夜織」，理由有四。

一、「相從者」同時同地工作或可激發她們彼此的競爭心，以刺激起生產量。

二、同巷生產可以共省燈油，資源並享。

三、半夜屋內紡織，多少造成噪音，影響家人安睡。

四、婦女晚上集體往巷外生產，不逗留在屋內生產以防火災直接波及家園。

另一問題，究竟漢代紡織業的生產量有多大？雖無具體的數據可茲參考，不過筆者卻有以下估算。

前引〈食貨志〉載「冬，民既入，婦人同巷，相從夜績，女工一月得四十五日」的民間紡織業。[113] 服虔注曰：「一月之中，又得夜半為十五日，凡四十五日也」。在此引發另一問題，就是家庭式紡織是不是「自給自足」呢？筆者認為此慣常性夜作趕工，應屬私營商品生產。蜀首府成都既是國際商業

---

[113]《漢書》卷24上，〈食貨志〉，頁1121。

大都會，居住人口眾多，對成衣的需求很大，這裡還未把外銷的紡織商品計
算於內。假若四川成都家庭式紡織只為「自給」，成都百姓無須趕緊 日日夜
作 。在朝廷禁制下，百姓「更相隱蔽，燒者日屬」情形也不會出現。

據《太平御覽》卷八一四〈布帛部一〉記：「古詩曰新人能織縑，故人
工織素，織縑日一疋，織素五丈餘，以縑特比素，新人不如故。」[114] 又，《張
家山漢簡《算數書》》[115] 及《九章算術》〈衰分〉談女子織布的五天增長應用
算題，記載了女子一天織布可達二點五八尺。筆者據此可推估熟練婦女每天
織布三尺以上應無問題；此還未把夜作產量計算在內。[116] 若據此推算一女年
織三百天，則成布九百尺。九百尺即二十二點五匹。若以漢代縫製一套成人
男衣大致需用布一匹的標準推算，五口之家，按每年做衣兩套，其計算如
下：[117]

---

[114]《太平御覽》中華書局影印本卷814，〈布帛部一〉，頁3618。白縑（EPT8：25）雙絲
織成的細絹載《中國簡牘集成》六，頁117，轉引自沈剛：《居延漢簡語詞匯釋》，頁
2及頁273。

[115] 見彭浩：《張家山漢簡《算數書》註釋》（北京：科學出版社，2001年），頁56-57。
此外，〈算數書〉之〈婦織〉、〈繒幅〉、〈絲練〉等篇，均反映漢初的紡織生產情形，
頁64、66、74。

[116] 參考郭書春譯注：《九章算術》第3卷（瀋陽：遼寧教育出版社，1998年），頁82。
至於，漢詩〈為焦仲卿妻作〉載：「夜夜不得息，三日斷五匹」，如以一匹約四十尺
計，三日斷五匹即有二百尺，一日約六十七尺，與《張家山漢簡《算數書》》載一日
織布三尺，相差達二十多倍，即使考慮了科技進步等因素，三日斷五匹似乎仍有所誇
張，見沈德潛選：《古詩源》卷四，頁82。

[117] 史載戰國初，李悝為魏文侯作「盡地力之教」，曾算過「有田百畝」、「五口之家」的
一年收支，在支出項目中包括了衣服開支。即：「衣，人率用錢三百，五人終歲用
千五百。」他說的「千五百」衣物錢，無疑是五口之家的最低衣物費用。「人率用錢
三百」，三百錢可能正是一匹布的價格。戰國與漢代的一匹布的規格相同，均是長四
丈，闊二尺二寸，正好為成人一身的衣料。

漢代小農家庭紡織產量估算
一女年織估算　　　300天×3尺＝22.5匹（約20匹）
一女年織（包含夜作）300天×3尺×1.5＝33.75匹（約30匹）
五口之家（成年人用布約1匹，每年2套計）1匹×2×5＝（10匹）

得出結論：
小農家庭每年有 10/20 匹＝約 50% 的剩餘
夜作的小農家庭每年有 20/30 匹＝約 65% 的剩餘

　　小農家庭平均一年（假設三百天）需要用布十匹上下，尚可節餘約十匹。即每年約有百分之五十的紡織品可以剩餘出來，而按上計算夜作則有百分之六十五的剩餘。小農家庭會把剩餘的紡織產品拿到市場販賣，據此可反駁家庭紡織業僅為「自給之用」說。[118] 於此需要強調上面估算，並非絕對數值，只想指出小農紡織有剩餘並超過自足水平。漢代政府經常鼓勵農桑並舉外，紡織業的勞動所創造的價值遠高於一般農業勞動所創造，故家庭式紡織業的利潤很容易吸引到小農們的投入生產。

六　結語

　　綜觀漢代紡織業的整體歷史發展，實上繼春秋戰國經濟昌盛之勢，成熟於西漢，興旺於東漢三國，此態勢迄今仍庚續未衰。春秋戰國時期，各諸侯國間收取關稅，國與國存有關卡，窒礙經濟交通。至秦漢國家政歸一統，對商人、商品的通行極其有利。[119] 加上漢代內陸交通系統漸次建成，區域與區域間之交易暢通無阻，促使各類商品包括紡織商品得以流布天下。西漢末，

---

[118] 李恆全等：《漢代私營手工業的商品生產述論》，《學海》，2002年2期，頁126。
[119] 許倬雲：《中國古代社會史論──春秋戰國時期的社會流動》（桂林：廣西師範大學出版社，2006年），頁139-145。

四川紡織業已聞名全國，史載曰：「蜀地沃野千里⋯⋯，女工之業，覆衣天下」，這是西漢紡織業及交通網絡二百餘年長足發展所結下的果實。[120]

　　踵繼西漢紡織業發展之盛，到東漢進一步發展，蜀郡太守廉范扮演著促進者的角色。他理解到成都居民「夜作」的行為乃經濟發展的必然結果，不能強禁。因此，他沒有使用任合行政手段去窒礙「夜作」，而且還把原來惡法除去，令四川居民能安心「夜作」。他的貢獻更可以「智」、「仁」、「勇」三字概括。「嚴使儲水」見其智；「體恤民生」見其仁；「毀削先令」見其勇。由此可見，蜀郡太守廉范於四川紡織業的發展之功實不可沒。

　　關於漢代四川紡織業，有學者認為以家庭式紡績業覆蓋面最廣。據上文探討的「夜作」應屬此類，「相從夜績」宜看成個體戶生產，而非集體式生產。當然筆者不排除莊園豪強一條龍式自養蠶桑，生產絲綢。[121]除此之外，巨大的市場需求是拉動家庭作坊業發展的原動力。雖然史籍無載家庭式紡織業的生產量的具體數目，但以一家一戶為生產單位，以「夜織」所得之「倍半」增產量計，對紡織品生產的剩餘比率絕不可輕視。[122]

　　廣義的西漢蜀布在商品市場得到買家青睞，發展到東漢蜀錦出現，爭奇鬥艷，成四川時令流行絲織商品。[123]川蜀織錦的精湛技術，漢初已具規模，三國時大有發展，凡綾錦類高級織物，幾乎全為川蜀壟斷。[124]三國蜀地設

---

[120]《後漢書》卷13，〈公孫述列傳〉，頁535。

[121] 林甘泉〈秦漢的自然經濟與商品經濟〉，收入中國秦漢史研究會編：《秦漢史論叢》（北京：中國社會科學出版社，1998年），第7輯，頁159。

[122] 李恆全等：〈漢代私營手工業的商品生產述論〉，《學海》，2002年2期，頁125-126。

[123]《初學記》卷27〈錦〉第6載曰：「劉熙《釋名》曰：錦金也。作之用功重，其價如金，故月制字帛金與金也。丹陽記曰：歷代尚未有錦，而成都獨稱妙，故三國時，魏則市於蜀，吳亦資西蜀，至是始乃有之。《益州記》曰：錦城在益州南筰橋東流江南岸，蜀時故錦官也。其處號錦裏，城墉猶在。」《鄴中記》載曰：「錦有大登高、小登高、大明光、小明光、大博山、小博山、大茱萸、小茱萸、大交龍、小交龍、蒲桃文錦、班文錦、鳳皇朱雀錦、文錦、桃文錦或青綈或白綈或黃綈或綠綈或紫綈或蜀綈，工巧百數，不可盡名。」

[124] 余濤：〈中國織錦探討〉一文載朱新予編：《中國絲綢史：專論》，頁289；另見夏鼐：《我國古代蠶、桑、絲、綢的歷史》，頁109-110。又，史游《急就篇》載曰：

有錦官官廳，便是以產錦出名。《後漢書》卷八十二下〈方術列傳〉載：
「（操）因曰：『吾前遣人到蜀買錦，可過勑使者，增市二端。』語頃，即
得薑還，並獲操使報命。後操使蜀反，驗問增錦之狀及時日早晚，若符契
焉。」[125] 這段話記錄了曹操遣人到蜀地買錦一事。事件發生在曹操為司徒時，
儘管左慈方術看似荒誕，不過此條史料透露出東漢末蜀地錦衣市場能吸引外
地人購買的線索。[126] 至漢末，曹操創行租調制。此制是農桑並重、耕織結合
的生產體制。老百姓以絹帛絲綿和穀物向政府納稅，若欠漢代農業及紡織業
的背景作後盾，租調制是沒充分條件推行。[127]

「綾，今之雜小綾也。」〔漢〕史游，曾仲珊校點：《急就篇》（長沙：嶽麓書社，1989
　年），頁121。又見孫機：《漢代物質文化資料圖說》，頁78。

[125] 《後漢書》卷82下，〈方術列傳〉，頁2747。

[126] 見佐藤武敏：《漢代絲織品的生產形態》，頁521。另，方行：〈中國封建賦稅與商品
　經濟〉，《中國社會經濟史研究》，2002年第1期，頁54。

[127] 李根蟠：《中國農業史》（臺北：文津出版社，1997年），頁148。

讀全師〈中古自然經濟〉敬作補充

宋敘五[*]

一　前言

　　全師早年著〈中古自然經濟〉[1]，為奠定先生在中國經濟史研究方面權威之作；一九六五年，全師初來新亞，當時我曾撰〈西漢貨幣史〉，初稿未定，因持該稿向全師請教。全師亦垂詢我對於〈中古自然經濟〉之意見，當時因對中古時期經濟史實涉獵不深，遲遲未能作答，至今為憾。

　　其後，《西漢貨幣史》一書，蒙全師悉心審閱，並轉請美國哈佛燕京學社資助出版費用，由香港中文大學以《西漢貨幣史初稿》之名出版（1971），全師提攜之恩，永遠銘感！

　　多年以來，我因為從事中國經濟史的教學，涉獵史書、史料漸多，更再三反覆重讀全師〈中古自然經濟〉及其他文章，除多次發見全師精闢之見解外，亦偶然發現一些尚待補充之處，時時興起向全師請教、商酌之念；但又驀然發覺全老師已逝，不勝悵然若失！今值全師百年誕辰之際，研究所出版文集，藉以紀念全師；謹將多年來，歷次興起對〈中古自然經濟〉之意見，稍作整理，草成此文，作為對全師之紀念。不盡之處，還望同門、先進賜教。

---

[*] 　一九六一年畢業於新亞書院，其後獲香港大學哲學碩士、哲學博士學位，現任香港樹仁書院經濟系兼任教授。

[1] 　全漢昇：〈中古自然經濟〉，《中國經濟史研究》（一）（臺北：稻鄉出版社，2003年），頁1-141。

二 全師對「自然經濟」形成原因的解釋

首先說一說全師的意見。在〈中古自然經濟〉一文中，全師說：自然經濟形成的原因有兩個，一個是戰爭；另一個是銅的缺乏。

（一）戰爭

〈中古自然經濟〉（頁6），全先生說：

> 漢末以後，自然經濟代貨幣經濟而起的第一個原因是戰爭。中國自漢末以後，社會上發生很大的騷動，如三國時各地軍事領袖的混戰，和西晉八王之亂，都足以擾亂當時社會的安寧。不過規模最大，影響最烈的戰爭，當然要推漢末的黃巾暴動，與董卓之亂，和西晉末葉的五胡亂華。

全先生又說：戰爭影響商業，如果商業繁榮，貨幣就會受重視。反之，若商業受戰爭影響而趨沒落，就足以影響到貨幣使用。又說：「漢末以後，商業既因屢受戰爭的影響而大為衰落，貨幣的使用自然亦要跟着退步了。」（頁10）

全先生又引《晉書》卷二十六〈食貨志〉載安帝元興（西元402-403年）中，孔琳之的話：

> 錢之不用，由於兵亂，積久自至於廢。有由而然。漢末是也。（〈中古自然經濟〉，頁10）

根據以上所引全先生的話，知道全先生認為：中古時期，貨幣經濟敗壞的主要原因，是戰爭。

（二）銅的缺乏

全先生又說：貨幣經濟逆轉為自然經濟的第二個原因，是鑄造錢幣所用的銅減少，全先生說：當日銅的供給所以減少，一方面由於銅礦產量的銳減，他方面由於佛寺之大量用銅鑄像。（〈中古自然經濟〉，頁10）

又在〈中古自然經濟〉頁十三，全先生說：

> 總之，自漢末以後，能用來鑄錢的銅，一方面由於銅礦產額的銳減，他方面由於佛寺對銅的大量消耗，供給量大為減少，這樣一來，當日錢幣的鑄造額自然跟着作激劇地減少，……這樣一來，遂給實物貨幣以流通的機會。故自然經濟遂代貨幣經濟而起。

以上兩點，是全師在〈中古自然經濟〉一文中，所指出的，令到「貨幣經濟」敗壞，「自然經濟」興起的主要原因。全師可謂「切中要害」。我以下所想補充的，是想說：除了上述兩點原因之外，另有兩點原因也相當重要，這兩點原因是：（1）貨幣思想的倒退，（2）社會結構的變壞。以上兩點原因，也是令「貨幣經濟」社會走入「自然經濟」社會的原因，其中第（1）點，即貨幣思想的倒退，可說是「內在的原因」，而第（2）點，社會結構的變壞，可以說是「外在的原因」。以下謹分章論述之。

三　貨幣思想的倒退

首先說一說，貨幣思想與貨幣制度的關係：

一個社會，應該先有貨幣思想，才會有貨幣制度。也可以說：貨幣思想是貨幣制度的靈魂。一個社會，應先有進步的貨幣思想，才會有完善的貨幣，及健全的貨幣制度。

一個社會，若果它的貨幣思想，維持不變，則它的貨幣制度亦會維持不變。

但是，如果該社會的貨幣思想倒退，敗壞，它的貨幣制度也必然敗壞。下文，試按照時期的先後，敘述由西漢到東漢貨幣思想倒退的情形。

（一）晁錯的反貨幣思想

西漢時期的反貨幣思想，於西漢早期就有。西漢早期，貨幣制度已經建立。但與此同時，就出現反貨幣思想。最早提出反貨幣思想的人是晁錯。晁錯在文帝（西元前179-157年在位）時期，上疏給文帝說：

> 珠玉金銀（泛指錢幣），飢不可食，寒不可衣，然而眾貴之者，以上用之（指皇上把它們當作貨幣）故也。其為物，輕微易藏，在於把握，可以周海內而亡飢寒之患。此令臣輕背其主，而民易去其鄉。盜賊有所勸，亡逃者得輕資也。粟米布帛，生於地，長於時，聚於力，非可一日成也。數石之重，中人不勝，不為姦邪所利。一日弗得而飢寒至。是故明君貴五穀而賤金玉。（《漢書·食貨志上》）

這是西漢最早，也是最明白提出來的反貨幣思想。貨幣的優點，就在於「量輕」、「價高」、「容易攜帶」。晁錯就把這些優點當作缺點，而說：有貨幣，可以「令臣輕背其主，而民易去其鄉」。英國有一個貨幣哲學家，諾門·安哲爾（Sir Norman Angel）寫了一本書，叫做《貨幣的故事》（*The Story of Money*, New York, 1929）整本書的意思就是說：「貨幣給人以自由」。就是因為有貨幣，人才可以離開家鄉，離開供給他衣、食的「米飯班主」。安哲爾說：沒有貨幣的社會，供給每一個人衣、食的，是固定的，是那些人所認識的，有了貨幣，供給每一個人衣、食的，不是固定的，是那些人不認識的。所以說：「貨幣給人以自由」。而貨幣之所以被用作貨幣，也是因為它可以「給人以自由」。另有一位德國貨幣學家齊美爾（George Simmel）著了一本《貨幣的哲學》，他說：

> 個人自由的基礎，完全建立在貨幣上，在封建制度和有奴隸或契約勞

工的經濟制度之下，很少用得着貨幣。（一些人）必須安於一種和封
建地主天天見面的關係。[2]

現在晁錯反把貨幣這種好處當作貨幣的「罪名」，因為貨幣可以「給人以
自由」，就會令到：「臣輕背其主」，「民易去其鄉」。所以晁錯建議皇帝，不
如取消貨幣，回歸到以「粟米布帛」為交易媒介的社會。

（二）景帝後元三年的詔書

文帝沒有聽信晁錯的建議，漢朝用銅錢為貨幣的制度依舊。到了十多年
之後，景帝（西元前156-141年）晚年，景帝又想起晁錯。可能悲從中來，認
為晁錯死得冤枉[3]，乃於景帝後元三年（西元前141年）下詔說：

> 農，天下之本也。黃金珠玉，飢不可食，寒不可衣。以為幣用，不識
> 其終始。間歲或不登，意為末者眾，農民寡也。其令郡國務勸農桑，
> 益種樹，可得衣食物。吏發民若取庸采黃金珠玉者，坐臧為盜。二千
> 石聽者，與同罪。（《漢書・景帝紀》）

上引這一道詔書，與前面所引晁錯的意見相同，都是認為不應該用「黃
金珠玉」（泛指錢幣）為貨幣。認為「黃金珠玉」那一些「飢不可食、寒不可
衣」的東西，不應該當貨幣，應該用「飢可食、寒可衣」的「粟米布帛」當
貨幣。

好在景帝在頒布上面那道詔書之後，就駕崩[4]了，否則真的可能廢掉了銅

---

[2] 引自 J.S. Gambs 著，王聿修譯：《人、錢、貨》（香港：新世紀出版社，1953年），第
　十三章，頁206。

[3] 晁錯在西漢景帝（西元前156-141年）時期，提議「削藩」，即削弱各封建王國的力
　量，王國諸侯群起反對，史稱「吳楚七國之亂」。景帝為了緩解諸侯的不滿，殺了晁
　錯。但晁錯死後，七國之亂仍然爆發。（事見《漢書・景帝紀》及〈晁錯傳〉）。

[4] 上述詔書之時間，為景帝後元三年（西元前141年）春正月，同年，景帝崩。（均見
　《漢書・景帝紀》）。

錢，那禍害可大了！

（三）貢禹的反貨幣思想

　　雖然，西漢早期有晁錯等人的反貨幣思想，但這些思想，並不是西漢貨幣思想的主流。西漢貨幣制度，由西漢初年經多次改革，到武帝（西元前140-87年在位）時期漸臻於完善（詳見宋敘五著《西漢貨幣史》（初版1971年，再版2002年，均為香港中文大學出版），可以看到西漢貨幣思想的主流。這種主流思想，是以銅錢單本位，並由中央政府獨操鑄錢之權，藉以達到銅錢品質的高度齊一性（identity），來加強幣信，擴大流通，進而促進社會各業的繁榮。

　　也就是因為上述主流思想，晁錯的反貨幣思想，並未得到社會共鳴。而以金屬（銅錢）為幣的主流思想，繼續主導着西漢的貨幣制度，並促成西漢工、商事業的繁榮發展。

　　到了西漢後期，在社會經濟繁榮發展的同時，有一件事情，令到當時的儒家學者感到个安，就是太多的農民「棄農趨末」。因為當時，商業賺錢容易，農業辛苦並且賺不到錢。在西漢早期，司馬遷就有「用貧求富，農不如工，工不如商」[5]的說法。貢禹當時也看到一個現象：就是，老百姓，確實不想再務農了。他說：「貧民雖賜之田，猶賤賣以買。窮則起為盜賊。」意思是說：皇帝如果賜田給貧民，貧民還是不想種田，他們會把田地賣掉，用賣田所得的資本作生意。如果僥倖成功發了財，就一直作生意，當商人；如果失敗，就作強盜。為甚麼會這樣呢？貢禹的解釋是：「末利深，惑於錢也！」意思是說：經營商業的利潤太厚，而且因為有貨幣。因此，貢禹就認為：罪魁禍首是「貨幣」。他於是向皇帝建議：

> 宜罷采珠、玉、金、銀、鑄錢之官，毋復以為幣。……租、稅、祿、賜皆以布帛及穀。（《漢書·食貨志下》）

5　見《史記·貨殖列傳》。

　　貢禹提出這個意見的時候，官居御史大夫（相當於副首相），他的建議，皇帝不可能置之不理。如果皇帝接納了他的意見，可能就廢了銅錢，改用粟米、布帛為幣；萬幸皇帝把他的提議交予「廷議」討論。西漢時期的「廷議」，是在上朝的時候，所有出席的官員，即席討論皇帝交下的議案，將討論結果，再交皇帝參考。《食貨志》記載說：「議者以為：交易待錢，布帛不可尺寸分裂。」以上兩句話非常簡捷，但是非常有力，非常中肯；說到了問題的關鍵。議者是指參加廷議的官員，可能是一個人，也可能是幾個人，但是這個意見是取得大家共識的。簡單的兩點是：

（1）交易需要錢（別的物品無法取代）；

（2）布帛不可以代替錢，因為它不可以任意分割。

　　最後的結果是：「禹議遂寢」，即是說把貢禹的建議擱置下來。

　　錢幣仍然保留下來。

（四）王莽的貨幣思想

　　漢朝末年，王莽居攝。其後篡漢登基共十五年，計王莽前後執政共十八年（西元六年至二十三年）。在這一段時間中，王莽鑄造許多種貨幣。根據《漢書·食貨志》記載如下：

> 王莽居攝，變漢制，以為周錢有子、母相權，於是更造大錢：徑寸二分，重十二銖，文曰「大錢五十」。又造契刀、錯刀。契刀，其環大如錢，身形如刀，長二寸，文曰「契刀五百」。錯刀，以黃金錯其文，曰：「一刀直五千」。與五銖錢凡四品，並行。

　　到王莽真正做了皇帝之後，又再改。〈食貨志〉說：

> 莽即真，以為書「劉」字有金刀，乃罷錯刀、契刀、及五銖錢，而更作金、銀、龜、貝、錢、布之名，名曰「寶貨」。

　　王莽鑄造了許多種類的貨幣，包括：錢、金（包括金、銀）、龜、貝、

布，總共有「五物、六名，二十八品。」（詳見《漢書·食貨志下》）結果是：

> 百姓憒亂，其貨不行。……於是農商失業，食貨俱廢。民涕泣於市
> 道。（《漢書·食貨志下》）

王莽並沒有聲稱他有貨幣思想。但是我們可以從他的貨幣政策中，看到他的貨幣思想。他的貨幣思想是：

（1）他不知道貨幣為何物。

（2）他不知道貨幣應該有何功用，如果貨幣失去它應有的功用，即不成為貨幣。

（3）他不知道，在漢朝時期，這一種工、商各業已高度發展的社會，必須有一種良好的貨幣，以及有一個健全、完善的貨幣制度。

他對以上有關貨幣的知識，完全茫然不知，而以為貨幣，只是當權者手中的泥塑公仔，可以隨意搓揉，並且可以隨手打碎，再搓、再揉。於是當他用雜亂無章的貨幣，攪亂了西漢貨幣制度之後，就招致社會「農商失業、食貨俱廢」的局面，天下也亂了！

（五）東漢時期的貨幣思想

王莽亂後，貨幣制度陷於混亂，社會經濟大受影響。直到東漢初年，光武十六年（西元40年）再行五銖錢。《後漢書·光武帝紀》於光武十六年記云：

> 初，王莽亂後，貨幣雜用布、帛、金、粟。是歲（即光武十六年，公
> 元40年），始行五銖錢。

《後漢書·馬援傳》：

初，援在隴西上書，言：宜如舊鑄五銖錢。事下三府，三府奏以為未可許，事遂寢。及援還，從公府求得前奏，難十餘條。乃隨牒解釋。更具表言，帝從之。天下賴其便。

根據上面一段記載，可見馬援「重鑄五銖錢」的建議，是幾經周折才能通過的。馬援最初上奏摺給皇帝，這個奏摺到了中央政府，中央政府把這奏摺轉到鑄錢的機構（三府），三府以為時機未至，竟把馬援的奏摺壓下來。等到馬援由隴西前線回到朝廷，再向三府取回奏章，看到三府在奏章上提出反對（反對重鑄五銖錢）的理由，有十餘條之多。馬援根據三府反對鑄錢的意見，逐條解釋，最後又再上書給皇帝，終於得到皇帝同意，重鑄五銖錢。《馬援傳》說：「天下賴其便」。是說：鑄行五銖錢後，天下百姓都感覺到方便。

由上述情形，我們又可以看到：東漢時期，對貨幣情況的認識，已經處於「眾醉獨醒」的情況，唯一有認識的是馬援；連皇帝也是抱持着「可有可無」的態度。

在經濟思想方面，東漢處於一段低潮時期。《漢書》中，有〈貨殖傳〉，又有〈食貨志〉。〈貨殖傳〉記載個人創業致富的事蹟；〈食貨志〉記載國家、社會，總體的經濟、財政情況。《後漢書》中，既沒有〈貨殖傳〉，也沒有〈食貨志〉。這種情形，顯示東漢時期的經濟思想、貨幣思想處於一種低潮時期，一種混沌狀態。如果我們想研究經濟史、貨幣史等，東漢等於一條黑隧道，一條沒有燈光、沒有陽光的隧道。

東漢時期，有關貨幣的言論少見。《後漢書·朱暉傳》載：肅宗元和（西元84-85年）中，「是時穀貴，縣官經用不足，朝廷憂之。尚書張林上言：『穀所以貴，由錢賤故也。可盡封錢，一取布帛為租。以通天下之用。』……於是，詔諸尚書通議：暉奏，據（張）林言，不可施行，事遂寢。後陳事者復重述（張）林前議，以為於國誠便，帝然之，有詔施行。」

又：《後漢書·劉陶傳》

時有上書言：人以貨輕錢薄，故致貧困，宜改鑄大錢。

劉陶根據上面「改鑄大錢」的意見，發表議論說：

> 蓋以為當今之憂，不在於貨，在乎民飢。夫生養之道，先食後貨。……食者，乃有國之所寶，生民之至貴也。……豈謂錢貨之厚薄，銖兩之輕重哉？……蓋民可百年無貨，不可一朝有飢。……議者不達農殖之本，多言鑄冶之便。……願陛下寬鍥薄之禁，後冶鑄之議。……帝竟不鑄錢。

從上面所引各節，可見東漢時期，有關貨幣思想的言論，仍然停留在以下各點：

（1）鑄錢或廢錢

（2）用錢或用粟米、布帛

（3）專務農耕

可見東漢時期的貨幣思想，的確較以前（西漢及東漢初年）退步多了！

（六）由西漢到東漢貨幣思想倒退情形的討論

以上我們觀察了從西漢初年到東漢時期的貨幣思想，使我們得到非常清楚的印象。我們得到的印象，有以下幾點：

（1）在西漢時期，人們都知道貨幣為何物。譬如晁錯，他雖然反對貨幣，他也知道貨幣為何物。知道貨幣的好處，是可以給人以自由。他反對貨幣的原因，就是因為貨幣可以給人以自由，不利於統治階級。於是他站在統治階級的立場，主張棄用貨幣。

（2）到了西漢後期，王莽已經不知道貨幣為何物。王莽以為貨幣是統治者手中的泥公仔，可以隨便搓圓、搓扁，完全不知道貨幣是社會經濟活動的載體，是一切工、農、商業活動的載體，所以，在王莽打亂了貨幣制度之後，社會即陷於「農商失業，食貨俱廢，民泣涕於道」的境地。

（3）西漢時期，能夠形成相當完善的貨幣制度，是因為當時已經有非常進步的貨幣思想。到西漢後期，貨幣思想日漸退步：先有貢禹的思想，繼有王莽的思想。

（4）東漢初年，馬援建議重鑄五銖錢，光武依違兩可，馬援當時處於眾醉獨醒之局。在此，我們應該特別看一看東漢開國皇帝光武帝的態度：光武為開國之君，英明之主，但他在這一件事上，似乎毫無主見。當馬援在隴西前線，上書給朝廷，請「如舊鑄五銖錢」。馬援的上書，到達朝廷之後，事下三府，三府以為未可，並批駁「十餘條」，這種經過，光武不會不知道。又再到馬援由前線回到朝廷，才又從「三府」取回文書，對「三府」提出的責難，逐條解釋，再上表給皇帝（光武），才得到光武的同意。由此可見，光武本人並無主見。為甚麼光武沒有主見呢？我們知道：光武是王莽時期的太學生，他的經濟思想、貨幣思想，與王莽相同，即不知貨幣為何物？

光武之後，又再到東漢中、後期，朱暉、張林、劉陶等人之言，更形倒退，更不知貨幣為何物了！

四　社會結構的改變

中古時期，其所以走回「自然經濟」的原因，除上述貨幣思想的倒退外，另一個主要原因，是社會結構的改變。

所謂社會結構的改變，亦可說是社會結構的惡化，或社會情況的倒退，由一個公平的社會，逐漸地、緩慢地，變成一個不公平的社會。

前引英國學者安哲爾著《貨幣的故事》一書說：「貨幣給人以自由」，其實亦可以說：「貨幣予人以平等」。沒有貨幣的社會，人沒有自由；沒有貨幣的社會，社會不平等。

社會，是一個多面體，個人得不到自由的社會，人與人之間，也不平等。因為在一個沒有貨幣的社會之中，社會中的財富，以及先天資源，（包括

土地、水資源及自然資源）都控制在一些貴族之手，個人為了取得衣食，必須依附在這一些貴族身邊，不能背叛，亦不能遠離。

到社會有了貨幣，個人可以攜帶着貨幣遠走他鄉，這就是前面所引晁錯所說的：「（貨幣）輕微易藏，在於把握，可以周海內而亡飢寒之患。」也就是因為貨幣有這些方便，於是晁錯說：「此令臣輕背其主，而民易去其鄉；盜賊有所勸，亡逃者得輕資也。」

根據晁錯的說法，是在一個沒有貨幣的社會中，一般人為了得到衣、食，必須依附在有權柄之人的勢力之下，求得衣、食及生活所需，無法離開。當一個社會有了貨幣，一個人可以手握貨幣，輕離其主，遠走他鄉。這就是有了自由。但在另一方面來講，因為有了貨幣，社會就變得平等。因為貨幣賦予個人一種權力，他可以要求別人給予他衣、食之物，或者滿足他在某一方面的需要。因為貨幣是取得一定數量的財物及服務的「證書」，等於「阿拉丁神燈」的主人。

如上所論，有了貨幣的社會，社會會逐漸地變得平等、越平等。

反過來說，假如一個已經使用貨幣的社會，因為某些原因，變得越來越不平等，貨幣就會變得越來越不受重視，可有可無。

東漢末年的社會，社會越來越不平等，貨幣也越來越不被重視。

（一）一盤散沙的社會

記得好像是孫中山先生說過：中國社會，是一盤散沙的社會。其實，最好的社會，是一盤散沙的社會。社會中的每一個人，每一個家庭，各不相屬，獨立而平等。而這樣的社會，最需要貨幣，是「貨幣經濟」最能實現的社會。

（二）西漢時期的中國社會

西漢時期，中國社會剛剛脫離了封建制度，除了皇帝一個人[6]之外，其他人完全平等，其情形即如一盤散沙。

英國經濟學鼻祖亞丹斯密（Adam Smith, 1723-1790）理想中的經濟人（Economic Men），就是這種彼此獨立，各不相屬，以利相接的個體。這種情況下，由於個體與個體之間，以利相接，斤斤計較，精打細算，因而需要一種交易媒介（貨幣）可以較細分割，又可以大量積累的銅錢作為貨幣。

西漢時期的中國社會，就是最接近上述情況的社會。所以西漢時期，也鑄造了中國歷史上，品質最好，齊一性最高，數量相當多[7]的貨幣（銅錢）；又建立了在中國歷史上最完善的貨幣制度（詳見宋敘五：《西漢貨幣史》）。

（三）東漢之後，中國社會情況轉壞

上文說：西漢社會那一種好像一盤散沙的社會，也即是最平等的社會，也是最適宜於貨幣流通的社會；與此相反，如果社會變得越來越不平等，貨幣制度就會敗壞，貨幣就會被廢棄。

東漢之後，社會變得越來越不平等，銅錢越來越不被重視，所以貨幣制度越來越無法維持。

---

[6]　徐復觀先生著《兩漢思想史》說：西漢是「一人統治的社會」。（香港：香港中文大學出版社，1975 年）。

[7]　《漢書・食貨志下》記載：「自孝武元狩五年（西元前一一八年）三官初鑄五銖錢，至平帝始元中，成錢二百八十億萬餘云。」是中國歷史上，連續鑄錢最長時期，亦是鑄錢數量最多的時期。又：當時鑄錢技術已相當進步，民間已難於倣效。〈食貨志〉言：「而民之鑄錢益少，計其費不能相當。唯真工大姦，乃盜為之。」

（四）東漢初年沒有「洗牌」

西漢時期，社會是一個平等的社會。

到西漢末年，一些貴族外戚，已經形成本身的勢力，在平等的社會之中，出現了一些山頭，亦即是出現了一些不平等的因素。

東漢初年，光武蕩平群雄，一統天下。本來，憑着光武的才智，他即使不姓劉，一樣可以取天下。但是，他始終以西漢的繼承人自命，而把西漢後期社會上一些舊勢力，保留了下來。

中國政權轉移，沒有更新的機制。

中國政權的更新機制，只是改朝換代。

當一個家族統治稍久，百害叢生。一方面皇室家族素質變差，另一方面社會上孳生許多不平等因素。時間積久，這些不平等因素累積而惡化，則激起民變，野心家乘時而起，群雄逐鹿，優勝、劣敗，勝者為王。

所以，當一個新朝代開始時，舊朝代之中，所有大大、小小的既得利益者，本應全部退位，萬象更新，萬民更新。其情形好像是打麻將打了一圈之後，照例「洗牌」。社會重新變成「一盤散沙」、「全民平等」的社會。

但是，因為東漢這一個新朝代的開國之君，以一個舊王朝的繼承者自居，因而把一些西漢時期的舊勢力保留了下來。余英時說：東漢開國之初，士族大姓已遍佈國中，各擁土地與武裝。[8]光武取得天下之後，並沒有鏟除那些舊勢力，而讓其繼續存在。於是再分封功臣以相制衡[9][10]。因此，在東漢初年，也即是一個新朝代開始時，已經是一個山頭林立，不平等的社會。

錢穆先生著《國史大綱》第三編第九章，章題為：〈統一政府之墮落〉，來形容東漢政府，謂「東漢只是秦漢以來統一政府之逐漸墮落」。同書第四編

---

[8] 見余英時：〈東漢政權之建立與士族大姓之關係〉，《新亞學報》1卷2期，（1956年）。

[9] 《後漢書‧光武紀上》：「光武帝建武二年（公元二六年），庚辰，悉封諸功臣為列侯，梁侯鄧禹，廣平侯吳漢皆食四縣。……帝令諸將各言所樂，皆占美縣。」

[10] 見陶著：《南北朝經濟史‧序言》（臺北：食貨出版社，2002年）。

第十八章，章題是〈變相的封建勢力〉，是說由東漢到魏晉南北朝，中國社會已成為「變相的封建社會」。為甚麼叫「變相的封建社會」呢？因為中國在名義上由西漢時期已經離開封建社會了。而在西漢之後的五百多年，本不應再稱之為「封建社會」；但是實際上，社會中又的確出現了許多封建勢力，則魏晉、南北朝的社會，究其實際，是已經恢復了「封建社會」。

封建社會，是不平等的社會。

陶希聖先生著《南北朝經濟史》，也說：在南北朝時期，中國又再恢復到封建社會。「最重要的特徵，是大族與教會的經濟特權及政治特權。」[11]

（五）封建社會中，貨幣經濟必然倒退

從東漢到魏晉南北朝，一般人把一些封建勢力，稱為豪門、豪族或豪強。這些豪門，各自擁有許多部曲或僮客。比起一般平民百姓來說，他們並不希望社會上有貨幣，另一方面，他們並不像一些平民百姓一樣的依賴貨幣。

我們為甚麼說，豪族們不喜歡貨幣呢？我們可以再引用漢文帝時期，晁錯所說的一段話。晁錯說：

> 其為物（指貨幣）輕微易藏，在於把握。可以周海內而亡飢寒之患，此令臣輕背其主，而民易去其鄉，盜賊有所勸，亡逃者得輕資也。
> （《漢書‧食貨志上》）

東漢時期，每一豪族，手下都有許多僮客、部曲。這些僮客、部曲，或有一些極想脫身而去，如果有貨幣在身，會加速部曲逃散的可能性，因此，豪族們是不願意社會上使用貨幣，更不願意社會上有良好的貨幣。

再次說：豪族們並不好像平民一樣的喜歡貨幣，依賴貨幣。

先說一說：平民較豪族更依賴貨幣，因為平民購買力低，較多用於小量買賣，貨幣（如銅錢）適用於小量買賣；再說：平民喜歡斤斤計較，貨幣

---

[11] 全漢昇：〈中古自然經濟〉，同前註，頁100。

（如銅錢）適用於斤斤計較。

相對來講，豪族買、賣多數較大手筆，不須斤斤計較。如果用粟米、布帛、絹匹為貨幣，有時對豪族更方便。因為豪族經常需用大量粟米、布帛分配給予部曲、僮客。如果在買賣之中收到貨幣（銅錢），還須要用貨幣再去買粟米、布帛，又要化費交易費用；直接收到粟米、布帛，更合己用。

因此亦可以說：粟米、布帛作為貨幣，是由東漢，經魏晉、南北朝時期，豪族當道時期的必然現象。

（六）市場交易中的「經濟主體」

市場交易中的經濟主體，等於議會中的選民一樣，可以表現他們的話語權。他們的話語權，表現在他們的購買力，購買力大者，話語權大，購買力小者，話語權小。在東漢末年，到魏晉、南北朝時期，經濟主體有兩類，一類是平民，一類是豪族。平民手中掌握着的購買力小，豪族手中掌握着的購買力大，所以，豪族對市場的影響力較平民為大。

經濟主體，是在經濟活動中，可以當家做主的個體。有些是個人，有些是家庭，（個人與家庭都算是平民），有些是豪族，統稱為「經濟主體」。對於個人或家庭，我們可以稱他們為：「經濟個體」（Economic individual），對豪族，我們可以稱他們為「經濟團體」（Economic Group）。但是「經濟個體」所持有的貨幣數量少或貨幣價值低，對市場對社會的影響力亦低，「經濟團體」，在通常情況下，所持有的貨幣數量大或貨幣價值大，因而對市場對社會的影響力大。這些豪族們，由於他們的購買力非常強大，大過個人的購買力甚多，所以他們對市場的影響力，也比個人（包括家庭）大了許多。這些「經濟團體」（即豪族），因為他們須要養活着大批的部曲、僮客，所以手頭上需要經常保留着大量的粟米、布帛，如果用粟米、布帛作為貨幣，在他們來說，更為方便。因為：若果用貨幣（例如銅錢）作為交易媒介，則在收到銅錢之後，他們還須要用銅錢去買粟米、布帛，如在交易中收到粟米、布帛，對他們來說是「得其所哉」！

　　但是對個人（包括家庭）來講，他們手中並不一定經常持有粟米、布帛，如果用粟米、布帛作貨幣，則在交易之前，必先用其他物品換得粟米、布帛，再用粟米、布帛來買他們所需要的商品。

　　但是，在市場上，誰手中的購買力大，他的意見就佔上風。豪族，因為他們所持購買力大，市場就會按照他們的意願，以粟米、布帛為貨幣，社會於是走上「自然經濟」之路。

五　五百年漫長歲月──自然經濟時期的平民生涯

（一）失序的歲月

　　本節的標題為：「失序的歲月」，我們要表達一個觀點，一個看法：就是說：生活在這個時期，也即是魏晉、南北朝時期的平民百姓，他們受着政府統治，他們要完糧、納稅，服勞役。這些要求人民百姓完糧、納稅，服勞、供役的政府，本應建立各種制度，讓人民遵行；貨幣制度是其中之一。在這個時期之初，社會本來已經走上「交換經濟」之路，政府即應該建立一個貨幣制度，提供一種交易媒介，供百姓使用；但是，在這五百年之中的政府，並沒有作這一件事情。所以，在政府來說，是失職，在時代及社會來說，是失序。

　　這一失序的歲月，長達五百多年。在〈中古自然經濟〉文中，全師說：「這種自漢末以來盛行了五百年的自然經濟，到了安史之亂前後可要漸漸式微，而讓位於貨幣經濟了。」[12]如果由魏文帝黃初二年（西元221年）政府明令罷五銖錢算起，到唐朝玄宗天寶元年（西元743年），為五百二十二年，全師說：「其間約為五百年」，大約如此。

12　見《漢書‧貢禹傳》。

（二）五百年間的平民生活

本節集中說明一下，以實物為貨幣，對平民（包括家庭）的不利情況。

在這裡，必須說明一點，即是在這五百多年，本文所謂的「自然經濟」時期，也並不是完全沒有貨幣（銅錢），而是因為各地區政府（因國家陷於分裂）所鑄造的銅錢，品質太差，而且數量太少，無法滿足市場需要，粟米、布帛等實物貨幣，遂成為主要的交換媒介。

在這一段時期之中，政府的財政收支，諸如田租收入，戶調、力役之徵收，已全用布帛為手段，官俸祿的支出，以及工役的開支，則雜用粟米、布帛。至於市場買賣，則全部以粟米、布帛為手段。

下文想說一說：以布帛、粟米為交易媒介，對平民不利的情況。

在史書上面所記載的交易事例中，粟米用作交易媒介的例子甚少，布帛（包括：絹、綿、麻、絲、帛、布、等等）用作交易媒介的例子，則甚多。而這種情形，對平民尤其不利。因為平民不論是買入或賣出，均比較小量，用布帛為交易手段，必須「分割」；若以布帛與粟米來比較，粟米的「分割性」大，並且分割之後，可以復合。譬如一斗米，可以分割為十升，十升可再合而為一斗。布帛則不可以，布帛一丈可分割為十個一尺，但已分割為十段一尺的布，不可以再合而為一丈。如平民在交易中，買入之物，價為（布帛）九尺，而將一丈之布裁去九尺予人，則剩下的一尺，將成廢物，存則廢時，棄則可惜！這是平民在交易過程中，經常遇到、又無可避免的情況。所以說：以布帛為媒介，對平民非常不利。

西漢末年，貢禹[13]曾向漢元帝（西元前84-33年）建議：廢除銅錢，以布帛為幣。當時就有人提出反對。反對的理由，就是「布帛不可尺寸分割」[14]。在西漢時期的朝中大臣，因為布帛不可以「尺寸分割」，就否定了貢禹「以布帛

---

[13] 見《漢書‧貢禹傳》。

[14] 《漢書‧食貨志》載晁錯語。

為幣」的建議；但是，到了中古時期，布帛終於被用作貨幣。而布帛在買賣中，必須分割的情形，遂不可避免。而由布帛分割所蒙受的損失，只有由平民來承擔；這是用布帛為交易手段，對平民（窮人尤甚）的不利情況。

另外一種對平民不利的情況，是粟米、布帛在儲存過程中，成本過重。相對於豪族來講，豪族也需要儲藏着一些粟米、布帛，較平民更多。但對於豪族來說，並不是大負擔。因為豪族平日都需要儲存着大批的粟米、布帛，來養活大批的僮客、部曲，及供自己及家族應用，有需要時，則用來作交換媒介，亦貨、亦幣，更為方便，不須要另作安排，即兩得其利。但在平民則不同：平民生活簡單，所吃用的糧食，未必是市場上用作交易媒介的粟米，所穿的衣物，未必是市場上用來交易之布帛，窮人一年未必作一件衣裳。因此，為了交易的需要，平民可能須要另作儲備。又：平民多數居室簡陋，窮則居無片瓦，有者亦家徒四壁，如須日常儲存供作交易手段的粟米、布帛，在平民來講，可能是一種較沉重的負擔。

在西漢早期，漢文帝（西元前179-157年）時期，晁錯就說：「其物（指銅錢）輕微易藏，在於把握。」[15]這是說：銅錢容易儲蓄，不怕潮濕，不易腐爛，體積又小。相對來說：粟米、布帛，體積大，所佔空間大，容易腐爛，而存放這一些必須用來作交易媒介（以及繳納田租、戶調）的粟米布帛，在平民來說亦是一大負擔。

六　否極泰來——社會再走回「貨幣經濟」時

（一）盛世的再來

在上一章，我們說到社會走入「自然經濟」時期時，我們形容該時期為：「失序」的歲月，重點是說：這個時代，這個社會，已經「失序」；而當時的政府，已經「失職」。

---

[15]《國史大綱》上冊，頁288。

上面這一段話，我們隱含着一個意思，是說：一個貨幣制度的建立，是一種「政府行為」。必須一個有能力、有見地的政府，才能夠建立一個貨幣制度。至於建立起來的「貨幣制度」，是否完善，則要看一看這個政府是否有能力，是否有見地？

（二）隋唐盛世

結束由魏、晉、南北朝時期，中國分裂局面，而歸於統一的是隋朝，而企圖重建貨幣制度的也是隋朝；但是隋朝國祚太短，時不我與！重建中國貨幣制度，還待唐朝。

（三）社會重歸於平等

我們在前文說過：社會走入「自然經濟社會」，是因為社會不平等。社會不平等令社會走入「自然經濟社會」，而在走入「自然經濟社會」之後，社會愈來愈不平等。

錢穆先生《國史大綱》第五編第二十二章，說到隋文帝統一中國時說：

> 尤有要者，則為中央政令之統一，與社會階級之消融，古代之貴族封建，以及魏晉以來之門第特權，至此皆已消失。全社會走上一平等線。[16]

又再因為隋、唐時期，實行科舉制度，使社會更趨於平等。

（四）貨幣思想的回歸

前文說過：貨幣思想是貨幣制度的靈魂，根據這種說法，應該是社會先

---

16 《漢書・食貨志下》。

有了貨幣思想，才會有貨幣制度。如果貨幣思想周密、正確而完善，才會有建全、完善的貨幣制度。

我們又在前面第二章，敘述過西漢貨幣思想的墮落過程，先有貢禹的反貨幣思想，繼而有王莽的混亂無序的貨幣思想。貢禹雖然反對貨幣，但他仍然知道貨幣為何物。到王莽已不知道貨幣為何物，以為貨幣可以是在他手中搓圓、捏扁的泥塑公仔，可以隨意玩弄，因而招致「農商失業、食貨俱廢，民泣涕於道」[17]的後果。

到了東漢光武帝，也因為受了王莽的影響，對貨幣一無所知。所以在馬援建議重鑄五銖錢一事上，無所措手足。在東漢一朝，朝中大臣均對貨幣一無所知，所以任令貨幣制度敗壞，走上「自然經濟」之路，禍延於其後五百餘年。

隋唐盛世再臨，貨幣思想歸位，等於靈魂回歸軀體，貨幣制度得以重建。

（五）貨幣制度的基本原則

拙著《西漢貨幣史》一書曾說：西漢貨幣制度之中的幾項原則，一直為後代各朝政府所遵循：原則之一，是貨幣鑄造權由中央政府獨佔；原則之二為：銅錢單本位制。以上兩項，是唐朝政府重建貨幣制度的重要依據。為了明白唐朝政府重建貨幣制度時，對漢朝貨幣制度的繼承性，以及因時制宜的進步性，我們在下面列一個表，來顯示具體情況：

---

[17] 《漢書‧食貨志下》載賈誼於漢文帝五年（西元前175年）上書給文帝說：「法使天下公得顧租鑄銅錫為錢，敢雜以鉛鐵為它巧者，其罪黥。」由這一段話的意思看，知道漢朝對鑄錢時的銅錫比例是有嚴格規定的。

表1　西漢與唐朝貨幣制度比較表

項目	西漢	唐朝
1. 貨幣鑄造權	有中央政府獨佔	由中央政府獨佔
2. 本位幣	銅錢單本位制	銅錢單本位制
3. 貨幣形制	圓形，方孔，文為五銖，重如其文。	圓形，方孔，重二點四銖，為一兩的四分之一

　　上表所列：西漢與唐朝貨幣制度，第一點關於「貨幣鑄作權」的規定，唐朝與西漢一樣，仍然由中央政府獨佔。第二點，關於本位幣，亦與西漢一樣，為銅錢單本位幣。以上兩點，「漢規唐隨」，並非簡單地墨守成規，而是可以看出唐朝君臣的智慧，及深思熟慮的結果。因為：由中央政府獨佔鑄作權，才能夠保證貨幣統一，及將鑄作技術提到「最高」，避免盜鑄。在本位幣方面，單本位幣亦較多本位幣易於掌握，避免混淆，尤其在中國老百姓知識水平較低的情形，最為適宜。西漢貨幣制度，在上述兩點，已經作了最好的決定，唐朝擇善固執，可謂至當。

　　關於貨幣形制，唐朝則不再墨守成規，而需要「因時制宜」。畢竟時間已經相隔數百年，社會環境、經濟情況已有相當大的改變。

　　在貨幣形制方面，唐朝保留漢制者，為圓形、方孔，因為這兩種形制，是西漢銅錢的最優點：圓形，避免磨損，方孔，在貫串之後不易轉動；這兩方面，中國人在秦漢之際，已經明白，並予以掌握，唐朝予以繼承、保留，亦可見唐人之智慧。在貨幣形制方面，唐人保留西漢好的部份，再加上自己改良的部份，成為完美結合。下表列明漢、唐銅錢在形制方面之相同點與相異點，藉以觀察唐朝君臣立法之精意：

表2　西漢與唐朝銅錢形制比較表：

項目	西漢	唐朝
形狀	圓形、方孔	圓形、方孔
文字	五銖	開元通寶
重量	五銖	二點四銖（即一錢），為一兩的十分一
成色	有嚴格規定，但史書未詳載[18]	銅：83.33％；白鑞：14.56％；黑錫2.11％[19]

　　開元通寶鑄於唐高祖武德四年（西元621年），其時大局初定，唐朝君臣即制定貨幣制度，在制度原則方面，擇善固執，在貨幣形制方面，極見心思。顯出唐朝君臣，為歷史負責，為社會負責的氣概。開元通寶不是「年號錢」。它並不是某一個皇帝的年號，所謂「開元」，有「開新紀元」的意思。顯示在貨幣形制方面，拋棄舊思維，舊格局，開創新紀元的意義。「開元通寶」在形制方面，有以下幾方面的創新：

　　第一、重二點四銖，為一兩的十分一。每十文重一兩，一文重一錢，後世稱一文錢即重一錢，開後世重量單位，兩以下十進位之始。

　　第二、結束了以前「量名錢」的時代；又成為後世「年號錢」之先驅。

　　第三、為銅錢適度減重。西漢最後確定銅錢的重量為五銖，其購買力亦應以五銖之銅為準。西漢時期，一石粟的價錢，為三十銅錢至八十銅錢[20]，則一枚銅錢，可買得一點二五升至三升之粟，如果一個人想買半升粟或比半升粟價錢再低的商品，則只需用半個錢。由此可見，銅錢重五銖，是購買力

18　千家駒、郭彥崗：《中國貨幣演變史》第二章第二節頁47說：「（唐初鑄開元通寶）還為後世制定了銅質錢幣鑄造的成色標準，即銅佔83.33％，白鑞14.56％，黑錫2.11％。」

19　見《史記・貨殖列傳》。

20　《宋書卷六・孝武紀》大明八年（西元464年）春正月甲戌詔。

稍嫌太大。唐朝將銅錢減重，約等於五銖錢之半，其購買力亦應為五銖錢之半，應該是切合社會需要。

以上各點，均可見唐朝君臣，在這一件事上，確為深思熟慮，謹慎從事。

（六）自然經濟時期的結束

雖然，「開元通寶」鑄行於唐高祖武德四年（西元 621 年），表示「自然經濟」時期已成過去；但社會上使用布帛、粟米為幣的習慣，一時難於改變。到了唐玄宗開元、天寶年間，才漸漸地改變過來。這種現象的所以如此，一方面是社會習慣的慣性滯留；另一方面，是社會環境條件尚未充份配合。到了唐玄宗開元、天寶之間，（開元：713-741，天寶：742-755）社會才再走回貨幣經濟之路。

所謂社會經濟條件，有以下幾點：即是社會富裕及繁榮、安定；社會生產力增加及貿易增加；以及銅錢鑄作量增加等等。茲分述如下：

（七）唐朝政治統一之後人口的增加

《資治通鑑》卷一九九、二〇八、二一四等資料，唐朝統一之後，全國人口增加之情形如下：

高祖武德（西元618-626年）中期，約二百餘萬戶；
太宗貞觀（西元627-650年）中，仍不滿三百萬戶；
高宗永徽三年（西元652年），三百八十萬戶；
中宗神龍元年（西元705年），六百一十五萬戶，三千七百一十四萬口；
開元二十八年（西元740年）：八百四十一萬二千八百七十一戶，四千八百一十四萬三千六百零九口；
天寶十三年（西元754年）：九百零六萬九千一百五十四戶，五千二百八十八萬四百八十八口。

　　與人口增加相伴隨的，是各種產業的發展及貨物流通的增加，貨物流通增加，又要求交易媒介的增加，以及更進步的交易媒介的出現，而粟米、布帛在當作交易媒介時的不方便的情形，更形顯露，而要求銅錢復出，作為交易媒介的動力，因而加大。

（八）唐朝開元（西元713-741年）之後，社會安定情形

　　在南北朝時期，社會非常地不安定。那時候，商人若販運貨物，到全國各地經商、貿易，必須攜帶武器自衛[21]。這種情形，到了唐朝開元時期之後，已經改觀。一般商販，即使遠行，也不用再攜帶武器自衛了。如宋王讜《唐語林》卷三說：

> 開元初，上（唐玄宗）留心理道，……天下大理，河清海晏，……丁壯之夫，不識兵器。路不拾遺。

又：《通典》卷七說：

> 至開元十三年，……南詣荊襄，北至太原范陽，西至蜀川涼府，皆有店肆，以供商旅。遠適數千里，不持兵刃。

又：《舊唐書卷九・玄宗紀》：

> 其時（開元二十八年），……天下乂安，雖行萬里，不持兵刃。

又：《資治通鑒》卷二一四：

> 是歲（開元二十八年），海內富安，行者雖萬里，不持兵刃。

又：杜甫〈憶惜詩〉：

> 憶昔開元全盛日，……九州道路無豺虎，遠行不勞吉日出。

---

[21]《新唐書・卷五二食貨志》載戶部尚書楊於陵語。

又：《新唐書‧食貨志》：

> 是時（天寶五年）（746）海內富安，……行千里不持寸兵。

可以看到在唐玄宗朝代之後，社會繁榮安定之情形了。

（九）生產發達及交通暢順

由於政治安定，生產事業迅速發展。如杜甫〈憶昔詩〉云：

> 憶昔開元全盛日，小邑猶藏萬家室。稻米　脂粟米白，公私倉廩皆充
> 實。……齊紈魯縞車班班，男耕女桑不相失。

又：《唐語林》卷三：

> 開元初，……不六七年間，……物殷俗阜，……財寶山積，不可勝
> 計。四方豐稔，百姓樂業。

又：《冊府元龜》卷四九七云：

> （開元八年九月，詔曰：）「今原田彌望，畎澮連屬，繇來榛棘之所，
> 遍為粳稻之川。倉庾有京坻之饒，關輔致畝畬之潤。」

又：唐元結《元次山集》卷七〈問進士〉云：

> 開元、天寶之中，耕者益力，四海之內，高山絕壑，耒耜亦滿。人家
> 糧儲，皆及數歲。太倉委積，陳腐不可較量。

生產發達，必使貿易繁盛，貿易繁盛，市場上對一種良好的交易媒介的
呼喚，逼使錢幣上場，粟米、布帛退位。「貨幣經濟」時代重臨。

（十）銅礦開採及鑄錢增加

唐朝各種礦冶開採，均甚積極，銅礦尤見重視。如《新唐書·食貨志》云：

> 凡銀、銅、鐵、錫之冶，一百六十八。陝、宣、潤、饒、衢、信，五
> 州銀冶五十八，銅冶九十六，鐵山五，錫山二，鉛山四，汾州礬山
> 七。

上引一段所載：全國各地金屬礦冶一百六十八處，銅冶獨佔九十六處，可見對銅礦的開採，尤見積極。

至於開採數量，《新唐書·食貨志》記：

> 天下歲率銀一萬五千兩，銅六十五萬五千斤，鉛十一萬四千斤，錫萬
> 七千斤，鐵五十三萬二千斤。

可見各種金屬之年產量，也以銅為最多。

積極採銅之餘，是鑄錢數量的增加。開元（西元713-742年）中，「天下鑄錢七十餘爐」[22]，至天寶年間（西元742-756年），天下爐九十九，每爐歲鑄錢三千三百緡，計一年之中，天下共鑄錢三十二萬七千緡[23]。

杜佑《通典》卷九說：

> 按天寶中，諸州凡置九十九鑪鑄錢，約每爐役丁匠三十人，每年除六
> 月、七月停作，餘十月作十番，每鑄約用銅二萬一千二百二十斤，白
> 鑞三千七百九斤，黑錫五百四十斤，約每貫錢用銅鑞錫價約七百五十
> 文，丁匠在外。每爐計鑄錢三千三百貫，約一歲計鑄錢三十二萬七千

---

[22] 《新書唐·卷五四食貨志》。

[23] 全漢昇著：〈美洲白銀與十八世紀中國物價革命的關係〉，《中國經濟史論叢》（香港：香港中文大學新亞書院新亞研究所，1972年），第二冊，頁475。

餘貫文。

以上是唐朝史書上，記載得最清楚的，政府每年鑄錢的數量。我們若想知道這一個數量，即每年三十二萬七千餘貫，是多呢？或是少呢？它又能夠讓唐朝的老百姓感覺到「很多錢用」，或者是「不夠錢用」呢？

若想瞭解上述問題，我們可以將唐朝這個鑄錢數量，和西漢時期的鑄錢數量比較一下。據《漢書·食貨志下》記載：

> 自孝武元狩五年（公元前118年），三官初鑄五銖錢，至平帝元始中，成錢二百八十億萬餘云。

上面這一個數字，是西漢時期的數字：西漢武帝元狩五年（西元前118年）至平帝元始二年（西元2年）為時一百二十年，共鑄錢二百八十億（枚）。則每年平均鑄錢數為：二千三百萬枚（亦即23萬緡或說23萬貫）。

唐朝天寶間，每年鑄錢三十二萬七千餘貫，在錢數（以每一枚計）上說，比西漢時較多，但是，我們要考慮到以下兩個因素：

第一、我們是假定：西漢連續一百二十年，每年都鑄造二十三萬貫，而唐朝可能沒有這個環境。

第二、唐朝銅錢的購買力，可能低過漢朝的錢。因為金屬鑄幣的價錢（即購買力），大約等於幣材（即銅錫的重量）的價錢，唐錢比漢錢輕（西漢錢五銖，唐錢二點四銖），唐錢（每一枚）的購買力，約等於西漢錢的一半。

如果我們再考慮到：唐朝（以開元、天寶時為例）的經濟已較西漢繁榮，交易數量應該較西漢多。則每年如果只鑄造三十二萬餘貫，是不足夠的。

在這一方面，唐朝君臣似乎已有此認識，因此，唐朝政府正積極想辦法加快鑄錢的速度，以及加多銅的供應。

在鑄錢量增加之同時，是鑄錢技術的改良。關於鑄錢技術的改良，有兩點現象：

第一點，是由不諳技術的工人，改為專業技術的熟練工人，第二點是：改良鑄錢技術，利用水力及機械來鑄錢。

先說第一點：《新唐書‧食貨志》說：

> 天寶十一載（752），……是時增調農人鑄錢，既非所習，皆不聊生。
> 內作判官韋倫，請厚價募工，由是役用減而鼓鑄多。

再說第二點，是安史亂後，蔚州飛狐縣，利用水力及機械來鑄錢。節省
人工，而且增加鑄錢數量。唐李吉甫《元和郡縣志》卷一四，〈蔚州〉說：

> 元和七年（812），中書侍郎平章事李吉甫奏：「臣訪聞飛狐縣三河冶
> 銅山約數十里，銅礦至多。去飛狐錢坊二十五里，兩處同用距馬河
> 水，以水斛銷銅。北方諸處鑄錢，人工絕省。所以平日三河冶置四十
> 鑪鑄錢，舊跡並存，事堪覆實。」從之。其年六月起工，至十月，置
> 五鑪鑄錢，每歲鑄成一萬八千貫。

元和七年（西元812年）的記載，顯示出唐朝鑄錢的速度，比較天寶（西
元742-756年）年間，顯著增加。按前引杜佑所說：天寶年間，天下鑄錢共
九十九鑪，每鑪每年鑄錢三千三百貫，全年總計鑄錢三十二萬七千餘貫。現
在（元和七年，西元812年），飛狐縣三河冶「置五鑪鑄錢」，每年鑄成一萬
八千餘貫。平均每鑪每年鑄成三千六百貫。比較天寶年間的每年三千三百
貫，約增十分之一。

從上述記載中，並可看出：當時不論政府、官員及社會，都在盡量想辦
法增加鑄錢的數量。這種現象，都在為「自然經濟」時期的結束，「貨幣經
濟」時期的到來，預備條件。

（十一）唐武宗之毀佛

為了增加銅的供應，除了在全國各地開採銅礦之外，又廣搜民間銅積。
唐武宗（西元841-846年）會昌五年（西元845年），武宗下令銷毀佛教廟宇中
的銅鑄佛像、鐘磬等。

武宗這次行動，並不是對付佛教，僅是為了搜羅各寺廟中的銅器，目的

是為了銅。因為除了寺廟之外，所有民間人家中藏有銅製佛像、佛器，亦必須交官。《唐會要》卷四十九云：

> 會昌五年七月，中書門下奏，「以天下廢寺銅像及鐘磬等委諸道鑄（錢）。」……其月，又奏：「天下士庶之家，所有銅像，並限勅到一月內送官，如違此限，並准鹽鐵使舊禁銅條件處分。其土木等像並不禁。」

武宗此次毀佛像，史家稱為「三武之禍」之一。其實，武宗此次行動，並不是針對佛教，因為他並不禁止土、木佛像、佛器，只是銷毀銅製佛像、佛器。並且說：「其土、木、石等像，合留寺內依舊」。

《唐會要》卷八九〈泉貨〉云：

> 會昌六年二月，勅：「緣諸道鼓鑄佛像鐘磬等新錢，已有次第，……今加鼓鑄，必在流行。……京城及諸道起，今年十月以後，公私行用，並取新錢。」

由上引一段可見，在毀佛像之後，即鑄新錢，供各政府衙門使用。

七　自然經濟社會重回貨幣經濟社會之前的掙扎

上文所述，由於國家統一，社會繁榮、安定，天下太平，生產力發達，物產豐富，交易繁多，種種因素匯聚，而要求使用方便，易於攜帶，可以分割的貨幣（銅錢），代替粟米、布帛，於是，粟米、布帛漸漸被捨棄，更多交易使用銅錢。但是，這種情形，在開始時，有人一時難以接受，而加以抗拒，在最初時期，連政府都不以為然。而對於民間拒用布帛、爭用銅錢的行為，下詔申斥。（開元）二十年（西元732年）九月，制曰：

綾、羅、絹、布雜貨等交易，皆合通用。如聞市肆必須見錢，深非道理！自今以後，與錢兼用。違者準法罪之。

開元廿三年（西元735年）十月，又下詔曰：

錢貨兼通，將以利用。而布帛為本，錢刀是末，賤本貴末，為弊則深！法教之間，宜有變革。自今以後，所有莊宅以（全唐文作口，以誤。）馬交易，並先用絹、布、綾、羅、絲、綿等。其餘市買到一千以上，亦令錢、物並用。違者科罪。

又：《新唐書·食貨志》記載：

（貞元）二十年（804），命市井交易，以綾、羅、絹、布、雜貨與錢兼用。

《唐會要》卷九十八載：（元和）六年（811）二月，制曰：

公私交易，十貫錢以上，即須兼用匹段，委度支鹽鐵使及京兆尹即具作分數條流聞奏。

從上引各條，可見政府在開元（西元713-741年）、天寶（西元742-756年）至元和（西元806-820年）年間，曾多次下詔，讓人民在交易之中，不要純用銅錢，必須兼用布帛，並有時威嚇用刑罰壓制人民。可見在這一百多年當中，社會棄用布、帛、改用銅錢的行動中，政府都跟不上潮流。

另外，一些儒家學者，尚抱持著舊觀念，對民間棄用粟米、布帛，專用銅錢的潮流，加以抗拒。如著名學者陸贄，在〈均節賦稅恤百姓六條〉中說：

穀帛者，人之所為也。錢貨者，官之所為也。人之所為者，故租稅取焉。官之所為者，故賦斂捨焉。此又事理著明者也。是以國朝著令，稽古作程，所取于人，不踰其分。租出穀、庸出絹，調雜出繒纊布麻。非此族也，不在賦法。……曷常有禁人鑄錢，而以錢為賦者也。今之兩稅，獨異舊章，違任土之通力，擬算緡之末法，不稽事理，不

　　揆人功，但估資產為差，便以錢穀定稅。

　　可見陸贄以傳統儒家思想，以為政府令人民用錢幣繳稅，違背古法。是另一種無法跟上時代潮流的思想。

　　另白居易《白氏長慶集》卷四十六，〈息游惰〉云：

　　夫賦斂之本者，量桑地以出租，計夫家以出庸，租庸者穀帛而已。今則穀帛之外，又責之以錢。錢者，桑地不生銅，私家不敢鑄。業于農者，何從得之？

　　又：《白氏長慶集》卷二，〈贈友詩〉云：

　　私家無錢鑪，平地無銅山，胡為夏秋稅，歲歲輸銅錢？吾聞國之初，有制垂不刊，庸必算丁口，租必計丁田，不求土所無，不強人所難。量入以為出，上足下亦安。兵興一變法，兵息遂不還。使我農桑人，憔悴畎畝間！誰能革此弊？待君秉利權。復彼租庸法，令如貞觀年！

　　白居易雖以詩名於世，但對於錢幣必應取代粟米、布帛為交易媒介之潮流，尚持抗拒心理。

　　唐德宗建中元年（西元780年），楊炎實行兩稅法，廢除以前的租庸調制，改徵兩稅（夏、秋），全用銅錢徵收。兩稅制的推行，也是對結束「自然經濟」時期，重歸「貨幣經濟」時期具有促進作用的一個因素。但是這種情形，也引起許多儒家學者心理上的抗拒。這種情形，適足以顯示儒家學者泥古拒今之心理，對社會回歸「貨幣經濟」之潮流，並無影響。

　　反觀歷史學家杜佑，倒能夠體察到民間之所以喜歡使用錢幣，摒棄粟米、布帛的道理。他說：

　　原夫立錢之意，誠深誠遠。凡萬物不可以無其數，既有數乃須設一物而主之。其金銀則滯于為器為飾，穀帛又苦于荷擔斷裂。唯錢可貿易流注，不住如泉。若穀帛為市，非獨提攜斷裂之弊，且難乎銖兩分寸之用。（《通典》卷八）

可見錢幣是最好的交易媒介。唐朝在開元、天寶之後，社會安定，生產發達，交易頻繁，粟米、布帛實難再肩負交易媒介之任務，錢幣的被重用，「貨幣經濟」時期的重臨，實為無可抗拒的潮流。

八　餘論──唐宋之後中國貨幣經濟之發展

（一）

綜上所論，中國社會雖在唐朝安史亂後，逐漸回歸「貨幣經濟」；但是，在其後的宋、元、明、清時期，「貨幣經濟」始終呈旁泄、泛流之局，未能導之于正途，究其原因：在社會來說，是有貨幣而無貨幣思想；在政府來說，是有貨幣而無貨幣制度。

宋、元、明、清時期，思想界由儒家壟斷，此時期的儒家，並非開明的、與時俱進的儒家，而是泥古非今的儒家：面對着經濟、社會日益發展的情形，仍然抱持着反貨幣思想，而不是在新形勢下，提出更進步，並可以適應經濟發展形勢的貨幣思想。

至於政府方面，對貨幣既無認識，又無魄力，來制訂一個可以垂諸永久的「貨幣制度」，只能推出一些短期措施，並當這些短暫措施出現問題時，臨時修修補補，頭痛醫頭，腳痛醫腳而已。

（二）

宋、金、元時期，仍以銅錢為主要貨幣。但因為社會經濟較前發展，各朝所鑄銅錢，在數量上，既不足用，鑄錢技術又較前代為差，以致銅錢不足以應付市場流通的需要。紙幣遂應運而生。

紙幣的出現，本來是合乎時勢要求，但是由於以下原因，致無法推行。究其原因：

第一、造紙技術太差

第二、印刷技術太差

第三、歷朝政府（即宋、金、元各朝）的官員操守及行政效率太差

由於以上三種原因，令到推行紙幣這一種合乎時代要求的政策，不能順利推行，以致每一朝代，都以失敗收場。當每一朝代發行紙幣之初，民間都普遍接受，但由於上述幾項原因，令紙幣的信用無法長久維持。又因為政府每遇財政困難，即濫發紙幣，終致於幣信敗壞，至於亡國。

（三）

明朝初年，印行大明寶鈔，初時禁止民間以銅錢與銀兩交易。但同前朝一樣，很快地遭到貶值的命運。但是，明朝比較她的前朝（宋、金、元等）幸運，因為當她由於紙幣貶值、無所措手足的時候，外國白銀大量來華，解救了中國社會通貨不足之苦。由於中國市場上，（原有的銅錢，加上外來的白銀）已有足夠的通貨流通，寶鈔的好壞、有無，已無關重要；對於明朝政府來說，大量外國白銀來華，已經讓她擺脫了貨幣不足的壓力，她只須要好像一個旁觀者一樣，坐收經濟繁榮之利，不須要再提出甚麼貨幣制度了。

由明朝中後期，一直到清朝，銀兩與銅錢同時流通的時候，市場上形成一種秩序，即是：大數用銀，小數用錢。商人用銀，農民（及市民）用錢。人民向政府繳稅，亦用錢。

上述這一種秩序，並不是政府制訂的制度，而是社會相沿成習而形成的一種習俗。明清政府，面對這一種秩序，只能默認並接受，並沒有能力改變它，同時也沒有想去改變它。

這就是我們上面所說的，明清時期，有貨幣經濟而沒有貨幣制度的原因。

（四）

對於由明朝中期起，到清朝末年，白銀與銅錢共同流通的同時，多數貨幣學家，都說它是白銀與銅錢的雙本位制。全師說：

> 清代貨幣制度的主要特點，是銀兩與制錢并用，兩者都具有無限法償的資格[24]。

彭信威《中國貨幣史》說：

> 清朝的幣制，大體上是銀、錢平行本位，大數用銀，小數用錢。和明朝相同；只是白銀的地位更加重要了。[25]

又說：

> 清朝的幣制，雖然是一種銀錢平行本位，但從政府看來，重點是放在白銀上，而且有提倡用銀的明白表示[26]。

以上的看法，都是把明、清貨幣秩序當作一種制度來看了。但是，當人們用制度的眼光來觀察銀與銅錢時，又會發覺它們對制度的要求未盡符合。例如：全師說：「（銀與銅錢）兩者都具有無限法償的資格」，但是，仔細觀察：兩者都不是「無限法償」，而是「有限法償」。因為：「大數」用銀，「小數」用錢。相反來說：是：小數不用銀，大數不用錢。彼此都有「行不通」之處，不可說是「無限法償」。又：繳稅必須用銀，足證銅錢不是「無限法償」。

又再根據「雙本位」的要求，如果在「貨幣制度」中，實行「雙本位」

24　彭信威：《中國貨幣史》第八章第一節，頁521。
25　同前註。
26　同註24。

制，則這兩種貨幣之間，必須有「法定比價」。但是明清時期，銀與銅錢共同流通之際，銀與銅錢之間，並沒有「法定比價」。兩者之間的比價，祇是「市價」，是隨時浮動的市價。

上述情形，均可看出，明清之間，有貨幣經濟，而沒有貨幣制度。

明清時期，這一種有貨幣經濟而沒有貨幣思想，有貨幣經濟，而沒有貨幣制度的情形，令明清政府及人民，在外國白銀大量來華，貨幣供應充沛之際，不知利用此中優勢，繁榮社會；而在清朝後期，白銀外流之時，又手足無措，終至於亡！

中古時期粟特人的商業網絡

麥超美[*]

一　引言

　　古代中亞有一個民族名叫粟特人（Sogdian），屬於伊朗人種，他們大約
生活於公元前六世紀至公元後十一世紀之間，主要以經商為生，活躍於陸上
絲綢之路上。他們至遲在公元四世紀（即西晉末年）時已在中國洛陽、姑臧
（今甘肅武威）等地經商[1]，與中國人的交往甚為頻繁，並被描繪為「爭分銖
之利」的商人。其實，粟特人亦有其可愛的一面，他們喜愛飲酒、舞蹈和音
樂，是一個豪爽而有活力的民族[2]。

　　粟特人的原居地名為粟特（Sogdiana），位於今中亞烏茲別克斯坦及塔吉
克斯坦的河中地區（Transoxiana）。粟特的範圍大約以其北面的錫爾河（Syr
Darya）下游、南面的阿姆河（Amu Darya）上游、西面的阿姆河中游為自然
的邊界；其東南面則接壤蔥嶺（今帕米爾高原）[3]。粟特人向東南方翻越帕米爾

---

[*]　新亞研究所歷史組碩士、武漢大學歷史系博士，香港志蓮淨院導師。

[1]　麥超美：〈粟特文古信札的斷代〉，《魏晉南北朝隋唐史資料》（武漢：武漢大學歷史
學院三至九世紀研究所，2008 年），25 輯，頁 219-238。

[2]　〔後晉〕劉昫：〈西戎傳〉，《舊唐書》（北京：中華書局點校本，1975 年），卷 198，
頁 5310。〔宋〕歐陽修、宋祁：〈西域傳〉下，《新唐書》（北京：中華書局，1975
年），卷 221 下，頁 6243-6244。

[3]　Étienne, De La Vaissière, James. *Sogdian Traders: A History.* translated by Ward, Leiden,
Boston: Brill, 2005, pp. 2,16.

高原後，經塔里木盆地及甘肅河西走廊，便可到達中國本土。除「粟特」[4]之名外，中國典籍對粟特有多個稱呼，例如「粟弋」[5]、「康國」、「颯秣建」、「昭武九姓胡」[6]等。

十一世紀之後，粟特人漸漸融入於其他民族之中，現在雖然已沒有粟特這個民族，但他們對中國歷史曾有重大的影響，例如安史之亂（西元755-763年）的發動者安祿山，傳統史籍籠統地稱他為胡人，據近年學者的研究，推斷他就是粟特人[7]。粟特人在中國的活動主要是經商，並曾在陸上絲綢之路建立一個龐大的商業網絡，把東西方的商業貿易活動聯繫起來，對於中古時代的國際商業貿易、以至各民族的文化交流，作出重大的貢獻。本文略述他們建立東西方商業網絡的事跡。

二 粟特與中國的商業網絡

據日本學者池田溫教授的研究，唐代在八世紀中葉之時，敦煌有一鄉村名為從化鄉，當中佔大部份的居民都是粟特人，他們建立了一個粟特聚落，主要以務農為生[8]。這批粟特居民既有權利獲得土地用作耕種，亦有義務繳納賦稅和服各種徭役，因此，他們雖是歸化僑民，亦如唐朝其他百姓一樣，受到「點籍樣」制度的監管，定期被唐代官員核查家庭成員的狀況[9]。但是相對

4　馬長壽：《碑銘所見前秦至隋初的關中部族》（桂林：廣西師範大學出版社，2006年），頁12-13。

5　〔劉宋〕范曄撰、〔唐〕李賢等注：〈西域傳〉，《後漢書》（北京：中華書局點校本，1965年），卷88，頁2922。

6　《新唐書》卷221下，〈西域傳〉下，頁6243。姜伯勤：《敦煌吐魯番文書與絲綢之路》（北京：文物出版社，1994年），頁153。

7　榮新江：〈安祿山的種族與宗教信仰〉，《中古中國與外來文明》（北京：三聯書店，2001年），頁222-237。

8　〔日〕池田溫：〈八世紀中葉敦煌的粟特人聚落〉，收入劉俊文主編：《日本學者研究中國史論著選譯》（北京：中華書局，1993年），卷9，頁153-154、189。

9　朱雷：《唐代「點籍樣」制度初探》，《敦煌吐魯番文書論叢》（蘭州：甘肅人民出版社，2000年），頁135-136。

於敦煌其他鄉村，農業生產在從化鄉所佔的比重較小，而商業活動則較其他鄉村為多。從化鄉位於州城驛站旁邊，驛站是陸路交通的樞紐，無論進入唐境以至中原內地，或是出境往西域，都以驛站為起點。從化鄉的粟特人在驛站附近建立聚落，其目的主要是方便進行商業貿易活動[10]。據新疆吐魯番出土的阿斯塔那三七六號墓文書〈唐開耀二年（682）寧戎驛長康才藝牒為請追勘違番不到驛丁事〉及〈唐開耀二年（682）寧戎驛長康才藝牒為請處分欠番驛丁事〉[11]的記載，唐初設在西州高昌縣寧戎鄉的寧戎驛，其驛長是粟特人康才藝。由於唐代規定以州里富強之家主管驛站事務[12]，他能充當驛長，必是來自戶高丁多的富強之家[13]。康才藝可能亦是來自建於寧戎驛旁邊的粟特聚落，他家境富裕，應是從商致富的。

　　早在晉代之時，也應有粟特聚落的建立[14]。一九〇七年於敦煌出土的「粟特文古信札」（Sogdian Ancient Letters，年代為四世紀初），記載了兩名粟特商人的事跡，分別是「那你盤陀」和「跋迦怛」。他們來自中亞粟特本土不同的商業集團，選擇西晉時代的河西姑臧為駐紮基地，經營東西方的商業貿易[15]。由此推斷，粟特本土也應有其他商業集團派代表長駐姑臧，從事各種商品的貿易。除姑臧之外，中國其他城市諸如敦煌、酒泉、張掖、長安、洛陽、太原、代州、定州、營州等[16]，由於是交通滙聚的地方，亦是晉唐之間粟特商人選擇為駐紮點的地方。這樣，粟特商人在中國各大城市的人數逐漸增

---

[10] 池田溫：〈八世紀中葉敦煌的粟特人聚落〉，頁187-190。

[11] 唐長孺主編：〈吐魯番出土文書〉（圖文對照本，北京：文物出版社，1996年），冊三，頁289-290。

[12] 〔唐〕杜佑撰、王文錦等點校：〈職官典〉15，《通典》（北京：中華書局，1988年），卷33，鄉官條，頁924。

[13] 魯才全：〈唐代前期西州寧戎驛及其有關問題——吐魯番所出館驛文書研究之一〉，收入唐長孺主編：《敦煌吐魯番文書初探》（武漢：武漢大學出版社，1983年），頁368-369、376-377。

[14] 〔日〕荒川正晴著、歐陽暉譯：〈唐過所與貿易通道〉，《吐魯番學研究》2005年1期，頁42。

[15] 麥超美：〈粟特文古信札的斷代〉，頁219-238。

[16] 榮新江：〈北朝隋唐粟特人之遷徙及其聚落〉，《中古中國與外來文明》，頁54-108。

多，慢慢形成移民聚落，發展其商業貿易事業[17]。他們以聚落為中心點，向周邊地方發展貿易，形成眾多小型的商業網絡[18]。粟特商人不單只在中國各大城市發展商業網絡，其實他們由粟特本土開始，向東沿著絲綢之路各地，都有他們的移民聚落，其分佈極為廣泛[19]，這樣就慢慢由眾多小型商業網絡，發展為一個橫跨中亞與中國的大型商業網絡，由西向東伸展，從乾旱無雨的沙漠地帶，連接到東方繁華富庶的中國內地城市，各地的粟特商人無論進行集團式、個人式、分段式或是長途式的經營，都有自己同胞的支持。

進行分段式經營的粟特商人，他們往來於鄰近兩、三個城市之間進行貿易活動，位於當地的粟特聚落，就是他們的聯繫站。在這些城市裏已著籍的粟特商人，可幫助外來的粟特商人經商，例如前者為後者找人在買賣契約上或申請「過所」（即現代的護照）時作擔保。另一方面，外來的粟特商人亦可為著籍的粟特商人帶來當地缺乏的貨品或物資，以滿足他們商業和生活上的需要。此外，通過這個龐大的網路，他們還可以互通商業上甚至國際上最新的消息，特別是影響他們商業活動的消息。在華的粟特商人能常向粟特本土的領主滙報在中國的情況，不同地點的粟特聚落應是傳遞消息的好地方。至於進行長途式經營的粟特商人，更加需要其族人所建立的商業網絡當中不同的粟特聚落，作為休息、補給物資及進行商業貿易活動的地方。粟特商人因應個別的條件及不同的經濟狀況，隨著環境的變遷而選擇不同的商業經營模式，並透過在各地建立的粟特聚落，從小型的商業網絡發展為大型的商業網絡，成功地建立一個商業王國。

三　粟特與印度的商業網絡

以上是粟特商人在中國發展商業網絡的情況，在印度方面，粟特商人早

---

[17] 王小甫：〈「黑貂之路」質疑——古代東北亞與世界文化聯繫之我見〉，《歷史研究》2001 年第 3 期，頁 82。

[18] Étienne, *Sogdian Traders : A History*, 2005, p. 49.

[19] 榮新江：〈西域粟特移民聚落考〉，頁 20。

於三世紀之時，已經與印度人有商業上的聯繫。《高僧傳》云：

> 康僧會，其先康居人，世居天竺，其父因商賈移於交趾。會年十餘
> 歲，二親並終，至孝服畢出家。勵行甚峻，為人弘雅，有識量，篤至
> 好學。明解三藏，博覽六經，天文圖緯，多所綜涉，辯於樞機，頗
> 屬文翰。……時吳地初染大法，風化未全，僧會欲使道振江左，興立
> 圖寺，乃杖錫東游，以吳赤烏十年（西元248年）初達建鄴，營立茅
> 茨，設像行道[20]。

康僧會的祖先是康居人，康居在北魏（西元386-534年）時已滅亡，為
康國所取代[21]，南朝梁（西元502-557年）慧皎撰文之際，其國應已不存在，
因此慧皎所說的康居，應是康國，康僧會應是粟特人。他世居印度，父親因
為從事商業活動而從印度遷往交趾定居，由此可知在二至三世紀之時，粟特
商人在印度已建立粟特聚落，並發展商業貿易。

四世紀之時，有證據顯示粟特商人仍繼續在印度從事商業活動。
一九六六年，中國與巴基斯坦政府聯合興建一條連接兩地的公路，名為喀拉
昆侖公路（Karakorum Highway），亦稱為中巴友誼公路，全長約一千三百
公里，因山路險要，需時二十年才完成工程。在興建這條公路之時，位於印
度河附近的吉爾吉特（Gilgit）、罕薩（Hunza）、夏提歐（Shatial）等地，發
現大量的石刻和銘文（六百五十件）。石刻雕有動物圖案，而大部分的銘文
（約六百件）是用粟特文寫成的，小部分是用印度文、中文、藏文、波斯文、
希伯來文等寫成。這些石刻和銘文的年代與「粟特文古信札」相距不遠，約
在四至六世紀之間，他們應是粟特商人的遺物，而這些粟特商人可能來自兩
個地方：一個是粟特本土，當地的粟特商人主要從事印度和粟特的貿易；另
一個地方是新疆塔里木盆地的粟特聚落，當地的粟特商人主要從事印度和中

---

20 〔梁〕釋慧皎撰、湯用彤校注：《高僧傳》（北京：中華書局，1992年），卷1《譯經》
   上，魏吳建業建初寺康僧會條，頁14-15。
21 余太山：《嚈噠史研究》（濟南：齊魯書社，1986年），頁58-59。

國的貿易。以上兩種情況都有可能發生，加上「粟特文古信札」記述中國與粟特本土有貿易往來之事實，由此可知，粟特商人建立了一個三角形的貿易網路，而這三個地方就是粟特、印度和中國[22]。

四　粟特與西方的商業網絡

粟特商人在西方的商業活動，沒有像在中國那樣留下許多文獻及實物的記錄，但亦有東羅馬帝國的歷史學家，記載了粟特人怎樣透過突厥人的幫助，打開通往西方的貿易之門。

公元前三世紀開始，中亞與歐洲已有商業上的交往，至公元後一至二世紀為高峰期，隨後因羅馬帝國與東漢在政治上的紛爭，二世紀後中亞與歐洲的往來陷於低潮。直至五世紀時嚈噠王朝（Hephthalite Empire, 420-567 or 425-557）興起後，東羅馬帝國與中亞地區又發展出頻繁的商業交通，但這段時期的商人主要是敘利亞人。由於受到波斯人的阻撓，粟特人在六世紀中葉以前，很難與羅馬人有所接觸。

由於羅馬人對絲綢有大量的需求，粟特商人很希望能打開與他們通商之路。六世紀中期，突厥人滅亡嚈噠王朝後，勢力擴展至東羅馬帝國，粟特人便透過其宗主國突厥的影響力，派了一個貿易代表團，由粟特商人馬尼亞赫（Maniakh）率領往波斯朝覲國王，希望能獲得批准自由經過波斯國境，往西方跟歐洲人發展商業貿易。可是，波斯國王不許，但他以雙倍價錢收購了粟特商人的絲綢後，卻公開將之焚毀。波斯國王的想法是：若他批准粟特商人過境，意味著粟特商人可以直接把絲綢賣給當地或西方的顧客，那麼，波斯朝廷就不能壟斷絲綢生意，亦不能從中賺取豐厚的收入。其後突厥再派使團往波斯，欲再遊說波斯國王，可惜使者卻遭毒殺，為此突厥與波斯結下仇

---

[22] Nicholas, Sims-Williams, 1996. "The Sogdian merchants in China and India". in Alfredo Cadonna & Lionello Lanciotti. ed., *Cina e Iran da Alessandro Magno alla dinastia Tang.* Firenze: Orientalia Venetiana 5. 1996, pp. 52-56.

怨，因而由中亞粟特地區通往東羅馬帝國之商路，仍是阻隔不通[23]。

　　雖然通往西方的商路被波斯隔絕，粟特商人仍努力不懈，不斷嘗試尋找新的道路，通往西方。公元五六八年，突厥人與粟特人組成使團，仍由馬尼亞赫帶領，不經波斯，繞道從黑海北部的黑里米亞（Crimea）地區，前往東羅馬帝國，從此成功打開中亞與西方的貿易通道。由此可知，粟特商人的營商之道，並非只是一群獨立的個體聚集一起經商，而是他們很有組織力，透過政治上的關係，發展他們的商業網絡。在俄羅斯烏拉爾山脈（The Ural Mountains）西邊的森林，出土了八十二件屬於八世紀末葉的銀器及花瓶，當中半數是來自中亞地區，它們是源自粟特本土或是從東方經粟特運往西方的商品，可知粟特商人在西方亦曾建立商業網絡，但晚於中國和印度的商業網絡。雖然受到阿拉伯人的侵略，在八世紀中期，粟特商人在西方的商業活動達至高峰[24]。

五　結語

　　中古時期，到中國經商的外國商人之中，以粟特人最為活躍。他們以善賈的民族傳統，並擁有勇於冒險和處事變通的性格，在陸上絲綢之路上建立一個完善的商業網絡，聯繫東西方的貿易，成為國際商人。中古時期，粟特商人在中國的數量十分龐大，特別是在開放的唐代，有些粟特人更視中國為安居樂業之所，逐漸融入中華民族之中。

---

[23] 王治來、丁篤本編著：《中亞國際關係史》（長沙：湖南出版社，1997年），頁29。
Dennis Sinor. 1990. "The Establishment and Dissolution of the Turk Empire", Dennis Sinor ed., *The Cambridge History of Early Inner Asia*. Cambridge: Cambridge University Press, 1990, pp. 301-302.

[24] Étienne. 2005. "*Sogdian Traders: A History*", p. 227-258.

參考文獻

一　古籍

〔劉宋〕 范曄撰、〔唐〕李賢等注 《後漢書》 北京　中華書局點校本
　　　1965年

〔後晉〕 劉昫 《舊唐書》 北京　中華書局點校本　1975年

〔宋〕 歐陽修、宋祁《新唐書》 北京　中華書局　1975年

〔唐〕 杜佑撰、王文錦等點校 《通典》 北京　中華書局　1988年

〔梁〕 釋慧皎撰、湯用彤校注 《高僧傳》 北京　中華書局　1992年

二　專門著作

王治來、丁篤本編著 《中亞國際關係史》 長沙　湖南出版社　1997年

朱　雷 《敦煌吐魯番文書論叢》 蘭州　甘肅人民出版社　2000年

余太山 《嚈噠史研究》 濟南　齊魯書社　1986年

姜伯勤 《敦煌吐魯番文書與絲綢之路》 北京　文物出版社　1994年

唐長孺主編 《敦煌吐魯番文書初探》 武漢　武漢大學出版社　1983年

唐長孺主編 《吐魯番出土文書》圖文對照本　冊三　北京　文物出版社
　　　1996年

馬長壽 《碑銘所見前秦至隋初的關中部族》 桂林　廣西師範大學出版社
　　　2006年

榮新江 《中古中國與外來文明》 北京　三聯書店　2001年

劉俊文主編 《日本學者研究中國史論著選譯》 卷九　北京　中華書局
　　　1993年

三　論文

王小甫　《「黑貂之路」質疑──古代東北亞與世界文化聯繫之我見》《歷史
　　研究》2001年第3期　頁81-90
麥超美　《粟特文古信札的斷代》《魏晉南北朝隋唐史資料》　武漢　武漢大
　　學歷史學院三至九世紀研究所　25輯　2008　頁219-238
〔日〕荒川正晴著、歐陽暉譯　《唐過所與貿易通道》《吐魯番學研究》
　　2005年1期　頁40-49

四　外文資料

Sinor D.（ed.）1990. The Cambridge History of Early Inner Asia. Cambridge:
　　Cambridge University Press.
De La Vaissière, Étienne; translated by Ward, James. 2005. *Sogdian traders: a
　　history*. Leiden, Boston: Brill.
Sims-Williams, Nicholas. 1996. "The Sogdian merchants in China and India".
　　Alfredo Cadonna & Lionello Lanciotti.（ed.）, *Cina e Iran da Alessandro
　　Magno alla dinastia Tang*. Firenze: Orientalia Venetiana 5. pp. 45-67.

From Siam to Guangdong and Macau: A Note on the Mongoose in Ming and Qing Sources

Roderich Ptak[*]

I

The *Aomen jilüe* 澳門記略（1751; now *AMJL*）, a text familiar to all those working on the history of Macau, contains various lists of animals, among which one finds a short description of the mongoose, or *menggui*. The term in question is phonetically related to a number of South Indian expressions for the same animal and is either written as 蒙貴, or with radical 94（both characters）. The second version also occurs in the *AMJL* version used here. This is what the *AMJL* has to say:[1]

---

[*] Professor of Sinology, Ludwig-Maximilians-Universität, Munich.
The author and the editors gratefully acknowledge the permission to publish this article, which first came out in *Revista de Cultura*（int. ed.）, vol. 30（2011）, pp. 133-142.

[1] For different editions of the *AMJL*, see, for example, Zhang Shitai 張世泰, Feng Weixun 馮偉勛, Ni Junming 倪俊明, *Guancang Guangdong difangzhi mulu* 館藏廣東地方志目錄（Guangzhou: Guangdong sheng Zhongshan tushuguan guan lishi wenxian bu, 1986）, pp. 193-194. Also see Zhang Wenqin 章文欽, "'Aomen jilüe' yanjiu" 澳門記略研究, in his *Aomen yu Zhonghua lishi wenhua* 澳門與中華歷史文化, ser. Haohai congkan（Macau: Aomen jijinhui, 1995）, pp. 139-177, and Zhao Chunchen 趙春晨, "Guanyu 'Aomen jilüe' Qianlong yuankan ben de jige wenti" 關於澳門記略乾隆原刊本的幾個問題, in Huang Xiaofeng 黃曉峰, Deng Siping 鄧思平 and Liu Yuelian 劉月蓮 eds., *Shou

The *menggui* resembles a cat, but is larger. It has high legs and a hairy tail.[2] There are three types: yellow, white and black ones. They are good in catching rates, and they [even] kill the *haishu* 海鼠, which can reach one hundred *jin* 斤（a little less than fifty kilograms）, by making them blind [during a fight]. The children of the foreigners [in Macau] carry them in their arms, when getting up after sleeping.

The *AMJL* is the longest pre-nineteenth-century Chinese-language book dedicated to Macau and its inhabitants. Earlier Chinese descriptions of that city are usually much shorter or form part of other works. Some of this material also entered the *AMJL* in the form of quotations; this includes certain observations ultimately drawn from Chinese Jesuit accounts. The sections on plants and animals in *AMJL* are no exception; among the sources used for these sections one finds a variety of well-known *lishi dili* 歷史地理 records（quasi ethnographic

---

jie Aomen lishi wenhua guoji xueshu yantaohui lunwenji 首屆澳門歷史文化國際學術研討會論文集 Macau: Aomen wenhua yanjiuhui, 1995, pp. 139-141. – Excerpts of the *AMJL* are in Zhongguo di yi lishi dang'anguan 中國第一歷史檔案館, Aomen jijinhui 澳門基金會, Ji'nan daxue guji yanjiusuo 暨南大學古籍研究所 eds., *Ming Qing shiqi Aomen wenti dang'an wenxian huibian* 明清時期澳門問題檔案文獻彙編, 6 vols.（Beijing: Renmin chubanshe, 1999）, especially VI, pp. 280 et seq., in Zhang Haipeng 張海鵬 ed., *Zhong Pu guanxishi ziliao ji* 中葡關係史資料集, 2 vols.（Chengdu: Sichuan renmin chubanshe, 1999）, especially I, pp. 88 et seq. – Translations and annotated versions: Luís Gonzaga Gomes tr., *Ou-mun kei-leok. Monografia de Macau*（Macau: Quinzena de Macau, 1979; originally 1950）, especially p. 238; Yin Guangren 印光任 and Zhang Rulin 張汝霖（authors）, Zhao Chunchen eds., *Aomen jilüe jiaozhu* 澳門記略校注（Macau: Instituto Cultural de Macau, 1992; this text was used here）, especially p. 163; Yin Guangren, Zhang Rulin（authors）, Zhao Chunchen（comm.）, Jin Guoping（tr., notes）, Rui Manuel Loureiro（revision）, *Aomen Jilüe. Monografia abreviada de Macau（versão anotada）*（Macau: Instituto Cultural do Governo da R.A.E. de Macau, 2009）, p. 220 and p. 276 n. 503. – For a translation of the *menggui* segment in *AMJL* and a related study, see Roderich Ptak, "Notizen zum Mungo（*Herpestes javanicus*）", in same eds., *Tiere im alten China. Studien zur Kulturgeschichte*, ser. Maritime Asia 20（Wiesbaden: Harrassowitz Verlag, 2009）.

2   Jin Guoping's translation: "rabos enrolados"

accounts）, *lei shu* 類書 compilations（similar to encyclopedias）, poems, and other categories.

One work closely related to the *AMJL* is Qu Dajun's 屈大均 famous *Guangdong xinyu* 廣東新語（preface 1700）.[3] This text also carries an entry on the *menggui*. It very much resembles the description found in *AMJL*, and was probably used by the authors of the latter, but has more details:（1）The *menggui* raised in Xianluo 暹羅（the area of modern Thailand）are excellent rat catchers.（2）People in Macau know how to distinguish different types of *menggui*.（3）These animals are traded in Guangdong（or Guangzhou）.

Qu Dajun also adds that foreigners in Macau "esteem domestic animals, but look down upon humans; they value the *menggui* no less than [their own] children". Similar observations are made in regard to "foreign dogs"（*fan gou* 番狗）of which it is said, they were kept as treasured pets and treated better than domestic "slaves".[4] The intention behind these rather unusual descriptions is not clear. We know that Qu Dajun collected first hand evidence in Macau, but whether

---

[3] There are several modern editions. One is in Ou Chu 歐初 and Wang Guanchen 王慣忱 eds., *Qu Dajun quanji* 屈大均全集, 8 vols.（Beijing: Renmin wenxue chubanshe, 1996）, IV. Here I used the Zhonghua shuju version（Hong Kong, 1975）. – Several segments deal with Macau. See, for example, Roderich Ptak, "Notes on the Kuang-tung hsin-yü", *Boletim do "Instituto Luís de Camões"* 15.1/2（1981）, pp. 136-148; Jin Guoping's translation of *AMJL*（as in n. 1）, pp. 327-330. – For Qu Dajun and his text also see, for example, Zhao Liren 趙立人, "'Guangdong xinyu' de chengshu niandai yu shisan hang" 廣東新語的成書年代與十三行, *Guangdong shehui kexue* 廣東社會科學 1989:1, pp. 61-63; Wu Jianxin 吳建新, "'Guangdong xinyu' chengshu nianqi zaitan" 廣東新語成書年期再談, *Guangdong shehui kexue* 1989:3, pp. 79-88; Wang Zongyan 汪宗衍, *Qu Wengshan xiansheng nianpu* 屈翁山先生年譜（Macau: Yujin shuwu, 1970）; Tang Kaijian 湯開建, "Qu Dajun e Macau", *Revista de Cultura* 32（1997）, pp. 87-104. – On animals described in *Guangdong xinyu* and *AMJL*, see, for example, Roderich Ptak, "The Avifauna of Macau: A Note on the *Aomen jilüe*", *Monumenta Serica* 57（2009）, pp. 193-230.

[4] Qu Dajun, *Guangdong xinyu*, j. 21, p. 540.

he wanted to provide an "exotic" image, or was simply puzzled – or even annoyed – by European attitudes towards animals, would still need to be investigated.

Be this as it may, in the context of the present article it is important to note that Qu Dajun associated the *menggui* with Macau, Guangzhou and the area of modern Thailand. It is the purpose of my observations to briefly comment on this rather unexpected constellation, especially its complex "philological" dimensions.

To begin with, the shipment of animals from Southeast Asian and other locations to China is a *longue durée* phenomenon that can be traced back to very early times. Chinese records contain many references to such imports and also to the "production" of animals in foreign countries. Xianluo and other regions now forming part of Thailand are noted, for example, for their elephants, monkeys and tropical birds.

The *menggui* is rarely mentioned in the context of Southeast Asia, but it occurs in a number of Ming and Qing sources with descriptive elements reminiscent of those included in *AMJL* and *Guangdong xinyu*. Examples are found in one of the *Guangdong tongzhi* 廣東通志 editions, in *Tong ya* 通雅（finished in 1636, printed in 1666）, *Nan Yue biji* 南越筆記（1780）, and so on.[5]

However, the most important source in that regard is Huang Zhong's 黃衷 *Hai yu* 海語（1536）. This book contains a long chapter on "Thailand" and various other entries, among which there is one on the *menggui*（one of the earlier references with radical 94, both characters）.[6] If Huang is correct,

---

[5] *Guangdong tongzhi*, j. 52, quoted by Fang Yizhi 方以智, *Tong ya* 通雅（Siku quanshu ed., vol. 857; hereafter SKQS）, j. 46, 12b-13a（p. 865）; Qu Dajun, *Guangdong xinyu*, j. 21, p. 540; Li Tiaoyuan 李調元, *Nan Yue biji*, Hanhai, 4 vols.（Baibu congshu jicheng ed. 37.11）, III, j. 9, 8a-b（there, also on imported *yang mao* 洋猫, possibly identical with the *menggui*）.

[6] Huang Zhong, *Hai yu*, Lingnan yishu（Baibu congshu jicheng ed. 93.3）, j. 2, 3b. So far, little has been written on the *Hai yu*. A general study is Duan Lisheng's 段立生 "Huang Zhong ji qi 'Hai yü'" 黃衷及其海語", in Duan's *Taiguo shi sanlun* 泰國史散論（Nanning:

then the *menggui* was also called *mengju* (second character 俱), or *muŋkœy* in modern Cantonese. Although the latter is phonetically close to the English term "mongoose" – and its earlier South Indian forms – the combination *mengju* is rarely encountered in other works (if at all).

Much of what Huang has to offer in his account is again similar to the descriptive elements found in *AMJL* and *Guangdong xinyu*. This concerns, for example, the high legs of the *menggui*, the hairy tail, and the fact that there were three "types": yellow, white and black ones. But the sequence is different: "There are white, black and yellow ones; and those, who resemble the *li* 狸 (normally a 'wild cat'), very much like a *mao* 猫 (an 'ordinary' cat), but larger... [The *menggui*] is better in catching mice than cats."

The last passage in particular calls for further comments: In some later editions / texts (quoting from *Hai yu*) the expression *li* becomes 驪, which makes no sense. There are also different interpretations in regard to the character *ku* 酷 (here "very much") and the following line (in later works *ku* is often missing). Finally, "and those" could be left out; in that case all three types – the white, black and yellow *menggui* – would be similar to wild cats.[7]

The text continues: "[*menggui* animals] occur in all countries, those from Xianluo are [really] excellent. Maritime merchants take them to Guangzhou. When ordinary cats see [a *menggui*], they stand aside. Rich people give ten gold

---

Guangxi renmin chubanshe, 1993; originally 1984). Non-Chinese work includes Donatella Guida's "Ming Images of the Nanyang: Some Stories from *Haiyu* (Words on the Sea) [1536]", *Annali dell'Istituto Universitario Orientale* 54.3 (1994), pp. 389-399; also see Guida's *Nei mari del sud. Il viaggio nel Sud-Est Asiatico tra realtà e immaginazione: storiografia e letteratura nella Cina Ming e Qing* (Rome: Edizioni Nuova Cultura, 2007), especially pp. 75-76, 171-173.

[7] The distinction between *mao* and *li* is important. Generally on this: Shing Müller, "Über die *mao*-Katzen im alten China", in Ptak ed., *Tiere im alten China*, pp. 49-76.

pieces for one [animal]." Again, two or three observations should be added: "Ordinary" could be changed into an adverb, but that may not matter very much. The expression for merchant sometimes appears as *you* 佑; *gu* 估 should be better. *Xie*（*xia, jie*）挾（after *you* / *gu*）remains untranslated.

The most interesting point in the quotation above certainly pertains to the fact that the best *menggui* came from "Thailand". This should be one of the earliest extant Chinese passages（or the earliest passage?）linking the *menggui* to that region. But this is not all. The next entry in *Hai yu*（after *menggui*）deals with a creature called *haishu*: "It is as large as a pig, attains a weight of one hundred *jin*, has red eyes and fears cats." Furthermore, it happened once that a *menggui* bit a *haishu's* eye, after which the latter died. Clearly, the last part reminds of the entry translated from *AMJL*, above. Considering all the different descriptive elements encountered in *Hai yu*, it thus seems that Huang Zhong's account formed the basis for the relevant passages in *AMJL* and *Guangdong xinyu*. The identity of the *haishu*, one may add, remains unclear.[8]

The other point that deserves our attention is the extraordinary price paid for good quality *menggui* animals in Guangzhou. It is not impossible that Qu Dajun, author of the *Guangdong xinyu*, transferred the image of a highly-valued creature to Macau. But whether the local Portuguese were really as fond of these animals as Qu Dajun suggests, we shall of course never know. The image that can be derived from other contemporary sources – on both Macau and Guangzhou – remains very vague.

---

8 *Haishu* can be used for *haican* 海參（sea cucumber）, but this makes no sense here. – The Portuguese translations of *AMJL* offer no explanation.

II

Notwithstanding, the above suggests that Xianluo would occasionally export *menggui* animals to Guangzhou and / or Macau, where these animals were kept to catch rats, or simply as pets. Evidently such exports, whether regular or occasional, had started long before the foundation of Macau, because the *Hai yu* dates from 1536. Other Chinese accounts of the late medieval and early modern periods associate the *menggui* with the area of modern Vietnam. Examples are found in *Huanyu tongzhi* 寰宇通志（1456）and *Da Ming yitong zhi* 大明一統志（1461）, where the *menggui* appears as a "local product" of Annam.[9] Zhang Xie 張燮, author of the *Dongxiyang kao* 東西洋考（1617/18）, mentions it in his chapter on Jiaozhi 交阯（different orthographs for second character）, which is essentially the same geographical region.[10]

The association of the *menggui* with the area of modern Vietnam goes back to very ancient times. This takes us to the *Er ya* 爾雅（Han period or earlier）and Guo Pu's 郭璞（276–324）famous comment on that book. The *Er ya* refers to a creature called *mengsong* 蒙頌, and not *menggui*. But the first is commonly identified with the latter. Of the *mengsong*, Guo Pu says the following: it resembles the *wei* 蜼（possibly *Rhinopithecus roxellanae*, the golden snub-nosed monkey）, but is smaller and purple-black in colour; one can train it to catch mice,

---

[9] Chen Xun 陳循 et al., *Huanyu tongzhi*, 10 vols.（Taibei: Guangwen shuju, 1968）, X, j. 118, 5a; Li Xian 李賢 et al., *Da Ming yitong zhi*, 10 vols.（Taibei: Wenhai chubanshe, 1965）, X, j. 90, p. 5527.

[10] Zhang Xie（author）, Xie Fang 謝方（eds.）, *Dongxiyang kao*, ser. Zhongwai jiaotong shiji congkan, hereafter ZWJT（Beijing: Zhonghua shuju, 1982）, p. 18. Zhang Xie cites the *Da Ming yitong zhi* and a verse from Lin Bi's 林弼（1324-1381）*Lin Dengzhou ji* 林登州集（see electronic SKQS version, j. 7; prepared in Hong Kong）, which refers to a *menggui* in the residence of a high official.

in which it surpasses ordinary *mao* (cats / wild cats);[11] the *mengsong* occurs in Jiuzhen 九真 and Rinan 日南. These two sites, it is well known, were in the area of modern northern Vietnam and administered by China.

Two of Guo Pu's observations call for comments: (1) If the term *mengsong* does indeed stand for some kind of mongoose, then this should be one of the earliest Chinese references to the "domestication" of these animals – as mice catchers. (2) The dark colour of the *mengsong* could point to *Herpestes javanicus* (small Indian mongoose) or *H. urva* (crab-eating mongoose). The head of the first in particular is sometimes described as being reddish; therefore, one also finds the names *hongjiameng* 紅頰獴 / *honglianmeng* 紅臉獴 in modern Chinese (also see the last section, here). However, this deviates considerably from the colours given by Huang Zhong, Qu Dajun and in the *AMJL*.

While the colour problem remains a puzzle, it is quite likely that the term *mengsong* was gradually substituted by the term *menggui* in later periods, especially in Song and Ming literature, and therefore had almost disappeared from everyday language in Huang Zhong's times.[12] A similar development applies to at least three other early expressions, which may have stood for some kind of mongoose as well, but later only survived in academic writing: (1) The first is *bidushu* 辟毒鼠, literally "a rat that avoids / escapes poison". It first occurs in a

---

[11] Guo Pu is quoted in many later works. See, for example, Xu Jian 徐堅 et al., *Chuxue ji* 初學記 (c. 700), 3 vols. (Beijing: Zhonghua shuju, 1962), III, j. 29, p. 721: Here, however, *wei* is replaced by *hou* 猴 (monkey). Another example is in Yan Congjian 嚴從簡 (author) Yu Sili 余思黎 (eds.), *Shuyu zhou ci lu* 殊域周咨錄, ser. ZWJT (Beijing: Zhonghua shuju, 2000), p. 241. - There are two characters for *mao*: 貓 and 猫. In early times they may have stood for non-domesticated cats. More in Müller, "Über die *mao*-Katzen". – For further references to the *wei* and *mengsong*, also see Ptak "Notizen".

[12] The term was nevertheless preserved in contemporary written sources of these periods and even in Qing texts. Examples are in the works by Fang Yizhi 方以智. Also see Ptak, "Notizen."

fragmentary work of the third century, the *Wei lüe* 魏略, which is known through the *Sanguo zhi* 三國志.（2）The second expression, *nouteshu*（*noute*-"rat" 耨 特鼠; first character also *ru* 褥, second also *chi* 池 or *shi* 時）, can be found in the context of Tang sources.（3）A similar name was *huonoushe* 活耨蛇（second character also *ru* 褥, third character *di* 地）. This creature with a *qing* 青（blue / green?）colour, and resembling a rat in shape, was good at catching mice. It is mentioned, for example, as a tribute item presented by an embassy from Bosi （Bosi 波斯: usually Persia）in 638.[13]

All these three terms can be associated with China's early relations to Central and West Asia, via the land route. It is possible that they presented different foreign words ultimately derived from one or several languages spoken in North India and / or Iran, quite in contrast to the expression *menggui*, which can be related to the linguistic scenarios of Southeast Asia and South India – and thus to the sea route. For the present note, the "northern link" is of no importance at all, because none of the three expressions in question appear in the context the Siam-Guangdong-Macau link.[14]

Another term that must be taken into consideration is the compound *baishu* 白鼠, "white rat". This term occurs in the Siam chapters of several *lishi dili* records. Examples from the Ming period are found in the works by Ma Huan 馬

---

[13] For all three terms, see Ptak, "Notizen", and sources cited there. Also see Edward H. Schafer, *The Golden Peaches of Samarkand. A Study of T'ang Exotics*（Berkeley: University of California Press, 1963）, p. 91, and Hans Bielenstein, *Diplomacy and Trade in the Chinese World 589-1276*, ser. Handbook of Oriental Studies / Handbuch der Orientalistik（Leiden etc.: Brill, 2005）, p. 353.

[14] In Ming and Qing times, when the "northern terms" were no longer en vogue, several authors suggested that these expressions（or some of them）should be linked to the combinations *mengsong* and *menggui*, but no clear explanations are offered. For some examples, see Ptak, "Notizen", and part III, here. – For South India, see the entries in the old sources cited in n. 30, below.

歡（conventionally dated 1433）, Gong Zhen 鞏珍（1434）, Huang XingZeng 黃
省曾（1520）, Zheng Xiao 鄭曉（1564）, Luo Yuejiong 羅曰褧（1591）, Zhang
Xie（1617/18）, and so on. In these and other works the *baishu* is not described,
but listed as one of the animals or products of Xianluo.[15] Usually the term has
been translated literally, without explanation, but given the colour, as well as
the attribute "white" mentioned by Huang Zhong – it could be that this Siamese
baishu was in fact a white *menggui*.[16]

---

[15] See Ma Huan（author）, Wan Ming 萬明（eds.）, *Ming chaoben" Yingya shenglan" jiaozhu*
明鈔本瀛涯勝覽校注（Beijing: Haiyang chubanshe, 2005）, p. 35; J. V. G. Mills tr., ed.,
Ying-yai sheng-lan. The Overall Survey of the Ocean's Shores [1433], ser. Hakluyt Society
Extra Series 42（Cambridge: At the University Press, 1970）, p. 107; Gong Zhen（author）,
Xiang Da 向（ed.）*Xiyang fanguo zhi* 西洋番國志, ser. ZWJT（Beijing: Zhonghua shuju,
1982）, p. 14; Huang Xingzeng（author; sometimes also Huang Shengceng）, Xie Fang
謝方（eds.）, *Xiyang chaogong dianlu*, ser. ZWJT（Beijing: Zhonghua shuju, 1982）, p.
59; Klaus Sonnendecker, *Huang Xingzeng. Verzeichnis der Akteneinträge zu Audienzen
und Tributen vom Westlichen Meer*（*Xiyang chaogong dianlu*）（Berlin, 2005; Dr. phil.
dissertation; www.diss-fu-berlin.de/2007/527/sonnendecker-gesamt-pdf; accessed 2009）,
p. 97 n. 423; Zheng Xiao, *Huang Ming siyi kao* 皇明四夷考, ser. Siku jinhuishu congkan,
shibu, 46（Beijing: Beijing chubanshe, 1998）, j. shang, 45a（p. 711）; Luo Yuejiong
（author）, Yu Sili（eds.）, *Xian bin lu* 咸賓錄, ser. ZWJT（Beijing: Zhonghua shuju,
1983）, j. 6, p. 150; Zhang Xie, *Dongxiyang kao*, p. 39. – Translations of individual country
segments include the ones in Guida's work, for example in her *Nei mari del sud*.

[16] For a different view, see Zhang Zhijie 張之傑, *Yan qiao ji. Kexue yu meishu de jiaohui* 鹽橋
集：科學與美術的交會（Taibei: Zhang Zhijie chubanshe, 2006）, p. 254. Zhang believes
the term（as used by Ma Huan）simply refers to the kind of mice now used in scientific
experiments. Charles R. Boxer, *The Great Ship from Amacon...*（Lisbon: Centro de Estudos
Históricos Ultramarinos, 1959）, p. 196, cites a document according to which similar
creatures were brought to Japan. Any connection? Also see Sonnendecker, previous note. –
Immediately preceeding the expression *baishu*, Ma Huan's text contains the sequence *shizi
mao* 獅子貓. There are different interpretations of these characters: imported lions *plus*
ordinary cats, only civets, only Siamese cats, etc.（also see, for example, Müller, "Über die
mao-Katzen", p. 72: on *shimao*, with quotations from Song sources）. In some Ming texts
/ editions the sequence is altered. One wonders whether there is any link between *mao* and

While it is impossible to determine the nature of these *baishu*, there can be no doubt that yet another expression, namely *yigouman* 乙狗滿, does refer to the mongoose. This term occurs in Giulio Aleni's（Ai Rulüe）艾儒略 *Zhifang waiji* 職方外紀（1623）.[17] It seems to be a phonetic rendering of *ichneumon*, a word already found in Greek antiquity. In *Zhifang waiji* it occurs in a section on "sea creatures". The authors of *AMJL*, not knowing what it meant, have also listed it in their section on marine animals.[18] Hence, they refer to the mongoose under two different names, *menggui* and *yigouman*, without realizing that both terms stood for the same（or at least a very similar）creature.

Finally, there is the *Flora sinensis*（1656）by Miguel Boym（Bu Mige 卜彌格）. Boym was a Polish Jesuit who stayed on Hainan Island and on the Chinese mainland.[19] His *Flora sinensis*（in Latin）contains several descriptions of animals

---

shu in all these cases.

[17] Ai Rulüe（author）, Xie Fang 謝方（eds.）, *Zhifang waiji jiaoshi* 職方外紀校釋, ser. ZWJT（Beijing: Zhonghua shuju, 1996）, p. 150; Giulio Aleni（author）, Paolo De Troia（tr., ed.）, *Geografia dei paesi stranieri alla Cina, Zhifang waiji, fuori testo Mappa dei diecimila paesi Wanguo quantu* 萬國全圖, ser. Centro Giulio Aleni, Opera Omnia, vol. 1（Brescia: Fondazione Civiltà Bresciana, Centro Giulio Aleni, 2009）, p. 188. The term was later taken over into Ferdinand Verbiest's *Kunyu tushuo* 坤輿圖說（first edition 1672）.

[18] See Jin Guoping's translation, p. 221, and the most useful explanation in n. 519 on p. 277, there. – There are several works on the *ichneumon* and the symbolism surrounding it. See, for example, E. Brunner-Traut, "Spitzmaus und Ichneumon als Tiere des Sonnengottes", *Nachrichten der Akademie der Wissenschaften in Göttingen*, Phil.-hist. Klasse（1965）, pp. 123-163.

[19] Much has been written on Boym. Recently a copy of the *Flora Sinensis*, held by the Staats- und Stadtbibliothek Augsburg（sign. 2° Nat. 30）, has been made available electronically, in the form of a CD（Erlangen: H. Fischer Verlag, 2002）, with an introduction and detailed bibliography by Hartmut Walravens. – The full title of Boym's work is: *Flora Sinensis; fructus floresque humillime porrigens serenissimo et potentissimo Principi ac Domino Leopoldo Ignatio, Hungariae Regi florentissimo...emissa in publicum a R. P. Michaele Boym, s. j., Majestati suae una cum felicissimi anni appreciatione oblata anno salutis 1656, Viennae*

and some illustrations; this also includes a note on the *sum xu*, or *songshu* 松
鼠, normally a "squirrel". According to Boym the *songshu* was tamed and kept
as a mice hunter, hence it probably had nothing to do with an ordinary squirrel.[20]
Rather, it is very likely that, once again, a mongoose was meant.

Boym knew some Chinese and had access to Li Shizhen's 李時珍 famous
Bencao gangmu 本草綱目（1596）, which lists the *mengsong* and repeats Guo
Pu's early comments on this animal. It is possible that Boym, who was very
interested in Chinese medicine and various *bencao* issues, had studied these notes
and simply changed the name from *mengsong* to *songshu*.[21]

Be this as it may, there are two new elements in Boym's text:（1）The
Chinese, he says, adorn this animal with silver,（2）and it costs eight to nine
scutes. The second element reminds of the high prices mentioned in *Hai yu*. It
could be that Boym saw these animals in Macau, perhaps even in the houses of
rich Portuguese merchants. But whether the price he gives refers to that location,
or to Guangzhou（as in *Hai yu*）, or rather to some market on Hainan or in the

---

Austriae. – A recent monograph on Boym is Edward Kajdanski's *Michala Boyma, Opisanie
swiata*（Warsaw: Oficyna Wydawnicza Volumen, 2009）. For a recent Chinese study with
many references, see: Zhang Xiping 張西平, "Zhongguo wenhua zaoqi zai Ouzhou de
chuanbo – Lun Polan Hanxuejia Bumige de xueshu gongxian" 中國文化早期在歐洲的傳
播 – 論漢學家卜彌格的學術貢獻, in Zhuhai shiwei xuanchuanbu 珠海市委宣傳部 and
other institutions eds., *Zhuhai, Aomen yu jindai Zhong Xi wenhua jiaoliu – "Shou jie Zhu Ao
wenhua luntan" lunwen ji* 珠海，澳門與近代中西文化交流——首屆珠澳文化論壇論文集,
ser. Aomen yanjiu congshu（Beijing: Shehui kexue wenxian chubanshe, 2010）, pp. 228-249.

[20] 19 Walravens, "Michael Boym und die Flora Sinensis", p. 7, n. 4, also believes that the
songshu in this case may not have been a squirrel. – For a detailed analysis of this section
（including the Latin text and an English translation）, see Chiara Bocci, "The Animal
Section in Boym's（1612-1659）*Flora Sinensis*: Portentous Creatures, Healing Stones,
Venoms, and Other Curiosities", to appear in *Monumenta Serica*.

[21] Details and further references in Bocci, "The Animal Section", and Ptak, "Notizen", pp. 92-
93. – For Boym's interest in Chinese medicine, also see, for example, Edward Kajdanski,
"Michael Boym's 'Medicus Sinicus'", *T'oung Pao* 73.4-5（1987）, pp. 161-189.

interior of southwestern China, where Boym spent much time, cannot be told. The first element raises different questions. Iconographical material of the early modern period suggests that red squirrels (!) were adorned with a collar of small bells. One such illustration can be found in Ulisse Aldrovandi's writings. However this comes out of the European context.[22] It could be that Boym had a vague notion of such adornments and that he had combined these elements with what he had learned from Li Shizhen's work and personally seen in China. This would then be a further explanation for the "symbiosis" of the *songshu* and *mengsong*.

III

What does the preceding section tell us? – (1) The *menggui*, or mongoose, was not only associated with Siam, but also with the area of modern Vietnam. (2) The term *baishu*, found in several Ming descriptions of Xianluo, may stand for a white *menggui*. (3) There are several older terms: *mengsong* – evidently a reddish / black / dark creature and good mice hunter – as well as some expressions (*bidushu, nouteshu, huonoushe*, etc.) , which can be brought into connection with China's contacts to West and Central Asia; once again these expressions point to mongooses. (4) The "Jesuit" transcription *yigouman* – for *ichneumon* – entered the *AMJL*, but was not understood as an alternative name for *menggui*. (5) Boym's notion of the *songshu* is likely to stand for the mongoose.

The existence of several terms for one animal or similar species is not an exceptional case in Chinese traditional writing. Such constellations have always led to confusion and usually later writers have tried to "solve" the riddle by quoting earlier texts as authoritative sources, without disentangling the many

---

[22] Bocci, "The Animal Section", draws attention to that. See Biancastella Antonino, *Animali e creature mostruose di Ulisse Aldrovandi* (Milano: Federico Motta Editore, 2004) , p. 6.

philological problems connected therewith. One case is Fang Yizhi's *Tong ya*, already referred to in an earlier note, above.[23] It carries an entry on the *mengsong*, where this animal is first equated with the *huonoudi* 活耨地 and then identified as a mice catcher. The next part quotes from Guo Pu's comment. This is followed by additional observations: The *Guangzhi* 廣志（*Guangdong tongzhi*, or Guangdong chronicles in a broader sense?）, says Fang, calls these creatures *menggui*（with rad. 94）; there are black, white and yellow ones（in this sequence）; the best ones originate from Xianluo and catch mice. Thereafter the text turns to cats（which in still other sources are mixed up with the *menggui*）,[24] tribute missions（Tang period）, and other issues.

In terms of textual chronology, some of Fang Yizhi's observations can be placed between the *Hai yu*（1536）and the *Guangdong xinyu*（1700）/ *AMJL* （1751）. This is also true for another work by Fang, the *Wuli xiaoshi* 物理小 識（early 17th century）. It contains a description of Xiangshan'ao 香山嶴, i.e., the region to which Macau belonged. There „one finds small dogs, similar to

---

[23]　See n. 5.

[24]　There are two important（later）works on cats: Wang Chudong 王初桐, *Mao cheng*（also: *sheng*）猫乘（preface 1798）, j. 5（Congshu jicheng chubian xubian ed., vol. 1119）, and Huang Han 黃漢, *Mao yuan* 猫苑（prefaces 1852, 1853）, Biji xiaoshuo daguan （here: Shanghai jinbu shuju ed.）. – On the second work see Sylvie Pasquet, "Un lettré 'naturaliste' du XIX siècle, Huang Han et son encyclopédie des chats", *Anthropozoologica* 18（1993）, S. 67-77. – Also see Martina Siebert, *Pulu, »Abhandlungen und Auflistungen« zu materieller Kultur und Naturkunde im traditionellen China*, ser. Opera Sinologica 17 （Wiesbaden: Harrassowitz Verlag, 2006）, p. 126 n. 222, p. 222, 243 n. 443. – Note: Huang Han（j. shang, 2b）treats the *menggui* as one kind of cat. Such "classifications" go back to very early times, for example to Duan Chengshi's 段成式 *Youyang zazu* 酉陽雜俎（c. 875）, Xuejin taoyuan, 6 Vols.（Baibu. congshu jicheng ed. 46.22）, *xuji*, j. 8, 4b. Also see my "Notizen". In other cases, the *menggui* is vaguely linked to "foreign cats"（*yang mao* 洋 猫）; see, for example, n. 5, here.

monkeys, and capable of catching mice, these are the *mengsong*".[25] The passage is followed by some confusing references to Li Shizhen's *Bencao gangmu*. However, the more interesting part lies in the fact that Wang combined the *mengsong* with monkeys and dogs. This clearly reminds of Qu Dajun's later work, where the entry on the *menggui* is followed by an entry on "dogs" and another one on "foreign dogs".

But this is not all. *menggui* animals and "short dogs" (*duan gou* 短狗) appear, one after the other, without explanations, in a work by Wang Shizhen 王士 禛 (1634–1711) ; this also relates to Macau. Furthermore, according to Qu Dajun, Macau's "foreign dogs are very small; their hair is like that of lions (毛若獅子) and they are worth more than ten gold pieces."[26] One may be tempted, here, to say that the "link" between dogs and *menggui* animals was carried over from one text to the next, with certain modifications, and that the high price, originally found in *Hai yu*, was transferred to the dog section in Qu Dajun's *Guangdong xinyu*. Finally, the association of dogs with lions in Qu's text reminds of the sequence *shizimao baishu* 獅子貓白鼠, which can be encountered, for example, in several early *lishi dili* works, starting with Ma Huan.[27]

While the last point may be far-fetched, the above quotations suggest that some authors had difficulties in identifying or classifying the animals they were referring to. Perhaps indeed, they had never seen these creatures, or had only seen some, and therefore preferred to rely on earlier textual evidence, which they simply "formatted" in different ways. In sum, by late Ming and early Qing times the story of the *menggui* became a complex philological problem – a topic

---

[25] Fang Yizhi, *Wuli xiaoshi* (SKQS, vol. 867), j. 10, 14a.

[26] Wang Shizhen (author), Ge Siren 靳斯仁 (eds.), *Chi bei ou tan* 池北偶談, ser. Qingdai shiliao biji congkan, 2 vols. (Beijing: Zhonghua shuju, 1984), II, p. 517. – Qu Dajun, Guangdong xinyu, j. 21, p. 540, above.

[27] See above, especially n. 16.

bordering on the "semantics" of cats, dogs, weasal-like creatures, and even monkeys. This makes it very difficult to establish a clear picture.

In spite of these textual uncertainties, I am still inclined to think that the term *menggui*, in the context of Macau, should refer to imported (or domestically raised) mongooses, occasionally kept as pets in the households of the rich. In ancient Egypt and India mongooses were famous, especially for their ability to kill poisonous snakes. In early modern India one finds these animals in several stories and religious contexts; even Garcia da Orta (1563) knew of them and their exceptional qualities.[28]

The early Portuguese, when sailing to Macau, came through India and Melaka. Later they were also in touch with different ports along the coasts of modern Thailand and Vietnam.[29] Therefore, it has always been suggested that they brought various Asian traditions to Macau; this may have included the habit of keeping mongooses at home, albeit not primarily for chasing snakes, but for protecting themselves against rats and mice. Other Europeans also observed mongooses in the contexts of India and Southeast Asia. It is no surprise, then, that

---

[28] Garcia da Orta, *Colóquios dos simples e drogas da Índia*, 2 vols. (Lisbon: Imprensa Nacional – Casa da Moeda, 1987; facs. of 1891 ed., by Conde de Ficalho), II, pp. 181 et seq., note on pp. 188 et seq.; H. E. Hinton and A. M. Sarah Dunn, *Mongooses. Their Natural History and Behaviour* (Edinburgh and London: Oliver & Boyd Ltd., 1967), especially pp. 81-90 (mongooses in India and ancient Egypt).

[29] For the relations between Macau and the areas of modern Thailand and Vietnam, see for example, George B. Souza, *The Survival of Empire. Portuguese Trade and Society in China and the South China Sea, 1630-1754* (Cambridge: Cambridge University Press, 1986), various sections; Tereza Sena, "Connections between Malacca, Macau and Siam: An Approach towards a Comparative Study", *Portuguese Studies Review* 9.1-2 (2001), pp. 84-139; Isabel A. Tavares Mourão, *Portugueses em terras do Dai-Viêt (Cochinchina e Tun Kim), 1615-1660*, ser. Memória do Oriente (Macau: Instituto Português do Oriente, Fundação Oriente, 2005), especially pp. 225 et seq.; Roderich Ptak, "Trade between Macau and Southeast Asia in Ming Times", *Monumenta Serica* 54 (2006), pp. 465-489.

one finds various references to these creatures in conventional encyclopedias and handbooks of the colonial period.[30]

In more recent times the mongoose became the topic of many scholarly articles and several beautiful tales. Other aspects concern the culinary side; there are occasional references to mongooses being eaten in South China and elsewhere. The internet also carries hundreds of pages related to these animals and the stories surrounding them. Surprisingly, many electronic pages are linked to Thailand; this includes videos showing long fights between the mongoose and the cobra.

Before concluding these glosses, we shall briefly return to the zoological aspect of the problem. Above we had encountered reddish / dark animals (*mengsong*), as well as white, yellow and black ones (*menggui*). According to modern taxonomy, mongooses belong to the order *Carnivora*. One of its families are the *Herpestidae*, under which one finds the subfamily *Herpestinae* with the genus *Herpestes*. One of its species is *H. javanicus*, the small Indian mongoose (earlier called *H. auropunctatus*, etc.; in English also "Asian mongoose", "Javanese mongoose", etc.). Some works associate up to twelve subspecies with *H. javanicus*, other works list these as separate species, including *H. auropunctatus*.

Certain animals under the *Herpestidae* resemble civets and other animals now conventionally placed under the *Viverridae*. Several of the latter also appear in modern works on China's fauna; this includes *Paradoxurus hermaphroditus* ("Asian palm civet", also "toddy cat") and *Paguma larvata* ("masked palm civet", also "Himalayan palm civet"). But occasionally the *Herpestidae* and

---

[30] See, for example, A. C. Burnell, *Hobson-Jobson. A Glossary of Colloquial Anglo-Indian Words and Phrases, and of Kindred Terms, Etymological, Historical, Geographical and Discursive* (Rpt. London and New York: Routledge & Kegan Paul, 1986), pp. 596-597. Sebastião Rodolfo Dalgado, *Glossário luso-asiático*, 2 vols. (Coimbra: Imprensa de Universidade, 1921), II, pp. 31, 250.

Viverridae form one family as well, as for example in recent handbooks on the fauna of Hainan.[31] Needless to add, such terminological divergencies have contributed to much confusion. The coexistence of several modern Chinese names for similar creatures, or even for the same species, and certain name elements derived from ancient texts, have further aggravated these problems. *Viverra zibetha* ("[large] Indian civet") is now usually called *dalingmao* 大靈猫, *P. hermaphroditus* is known as *yezimao* 椰子猫, *P. larvata* often appears with a local subspecies, i.e., *P. l. hainana*, or *guozili* 果子狸 in Chinese. *Herpestes javanicus* normally goes as *hongjiameng* 紅頰獴 or *honglianmeng* 紅臉獴, but one also finds other terms such as *rili* 日狸, *zhuli* 竹狸, and *shupishu* 樹皮鼠. *Herpestes urva* (the "crab-eating mongoose") appears as *shixiemeng* 食蟹獴 in modern scientific literature; its other names are *shanhuan* 山獾, *shihuan* 石獾, *zhudongli* 竹筒狸, *sunli* 筍狸, *shuihuan* 水獾 and *baimei* 白猸.

The origins of many Chinese popular names listed above have never been explained in full. However, in a general sense, what these names tell us, is this: the elements *mao* and *li* (cat / wild cat) appear in several terms; besides these syllables one also finds *meng*, *shu* (rat / rodent), and other characters. Given that many of the creatures in question are similar in form and size (there are hundreds of images in the net to verify this), they were easily mixed up and often wrongly identified. Certainly, *H. javanicus* and *H. urva* (found in parts of India, Southeast Asia and China's deep South) are the most likely candidates for the *menggui / mengsong*, but the white and yellow varieties remain difficult to explain. Perhaps

---

[31] See Gao Feng 高鋒 et al. eds., *Hainan dao de niao shou* 海南島的鳥獸 (Beijing: Kexue chubanshe, 1983), pp. 332 et seq.; Shi Haitao 史海濤, Meng Jiliu 蒙激流 et al. eds., *Hainan luxi beizhui dongwu jiansuo* 海南陸棲背椎動物檢索 (Haikou: Hainan chubanshe, 2001), pp. 202-203, 268-269. – For the historical context, see, for example, Guo Fu 郭 郛 et al., *Zhongguo gudai dongwuxue shi* 中國古代動物學史 (Beijing: Kexue chubanshe, 1999), p. 103.

it was the broad white line along the head and neck of *H. urva* which made the difference, but that is far-fetched, and above all, there is no clear solution for the yellow *menggui*.

In view of such zoological "inconsistencies", the conclusion offered here must remain vague: Macau, we all know from Japanese biombo art, was involved in the shipment of animals to Nagasaki. Chinese junks also carried birds, horses, and so on. It is very likely, therefore, that "Siamese" mongooses reached Macau and Guangzhou in Ming and early Qing times – not regularly, but now and then, in small quantities, perhaps on the order of rich and extravagant merchants. Why, however, the ones from Siam enjoyed the reputation of being the best, and how exactly these creatures were kept, trained and treated in these early days – that, I am afraid, may never be fully disclosed.

儒家傳統文化與徽州商人

葉顯恩[*]

　　徽商是明清時期在商界佔據鰲頭的商幫，徽商的故鄉——徽州則是中國正統文化傳承的典型地區。因此，以「賈而好儒」的徽商作個案分析，探討儒家傳統文化[1]與商業發展的關係，理出徽商如何利用儒家的經濟倫理發展賈道，應該說是具有典型意義的。

一　明代的新儒學與徽商的「新四民觀」

　　中國傳統的商業於明中葉（十六世紀）發生了轉型[2]，即從以販運奢侈品和土特產、為社會上層集團服務為主的商業，向販賣日用百貨、面向庶民百

---

[*]　現任廣東社會科學院歷史研究所研究員、中國明史學會理事、中國經濟史學會常務理事和中國古代經濟史專業委員會副主任、廣東中國經濟史研究會會長。

[1]　由於儒家文化圈東南亞地區經濟的崛起，尤其中國自改革開放以來取得的令人矚目的經濟成就，人們對華人文化群體的特性頓然產生特殊的興趣，並由此引發儒家倫理與經濟發展關係的探討。海外學者如余英時、陳其南、金耀基、黃進興等先生都曾發表文章，作過深入的討論。中國大陸也掀起儒家文化熱，一掃過去傳統文化與經濟發展互不相容的觀點，導致以儒家為主的中國傳統文化價值的再發現。筆者在追隨諸先生之後，僅就明代新儒學與徽州商人的關係發表一些淺見，以就正於學術界的同仁。此文曾提交中國經濟史學會一九九八年上海年會討論。出席此會的中研院歷史語言研究所王業鍵先生閱後，提出一些寶貴意見。根據王先生的意見作了一些修訂。在此順向王先生致謝。唯王先生指出「本文最後一點與何炳棣討論揚州商人一文觀點大致相同」，但本文完稿之前未曾讀過王先生所示的何先生之大作。特此說明。

[2]　關於明中葉中國商業的轉型，請參見葉顯恩：〈明後期廣州市場的轉型與珠江三角洲社會變遷〉，《明史研究專刊》第12期（1998年）。

姓的商業轉化。商業趨向空前的繁榮。國內各地間長距離的貿易往來日益加強。廣州海外貿易，通過以葡人租借的澳門為據點，以及通過西班牙侵據的菲律賓馬尼拉，恢復了經印度洋、阿拉伯海而抵達西亞、東南非洲的傳統商道，並拓展了越過太平洋到達南美洲墨西哥、秘魯等地的商路；尤其值得注意的是，庶民海商衝破由地方帥臣和土酋壟斷海上貿易的格局，敢於犯禁走私東南亞各地並建立商業網絡。正當此時，徽商應運而崛起，並和山西商人成為控制商界的兩大商幫。徽商不僅以鹽、典、茶、木等行業著稱，而且也插手海上貿易，歙縣汪直武裝走私貿易集團橫行海上的事例是學術界所熟悉的[3]。

隨著商品經濟對日常生活的滲透，商人勢力的增強，戰國以後出現以商居末的「士農工商」的職業觀，發生了動搖。在這一具有劃時代意義的商業發生轉型的十六世紀，出現了王守仁的致良知說，及與之有師承關係的泰州學派。這一派系（以下簡稱為王學）是受中唐以降佛教的入世轉向影響下[4]

---

3 關於汪直海上武裝走私集團，可參閱葉顯思〈明中葉中國海上貿易與徽州海商〉，《明清論叢》2004年第五期。嘉靖年間的走私海商，有學者辨之為「倭寇」而非商。以當時官方的理念視之固然可判之為「倭寇」，但若用歷史的標準衡量，卻是商人無疑。亦盜亦商本是世界歷史上海商的慣習。以十七、十八世紀的歐洲海商為例，其商船武裝完備，既可自衛，也可進行擄掠。一六三七年英商威得爾率領由四艘船組成的船隊潛入虎門私測水道，為當時清朝汛防船隊所阻，於是恃其船堅炮利，攻陷汛防陣地，擄掠漁船等財物。又如英商漢密爾頓於一七○四年，於柔佛擄掠中國帆船，得款六千元。一七一六年，英國的「安妮號」在廈門也從事海盜的勾當。可見十七、十八世紀西方殖民海商在從事貿易的同時，也是燒殺擄掠，無惡不作。參見馬士（H. B. Morse），區宗華譯：《東印度公司對華貿易史》第二章、第十三章、第十四章，（廣州：中山大學出版社，1991年）。

4 佛教於唐代位居主流地位。慧能的「若欲修行，在家亦得，不由在寺」的主張，標誌著其教義從出世轉向入世。在當時，這不失為驚天動地之說。約過一個世紀，禪宗南派百丈懷海（749-814）的《百丈清規》及其建立的叢林制度，主張「一日不作，一日不食」，更使佛教經濟倫理產生突破性發展。由慧能發端的入世苦行，到宋代已擴及教外的世俗社會。儒學起而效之，也力圖使儒學深入民間，擴大儒學的影響。早在唐代，韓愈便想挽回儒學的頹勢，他在〈原道〉中提倡的正是後來宋明理學所謂的「人倫日用」，旨意都在於恢復儒學對人們生活的指導作用。宋儒吸取佛教的修心，創

而發韌於陸九淵的儒學世俗化，與十六世紀商業轉型之間互相激蕩的產物。其在經濟倫理上對儒學作出令人矚目的創新與發展。

王守仁（1472-1528），字伯安，浙江餘姚人。因創辦陽明書院，世稱陽明先生。自小秉性異於常人，為一些高僧術士所注目，並期許以成佛、成聖[5]。及長，先是學辭章，繼而致力於宋儒格物之學，曾「遍求考亭（朱熹）遺書讀之」，又以其父於京師官邸之竹，循序格物，不得其理，反而遇疾[6]。正德十三年（1508），被貶謫貴州龍場驛時，才頓悟格物致知之旨，「吾性自足，不假外求」，「自此之後，盡去枝葉，一意本原，以默坐靜心為學的」。入江西之後，「專提致良知三字」[7]。他於正德十一年九月升為都察院左僉都御史巡撫南贛汀漳等處，次年（1517）入贛就任，至正德十六年九月方離開江西。他的「致良知」說，創立於此時。嘉靖一至六年（1522-1527），他在浙江。據他的弟子王畿說，這段期間他的致良知說，「所操益熟，所得益化」，「如赤日當空而萬象畢照」[8]，亦即達到極致而完熟的境界。

王陽明的致良知說，與陸九淵的「心即理」是一脈相承的。他們兩人都主張以直捷簡便的途徑，亦即頓悟的方法作道德修養，不同於朱熹主張循序漸進、拘泥儒家章句之學。很顯然，新儒中的程、朱一派，是放眼於士大夫階層，以其為施教對象，同庶民大眾相隔離。而陸子的心學，因當時商人勢力雖已抬頭（這是陸子心學出現的一個原因），但尚缺乏廣泛的社會基

立心性之學；又受佛教的「彼岸」觀的影響而創立「天理」。這個「理」就是超越世俗的彼岸世界。程伊川說的「天有是理，聖人循而行之，所謂道也。聖人本天，釋氏本心」，是儒、釋分界的重要標志。新儒的彼岸世界與佛教的不同。佛教的彼世背離此世，陷於虛幻；而儒家的彼世卻面對此世，與此世相連，是本於天的實理，所以引發出積極的入世拯救的精神，以天下為己任。關於釋氏的俗世化和宋儒的入世拯救，請參見余英時：《近世宗教倫理與商人精神》（臺北：聯經出版事業公司，1987年）。

5　參見《陽明全書》卷32，附錄一〈年譜〉5歲條與11歲寓京師條。王守仁：《陽明全書》（上海：中華書局出版，1920-1934年，四部備要本）。

6　同前注，附錄一〈年譜〉21歲條。

7　黃宗羲：《明儒學案》卷10，〈姚江學案〉。

8　同前註。

礎，得不到推廣。唯到王守仁創立致良知說之後，新儒學才真正深入民間。他提出的格物致良知說，是每個人都可以做到，並非只是讀書人的專利。在他看來，商人、田夫，市民、村夫都具有「良知」。致良知，是使心本有之良知得以「不為私欲遮隔，充拓得盡」[9]。這樣，人就可以為賢為聖。聖賢功夫從廟堂、書齋走向市井、村落。這就是他所謂的「滿街是聖人」[10]的含義。他提出：「雖終日作買賣，不害其為聖為賢。」[11]，又說：「四民異業而同道」[12]。由他提出的這些儒學的經濟倫理是前所未有的。顯然是當時「士農工商」四民職業觀鬆動的一個注解，也是他企圖打破傳統的「榮宦游而恥工賈」的價值觀之舉。正因為如此，他的致良知說，為商人、窯工、樵夫、灶丁、田夫等民眾所樂於接受。不少人投其門下，並為弘揚與發展其學說做出貢獻。他的高足王艮繼承與發展他的學說，創立泰州學派。王艮承於師又不同於師。他說「聖人之道，無異於百姓日用」[13]。他較之於其師，走得更遠，而距野老村夫更近了。其徒陶匠韓貞「以化俗為任，隨機指點農工商賈，從之游者千餘。秋成農隙，則聚徒談學，一村畢，又之一村」[14]。泰州學派後學李贄又把王艮的「百姓日用即道」，加以發揮。他引入「邇言」的概念，以此來概括反映百姓日常生活情趣、心態的流行通俗話語。認為「邇言」才是「真聖人之言」，亦即王艮所說的「百姓日用」。他肯定先儒所諱言、反對的對「利」、「欲」的追求[15]，提出「穿衣吃飯，即是人倫物理」[16]。又提出「夫私者，人心也。人必有私，而後其心乃見」[17]。「私」既是「心」，自然亦即

---

[9] 《陽明全集》卷1，頁49上。

[10] 《陽明全集》卷3，頁82下。

[11] 《傳習錄拾遺》第14條，轉引自余英時：《士與中國文化》（上海：人民出版社，1987年），頁518。

[12] 《陽明全書》卷25，頁363下。

[13] 王艮：《心齋王先生全集》卷3，〈語錄〉。

[14] 黃宗羲：《明儒學案》卷32，〈泰州學案〉。

[15] 李贄：〈答鄧明府〉，《焚書》卷1；〈明燈道古錄〉，《李氏文集》卷19。

[16] 李贄：〈明燈道古錄〉，《李氏文集》，卷19。

[17] 李贄：〈德業儒臣後論〉，《藏書》卷24。

「理」。在這裏，李贄把穿衣吃飯等人生基本要求、人對物質和精神的欲望（包括情欲）、對私利的追求等，都視之為道，合乎天理。剝下了程朱一派新儒加於「道」、「天理」之上的聖光，還其赤裸裸的日常生活的情態。在當時，實是一種驚天動地之舉。儘管他被當道者迫害至死，但他極大限度地把儒學俗世化和社會化了。

王陽明而後，其學益大，是由於王艮、王畿、李贄等後繼者的弘揚、發展所致。也正由於後學們不懈地努力，王學才廣泛深入民間，成為普通百姓的精神要求。我們可以說，王陽明的新儒學，是宋代以來新儒的社會化和商業日益發展彼此間相互激盪的終結與成果。徽商「新四民觀」的出現，「賈而好儒」之風的形成，正是宋明新儒學深入民間的表現，使新儒學社會化達到極致的階段。

徽州處於萬山叢中，四面險阻，是一避難的安全地。北方士族自東漢起不斷遷入，西晉末年永嘉之亂和唐末黃巢起義期間遷入者尤多。經過長期地與當地越人融合而形成徽州人。入住的北方士族，帶來了治儒學的家風，「十家之村，不廢誦讀」，人文之盛，無以出其右者[18]。同時傳入經商之習俗和貨殖之術，經商的風氣至遲可上溯至東晉[19]，可謂源遠流長。山區的自然環境，雖有利於木植和因地制宜地發展手工業生產，但也受到交通條件的局限。山多田少的格局，幾乎無發展農業的潛力。當地經濟資源的局限，促使徽州人利用其業儒業商的傳統尋找生活出路。隨著徽商在明中葉的崛起與強盛，更有足夠的經濟實力從事儒業。因此賈而好儒，棄儒從賈，成為徽商的一個特色。

徽州以程朱故鄉自居[20]。宋明新儒中程朱一派對當地的影響自屬深遠。

---

18 參見葉顯恩：《明清徽州農村社會與佃僕制》（安徽：人民出版社，1983年），頁187-231。

19 〔唐〕房玄齡等：《晉書》卷28，〈五行志〉。

20 據程昌：《祁門善和程氏譜》記載，程顥、程頤「胄出中山，中山胄出自新安之黃墩，實忠壯公之裔也。」此說明人似信非信。吳琦：《新安程朱闕裏記》云：明代方弘靜「嘗睹程伯子書於豫章唐氏，有忠壯公裔之章。」得此證據後說「千載疑之而一

但是，陸王一派的心學，由於對儒學的修養簡易直截，尤其重要的是其抬高商人地位的經濟倫理，亦為徽商所樂於接受。據歙縣《疏塘黃氏宗譜》記載，黃崇德（1469-1537）初有意於舉業，其父對他說：「象山之學以治生為先。」[21]於是遵父命經商於山東，終於成巨富。他與王守仁是同時代人。受教於父時，王學尚未出現，王陽明尊商之說是後話。徽州出身商人世家、歷任朝廷和地方官僚的汪道昆（1525-1593），其宗奉之學則把陸、王連在一起。據《歙縣志》中汪道昆傳的記載，他「於學則遠推象山，近推東越」[22]。自「嘉靖以迄於明末」，對於王學，徽州人趨之若鶩。休寧程默「負笈千里，從學陽明」，歙縣程大賓「受學緒山（王守仁弟子錢德洪）」，「及東廓（王守仁弟子鄒守益）之門」[23]。王守仁的高足王艮、錢德洪、王畿、鄒守益、劉邦采、羅汝芳等更是齊集徽州，主講盟會[24]。王學在徽州掀起大波，令人耳目一新，紛紛「崇尚《傳習錄》，群目朱子為支離」[25]。從此可見陸王一派同徽人的關係。可以說，徽商在政治倫理上，是以程朱理學為依歸，而在經濟倫理上卻以王學為本。王學提出「四民異業而同道」、「百姓日用即道」，徽州就有「士商異術而同志」[26]、「以營商為第一生業」[27]、「良賈何負閎儒」[28]的風俗和說法。王學崇商的觀念滲透到家法、族規[29]、鄉約中。其經濟倫理因而被廣泛

朝決之也。」賴一章而決疑，近人許承堯亦覺得牽強。朱熹先人亦婺源人。

[21] 歙縣《竦塘黃氏宗譜》，卷5〈明故金竺黃公崇德公行狀〉。

[22] 轉見自許承堯：《歙事閒譚》第6冊（合肥：黃山書社，2001年）。

[23] 黃宗羲：《明儒學案》卷25，〈南中王門學案一〉。按：筆者在績溪一九九八年國際徽學研討會上有幸讀到李琳琦先生〈徽州書院略論〉一文，從中轉引成此條及注23、24等三條他所引用的資料，特此致謝。

[24] 〔清〕施璜編，〔清〕吳瞻泰、吳瞻淇補：《紫陽書院志》卷18，收入趙所生、薛正興主編：《中國歷代書院志》（南京：江蘇教育出版社，1995年影印）。

[25] 同上註，卷16。

[26] 徽州《汪氏統宗譜》卷116，〈弘號南山行狀〉引李東陽語。

[27] 蒙淩初：二刻《拍案驚奇》，卷37。

[28] 汪道昆：〈誥贈奉直大夫戶部員外郎程公暨贈宜人閔氏合葬墓志銘〉，《太函集》卷55。

[29] 撰修含有家法、族規的譜牒在宗法制強固的徽州是最為普遍的。據學人統計，今國

地推向社會，並使其經濟倫理變成規範人們的自覺行動。

戰國中期以後出現的「士農工商」本已形成傳統的職業構成的順序，此時也相應地發生了變化。「賈為厚利，儒為名高」，賈、儒迭相為用[30]，意味著「商」已置於「農工」之上，而與「士」並列。這一「新四民觀」和「以營商為第一生業」的習俗，是該地區的特定環境，以及明代新儒影響下的文化因素等合力作用下出現的。

二　儒家的傳統文化與徽人賈道

黃巢起義期間及其之前移住徽州的中原大族，多宗奉儒學。宋代確立科舉制度之後，憑其家學淵源而取得科舉仕宦成功者甚多。正如宋人羅願所指出，「宋興則名臣輩出」[31]。明清時期，「自井邑田野，以至遠山深谷，居民之處，莫不有學、有師、有書史之藏」[32]。「先賢名儒比肩接踵」，「雖僻村陋室，肩聖賢而躬實踐者，指蓋不勝指也」[33]，有「東南鄒魯」[34]之稱。在氤氳儒學的氛圍中出現的徽商，自當與儒學有難解之緣。瞭解這一點，就不難理解徽州文獻上「賈而好儒」、「賈服儒行」、「儒術飾賈」等賈儒結合的記載。徽商或從儒而趨商，或商而兼儒，或棄儒從商而後又歸儒。一般而言，徽商集團的文化水準比較高。他們有可能把儒學的優秀文化傳統，運用到商業活動中來。

王守仁說：「四民異業而同道」。道，即天理。徽商是以建立功名，顯

內明清族譜遺傳至今最多者首推徽州。詳見居蜜、葉顯恩：〈明清時期徽州的刻書與版畫〉，收入趙華富編：《首屆國際徽學學術研討會論文集》（合肥：黃山書社，1996年），頁288-304。

30　汪道昆：〈海陽處士金仲翁配戴氏合葬墓志銘〉，《太函集》卷52。

31　〔宋〕羅願：《新安志》卷1〈風俗〉，收入《中國方志叢書‧華中地方‧安徽省》第234號（臺北：成文出版社，1974）。

32　道光《休寧縣志》卷1〈風俗〉。

33　趙吉士：〈泛葉寄〉，《寄園寄所寄》卷11。

34　趙方：〈商山書院學田記〉，收入道光《休寧縣志》卷1〈風俗〉。

宗耀祖為目標的。立功、積德，就能通天理。他們不同於西方清教商人，以在俗世間永無止境地賺錢，不斷地創造業績視為上帝的恩寵，視為一種天職，即所謂「天職觀」；但徽商的確有不少人表現出一種超越精神，就是說，相信按照新儒的立教去修養，就可建立名德與功業，就可通天理，是一種內在超越的文化型態[35]。

天理是明儒的最高理念，徽商「蹈道守禮」，旨在求得符合天理。歙商鮑士臣興販四方，以義制利，對人樂善好施，對己以勤儉自處，嘗曰：「儻來之物，侈用之是謂暴天，吝用之亦為違天，惟其當而已矣。」[36]，「歙縣商人胡山，經常「耳提面命其子孫曰：『吾有生以來惟膺天理二字，五常萬善莫不由之。』……因名其堂曰：『居理』」[37]。歙人黃玄賜行商於齊魯間，「伏膺儒術，克慎言動」，也是按儒家聖人立教去修養。他對朝廷慨然捐輸，對族黨鄰里不吝施捨[38]，都是為了立功、積德，亦即為了通向天理。

既服膺天理，就得不斷作「誅心賊」的修養，培植敬業、自重的精神。其中最重要的是宗奉勤、儉，以及誠、信、義的傳統信條。這些信條可以克制人的自然性欲望，使人回到理性的狀態中來。因此，其成為發展其商業的要訣。

徽商在把勤與儉，以及誠、信、義等儒家優秀文化傳統，落到實處過程中建立起有自己特點的賈道和營運的型式。

勤與儉，是儒家傳統文化中最古老的訓戒。安貧樂道、內聖外王、入世拯救，是儒家傳統的精神。韋伯的新教倫理概括為勤、儉兩大要目，也正是以此為特徵的新教倫理成為啟動西方資本主義的文化因素。作為移民社會的徽州，經歷著中原正統文化與越人文化相互激盪與相互融合的過程，因而社會充滿活力。他們以勤儉著稱，勤與儉成為他們日常宗奉的信條並竭誠實

---

[35] 關於商人按照的新儒立教去修養，就可通天理，這是一種內在的文化超越形態之說。參閱余英時：《近世宗教倫理與商人精神》。

[36] 《棠越鮑氏宣宗堂支譜》卷21，〈鮑先生傳〉。

[37] 李維楨：《大泌山房集》卷73。

[38] 《竦塘黃氏宗譜》卷5。

踐。勤，促使他們極盡人事之運用，富有進取冒險的精神；儉，使他們善於積財。他們把勤、儉載於家法、族規，用以規範族眾。例如《武口王氏統宗世譜》的〈宗規〉中寫道：「天下之事，莫不以勤而興，以怠而廢。」；《休寧宣仁王氏族譜》的〈宗規〉中記載：「士農工商，所業雖別，是皆本職。惰則職惰，勤則職修。」；《華陽邵氏宗譜》的〈家規〉中有載：「財者難聚而易散……吾宗子弟當崇儉。」

勤、儉還被寫入明代出現的商業專書之中，以供商人時時自省。例如：〈又附警世歌〉中寫道：「不勤不得，不儉不豐」、「儉約可培，浪侈難植」[39]。前句意為勤儉乃積財之本，後句是說儉、侈可作為其人是否堪加造就、培植的依據。勤、儉在當地蔚然成風，據康熙《徽州府志》記載：

> 家居也，為儉嗇而務畜積。貧者日再食，富者三食，食唯稠粥。客至不為黍，家不畜乘馬，不畜鵝鶩……女人猶稱能儉，居鄉者數月不占魚肉，日挫針治縫紉綻[40]。

在〈悲商歌〉中對商人勤勞困苦的情狀描述道：

> 四海為家任去留，也無春夏也無秋」。「四業唯商最苦辛，半生饑飽幾曾經；荒郊石枕常為寢，背負風霜撥雪行」。「萬斛舟乘勢撼山，江愁風浪淺愁灘[41]。

有的將「筋力纖嗇」的勤儉行狀，「勒石堂右」[42]，以警醒後人。有的以勤儉為座右銘，提出「唯勤唯儉，是勉是師」[43]。他們堅信：勤與儉是致富

---

[39] 楊正泰：《商賈一覽醒迷》（山西：人民出版社，1992年）。

[40] 康熙《徽州府志》，卷2〈風俗〉。

[41] 楊正泰：《商賈一覽醒迷》，頁300。

[42] 歙縣《許氏世譜》，〈朴翁傳〉。

[43] 祁門《張氏統宗世譜》，卷3，〈張元渙傳〉。

之道。顧炎武在《肇域志》中也說：「新都勤儉甲天下，故富甲天下」[44]。所以，有的徽商致富之後，依然以勤儉自律，即「居安逸而志在辛勤，處盈餘而身甘淡泊」[45]。

誠然，在《揚州畫舫錄》等文獻中，的確有關於徽州富商大賈花天酒地，極端奢侈的描寫，但這種奢侈之舉，往往是為實現某一特定目標的一種手段。例如，有的大鹽商，「入則擊鐘，出則連騎，暇則招客高會，侍越女，擁吳姬，四座盡歡」[46]。「盡歡」者，當是鹽商為某種原因而巴結的對象。康熙《徽州府志》講得更清楚：「當其（指徽州富商）出也，治裝一月，三十里之外即設形容，炫新服，飾冠劍，連車騎。若是者，將以媒貸高資，甚至契領官貨」[47]。由此可見，其奢侈之舉，是出自為攀附權貴，或抬高身份以取信於人的公關目的。應當指出，採取這種公關手段者，已經陷入「以利為利」，與其宗奉的「以義制利」信條相悖離。徽商作為一個群體，其理念不可能純正，其行為也不可能一致。我們對之評判，只能以其主要面向為依據。

大凡取得事業成功的徽商幾乎都以「誠」為本。歙商許憲說：「惟誠待人，人自懷服；任術禦物，物終不親」。他因誠而享譽商界，「出入江淮間，而資益積」[48]。黟商胡榮命經商於江西吳城五十年，以信譽自重，童叟不欺。晚年告老還鄉，有人「以重金賃其肆名」，被他拒絕。他說：「彼果誠實，何藉吾名？欲藉吾名，彼先不實，終必累吾名也」[49]。罷商之後依然以其招牌聲譽自重。歙縣商人江長遂，「業鹺宛陵，待人接物，誠實不欺，以此致資累萬」[50]。

---

44 顧炎武：《肇域志》（抄本），〈江南十一・徽州府〉。

45 《汪氏統宗譜》，卷31，〈汪材傳〉。

46 汪道昆：〈汪長公論最序〉，《太函集》卷2。

47 康熙《徽州府志》，卷2，〈風俗〉。

48 《新安歙北許氏東支世譜》卷3。

49 《黟縣三志》，卷6下，〈人物〉。

50 《濟陽江氏族譜》，卷9〈清布政理部長遂公、按察司經歷長遇公合傳〉。

　　守信用，重然諾，是徽人商德的核心。社會經濟活動是由組織群體，而非個人所完成。信用直接影響群體組織的凝聚力，以及影響社會交往能力的發揮，並由此而影響經濟活動的效果。經濟的繁榮總是與信用度高的群體相聯繫，總是在信用度高的地區出現。所以，信用成為社會品德的主要成分。徽商因具有強勁的凝聚力而結成商幫並形成龐大的商業網絡，而且在商業上取得輝煌成就，顯然與其恪守信用有關。他們往往寧可損失貨財，也要保住信譽。婺源洪勝，平生「重然諾，有季布風，商旅中往往藉一言以當質券。」洪輯五「輕貨財，重然諾，義所當為，毅然為之」。因此受人敬重，推為群商領袖[51]。歙商江氏，以信用為商人立命之基。世代守之不怠。傳至承封公，「懼祖德湮沒不傳，倩名流作《信錄》，令以傳世」[52]。

　　徽商不是不言利，而是遵儒家傳統，「利以義制」。這是對商人一種軟性的制約。西方制度學派認為如此則壓抑商人法制的出現，並缺乏對商人以法律的硬性約束。從西方人的眼光看來，不無道理。但是，利以義制，是不能從儒家的道德中割裂出來，它是同誠、信、仁等一起構成一個完整的道德體系，起合力作用。事實說明，大凡以重義輕利，非義之財不取為標榜者，都往往取得商業的成功。清代歙人淩晉從商以仁義為本，交易中有點販蒙混以多取之，不作屑屑計較；有誤於少與他人的，一經發覺則如數以償。結果他的生計卻蒸蒸「益增」[53]。其中緣由，道光間的黟商舒應剛作出這樣的解釋：錢，泉也，泉有源方有流。「狡詐生財者，自塞其源也」；「以義為利，不以利為利」，自當廣開財源。在他看來，以義為利即生財之大道[54]。

　　徽商以誠實取信於人，且多行義舉，在其家鄉以及其聚集的僑居地，實行餘缺互濟的道義經濟，以種德為根本，形成其賈道。在此事氛圍下成長的徽商子孫，受其陶熏，其賈道得以傳承不息。

　　徽商還建立起一套與其賈道相適應的經營模式，即所謂「商業網絡」、

---

[51] 《敦煌洪氏統宗譜》，卷59〈福溪雅軒先生傳〉、〈輯五先生傳〉。

[52] 歙縣《濟陽江氏族譜》，卷9〈清誥封奉直大夫公傳〉。

[53] 淩應秋：《沙溪集略》，卷4。

[54] 見《黟縣三志》，卷15〈舒君遵剛傳〉。

「股份制」、「夥計制」和「行商與坐賈相結合」等。

徽商品建立以血緣為核心的商業組織，和以血緣與地緣相結合的商業網絡。家族本位的傳統意識，在營商中也有鮮明的體現。一人取得商業的成功，往往可以把一個家族，乃至一個宗族帶動起來。休寧汪福光，「買鹽於江淮間，艘至千隻，率子弟貿易往來」[55]。其組織如此龐大，非舉族經商不可。有的宗族出現「業賈者什七八」。徽人的商業，在漢口，為續溪胡氏所開闢；在通州，則由仁里程氏所創。還出現某一宗族壟斷某一行業的情況，如續溪上川明經胡氏，以胡開文墨業名天下，上海的墨業幾為之所壟斷。徽人利用血緣和地緣的關係在各地建立商業網絡，互通消息，彼此照應，相互扶持。必要時，可採取聯合行動與同行競爭。南京五百家徽商當鋪聯合起來，憑其雄資，用低息借出，終於擊敗與之抗衡的閩商典當業。在揚州的鹽業，始為黃氏所壟斷，爾後汪、吳繼起，清代則受制於江氏。徽商對揚州鹽業的壟斷，在山東臨清（科舉成功者）「十九皆徽商占籍」[56]，以及長江沿岸「無徽不成鎮」的諺語，都說明揚州和臨清等以及長江兩岸的一些城鎮是徽商帶領族人開闢的商業殖民地。

合股（或稱合夥）制是徽商籌措、擴大商業資本的重要方法，也是徽商增殖社會資本的方法。所謂社會資本，即人們合作發展經濟的能力。據《太函集》記載，程鎖「結舉宗賢豪者得十人，俱人持三百緡為合夥，賈吳興新市」[57]。也有的是中間參股，例如，金朝奉在浙江天臺縣開當鋪，其內弟程朝奉，帶著兒子阿壽前往找他，要參資入股，合夥開當[58]。這種合股經商而立下的契約，為了規範化，已有合約的格式被載於當時流行的商業書中。其格式寫道：

---

[55] 《休寧西門汪氏宗譜》，卷6。

[56] 謝肇制：《五雜俎》，卷14。

[57] 汪道昆：《太函集》，卷61〈明處士休寧程長公墓表〉；又《休寧率東程氏家譜》，卷4〈明故禮官松溪程長公墓表〉記載：程鎖「結舉宗賢豪者得十人，俱各持三百緡為合從，號曰『正義』」。

[58] 初刻《拍案驚奇》，卷10〈韓秀才乘亂聘嬌妻，吳太守憐才主姻簿〉。

立合約人×××竊見財從伴生，事在人為。是以兩同協議，合本求
利。憑中見，各出本銀若干，同心竭膽，營謀生意。所得利錢，每
年面算明白，量分家用，仍留資本，以為源源不竭之計。至於私己用
度，各人自備，不得支動店銀，混亂賬目。故特歃血定盟，務宜苦樂
均受，不得匿私肥己。如有犯此議者，神人共殛。今欲有憑，立此合
約一樣兩紙，存後照用[59]。

由此可見，投資合股，按股分紅，是當地流行的作法。

夥計制，是徽商所習用，並憑此而擴大其經營規模。大致說來，在商人
本人，或在協助主人管理商務的「經理」[60]、「副手」[61]、「掌計」[62]等的指揮下，
管理某一具體業務者，均稱夥計。夥計各司其職，諸如，管賬（有「能寫
能算」[63]本事者可充任）、「司出納」[64]等等。夥計分有大小等級[65]，其數量之多
寡，由經營的規模而定。夥計出身的績溪汪彥，經過十餘年的積攢，擁資
「二十餘萬，大小夥計，就有百十餘人」[66]。近人歙縣許承堯的族祖許某，「十
數世之積，數百萬之資」，在江浙間開的典當鋪店，「四十餘肆」，「管事者
以下」即包括掌計、夥計在內，「幾及二千」[67]。技術性較強的行業如鹽業，
夥計須經培訓。或與父兄當學徒，或先見習於師傅，方能當正式的夥計，進
而有擢升的希望。據《歙縣新館鮑氏著存堂宗譜》記載：

---

59 〔明〕呂希繹：《新刻徽郡補釋士民便讀通考》，轉引自謝國楨編：《明代社會經濟史料
選編》（福州：福建人民出版社，1980-1981年），下冊，頁275。

60 黟縣《環山余氏宗譜》，卷21〈餘藹三公傳贊〉。

61 顧炎武：《肇域志》（抄本），〈江南十一・徽州府〉。

62 《豐南志》第8冊，〈溪南吳氏祠堂記〉。

63 天然痴叟：《石點頭》，卷11〈江都市孝婦屠身〉。按：作者為明末時人，說的雖是唐
末事，實係明末情態。

64 《歙縣新館鮑氏著存堂宗譜》，卷2〈例授奉直大夫州同銜加二級鳴岐再從叔行狀〉。

65 艾納居士：《豆棚閒話》，第3則〈朝奉郎揮金倡霸〉；汪道昆：《太函集》，卷52〈南
石孫處士墓志銘〉。

66 《豆棚閒話》，第3則〈朝奉郎揮金倡霸〉。

67 許承堯：《歙事閒譚》第17冊。轉引自俞曲園樾：《右台仙館筆記》。

（鮑直潤）尚志公次子，……十四赴杭習賈。賈肆初入者惟供灑掃。
居半年，慮無所益，私語同輩曰：「我輩居此，誰無門閭之望，今師
不我教，奈何？請相約，如有所聞，必互告勿秘，則一日不啻兩日
矣。」師聞而嘉之，遂盡教。思既卒業，佐尚志公理鹽業，課貴問
賤，出入無不留意。遇事必詢，詢必和其辭色。雖廝僕亦引坐與語，
以故人多親之。市價低昂，聞者莫之或先。貿易不占小利，或以為言
大父曰：「利者人所同欲，必使彼無所圖，雖招之獎不來矣。緩急無
所恃，所失滋多非善賈之道也。」人服其遠見，尚志公晚年事皆委任
焉。[68]

　　鮑直潤雖係鮑尚志之子，依然先當學徒；幫助其父管理鹽業後，也處處
向他人求教，以提高業務水準。可見徽人注重訓練商業技能和積累商業知
識，亦即人力資本的積累。

　　有本事，又忠心的夥計，可望提升為掌計，協助主人管事、掌錢財。待
遇較夥計優厚，積攢一筆錢後，可自立門戶，獨自經營。從夥計而起家致富
者，屢見不鮮。歙西岩鎮人閔世章，「讀《史記·蔡澤傳》，喟然思欲有見
於世，遂走揚州，赤手為鄉人掌計簿，以忠信見倚任。久之，自致千金，行
鹽策，累資巨萬」[69]。夥計出身的鮑志道更曾一度成為鹽業的頭號大賈。鮑志
道「年十一即 家習會計於鄱陽。頃之，轉客金華，又客揚州之拼茶場，南
游及楚，無所遇。年二十乃之揚州佐人業鹽，所佐者得公起其家。而公亦退
自居積操奇贏，所進常過所期。久之大饒，遂占商籍於淮南」。曾被推為總
商。先後受朝廷敕封的官銜達六個之多[70]。

　　正如徽州〈桃園俗語勸世歌〉中對夥計所勸戒的，只要對主人忠心，拿
出真本事來，自當為主人賞識而擢升，從而可以發家致富。〈勸世歌〉中寫
道：

---

[68] 《歙縣新館鮑氏著存堂宗譜》，卷2〈中議大夫大父鳳占公行狀〉。

[69] 許承堯：《歙事閒譚》第28冊，轉引自《初月樓聞見錄》。

[70] 歙縣《棠樾鮑氏宣忠堂支譜》，卷21〈中憲大夫肯園鮑公行狀〉。

生意人，聽我勸，第一學生不要變。最怕做得店官時，貪東戀西聽人
騙。爭工食，要出店，痴心忘想無主兒，這山望見那山高，翻身硬把
生意歇。不妥貼，歸家難見爹娘面，衣裳鋪蓋都攬完，一身弄得穿破
片。穿破片，可憐見，四處親朋去移借。到不如，聽我勸，從此收心
不要變，托個相好來提攜，或是轉變或另薦。又不痴，又不呆，放出
功夫攄櫃檯，店官果然武藝好，老闆自然看出來。看出來，將你招，
超升管事掌錢財。吾縱無心掌富貴，富貴自然逼人來[71]。

徽商不僅注重夥計的訓練與培養，而且對有才幹而忠心者，給予擢升，
並允其離主自立經營。這種作法有利於激發夥計的敬業和專注精神，無疑對
商業的發展是起了促進作用的。

夥計的來源，一是來自奴僕。世家大族經商者多用奴僕充之，休寧程事
心「課僮奴數十人，行賈四方，指畫意授，各盡其材」[72]。歙縣吳敬仲「課諸
臧獲，賈於楚、於泗、於廣陵之間」[73]。有的家僕甚至委以重任。歙縣黃武毅
就「遣僕鮑秋，掌計金陵」[74]。再是來自族人，這是最重要的來源。汪道昆的
曾祖父玄儀，便將「諸昆弟子姓十餘曹」帶去當夥計或掌計等，後來這些
昆弟子姓都發財，有的甚至積資超過他[75]。歙人富商吳德明「平生其於親族
之貧者，因事推任，使各得業」[76]。這種吸引族人經商之舉，導致「業賈者什
七八」[77]，甚至有舉族經商的盛況，孫文郁便「舉宗賈吳興」[78]。又，從社會招
聘也是一途。這些人或為親戚朋友推薦，或由自己物色。他們多有某一方面

---

[71] 轉引自張海鵬等主編：《明清徽商資料選編》（合肥：黃山書社，1985年），頁264-
　　265，第838條。

[72] 《從野堂存稿》，卷3〈故光祿丞敬一程翁墓表〉，又據《清史類鈔》第39冊〈奴婢類〉
　　記載：徽州大姓「恒買僕，或使營運，或使耕鑿」。

[73] 《豐南志》第5冊，〈從父敬仲公狀〉。

[74] 歙縣《譚渡黃氏族譜》，卷9〈故國子生黃彥修墓志銘〉。

[75] 汪道昆：《太函副墨》，卷1〈先大父狀〉。

[76] 吳吉祜：《豐南志》第5冊，〈德明公狀〉。

[77] 汪道昆：《太函集》，卷16〈阜成篇〉。

[78] 汪道昆：《太函集》，卷50〈明故禮部儒士孫長公墓志銘〉。

的才能。除僮僕出身外，夥計與商人之間是自由的雇傭關係。一般要立下受雇契約。在當地流行的商業專書中，收有夥計給主人立還的契約。原文如下：「立雇約人某×，今雇到某人。男某，挈身在外，做取某藝。議定每月工銀若干，不致欠少。如抽拔工夫，照數扣算。憑此為照」[79]。從此契約看，以當夥計為業已很流行，並且夥計與業主的關係已經規範化。

徽商把行商與坐賈結合，既作長途販運，又建立銷售基地。長江中下游，尤其江南地區和運河沿岸是明清時期富人聚集之地，也是商品消費量最大的地區。徽商經過不斷開闢商業殖民地，這一帶市鎮的商業終於為徽商所控制，「無徽不成鎮」之諺即說明這一問題；揚州、南京、抗州、漢口、臨清等要鎮更是徽商的大本營。家庭是以宗族為依託，僑居異地的單個家庭並不能形成社會力量，所以徽商總是按血緣、地緣聚居。組織網絡和地域網絡結為一體。他們「觀時變察低昂」、「急趨利而善逐時」。他們轉轂四方，尤其是沿長江和運河做東—西、南—北的雙向商品交流。他們從書本中擷取知識，從實踐中吸取經驗。他們從歷史上的名商，如三致千金的范蠡、精通經商之道的計然和白圭、富比王侯的猗頓、與國君分庭抗禮的子貢等，取得榜樣的力量和經商的知識；從經商的實踐中總結經驗，有的還寫成商業專書，如前引的《商賈一覽醒迷》即是一例。誠如清代歙商鮑建旟所說：「自少至壯，以子身綜練百務，意度深謹，得之書史者半，得之游歷者半。」[80]由於徽商具有廣博的歷史知識，又有豐富的實踐經驗，所以當天下萬物之情了然於胸之後，能夠作出比較正確的判斷。歙商阮弼一到蕪湖，觀其形勢，便以蕪湖為拓展其商業的根基，並決定經營當時無人經營的赫蹏（縑帛）業，繼而立染局，兼業印染縑帛，後擴設分局並在吳、越、薊、梁、燕、豫、齊、魯等地要津販賣，終成大賈[81]。他的成功也是來自瞭解商情，善於作靈活經營。

<hr>

79　〔明〕呂希織：《新刻徽郡補釋士民便讀通考》，見謝國楨編：《明代社會經濟史料選編》中冊，頁220。

80　《棣塘黃氏宗譜》，卷5《黃公瑩傳》。

81　汪道昆：《太函集》，卷35〈明賜級阮長公〉。

三　家族倫理驅策下的「官商互濟」

　　徽州作為程朱理學故鄉，與程朱一派新儒的淵源久遠。宗法制強固，以家族為本的宗族觀念特深。徽州以營商為第一生業的習俗，則與王學破舊「四民觀」的經濟倫理相融通。因此，在宋明新儒朱、王兩派對徽州的浸漬下，出現了儒商結合，互相為用的局面。「官商互濟」，則是儒商結合的演化與結果。

　　以程朱理學為依歸的、家族本位的宗族理念中，個人的升遷榮辱，是同宗族聯繫一起的，即個人的身份地位取決於所在的等差次序的倫理構架中的位置，取決於所屬社會集團的勢力。唯有提高本宗族的社會地位，方能實現自己的價值。非科舉仕宦，「不足振家聲」。由於恪守在官本位的價值取向，科舉仕宦是榮宗耀祖、提高本宗族地位的途徑。但是讀書科舉一途，需要經濟作為基礎。正如汪道昆為程長公之母汪孺人寫的〈行狀〉中所指出的：

> 夫養者，非賈不饒；學者，非饒不給。君（程長公）其力賈以為養，而資叔力學以顯親，俱濟矣[82]。

　　清人沈垚（1798-1840）也認為：「古者士之子恒為士，後世商之子方能為士。此宋元明以來之大較也。天下之士多出於商。」後一句話，顯然缺乏數據支持；如果改為天下之士多出於官、商和官商結合之家，應更確當。沈垚又指出，非營商者，「子弟無由讀書以致通顯。」[83]此一看法也同樣太過絕對，如理解為缺乏經濟基礎，想讀書仕宦是不可能的，就符合明清社會實際了。求富最便捷之途莫過於營商，而商業的成功則關係著家族的榮耀及其延綿不衰。

---

[82] 汪道昆：《太函集》，卷42〈明故程母汪孺人行狀〉。

[83] 沈垚：《落帆樓文集》，卷24。

　　從這一意義上看，以追求家族榮耀為終極目標的價值理念，卻轉化為驅策徽州人經商的精神力量。正源自於此，宗族制與商業發達兩者之間，在中國一度流行的分析模式中被視為互相衝突、互相矛盾，事實上卻相輔相成，相得益彰。從東南沿海地區看，宗族組織是隨著商業的發達而趨向庶民化與普及化的[84]。

　　歙人汪道昆多次強調徽州以業商為最主要。他說，「新都（徽州的古稱）業賈者什七八」、「大半以賈代耕」[85]；艾衲居士著的《豆棚閑話》中也說：「人到十六就要出門做生意」[86]。乾隆《歙縣志》中更說：「商賈十之九」[87]。幾乎是全民經商了。這在明清時期，是個十分特殊的地方。徽商經商的地域非常廣闊，大江南北，運河兩岸，邊陲海隅，乃至日本，東南亞地區，無不涉足。而且經營的鹽、典、茶、木等行業，資本雄厚，非列肆叫賣之小商販可比。所以對從商者文化水準要求較高。而徽州又正是文化發達的地方。唐末以前，每當戰亂，「中原衣冠，避地保於此，後或去或留，俗益向文雅，宋興則名臣輩出」[88]。明清時期，文化愈加發達。「十家之村，不廢誦讀」，社學、書院林立。據康熙《徽州府志》記載統計，彈丸之地的徽州府社學達五六二所，書院有五十四所[89]。少時先業儒，及長轉而從商；從商之後又往往沒有忘情於儒業，賈而兼儒。這就是所謂儒賈結合。儒商結合，既意味著一個人儒賈兼治，也體現在諸子中業商、業儒的分工。程長原「三子異業，命賈則賈，儒則儒。賈則示以躬行，儒則成以專業」[90]。正如汪道昆所

84　關於這一問題，請參閱拙著：〈徽州和珠江三角洲宗法制比較研究〉第四節「宗族組織與商業發達」，《中國經濟史研究》1996年第4期，頁1-9。周紹泉、趙華富主編：《95國際徽學學術討論會論文集》（合肥：安徽大學出版社，1995年），頁1-19。

85　汪道昆：《太函集》，卷16〈阜成篇〉、〈克山汪長公六十壽序〉。

86　艾衲居士：《豆棚閑話》，第3則〈朝奉郎揮金倡霸〉。

87　《歙縣志》，〈風俗〉卷。

88　淳熙：《新安志》，卷1〈風俗〉。

89　康熙：《徽州府志》，卷7〈學校〉。

90　汪道昆：《太函集》，卷60〈明故長原程母孫氏墓志銘〉。

指出：「大江以南，新都以文物著，其俗不儒則賈，相代若踐更」[91]。根據張海鵬等主編的《明清徽商資料選編》一書所作的粗略統計，儒從商者便有一四三例，商而兼儒（包含賈而好儒、商歸儒、賈服儒行、以儒服事賈、跡賈而心儒等）有三十六例。商而兼儒，如歙縣吳希元（明萬曆時人）「下帷之暇，兼督賈事；時而挾書試南都，時而持算客廣陵」。後以捐輸得授文華殿中書舍人[92]。有的經科舉而官宦。例如，歙縣程晉芳，業鹽於淮，兼治儒術，「招致多聞博學之士，與共討論」，終於舉乾隆朝「辛卯進士」，授翰林院編修[93]。這是個例。賈而兼儒更普遍的意義是為了附庸風雅，以清高自詡，便於結交權貴。他們奮跡江湖的同時，沒有忽視文化的修養。歙縣鹽商吳炳寄寓揚州時，「往往晝籌鹽策，夜究簡編」[94]。休寧汪志德「雖寄居於商，尤潛心於學部無虛日」[95]。除研讀儒家經典外，尤其究心於與治生、貨殖有關的典籍。甚至詩賦琴棋書畫，篆刻金石，堪輿星相，劍槊歌吹，皆有涉獵。據李斗《揚州畫舫錄》記載，徽商多工詩書畫，有的還著書立說。有的在自己的庭院、山館中舉行文會以廣交士大夫。視讀書、藏書、刻書和詩賦琴棋書畫為雅事，以雅致自娛。他們注重談吐、風儀、識鑒，以儒術飾賈，或賈服儒行，顯得情致高雅，旨在抬高身份，便於公關以攀援權貴。部曹、守令，乃至太監、天子都在結託之列。歙商江兆煒在姑蘇「尤樂與名流往來」，其弟江兆炯亦然。「吳中賢大夫與四方名士爭以交君為嘆」[96]。徽商控制享有專利的兩淮鹽業，就說明其與官府深相結託。鹽商鮑志道、鄧鑒元、江春等都曾得到乾隆的恩寵。有了各級官僚，乃至天子作靠山，商業上自然可以化險為夷。

除結託權貴，以求庇護外，徽商還可通過自身的縉紳化，成為亦官亦

---

[91] 汪道昆：《太函集》，卷55〈誥贈奉直大夫戶部員外郎程公暨贈宜人閔氏合葬墓志銘〉。

[92] 《豐地志》，第5冊，〈從嫂汪行狀〉。

[93] 昭槤：《嘯亭雜錄》，卷9。

[94] 《豐南志》第5冊，蒿堂府君行狀。

[95] 《汪氏統宗譜》，卷12，〈行狀〉。

[96] 《濟陽江氏族譜》，卷9。

商，一身兼二任。但是，更重要的還在於徽商通過培育子弟，經科舉仕途而成為朝廷內外的官僚，以充當他們的代言人。據筆者統計，徽州明代舉人二百九十八名，進士三百九十二名；清代舉人六百九十八名，進士二百二十六名[97]。這些中舉者，都成為中央和地方的官僚。有的還成為朝廷的肱股大臣。以歙縣為例，立相國之隆者有許國、程國祥等；闡理學之微者有朱升、唐仲實等；大經濟之業者有唐文風、楊寧等；宏經濟之才者有唐相、吳是等；擅文章之譽者有汪道昆、鄭桓等；副師武之用者有汪宏宗、王應楨等[98]。通過「急公敘議」（明代）和「捐納」而得官銜者（一般不求實職，與士子捐納，候補上任者不同）也不少。明代萬曆年間，歙縣富商吳養春為國捐輸三十萬兩銀子，明朝廷同一日詔賜其家中書舍人凡六人，即時俸、養京、養都、繼志、養春和希元[99]。清代捐納制盛行，以捐納得榮銜者，當屬更多。嘉慶《兩淮鹽法志》記載，在捐輸的代表者名單中，有不少的便屬徽州兩淮鹽商陳、程、黃、吳、汪、洪諸氏。這些人自當獲得高低不同的榮銜。至於鮑志道、鄭鑒元、江春等，更是上交天子，得到皇上的隆恩[100]。正如《歙風俗禮教考》中所指出的：

> 歙之鹺於淮南北者，多縉紳巨族。其以急公議敘入仕者固多，而讀書登第，入詞垣、躋朊仕者，更未易僕數。且名賢才士，往往出其間，則固商而兼仕矣[101]。

這些出任中央和地方官僚，乃至朝廷顯宦的徽商子弟，鄉土、宗族觀念極強。「凡有關鄉閭桑梓者，無不圖謀籌劃，務獲萬全」[102]。對徽商在外地的

---

97 根據朱保炯、許沛霖編：《明清進士題名碑錄索引》（上海：上海古籍出版社，1979年）和《徽州府科第錄》（手抄本）所作的統計。

98 參閱〔清〕洪玉圖：《歙問》，見〔清〕張潮編：《昭代叢書》（甲編第三帙），卷24。

99 見吳士奇：〈貨殖傳〉，《徵信錄》；又許承堯：《歙事閑譚》第10冊。按：明制中書貴於清制中書有由御史翰林遷者。

100 見葉顯恩編：《明清徽州佃僕制與農村社會》，〈第三章第四節 徽州商人的縉紳化〉。

101 江依濂：《橙陽散志》卷12。

102 見《重修古歙東門許氏宗譜》，〈許氏闔族公撰觀察蓮圍公事實〉。

利益，更是著力維護[103]。總之，所謂「官商互濟」，即徽商培植官僚，而官僚又維護徽商的利益。官商互濟，兩者相得益彰。正如汪道昆（1525-1593）指出：

> 新都（徽州）三賈一儒，要之文獻國也。夫賈為厚利，儒為名高。夫人畢事儒不效，則弛儒而張賈。既則身饗其利矣。及為子孫計，寧弛賈而張儒。一弛一張，迭相為用，不萬鐘則千駟，猶之能轉轂相巡，豈其單厚計然乎哉[104]！

這一段話，比較精到、全面且準確地指出賈為厚利，儒為名高；官與商，相互為用的關係。

這裏應當指出，徽商並沒有一味追求商業上的成就，這不同於西方的商人以商業作為終生終世的事業來追求；也沒有以「創業垂統」為目標以建立商業帝國的企圖。徽商也不同於近代珠江三角洲的粵商有的因商致富之後，通過發揮貨幣經濟的力量直接謀求與士紳並列的社會名流地位[105]；而是千方百計地向縉紳轉化。其途徑有二：一是明代「以急公議敘」而取得榮銜，清代則通過「捐納」而獲官位，即用財富來實現其縉紳化；二是精心培養子弟，通過讀書科舉而仕宦。由於受家族倫理的支配，通過仕宦官爵來榮宗耀祖，提高家族的社會地位，才是徽商追求的終極目標。從此可見，徽商提倡「新四民觀」與企求科舉仕宦是互為表裏，也可說是儒為體，賈為用。

四　走到傳統商業的極限而止步

徽商源遠流長，在四世紀初的東晉已見載於文獻。明嘉、隆（十六世

---

[103] 見葉顯恩編：《徽州佃僕制與農村社會》，〈第三章第四節 徽州商人的縉紳化〉。

[104] 汪道昆：《太函集》，卷52〈海陽處士仲翁配戴氏合葬墓志銘〉。

[105] 在宗族倫理問題上，徽州與珠江三角洲的同異，請參閱葉顯恩：〈徽州和珠江三角洲宗法制比較研究〉，《中國經濟史研究》1996年第4期，頁1-9。

紀）以後，至清嘉慶（十八世紀）之前，是他的黃金時代[106]。他們轉轂天下，邊陲海疆，乃至海上，無不留下其蹤跡；並稱雄於中國的經濟發達區——長江中下游及運河兩岸，控制橫貫東西的長江商道和縱穿南北的大運河商道。其財雄勢大，手可通天，與山西商人共為伯仲，同執中國商界之牛耳。作為一個商幫，從十六至十八世紀稱雄商界，竟長達三個世紀。

徽商在商業的規模和資本的積累方面，在明代，最大的商人已擁有百萬巨資，當已超過一六〇二年荷蘭東印度公司最大股東勒邁爾擁資八千一百英磅的額數了[107]。清代，徽商的商業資本激增至千萬兩之巨。就其經營的規模和資本額，也已達到了傳統商業的巔峰。之所以能積聚如此巨大的資本，是由於他們善於把經濟資本與人力資本、社會資本結合起來；並在以貿易為主的長途交換過程中創造出來[108]。其與海洋貿易的關係，尤值得注意。徽商善於抓住明中葉海洋貿易帶來的機遇，全面參與，並用海陸互相結合地建立起商業網絡，以此創造與增殖其資本[109]。

徽商廁身於商場而不忘情於儒業的舉動，有力地推動其故鄉徽州及其聚居地南京、杭州、揚州等市鎮人文的發展。以其故鄉歙縣江村為例，據村志《橙陽散志》由筆者作的統計，該村便有七十八位作者，編著一五五種書。這一數字僅限於一七七五年之前。又據近人統計，徽州（缺休寧）歷代著述者達一千八百五十二人，成書四千一百七十五種。為了迎合商業社會的需要，徽商斥巨資板刻一批批天文、地理、物產、科技、醫藥，乃至行旅路程、書契格式等士農工商出外居家、日常生活必備的常識通俗讀物。士商要覽、行旅程途一類的商務書籍，尤其反映徽商實用的需要。

---

[106] 關於徽商的起源與發展過程，請參見葉顯恩：〈試論徽州商人資本的形成與發展〉，《中國史研究》1980年第3期。

[107] 見《孔恩文件》第1卷頁167，轉引自田汝康：〈15至18世紀中國海外貿易發展緩慢的原因〉，《新建設》1964年第8-9合期。按：當時的英磅與中國銀兩的比價不清楚，難以換算而作比較。但當時擁資五千五百至七千五百英鎊而幾與勒邁爾比肩的中國海商，較之於徽商要遜色多了，故作此斷語。

[108] 參見科大衛：〈中國的資本主義萌芽〉，《中國經濟史研究》2002年第一期。

[109] 參見〈明中後期中國的海上貿易與徽州海商〉一文。

　　尤其值得稱道的是，徽商根據明儒的立教，倡導「新四民觀」，大破戰國以來商居末位的傳統職業次序。吸取儒學的優良傳統，創立其賈道和營運型式。合股制、夥計制、經營網絡等，已經推進了商業的功能。需要特別指出的是，商業組織形式已經相當完善。商業資本家與經理（或稱掌計、副手）有的是分開的。如前面提及的歙商許某，在江浙開典當四十餘肆，夥計幾及二千。每處當鋪都分別由各掌計掌管。按規矩，家庭開支與鋪店的財務分開，已具有商業近代化的色彩了。徽商在把儒學的優良傳統從書齋帶入商業活動即所謂「習儒而旁通於賈」[110]，在商業發展過程中發揮了促進作用。歙商吳彥先「暇充覽史書，縱談古今得失，即宿儒自以為不及。」他將儒術用諸商業，「能權貨之輕重，揣四方之緩急，察天時之消長，而又知人善任，故受指出賈者利必倍」[111]。徽商又受家族本位的宗族倫理之驅策，以異乎尋常的熱情投入商業，勢必推進商業的發展。他們敗而不餒，正如《祁門倪氏族譜》所載：「徽之俗，一賈不利再賈，再賈不利三賈，三賈不利猶未厭焉」[112]。很顯然，徽商的成就與此有密切關係。徽商以商業的成功與推進文化、培育人才並舉，既提高商人的素質和層次，又製造了一個官僚集團。從「賈而好儒」而進入「官商互濟」。在利用傳統文化促進商業發展方面，已經達到極致的境界。

　　徽商無論在賈道和商業營運型方面的建樹上，抑或經營規模和資本的積累方面，都走到了傳統的極限，但是卻至此而止步不前。他們積聚資本僅視為手段，而不是目的。既沒有以商業為終生終世的事業來追求、沒有如同珠江三角洲的商人般進一步提出「以商立國」的思想，也沒有建立商業帝國的鴻圖；徽商既沒有的將其商業資本轉為產業資本，如同珠江三角洲商人投入機器繰絲業，實行近代工業化，反而用來結托官府，或用於科舉仕途，以實現其「縉紳化」。徽商在走到傳統商業的極限而止步，其原因是多方面的，

110《豐南志》第4冊，〈從父黃國公六十序〉。
111《豐南志》第5冊，〈明處士彥先吳公行狀〉。
112《祁門倪氏族譜》，卷下〈浩封淑人胡太淑人行狀〉。

諸如政治體制、經濟制度、生產力發展的水準等均有密切的關係，故應當放眼於總體歷史作考察。如果從文化的角度，就徽商本身作探討的話，我認為最根本的是浸透尊卑主僕等級的家族倫理及其制約下的「官本位」價值觀。

徽州的家族組織嚴密，有系統的譜牒，門第森嚴。清初的官僚趙吉士曾指出：「新安各姓，聚族而居，絕無雜姓擾入者。其風最為近古。出入禮讓，姓各有宗祠統之。歲時伏臘，一姓村中千丁皆集。祭用文公家禮，彬彬合度。父老嘗謂，新安有數種風俗勝於他邑：千年之冢，不動一抔；千丁之族，未嘗散處；千年之譜，絲毫不紊。主僕之嚴，雖數十世不改，而宵小不敢肆焉。」[113]。

其中尊卑等級、主僕名分，最為講究和注重。錢財是不能洗涮主僕名份的烙印。例如，萬雪齋自小是徽州程家的書童。與程家有主僕名分。自十八、九歲起，便在揚州當鹽商程明卿的小司客（夥計）。平日積聚銀兩，「先帶小貨，後來就弄窩子。不想他時運好，那幾年窩價徒長，他就尋了四五萬銀子，更贖了身出來。買了這所房子，自己行鹽，生意又好，就發起十幾萬來」。而原主子程明卿生意折本，回徽州去了。但是，萬雪齋並不能因發了財而改變與程家的主僕名分。當萬家與翰林的女兒結親時，程明卿忽然來到，坐在正廳，萬家驚恐萬狀，連忙跪拜，行主僕之禮，並兌了一萬兩銀子出來，才將程明卿打發走。因未曾將昔日僕人身份說破，才保住了面子[114]。可見發財只能致「富」，而不能使其「貴」，亦即不能改變其社會身份地位。

業儒仕宦，從而榮宗耀祖，才是徽商的終極關懷。江終慕，從賈而致富饒，仍感有憾。他發感慨說：「非儒術無以亢吾宗」[115]。歙人吳雪中承父業為鹽商。賈而兼儒，以先儒的嘉言懿行自勵。慷慨負氣，「內收宗族，外恤閭巷。親交遇，其赴人之急，即質劑取母錢應之，亦不自德色。恒嘆曰：『士

---

[113] 趙吉士：《寄園寄所寄》，卷11〈故老雜記〉。

[114] 吳敬梓：《儒林外史》，第22回〈發陰私詩人被打，嘆老景寡婦尋夫〉。

[115] 歙縣《溪南江氏族譜》，〈明贈承德郎南京兵部車駕署員外郎事主事江公暨安人鄭氏合葬墓碑〉。

不得已而賈，寄耳。若醒靦務封殖，即一錢靳不肯出，真市豎矣。』」[116]。他以「士」自居，務賈是出於「不得已」。後賈，日督諸子讀書。儘管身為官宦的汪道昆等嘴裏也說「商賈何負閎儒？」但心裏始終盯著「官宦」。他們依然堅持「官本位」的價值觀，即以科舉仕宦，顯宗耀祖為終極目標。可以說，他們是「以儒為體，以賈為用」。儒是根本，商是權宜之計。徽商不同於珠江三角洲商人因商致富之後，通過組織商會，捐資公益事業，發揮貨幣經濟的力量取得社會名流的地位而與士紳分庭抗禮。誠然，徽商也建立行會、公所等組織，但旨在加強本地區的凝聚力，共謀鄉梓的福利。他們對建橋、葺路，扶孤恤寡，樂善振貧等慈善公益事業，始終未曾吝惜。有的「行數十年不倦」[117]。族內實行餘缺相濟的道義經濟，而與珠江三角洲的宗族內部趨向於經濟上的公平分益迥異[118]。其目的在於積德，以圖子孫得善報，亦即使家族榮華富貴和綿延不衰。積德可通天理，已形成心中的道德律。如果沒有受到這一心中道德律的支配，公益慈善之舉，是不可能如此自覺地行之久遠，且堅持不懈。徽商大量的商業資本就是在以家族為本的宗族倫理及其制約下的「官本位」價值觀支配下被耗費了。可見為光宗耀祖而引發的經商致富的動機中，已包含了否定或摧殘商業企業發展的因素[119]。加之儒家的宗旨是「致中和」，主張「和為貴」，與外界相和諧，徽商的賈道自當力求和諧而缺乏轉化世俗的力量。商業經濟既作為傳統社會經濟的附麗，而不是其異化的因素，徽州商人資本也自不可能超越傳統社會所規範的商業運作的軌道。

---

[116]《歙事閑譚》，第28冊，引自吳德旋：《初月樓聞見錄》。

[117] 民國《歙縣志》，卷9「人物」，「義行」。

[118] 參見葉顯思：〈徽州與珠江三角洲宗族制比較研究〉，《中國經濟史研究》，1996年第6期，頁1-9。

[119] Michael R. Godley, *The Mandarin-Capitalists from Nanyang: Overseas Chinese Enterprise in the Modernisation of China 1893-1911*. Cambridge: Cambridge University Press, 2002, pp. 37-38，轉引自陳其南：〈再論儒家文化與傳統商人的職業倫理〉，《當代》11（1978年）。

從福建家族文書所見到的
明代民間戶籍里班買賣

陳支平[*]

　　三十多年來，我一直從事民間家族文書的搜集與整理工作，並且試圖對家族文書中所反映的社會經濟史內涵進行某些專題性的解讀與分析。近來，我在原泉州府安溪縣境內獲見一部《清溪鍾山易氏族譜》，又稱《鍾山易氏宗譜》。易氏族譜始修於明代隆慶五年（1571），歷經清順治、康熙、雍正、嘉慶、同治及民國四年（1915）、民國二十八年（1939）共八次修撰。此次所獲見的易氏族譜，即為民國二十八年修撰的本子，有卷首一冊，宗支圖及世系紀實等正文十卷、十三冊。族譜中的「文契」部分收錄與卷首之中，約有明代文契五十餘紙，清代前期的文契二十餘紙。[1]我就安溪縣易氏族譜中的明代契約文書進行了初步的整理分析，感到這批資料對於進一步瞭解明代福建區域的黃冊制度實施情況，以及民間戶籍土地買賣交易關係的社會特性，具有一定的史料價值。因而特此羅列解讀如次，以供同好者參考指正。

—

　　關於明代的田土黃冊制度，《明史·食貨志》記載甚為扼要明確：

[*]　現任廈門大學人文與藝術學部主任、國學研究院常務副院長，兼任中國經濟史學會副
　　會長、中國明史學會副會長。
[1]　該族譜複印本現藏於廈門大學國學研究院資料庫。

洪武十四年詔天下編賦役黃冊。以一百一十戶為里，推丁糧多者十戶
為長，餘百戶為十甲，甲凡十人。歲役里長一人，甲首一人，董一里
一甲之事。先後以丁糧多寡為序，凡十年一周，曰排年。……里編為
冊，冊首總為一圖。鰥寡孤獨不任役者，附十甲後為畸零。……有田
者編冊如民科，無田者亦為畸零。每十年有司更定其冊，以丁糧增減
而升降之。[2]

對於《明史》的這則記載，學界普遍認為十分可信，絕少疑義。因此之
故，學者們亦據此認為明代的黃冊制度與魚鱗圖冊互為經緯，相互配合，各
級官府只要控制了里長，就能控制整個基層社會。徵調賦稅徭役，是根據黃
冊所載的人戶、事產情況，通過里甲制度來完成。因此，黃冊不僅作為檢查
和管理各類戶口的根據，而且作為徵派賦役的依據，是一種相當嚴密的戶籍
和賦役的管理制度。[3]

明初設立的黃冊戶籍與土田管理制度看似嚴密，但是就其實施及其演
變的歷程看，有兩種趨向不可忽視：一是明初設計的各地黃冊里甲戶籍數
量，普遍存在不斷減少的現象。這種現象的出現時極不合理的，因為明初甫
離戰亂，人口散失及土地荒闢的情況所在多有；而明代中期經過長期的休
養生息，人口增長和土地墾闢應在情理之中，完全不可能出現不增反減的
反常現象。這種狀況早已引起明代人的注意，再次舉明代兩位著名的官僚
的言論為證。宣德年間曾任江南巡撫的周忱在其《與行在戶部諸公書》中
說：「忱嘗以太倉一城之戶口考之：洪武年間，見丁授田十六畝，二十四
年黃冊，原額六十七里，八千九百八十六戶；今宣德七年造冊，止有一十
里一千五百六十九戶，核實又止有見戶七百三十八戶，其餘又皆逃絕虛報

---

2 〔清〕張廷玉等撰：《明史》卷77，〈食貨一〉（北京：中華書局，1975年），第七冊，
   頁1878。

3 參見鄭學檬主編：〈第六章 明朝前期的兩稅法〉，《中國賦役制度史》（上海：人民出
   版社，2000年）。

之數。」[4]周忱所舉的江南太倉的情景可能比較極端，但是從嘉靖年間霍韜參修《大明會典》所統計的數字看，這種不斷減少的趨勢是相當明顯的。霍韜說：「臣等奉命修《大明會典》，……先將舊典各書翻閱，竊見洪武初年，天下田土八百四十九萬六千頃有奇，弘治十五年，存額四百二十二萬八千頃有奇，失額四百二十六萬八千頃有奇，是宇內額田存者半失者半也。賦稅何從出、國用何從足耶？臣等備查天下額數，……不知何故致此？非撥給予藩府，則欺隱於猾民，或冊文之訛誤也。不然，何故致此也？……洪武初年，甫脫戰爭，人庶鮮少，田野多蕪，田額宜少也，乃猶墾闢八百萬頃，今奕世承平，人漸生聚，田野盡闢，田額宜多也。乃猶失額四百萬頃，總國計者若何為心乎？天下有司，受猾民賍利，為之欺隱額田，蠹國害民，弊無紀極。次年造籍冊籍獻田額數，盍預行法處之乎？再按天下戶口，洪武初年戶一千六百五萬有奇，口六千五十四萬有奇，時甫脫戰爭，戶口凋殘，其寡宜也。弘治四年承平久矣，戶口蕃且息矣。乃戶僅九百一十一萬，視初年減一百五十四萬矣。口僅五千三百三十八萬，視初年減七百一十六萬矣。國初戶口宜少而多，承平時戶口宜多而少，何也？伏願再敕戶部核實洪武、弘治遞年戶口原數，今日戶口實數，送館稽纂焉。俾司國計者，知戶口日減，費用日增，思所以處之也。」[5]雖然說霍韜、周忱等明代官員極力想弄明白黃冊這一弊端趨向的原因和落實黃冊制度的真實性，但是效果甚微。

　　這種情景在明代的福建地區也是如此，舉明代尤溪縣的例子為證。據嘉靖《尤溪縣誌》記載，洪武二十四年（1391）有戶二萬二千二百八十二，口七萬三百一十七；至正統七年（1442）已降至戶一萬七千四百七十九，口五萬七千四百七十九；弘治五年（1492）戶一萬五千八百六十一，口四萬八千一百八十一；嘉靖元年（1522）則完全與弘治五年相同，戶一萬五千八百六十一，口四萬八千一百八十一。土田的減少也很明顯，洪武二十四年（1391）有官田七十八頃九十八（畝？），民田二千六百頃三十

4　周文載陳子壯：《昭代經濟言》（北京：中華書局，1985年），卷2。

5　霍韜：〈修書陳言疏〉，收入〔明〕陳子龍輯《明經世文編》（北京：中華書局，1962年），卷187。

畝五分二厘，正統七年（1442）有官田八十一頃七十八畝三分七厘，民田
二千五百九十一頃七十一畝六分七厘；至弘治五年（1492）已降至官民田合
計為二千四百六十一頃二十八畝五分；嘉靖元年（1522）也基本與弘治五年
相同，有二千四百六十一頃三十八畝五分。[6]隆慶、萬曆之間任泉州府惠安縣
令的葉春及，在其編纂的《惠安政書》中，言及是時因戶口累減，里甲難足
額，不得已併都合里，「版籍之耗，三（都）合之四（都），十二合之十三，
十四、五、六皆合之十七。……七都、八都、十都，原有上下籍，今合之
為一，雖十一，且合十二、三。……十八、九都，二十五口口都，三十三
都，田差勝。二十一、二、三、四、六都，地差勝。……邇乃編之，僅三之
一。」[7]可見黃冊戶籍田土數字累減的現象在福建也相當普遍。

　　明代黃冊制度實施與演變歷程的第二種趨向是黃冊戶籍登記的數字與民
間的實際人口數字是脫離的。近年來，欒成顯等學者利用民間文書等資料對
明代的黃冊制度進行新的研究，取得許多可喜的成果。欒成顯先生在《明代
黃冊研究》一書中指出：「明代以前的戶丁一般指一戶之下的成丁男子，而
明代的戶丁並非僅僅指丁男個人，亦指一戶。在很多場合，戶丁是指正式載
於官府冊籍戶頭之下的了戶而言。徽州、福建等地遺存的明代文書證實了戶
丁戶存在的普遍性。……由於社會經濟的發展變遷，使賦役之徵『密于田土
而疏於戶口』，乃是明代人口統計失實的根本原因」；「當然，明代戶口統計
的失實與黃冊制度有極為密切的關係。從根本上說，黃冊戶口統計失實，乃
在於其制度本身的構建上。明代黃冊從洪武十四年創建伊始，就是戶籍與賦
役合而為一的一種制度。賦役徵調以人口統計為基礎，人口統計又以賦役徵
調為目的。這種戶籍與賦役合而為一的制度結構，必然造成人口統計失實。
這是一個結構性問題。為逃避繁重的賦役，則千方百計地隱瞞丁口。百般作
弊，少報、漏報人丁成為一種普遍現象。只要是戶籍與賦役合在一起，其戶
口統計必然走上失實之路。」[8]

6　嘉靖《尤溪縣誌》，卷3〈田賦志第三〉。
7　葉春及：《惠安政書》（福州：福建人民出版社，1987年），頁73-74。
8　欒成顯：《明代黃冊研究》（北京：中國社會科學出版社，1998年）頁2-3、331。

　　明代設立黃冊戶籍與土田管理制度在其實施及其演變的歷程中所產生的這兩種趨向，正如欒成顯先生所指出的，「乃在於其制度本身的構建上」的缺陷所導致的。那麼，我們就不能不由此對於黃冊制度實施過程中的另外一個問題產生疑問，這就是：明初設計黃冊制度時似乎注意到了它的可變性，即黃冊戶籍是動態的，《明史》所謂「每十年有司更定其冊，以丁糧增減而升降之。」傅維鱗《明書》中的記載更為詳盡：「（賦役黃冊）皆十年，有司將定式給坊、廂、里長，令人戶諸丁口、田塘、山地、畜產，悉各以其實自占，上之州、縣。州、縣官吏查比先年冊諸丁口，登下其生死；其事產、田塘、山地貿易者，一開除，一新收，過割其稅糧。其排年坊、里長消乏者，於百十戶內遴丁糧近上者補之。有事故戶絕者附畸零。」[9]據此，每十年更造黃冊時，先由人戶自行上報丁口田地的變動情況，再由當地政府查實開除新收，從而達到黃冊登記與實際人戶田地實際變動的相吻合。

　　然而，由於其制度本身構建上的缺陷，明代黃冊戶籍田土管理出現了數量累減與名實不符的弊端，這必然導致黃冊戶籍登記管理上的動態可變性，無法得到如實的體現。特別是明代黃冊制度的設計在很大程度上是建立在農民各守鄉里、安土重遷的大前提之上，黃冊戶籍的可變性基本上是指其鄉都里甲內部的，而絕少顧及不同州縣、不同鄉都里甲之外的人口流轉。事實上，人口的流動與遷移，雖然在明代初期受到某種程度的限制，但是很快的這種限制基本上流於形式，從宣德、正統之後，民間人口流動和遷移的情景所在多有，有時在某些地區甚至相當頻繁。這樣，黃冊制度所希望規範的本州縣、本鄉都里甲內部的可變性自然也就逐漸地成為一紙具文。

　　我曾經對明代福建地區的黃冊戶籍制度的實施情況做過比較細部的考察分析，認為由於明代福建的里甲戶籍與民間實在戶口差距甚遠，里甲戶籍實際上變成了民間向政府納稅應役的一種代號而已，政府冊籍中登記的名字，或者根本沒有其人，或者已經去世幾十年以至數百年，他們的子孫依然沿用著祖先的名字。因為這些所謂戶名的作用，僅在於與地方官府產生賦稅徭役

9　傅維鱗：《明書》，卷68〈賦役志〉。

的聯繫，是否為真實姓名並不重要。再者，百姓與官府打交道，總是麻煩者
多，獲益者少，這樣的聯繫，自然還是淡薄模糊些好。在冊的名稱越是脫離
現實，反而對於擺脫官府的控制束縛更為有利。在這種社會環境和實際利益
的驅動下，自明代以來，福建民間的在冊戶籍自然日益虛假化。在冊戶籍名
稱，可能是姓張，但實際納稅人可能是姓李、陳、王以及其他姓氏；在冊戶
籍是一個家庭單位，但其納稅人往往是兩個以上的家庭，甚至整個家族或整
個鄉村。同一個姓氏的若干個家庭可以合用一個戶籍名稱，幾個不同姓氏的
若干個家庭也可以合用一個戶籍名稱。從而導致里甲渙散，戶口不清，地方
官府賴於徵收賦稅徭役的依據變得越來越模糊，賦稅徭役難以落實。[10]正如地
方誌所記載：「納戶無花名清冊，田賦無魚鱗底簿，惟任諸里班自催自納，
有司官但憑總簿徵糧，差催里班而已，並不見納戶為誰，其中包攬、詭寄、
侵佔、告訐、以巧欺愚，挪重躲輕、奸弊百出」[11]；「里甲未均，每一甲為一姓
所據，實在界田完整者不下數十人，而冊開花戶殊寥寥也。」[12]這種情況一直
沿襲到清代後期依然如此。

二

　　從民間的角度來思考，黃冊戶籍田土登記，是一種責任義務，同時也是
一種權利，因此人們希望自身權利的不可缺少，同時又希望自己所承擔的責
任越少越好。所謂權利，泉州府永春縣《蔣氏族譜》講的十分明確，該族譜
有《戶籍》篇云：「興朝建啟之主必正版圖以居民，創業成家之民，因賦役
以事主，故族無大小，隸土著者必有戶籍。無戶籍則為佘客、為流氓，都人
不齒，即子孫有志讀書求功名，士類以冒籍擯之。故族譜之修，此條最宜

---

10 參見陳支平：〈第二章 明代福建的戶籍失控與民間私例〉，《民間文書與明清賦役史研
　　究》（合肥：黃山書社，2004年），上卷。
11 康熙《平和縣誌》，卷六〈賦役志〉。
12 道光《龍岩州志》，卷3〈賦役志〉。

詳載。」[13] 由此可見，無論是土著，還是外地流民，只要希望定居於某鄉里，並且能夠在某鄉里獲得一定的社會認同與社會地位，就不能沒有黃冊上的戶籍。但是如果在黃冊戶籍中如實地登記了自家的人口田土等所有事產，則又難免給自己攤上沉重的政府賦役負擔。這樣的心態與現實，促成了明代基層社會戶籍登記與事產流轉過程中形成了一些約定俗成的民間規例。我們從泉州府安溪縣《清溪鍾山易氏族譜》的文契中，可以看到這種民間規例的某些方面。

根據《清溪鍾山易氏族譜》記載，該家族的先祖是在明代前期遷入安溪縣，其遷入之初也是沒有當地戶籍，一直到第四世易鍾峰，方才買得當地人黃姓的土山，並且買頂黃姓的黃冊班籍，從此具有當地立籍的正式身份。該族譜卷首略云：

> 我始祖明甯公於正統五年戍泉安溪，獨力難支基業之建，迨四世祖鍾峰公兄弟等貽謀燕翼，肇基中侖，卜蓋祖宇。買念梅瓊之山，土名山仔，安葬先嚴黃興公塋，頂黃公班籍，承廷莪產山貫鍾洋等處，四至廣遠，水源甚多。蒙布政使司仰府飭縣升科，造冊于五世祖喬福公名字，兄弟妥議令侄仕顯赴縣給帖。立約五紙，各執存炤，以遺子孫，世守不墜。[14]

從以上敘述可知，易氏家族在安溪繁衍了第四代，仍然沒有獲得當地的正式戶籍。如何取得當地戶籍並且輪值里班，成了這個逐漸成長壯大的外來家族的當務之急。到第四代時他們通過購買土山並連帶戶籍的方式，取得立籍的權利。此時易氏家族已經有至少分為五房的不少族人，但是在縣府黃冊戶籍中登記的是第五代的「易喬福」一人的名字。為了讓闔族共用這一戶籍權利，家族內部又以訂立契約的方式，所謂「立約五紙，各執存炤，以遺子

---

[13] 民國《蔣氏族譜》（手抄本，不分卷）。複印本現藏於廈門大學國學研究院資料庫。

[14] 此處引文及之後所引文契，均出自民國《清溪鍾山易氏族譜》，卷首〈文契〉中，下面不再注明出處。

孫，世守不墜」。

《清溪鍾山易氏族譜》卷首〈文契〉中保存了再此前後向外姓家族購買田山物產及連帶購買戶籍里班的數紙契約文書，茲抄錄如下以作進一步的分析：

（一）

安溪縣長太里民李宗玉，于先年祖公田土稀少，移去南安縣十二都傍耕田土，七甲見役，日子難辦，情願有祖地基一所，坐貫土名長太里鍾洋中崙，及東西四至界內明白。先盡親房叔侄不願承交外，自情托中引就易宅邊前來出頭承買。三面言議得實價系銀陸兩正，就日交訖。其地基繳連絕契付易宅兄弟叔侄起蓋地基，並無典掛他人無礙，如有生情告害，將契書賚出聞官，甘罰白銀五兩入官公用。今恐無憑，親立契書一紙，付銀主收執為照。

嘉靖二十七年十二月　日　　　　　　立契書人　李宗玉

同賣人　　李勝宗

親叔同賣　人李勝

知見人　　溫元達

同知見人　楊橋山

（二）

立賣契人念梅瓊有厝地基一所，連山場等處，上至崙頭橫路，下至坑，左至竹仔坆田，右至大深壟田，四至明白，受產三升，貫本里後山鄉，土名山仔。今因欠銀轉業，就與里長易汝育、汝登邊賣起系銀十五兩正。銀即交收，山地聽銀主管掌或蓋屋開墳，不敢阻當生端貼贖等情。其米聽從造冊收割。恐口無憑，立賣契為炤。

嘉靖四十年五月　日　　　　　　　　立賣人　念梅瓊

中人　　賴世朝

　　根據以上二紙買賣契約，我們瞭解到易氏家族的第四、第五代族人先後在嘉靖二十七年（1548）和嘉靖四十年（1561）向長太里民李宗玉購買了地基並「七甲見役」，以及向念梅瓊購買地基山場並在冊丁米，「其米聽從造冊收割」。由於有了這兩次的戶籍丁米買賣，易氏家族正式取得了在安溪縣衙門黃冊上登記立籍的資格。

　　易氏家族在當地戶籍的取得以及家族人員和物產的不斷壯大，嘉靖年間所獲得的有限戶籍空間似乎不能滿足全體家族成員的需求，於是到了萬曆年間，易氏家族與附近的黃氏家族等又重新對戶籍買賣進行交易協調，雙方訂立買賣輪值班籍合約書，該合約書如下：

　　全立合約人黃恭、易法居，自祖以來承當（安溪縣）長泰里一甲里班，歷來久矣。恭因米耗丁寡，策應一班情實難堪，今班內戶首易法居丁米俱多，堪當糧長。縣呈蒙方爺批准，當茲全老人兩邊議，願甘收起買地山價銀一百六十二兩正，將班內山場一所土名鍾洋、石筍、攬簿等處，配米二斗五升官，學山米八斗一升一合一勺七抄，秋租鈔六百文，並甲首二戶，俱付易法居管掌輪納糧差，頂當一班里役。日後在黃不得而生端，在易不得而推卸。各無異言反悔等情。恐口無憑，全立合約二紙為炤。
　　其甲首羅長居一丁住南安十四都，陳光蔭一丁住本里參內鄉。
　　計開山場界址（略）
　　萬曆四年二月　日　　　　　　全立合約人　黃恭、易法居
　　　　　　　　　　　　　　　　中見　　　　溫積夫
　　　　　　　　　　　　　　　　老人　　　　蘇寅玉

　　從這紙合約書可以看出，至萬曆年間，易氏家族已經從黃氏家族那裡買得戶籍足以「策應一班」。同時，原戶籍擁有著還附帶有「甲首二戶」，即「甲首羅長居一丁住南安十四都，陳光蔭一丁住本里參內鄉」，也一併賣給了易氏家族。

　　然而戶籍里班的買賣，不像一般物品的買賣那樣可以一手交錢一手交

貨，交易雙方很快就可以錢貨兩清。戶籍里班的買賣交易需要經過一系列的立約、收割、登記、過戶等手續，而且政府的黃冊更改必須要等到十年一造。再加上鄉鄰關係的牽扯和民間習慣規例的制約，這種買賣交易的完全清訖，往往要拖延很長的時間。因此這種買賣交易又往往呈現出各種關係錯綜複雜、藕斷絲連的特點。在《清溪鍾山易氏族譜》卷首的〈文契〉中，我們可以看到在萬曆四年買賣的第二年，原賣主的兄弟黃德又向賣主提出加價的主張。易氏家族只好再次與黃德訂立買賣契約文書如下：

立賣契人長太里黃德，有承祖產山一所，坐貫本里土名鍾洋、石筍、棹教、烏洋侖、五馬爭槽、捆蛇侖、走馬格，到教尖山、攬簿、潮頭格、官路、石皮仔、石門坑、蓮花山北坑侖、麥園格、硫、龜殼寨、東坑、苦垵侖、蔡厝林侖、石鼓侖、湖蚯尾後、大獅、小獅等處，配苗米二斗五升官，學山米八斗一升一合一勺七抄，秋租鈔六百文。兄恭已連一甲班役卸賣與易宅上價銀一百六十二兩正。合約明白。今思山蕩廣潤，又係德應分物業，托中就與易宅上賣起銀玖十一兩二錢正。銀即收明，其山聽易管掌永為己業，日後不敢異言生端等情。恐口無憑，立賣契為炤。

計開界址（略）

萬曆五年十月　日　　　　　　　　　立賣契　人黃德

中見　　張意亨

不料僅過了一年之後，黃氏家族又提出加價的主張，易氏家族無奈只得與黃德等人再次簽訂貼契文書，該貼契如下：

全立貼契人長太里黃德、黃才奇，有承祖產山一所，坐貫本里，土名鍾洋、石筍、棹教、烏洋侖、五馬爭槽、捆蛇侖、走馬格，到教尖山、攬簿、潮頭格、官路、石皮仔、石門坑、蓮花山北坑侖、麥園格、硫、龜殼寨、東坑、苦垵侖、蔡厝林侖、石鼓侖、湖蚯尾後、大獅、小獅等處，配苗米二斗五升官，學山米八斗一升一合一勺七抄，秋租鈔六百文。德已賣與易宅上

明白，今思價值未敷，再托原中就與易宅上貼起銀三十三兩三錢正。銀即收訖，其山聽易管掌永為己業。日後再不敢言貼生端等情，恐口無憑，全立賣貼契為炤。

   計開（略）

萬曆六年四月　日   全立貼契人　黃德、侄才奇
             中見   張意亨

  事實上，明代福建民間進行此類田土連帶戶籍里班買賣交易的權利與責任的交接，是很難在短時間內斷然清楚的。除了黃冊登記推收過戶的時間性之外，正如前面所說過的，這些戶籍里班的擁有者，大多不是一家一戶，而是牽扯甚多，甚至於整個家族的。所以當某一權利擁有者把它出賣之後，很可能引起其他權利擁有者出來主張新的權利。再者，有些出賣者為了盡可能的保持自己的權益，也會採取「丁米推出不盡」[15]的辦法，來延誤買主對於田土及其戶籍里班的全權擁有。這樣也就造成這種戶籍里班的買賣交易，往往歷經多次的立契、找貼，時間拖延十數年乃至數十年方能完成。買賣交易雙方的當事人也從祖輩延續至孫輩。下面是事過五十餘年之後即萬曆四十五年（1617）黃氏族人向易氏家族的再次找貼契約：

  立字人黃朝憲有產山一所，坐貫鍾洋等處。叔父在日已賣易喬榮邊貼數已足，米收四次，近因易宗敬、宗業思見米苗重難，縣告升科於豬母垵、橫壟仔、田畔等處開墾一二坵，准為納米之費。憲家窘再懇托溫振允等勸諭敬等再處貼起銀伍錢正。其銀即日交訖，其山麓四至俱係易家物業管掌，日後再不敢生情異言取貼等情。如有反悔，將字付敬等聞官治罪。立字炤。

萬曆四十五年十一月　日   立字人　黃朝憲
             同貼   男養槐

---

[15] 《清溪鍾山易氏族譜》，卷首〈文契〉，見萬曆四十六年（1618）黃朝憲貼契。

　　到了最後，原主已經找不出正當的理由，但是鄉鄰之情不宜斷然決裂，崇禎三年（1630）黃氏後裔黃新懷再次找貼，雙方立字為據如下：

　　立字人黃心懷，因祖叔廷峩有山坐貫鍾洋等處，今經五十餘年不敢言貼。近因鄉人說山中有墾田土數多，懷前來向究其易家所墾田土，各段俱係升科在冊納官明白。今不敢言及欺陷，但路途遠涉，求出路費銀五錢正，不敢生端取貼及言欺陷等情。字炤。

　　崇禎三年八月　日　　　　　　　　立字人　黃心懷

　　　　　　　　　　　　　　　　　　代書　　溫君取

　　　　　　　　　　　　　　　　　　知見　　溫見衷

　　如此找貼，已近要賴，但由此亦可見明代民間進行土田連帶戶籍里班買賣交易其關係的複雜性與土地權利分割的零碎性。福建民間往往把對戶籍里班的控制，作為維護自身權益的一個重要手段，這就不能不使得這里的土田交易，處於一種牽扯甚多的複雜關係之中。嘉靖《龍溪縣誌》的作者在談到當地的土田賦役管理弊病時，就指出了這一頑疾：「唯龍溪最弊病田名糞土稅，子謂之無米租；名大租，謂之納米稅。無米租皆富家居室蟠據；納米租則有才力者攘取。富者驕溢而日奢，官府催科而日敝。一窮佃而田主兩三人蠶食之，焉得不去為逃徒盜賊也？」[16] 長期以來，人們對於明代福建等地民間土地買賣中的找貼現象一直未能找到一個比較合理的解釋。我以為，民間土田買賣連帶戶籍里班買賣交易的私下流行，是產生找貼現象的最主要原因之一。

三

　　由於社會經濟變遷以及人口流動諸原因，一些未能在明初取得政府黃冊戶籍的居民，固然在其經濟條件許可的情況下，通過民間私下買賣戶籍里班

---

[16] 嘉靖《龍溪縣誌》，卷4〈田賦志〉。

的途徑極力爭取獲得當地的正式戶籍。而戶籍的取得，無疑就宣示著他們在居住地具有與其他居民相等的社會地位，從這點上講，戶籍里班使一種社會權利。但是由於鄉族關係的複雜性以及田土戶籍里班買賣交易的錯綜不清，找貼現象的普遍流行，以及戰亂年間政府賦役的橫徵苛派，這又不能不讓獲得戶籍里班權利的家族，倍感政府和鄉里的多重壓力，不願意承擔太多的戶籍里班義務，從而更加促成民間對於人丁田產的隱瞞現象。我曾經閱讀過一部永春縣的蔣氏族譜，其中〈戶籍〉篇中對於民間認知戶籍既愛又恨的這種心態記述地十分清楚，茲摘錄如下：

> 本族戶眼原名蔣賜得，厥後改作蔣光養。啟禎間各房子孫有一二人自置產業，通計有五石餘米，配納三名官丁矣。清初以後有故破耗，康熙中年又改作蔣進。……雍正五年丁未編審尚依舊蔣進官丁名。……

族無大小，隸土著者必有戶籍。……吾族之有（戶籍）丁米，得以附陳姓戶內。協當里役者由三世祖望潭公發財而為鄉望所致也。自隆慶以來迄康熙癸亥百餘年中，疊有政煩賦重之困，班中雖有一二豪強未嘗恣淩吾族，但軍興旁午時族人不堪者遂蕩析離居而甘心異域矣。……小姓者恥為甲首名目，爭思歸宗出戶。吾族自願稍減於前，依舊籍為陳姓班親，不屑效他家繁費徙□也。後里役無憂，逐歲正供，族議三房輪值一人催收，自向官吏輸納。[17]

蔣氏家族本來是有條件承擔較多的里役責任的，但是他們擔心「政煩賦重之困」，寧願依舊歸附在陳氏里班之內，也不願效仿其他小姓，「恥為甲首名目，爭思歸宗出戶」。這種對於戶籍里班既愛又恨的心態，造成明代以來黃冊戶籍登記的數字與民間的實際人口田土數字的脫離。因此我們在研究明代賦役制度史的時候，不僅需要認真分析制度本身的規制條文，而民間的真實施行情景以及民間私下流行的規例，更是我們應該仔細予以考察。

---

[17] 民國《蔣氏族譜》（手抄本，不分卷），〈戶籍〉。

明代廣東方志中有關課程制度的分析

江玉勤[*]

一　前言：制度的變遷

　　《新制度經濟學》一書中指出新、舊制度交替時的情況：「任何類型的制度（憲法、合約）等都會發生變化，在每種情形中，重要的是理解這種變化的原因和後果。對於正式制度（所謂的人為秩序）來說，關鍵的問題是：什麼樣的一組非正式規則可以在正式制度框架的空隙之處自發成長，以及這種自發成長過程將會持續多久？是否存在這樣一種可能：能否達到某種穩定的終點，這個終點代表着一個完全的制度安排？如果這種終點確實出現，是否可以將它視為一個制度均衡點？大概來說，一種制度均衡意味着，儘管事實上一組補充性的非正式規則和執行特徵已經擴散到了整個制度結構，但是初始的正式規則仍然處於有效狀態。……這裏所表達的是，核心問題是市場（Hayek, 1945）或科層（Barnard, 1938）這樣一些制度的適應能力。」[1]

　　明代課程制度上承元代課程[2]，但由於承襲元代課程時因應當時環境而有所改變，反而破壞了課程的有效性，令課程制度至明中葉基本上已經被合併，而原有課程所管理的項目，則漸漸被其他正式或非正式制度所取代。現

---

[*]　新亞研究所歷史組碩士，廈門大學歷史系博士。

[1]　〔美〕埃里克・弗魯博頓（Furubotn. E.G.）、〔德〕魯道夫・芮切特（Richer. R）著，姜建強、羅長遠譯：《新制度經濟學——一個交易費用分析範式》（上海：人民出版社，2006年），頁31。

[2]　江玉勤：〈元代課程（雜稅）制度研究〉，《中國社會經濟史研究》，2009年第1期，頁40-49。

引用明代廣東各地方志，引證當地課程制度的情況。

二　廣東方志中記河泊所及稅課司的建置時間

作為全國性的徵稅制度，廣東明初便建置與課程制度相關的官署，當中包括稅課司、局及河泊所。證之於廣東各地方志，廣東稅課司、局的建置比河泊所早，正德《瓊臺志》記府稅課司建置於洪武三年，萬曆《肇慶府誌》亦記四會縣及開建縣稅課局均設於洪武三年，德慶州稅課局則設於洪武初，府稅課局則置於洪武六年，兩地相隔甚遠而建置時間相近，故大概可以設定廣東各地稅課司、局系統均完成於洪武初年。[3]河泊所則較遲設置，萬曆《肇慶府誌》記四會縣河泊所「洪武十四年河泊王充祖、陳九哥創建，宣德元年河泊蕭昉增修，嘉靖間河泊李峴重建，今裁革，以崧臺驛攝之」及封川縣「有河泊所在城西江濱，洪武十四年建，嘉靖十一年裁革」[4]。正德《瓊臺志》記瓊山縣、澄邁縣、臨高縣、文昌縣、德州、萬州河泊所均建立於洪武十六年、獨崖州河泊所建於洪武十七年[5]。足證河泊所成於稅課局之後。

三　稅課局及河泊所徵收的項目及數額

課程中稅課司、局與河泊所徵收的項目對像不同，河泊主要是針對魚民，所徵收的主要項目是課米，但其後都折銀徵收：

3　〔明〕唐冑：正德《瓊臺志》（《天一閣明代方志選刊》第18冊），卷13、4，頁406。

4　萬曆《肇慶府誌》（上海圖書館珍藏孤本，肇慶市端州區地方志辦公室影印，1989年），〈地理一〉。

5　正德《瓊臺志》卷13，9-22，頁408-415。

表一：廣東魚課米折銀記錄

方志名稱	項目	每石米折銀記錄
嘉靖《仁化縣志》	有徵課米	每石折銀1錢1分5厘
	無徵課米	每石折銀2錢6分5厘
嘉靖《欽州志》	魚課米	每米1石折銀3錢1分5釐
隆慶《潮陽縣志》	原額課米	每石折徵銀3錢5釐6毫5絲5忽5微
嘉靖《惠州府志》	魚課米	每石銀3錢1分5釐
正德《瓊臺志》	魚課米	見今折銀解司府有徵則3錢1分5釐，無徵則2錢6分5釐。
萬曆《瓊州府志》	魚課米	每石折銀2錢1分5厘，內無徵者例減5分。

當中有徵課米與無徵課米折銀比率不同，由是亦反映折銀比率並非當時實際市場米價，只是政府訂出的交易價，這個交易價，各地有所不同。《繼世紀聞》記「然初亦依江南原折銀例，每米1石，折銀2錢5分放支軍士」[6]。廣東一地的米折銀價貼近當時的江南折銀例。但其後由於米價不斷下跌，「洪武九年（1376）每斤米值銀九厘三毫，洪武二十八年（1395）每斤值銀四厘二毫，到神宗十八年（1590），每斤米僅值銀二厘八毫。」[7]銀貴貨輕，仍持維持魚課米每米一石折銀二錢，魚民要以所產換取白銀，令魚民處於不利的位置，致使後來魚民逃逸，迫令魚課攤入到其他項目內繳納，變得名實不附了。

除此以外，河泊所亦徵收翎毛、魚油、魚鰾、魚線膠等物品，其中很多亦會折銀，唯屬少數。

稅課司、局所徵收的比較複雜，本身亦由明初徵收實物，到其後折徵銅錢，折徵課鈔以後，徵收的數額變化甚少：

6　〔明〕陳洪謨撰：《繼世紀聞・二》（上海：商務印書館，1937年）。

7　譚文熙：《中國物價史》（武漢：湖北人民出版社，1984年），頁226。

表二：比較正德《瓊臺志》[8] 及萬曆《瓊州府志》[9]載課程數額

		正德《瓊臺志》	萬曆《瓊州府志》
府稅課司	商稅鈔	錠4貫255文（內該欠鈔1貫220文，必舊冊脫課）。	2616錠2貫596文
	門攤鈔	356錠3貫618文	
	稅契契本工墨	176鈔（錠？）3貫513文	
澄邁	商稅鈔	507錠405文	520錠198文
	門攤鈔	1貫83文	
	稅契契本工墨鈔	12錠3貫710文	
臨高	商稅鈔	296錠1貫900文	314錠850文
	稅契契本工墨鈔	17錠3貫950文	
定安	商稅鈔	58錠1貫834文	58錠1貫834文
文昌	商稅鈔	957錠668文	1022錠1貫668文
	門攤鈔	65錠	
會同	商稅鈔	78錠4貫198文	88錠2貫424文
	稅契契本工墨鈔	9錠3貫216文	
樂會	商稅鈔	133錠517文	133錠2貫517文
	稅契契本工墨鈔	2貫	
儋州	商稅鈔	1219錠666文	1265錠2貫326文

---

8 〔明〕唐胄：正德《瓊臺志》卷11、25，頁382。

9 〔明〕歐陽璨等修，陳于宸等纂：萬曆《瓊州府志》，收入《日本藏中國罕見地方志叢刊》（北京：書目文獻出版社，1992年）。

	門攤鈔	46 錠 1 貫 660 文	
昌化	商稅鈔	290 錠 3 貫 730 文	290 錠 3 貫 730 文
萬州	商稅鈔	331 錠 2 貫 66 文	334 錠 3 貫 470 文
	門攤鈔	3 錠 1 貫 404 文	
陵水	商稅鈔	84 錠 2 貫 70 文	85 錠 1 貫 70 文
	稅契契本工墨鈔	4 貫	
崖州	商稅鈔	530 錠 3 貫 560 文	533 錠 600 文
	稅契契本工墨鈔	2 錠 2 貫 40 文	
感恩	商稅鈔	146 錠 100 文	146 錠 2 貫 420 文
	稅契契本工墨鈔	2 貫 320 文	

　　比較兩部有關瓊州的方志，可見徵收的數量變動不大，但明代廣東各地商業活動頻繁，與其相關的稅收制度很難一成不變，有些方志在其他章節中記錄了地方政府為增加稅收，在課程制度內作出變化：

表三：比較嘉靖《欽州志》及崇禎《廉州府志》有關課程徵收的內容

	嘉靖《欽州志》	崇禎《廉州府志》
門攤商稅	欽州商稅例月徵銀一兩，一年十二兩，閏月加一兩，皆責辦於屠宰之家，欽江一水上通靈山，下達防城，商賈時集，舊有稅銀，州官視為己有，元至州始盡歸之官，每季可得銀一百四五十兩，一年可得六百餘兩，從寬取也，盡法而取，又不止是矣，及安南事動，商旅鮮	欽州商課附——按州水上通靈山，下達防城，販商往來報稅，後因范子儀作耗，商少稅縮，隆慶間所吏目況維埧又奏加稅二百二十四兩，遇閏加一十八兩三錢三分零，知州董廷欽條議

	至，然每季猶可得銀三四十兩，自是不復責辦屠宰矣，或謂屠戶輸稅，法也，近始徵之，然民窮而奸，亦不能盡得云。	將鹽稅補充額數湊解，商民便之，天啟元年六月內奉文蠲免。
房屋賃鈔	欽州歲鈔5錠570文	25貫500文，折錠5錠570文，折錢51文，該銀7分2釐8毫5絲5忽
酒醋課程	35貫64文，折錠7錠364文，折銅錢70文7分2釐8毫，折銀1錢1分1釐4絲	欽州歲鈔7錠364文

根據一些方志記，某些地方的課程項目亦不是定額，如稅契，即按當時市場狀況而有所波動：「稅契原無定額，泰昌元年奉文每價□兩，稅銀一分五厘，崇禎元年，奉文每價一兩稅銀二分，具單赴縣投納，填給察院契尾執照。崇禎八年奉文每價一兩稅銀三分，今崇禎九年，三月內奉文改契尾為契紙，每兩稅銀三分，紙價銀三厘，每年隨徵隨解布政司，其撥開墾，未有前例，俱有告報，仍照每畝稅銀五分，徵解每年額解部充餉七十五兩餘，餘解充本省科塲用。」[10]但這種情況屬於少數。

四 裁撤稅課司局的原因

課程程度在明初建立後不久，稅課司、局相繼裁撤。從廣東的方志看，一些稅課司、局被裁撤的時間甚早，如《肇慶府誌》載肇慶府稅課司於嘉靖五年被裁，四會縣稅課局則以「景泰元年以課鈔不及貫數裁革。景泰元年以課鈔不及貫數裁革。景泰元年以課鈔不及貫數裁革」[11]。大部份方志只記載

10 〔明〕李永茂：崇禎《興寧縣志‧稅契》，收入《廣東明清興寧縣志（二）》（臺北：臺灣學生書局，1973年），頁444。

11 明代全國裁撤稅課司、局的高峰期大概是嘉靖年間。有關資料可參拙文：《明代課程

稅課司、局併入的安排，未講述原因：「國朝洪武初設本府稅課司及萬州、
文昌等局，尋廢，局屬州縣帶徵，至嘉靖乙丑，司亦裁革，併入瓊山縣河
泊所。」[12] 偶爾有些方志解釋裁撤的原因，如崇禎《興寧縣志》：「稅課司在城
南，洪武初寇故廢，商稅歸併本縣」[13]。另有資料指出裁撤稅課司、局的原因
是入不敷支：「稅課司在府治西北隅，洪武三年建設官大使一員，知府謝廷
瑞擬奏稿稅課司額設官吏二員名，每年徭編巡欄八名，共該工食銀四十兩，
計其額鈔錢四季共只折銀三十四兩四錢九分三釐，連閏則三十七兩三錢六
分，一年課鈔之入不足以償官吏徭役之費。」[14] 稅課司局主要支出為官員俸祿
及巡欄徭役的工食銀，巡欄工食銀支出各方志所載略有不同，崇禎《廉州
府志》載：「本司衙門將徭編巡欄五名，追收工食銀二十五兩，解府支補額
稅。」[15] 即每位巡欄每年工食銀為五兩，而《潮州府志》則載巡欄兩役，每役
二兩五錢。兩地相差一倍多。

　　由此推論，稅課司局每年收入應不超過二十五兩。但這收入不反映當時
各地的經濟狀況，崇禎《興寧縣志》記當地墟塲十二所，但從租金納餉已達
八十七兩多：「覆看得墟稅，仍起於墟，庶田賦無重科，國課無缺額，似乎
兩得其便，然猶恐借墟射利，以滋民擾者，故卑縣再四斟酌，前照墟舖多寡
分派墟銀，以足餉額，蒙允在案，今喚各墟總保舉其誠實公平者，容為墟
首，各取承管，有舖一間，歲認租銀二錢四分有奇者，有舖一間，歲認租銀
一錢二有奇者，有舖一間，歲認租銀八分有奇者，此非任情之增減，聽民分
派，實因市舖之繁簡隨地公輸，本邑墟塲十二所，每歲納餉八十七兩三錢三
分三釐，照墟派額，照舖定租，似官民無厲，經久可行，至有墟棍藉名零抽

　　制度研究》（廈門大學歷史系博士論文，2008 年）。

[12]〔明〕歐陽璨等修，陳于宸等纂：萬曆《瓊州府志》，卷5，頁157-159。

[13]〔明〕李永茂：崇禎《興寧縣志》，卷2〈位置〉，頁352。

[14]〔明〕唐冑：正德《瓊臺志》卷13，頁406。

[15]〔明〕張國經修，鄭抱素纂：崇禎《廉州府志》卷4，收入《日本藏中國罕見地方志叢
　　刊》，頁62。

起稅，已屢給曉示，通行嚴戢，必不敢使其滋□地方也。」[16]甚至對比漁課，稅課司、局所徵收的亦較少，如潮陽縣原額魚課米折銀已達三十六兩多[17]。

課程制度中的定額制未能因應明代廣東的商業活動而作出變化，便導致稅課司、局入不敷支。與宋、元以商業稅收為國家主要收入的情況大相逕庭，故稅課司、局早被裁撤，原負責徵收項目亦由其他項目所吸收或攤入。稅課司、局所徵目的項目，由原初徵收實物，其後變為折徵課鈔，而課鈔明初以後，則不斷貶值，雖然其後課程徵收亦折銀，但礙於大部份項目為定額，故不能因應課鈔的貶值而對課額作變化，令稅課司、局難以維持收支平衡。

由於課程所徵收的無效率及數量太少，故中央亦將課程大部份稅收放棄，將其存留在地方上使用。

表四：廣東各地課程存留情況

方志	項目	記錄
隆慶《潮陽縣志》	魚課－翎毛	解司轉解
崇禎《廉州府志》	商稅	俱解本府以備官軍俸銀支用，嘉靖同知張諍議奏裁革，本司衙門將徭編巡欄五名，追收工食銀二十五兩，解府支補額稅，餘剩作正支銷，并此酒醋賃房農桑食鹽魚課五項，雖州縣實徵，內與額增減，然皆歲解府庫，以給官員俸鈔，故備書之。
嘉靖《惠州府志》	魚課米	徵解布政司軍餉支用

---

[16] 〔明〕李永茂：崇禎《興寧縣志》，卷2〈政紀〉，頁448。

[17] 〔明〕黃一龍修，〔明〕林大春纂：隆慶《潮陽縣志》（《天一閣明代方志選刊》第19冊），卷7，頁379。

	原額門攤商稅酒醋諸色課鈔	歸善、河源、興寧解府；博羅存縣，俱官吏俸鈔支用。
正德《瓊臺志》	商稅門攤稅契契本工墨等鈔	俱解府支給官員俸鈔。
	魚課米	瓊山─折銀解府支給官員俸鈔 澄邁─折銀解府，轉解布政司交納 臨高─撥運昌化廣儲倉，拜該縣存留倉 文昌─納本縣存留倉 會同─納本縣存留倉 樂會─原運陵水豐倉納，今折銀解府，轉布政司交納 儋州─納本州大豐倉 昌化─納本縣廣儲倉 萬州─納本州廣積倉，并運崖州軍儲倉 陵水─納本縣南豐倉 崖州─軍儲倉 感恩─納本縣際留倉
	比附鈔	解府支給官員俸鈔。
	海菜鈔	折銀解府給官員俸鈔。
萬曆《瓊州府志》	魚課米	除儋、昌、崖存縣外，俱解府充餉。
	商稅、門攤、稅契等十四項	歲解府庫備官員俸鈔
	車船鹽糧、檳榔舖租稅	入兵餉
	酒稅	入兵餉

崇禎《興寧縣》志	稅契	額解部充餉七十五兩餘，餘解充本省科場用。
	墟稅	解司充餉
	門攤商稅	解府貯支
	濠塘舖稅	解府充餉

五　取消稅課司、局及課程稅收過少的影響

（一）新稅的出現

　　明中葉以後商業興旺，為將與商業有關的利益據為己有，課程制度以外便產生各種新的稅項，如額外的物貨稅：「始稅德慶傜山物貨：署州事肇慶府通判劉用章言德慶傜山產楠漆，歲納數萬石，無稅，奸民妄稱經紀，取銀五分，價銀一兩，又取銀三分，而晉康鄉田傜占失業蠲除，及輕齎外，尚有虛糧四百三十二石三斗，歲派小民賠納，禁絕經紀，每漆一石，官稅銀五分以補虛糧，使鄉里長又言，傜山所產砂仁黃蠟蜂糖皮黃藤竹木，爾並稅之，於是都御史鄭絅、巡按御史潘季馴令守瀧水江口，候物貨至，率商人赴州，上單委官驗稅，記籍季上於道州，給號票付商，　司驗行，如無號票還之，至萬曆五年，邵城南門，限立江口，乃不復稅。」[18]又如牛稅：「墟市原以通貿易，非以征牛稅，萬曆貳拾捌年，因剿黎馬屎，雷州府同知署府事蕪監軍萬煜議各稅助餉，始定市中牛稅，申詳院道原議事竣即止，今因增兵設餉遂援為例，間無牛處，收米、穀、豬、雞等雜貨充之，但商賈聚散靡常，稅額

18　萬曆《肇慶府誌》，〈郡紀〉，頁32。

難定，姑記市名。」[19]其後牛稅成為常項，但隨後又派入條鞭：「日中為市，致乃民聚，乃貨貿易，而往各獲其所，此易取諸噬嗑意也，瓊興牛稅，雖為兵餉，設奈事竣未止，瓊民苦之，迺有藉口派入條鞭，又非至當之論，今國用攸係，恐難遽除，暫志以俟。」[20]

新稅項所徵收的數額比課程多，崇禎《興寧縣志》載「墟稅銀八十七兩三錢三分三厘四毫，解司充餉及濠塘舖稅二十五兩壹錢六分，解府充餉」。相比傳統「門攤商稅銀三兩六錢四分，解府貯支」。[21]墟稅銀成為數額極大的稅收項目。

明代廣東商業活動的興盛反映在墟市的發展上，如澄邁縣便有二十一市近額編市稅。[22]原因估計與中央政府課程制度瓦解後，對地方商業活動的管理較為鬆有關。往後，只要有土地，商業活動興旺的地方，得地方官員支持，即可立墟，實際情況是很多地方的墟市，便是由地方官員支持建立。

表五：萬曆《瓊州府志》記墟市的建立

文昌縣	昌城市	即莬灣市，萬曆拾捌年知縣楊道中召於北外外，更名昌城。
儋州	太和墟	那大營百戶何其鳴新召。
	阜民市	正德十年知毛州毛鶹立。
	高堂市	萬曆四十四年知州魯邦泰立。
萬州	周村墟、後蛋墟、蓮塘墟、番浦墟	以上四墟俱傍海，蛋民雜通貿易。
	多輝墟、林村墟、黎了墟	以上三墟多樂會人貿易。

---

[19] 〔明〕歐陽璨等修，陳于宸等纂：萬曆《瓊州府志》卷4〈墟市〉，頁130。

[20] 〔明〕歐陽璨等修，陳于宸等纂：萬曆《瓊州府志》卷4，頁133。

[21] 〔明〕李永茂《興寧縣志・稅契》，頁444。

[22] 〔明〕歐陽璨等修，陳于宸等纂：萬曆《瓊州府志》，頁131。

	溪頭墟、保定墟	二墟多蛋民魚米交易
	小南山墟、東粵墟	二墟俱蛋竈民交易。

　　有關墟市的發展，李龍潛先生在其著作《明清廣東社會經研究》中的
「明清時期廣東墟市的盛衰、營運和租稅的徵收」一節，已有詳細的闡述[23]，
珠玉在前，恕不贅言。現在只引用崇禎《興寧縣志》一節，以說明廣東明代
墟市發展與稅收的關係：

> 賦生於田，稅起於市，此通例也，惟興寧有墟餉一項，稅銀八十七兩
> 有奇，昔自抽墟而設，至泰昌元年停稅免餉，遂未追徵，續於崇禎四
> 年奉文酌□邊餉，復徵前項銀兩，前任張知縣申詳蒙批照數派入民
> 糧，□依完解。及卑縣到任時，合邑士民各具呈奔訴，或稱墟有地
> 租，可充缺額，或稱墟有市廛，可足正供，不□於常賦之外，多此加
> 派。本縣初未准行，今里排鄉約，日紛紛齊控，不願輸餉，卑縣思稅
> 奉旨停理，難議復餉，奉檄催勢難姑待，雖稅停而墟在，仍有借地租
> 之名，為抽分之計者，倘輕議抽墟，恐適滋狡射利之口，實惟興寧墟
> 有大小，或可照墟舖之多寡，分派租銀以足餉額，此即古市廛之意，
> 庶法不倍古賦無重科可以持，一邑之平者，事干國課，卑縣未敢擅使
> 理合詳奪。
>
> 覆看得墟稅，仍起於墟，庶田賦無重科，國課無缺額，似乎兩得其
> 便，然猶恐借墟射利，以滋民擾者，故卑縣再四斟酌，前照墟舖多寡
> 分派墟銀，以足餉額，蒙允在案，今喚各墟總保舉其誠實公平者，容
> 為墟首，各取承管，有舖一間，歲認租銀二錢四分有奇者，有舖一
> 間，歲認租銀一錢二有奇者，有舖一間，歲認租銀八分有奇者，此非
> 任情之增減，聽民分派，實因市舖之繁簡隨地公輸，本邑墟塲十二
> 所，每歲納餉八十七兩三錢三分三厘，照墟派額，照舖定租，似官民

23　李龍潛：《明清廣東社會經濟研究》（上海：上海古籍出版社，2006年），頁134-169。

無屬，經久可行，至有墟棍藉名零抽起稅，已屢給曉示，通行嚴戢，
必不敢使其滋□地方也。

奉本府批：徵舖租而不徵貨物，弟舖以賣貨，則舖稅坐令地主因毋使藉
為徵角之端也，樹碑必須明載，庶可行之久，達令地方樂從，仰本縣徑詳。[24]

崇禎《興寧縣志》的記錄，是明代廣東方志中對墟市發展與墟稅徵收情
況較詳細的記錄，彌足珍貴。大致上可以理解為，隨著墟市的發展，與墟相
關的稅收變得極為重要，亦漸漸成為一種常例及較有認受性的制度。

（二）墟市利益的爭奪

稅課司、局被併入地方行政，其稅收亦存留於地方，令地方政府有充份
理據沾手地方上的商業稅收，故地方政府樂於鼓勵地方鄉紳建立墟市，而鄉
紳為搶奪各地墟市的管理及經營權，往往互相攻擊，於廣東便經常出現爭墟
的情況，方志亦有記錄：「若夫鄉宦爭墟一節，又有甚焉，他不具論，以近
所目擊，茅州可寒心也，茅州舊墟地不下數百家，稱富庶，今已蕩然、頹垣
瓦礫壘壘矣，此數百家之民，死者半、竄者半，敢怒不不言，爭之流禍，至
此當忍言哉，當忍言哉，挽頹風而安下土，不能無望於顯宦也。」[25] 足見爭
墟的殘烈，在缺乏強而有力的制度管理下，商業活動的興盛反而導致自身環
境的破壞，這或可部份地解釋為何明代的商業活動雖然發展至一個很高的程
度，但卻沒有能力從整體上改變中國的體制。

（三）胥吏橫行

稅課司、局被裁撤，但稅項仍在，唯缺乏專職官員管理稅收，稅收的責

---

24 〔明〕李永茂：崇禎《興寧縣志》卷2〈政紀〉，頁448。
25 〔明〕張二果、曾起莘著：崇禎《東莞縣志》卷1（東莞：東莞市人民政府辦公室，
　　1995年）。

任由行政官員所兼，而收稅的成效並不是職位升驟的根據，令行政官員往往不會留心此等事務（或地方官吏將其注意力轉到新的稅收上），故最後處理相關項目的權力便落入官府胥吏之手，而胥吏又往往藉詞上下其手：「何謂雜費，官不耐煩，則手於胥吏佐尉執賦籍代徵，第門贄逋哉，胥吏之橫索，更復多端，最大者莫私派，毫釐積之遂成千百故事」。[26]

六　總結

　　明代課程未完全承襲元代課程，而在其上有所改變，但牽一髮而動全身，其改變並未對課程制度帶來生命力，反而令課程制度趨於消亡。廣東課程設置甚早，而其結束亦早，這可能是廣東活躍的白銀交易對以課鈔為主的課程制度的衝擊，令課程制度更早消亡。

　　制度為一系列的安排及規定，課程制度消亡後，其所制約的商業利益，則仍然存在，為有效分配這些利益，新制度應運而生，但需要時間去調節。商業活動變化急促，如果制度本身不能作出迅速變化，便必須有新制度介入，以避免混亂及無主的狀態。至於新舊制度在明代是否達一個均衡點？明末稅監、稅使的出現，便可解釋為新制度並未得到各方利益集團的認同，而出現對抗及爭奪的情況，當中廣東一地稅監、稅使的問題更為嚴重，便可以推論終明一代，與商業稅收有關的這個均衡點並未出現。

---

26 〔明〕張二果、曾起莘著：崇禎《東莞縣志》卷3。

略論葡萄牙人在中國東南沿海的活動（1513-1552）

張偉保[*]

一 引言

　　葡萄牙人在一五一三至一五二二年曾在屯門海域從事短暫的貿易活動，因文化與行事的差異，造成中葡之間嚴重的軍事衝突，廣東海面貿易全面停頓。葡商唯有北上閩浙沿海從事非法的商貿活動。同時，日本西部大名為尋求外貿機會以對抗明政府因寧波爭貢問題而禁止正常的通貢活動，亦徘徊於中國浙江沿海島嶼進行走私活動。從此，葡、中、日三角貿易在中國東南沿海不斷發展，成為本時期中外貿易關係的最大特點。本文欲初步探究葡人在一五一三年來華至十六世紀五十年代初期在中國東南海岸的活動概況，以瞭解澳門開埠前夕[1]和其時東亞海洋貿易的情狀。全文分為三個部分，包括：（一）葡人初抵屯門島（1513-1522）；（二）葡人在漳州、寧波等地的活動（1524-1549）和（三）重啟廣東貿易至澳門開埠前夕（1529-1552）。

---

[*]　香港新亞研究所歷史組碩士、博士，北京師範大學中國古典文獻學博士。曾任新亞研究所副教授兼總幹事、香港樹仁大學中文系助理教授、澳門大學教育學院課程主任，現任澳門大學教育學院副教授。

[1]　關於澳門開埠時間有不同的說法，如湯開建在〈澳門開埠時間考〉，《澳門開埠初期史研究》（北京：中華書局，1999年），頁82-103。指出有一五三五年、一五五三年、一五五七年諸說，而湯氏主張一五五四年說。筆者以葡人索薩與汪柏的談判，標誌澳門正式進入一個全新的發展階段，而該談判始於一五五二年，故暫以此年為開埠的前夕。

二　葡人初抵屯門島（1513-1522）

　　貿易原是極為自然的人類經濟行為，早在石器時代已經出現。初期主要是以物易物，後來續漸發展到以貨幣為媒介。由於不同地域的生產條件的差異，貿易有助人類物質生活的改善。然而，中國自漢代以來出現較為濃厚的重農抑商思想。元末明初，中國沿海出現嚴重的倭寇問題，以致朱元璋以「片板不准下海」來懲罰放縱海寇的日本國。他在中國沿海廣設衛所以防禦日本。到了永樂年間，情況有所改善，對外政策較為主動，包括日本在內的東南亞國家不斷通過朝貢—貿易方式來到中國。[2]

　　鑒於明初社會經濟尚欠強大，而朝貢貿易[3]和下西洋等活動均涉及龐大支出，所以到了宣德八年（1433），明政府便停止下西洋，而中外貿易的總量遂迅速收縮，這也標誌中國海洋力量的倒退。到了十六世紀初，葡人分別在一五一〇及一五一一佔領果亞（Goa）和馬六甲（Malacca）後，便積極尋

2　關於朝貢貿易體制，可參看費正清編，杜繼東譯：《中國的世界秩序》（北京：中國社　　會科學出版社，2010年）；John K. Fairbank, *Trade And Diplomacy on the China Coast*.　　Stanford: Stanford University Press, 1969. Chapter 2 Tribute and the Growth of Trade,　　pp.23-38.

3　據廖大珂：《福建海外交通史》（福州：福建人民出版社，2002年），頁171-173所　　稱，「吳元年，秉承宋元舊制，在太倉黃渡設立市舶市……至洪武二年……改設於浙　　江、福建、廣東。不久，又罷市船司，實行嚴厲海禁。」到了永樂元年八月，明成祖　　重新恢復三市舶，並「增設驛館，接待外國貢使……（並下令）凡外國朝貢使臣，往　　來皆宴勞之」，並取消貢期的限制，允許各國自由入貢。又放寬對貢使所攜貨物的限　　制。因此，當持有勘合文書的朝貢使團抵達港口時，接待的官員需負擔所有使者及其　　附帶商隊成員的食宿、交通開支。使團的人數往往多達數百，逗留時間經常超逾半　　年，明政府的負擔其實十分鉅大。而且，當使者在京進獻方物後，必由明廷回賜豐厚　　的禮品。因此，朝貢行為故然提升明朝的政治地位，但卻也帶來沉重經濟負擔。當朝　　貢國以此為利源，多尋求增加朝貢次數，擴大商團人數，令明政府在這方面不勝負　　荷。加上商團帶來的貨物均屬免稅品，除抽分外，多以高於市價來購買。因此，明朝　　亦沒法在用稅收來抵償龐大支出。相對於宋朝利用外貿增加國家財政收入的辦法，明　　代的朝貢貿易明顯產生相反的效果。

求與大明帝國進行貿易。一五一三年，葡人歐維士（Jorge Álvares）是第一位到達珠江口的葡人。

據施白蒂《澳門編年史》記載，一五一四年一月六日，馬六甲兵頭帕達林（Rui de Brito Patalim）向葡王稟報，「已派一艘載有胡椒的帆船隨其他中國帆船前往中國」；次日，在馬六甲收集亞洲情報的宮廷藥劑師皮萊資（Tome Pires，或譯作皮雷士、皮雷斯）也致函葡王，「稟報說由若熱·歐華利（按：即歐維士）指揮的一艘陛下的帆船同另一艘船並往中國尋求購買商品，此行的開支將由國王和沙圖（Uma Chatu）分擔」。[4]最早將此重要商業情報傳播的是一名意大利人科薩里（Andrea Corsali），他在一五一五年一月六日從印度致函意大利的美第奇（Medici，或譯作梅迪奇）公爵，稱「去年間，我們有幾位葡萄牙人成功地航海至中國，雖然未被允許登岸，但他們以極高價售盡貨物，獲得很大的利潤。並且他們說，帶香料到中國與帶香料到葡萄牙有相同的重利，因為中國是個寒冷的國家，他們需要用大量的香料。」[5]

另一封在一五一五年一月八日由馬六甲第二位領袖若熱·阿布格里格寫給葡王的信中曾寫道：「……一名書記官叫貝羅·沙多加，另一名叫弗朗西斯科·佩雷拉，還有一名叫喬治·□□□。後者是我指定的，因為他有充分的能力擔當此任。他是第一個把陛下的紀念碑豎立在中國的人。他受到中國人的熱情接待，同他們一起生活得很愉快。」[6]另一則由葡國編年史家巴羅斯記錄的史料則證明這人是喬治·歐維士。他「提及歐維士和他建立的那塊紀

4　施白蒂：《澳門編年史》（澳門：澳門基金會，1995年）第一卷：16-18世紀，頁3；金國平編譯：《西方澳門史料選萃（15-16世紀）》（廣州：廣東人民出版社，2005年），頁33-34；鄧開頌等主編：《粵澳關係史》（北京：中國書店，1999年），頁23。

5　鄧開頌等主編：《粵澳關係史》，頁23-24；路易士·凱尤：《歐維士：第一個到中國的葡萄牙人（1513）》（澳門：澳門文化學會，1990年），頁31。又參看張天澤著，姚楠、錢江譯：《中葡早期通商史》（香港：中華書局，1988年），頁38-39。

6　路易士·凱尤：《歐維士：第一個到中國的葡萄牙人（1513）》，頁28-29。按：作者附上這封信件，在內容第二段第三行末，除了提到喬治（Jorge）之外，還隱約看見一個大寫的A字，估計是Alvares的第一個字母。

念碑」[7]。結合以上兩條材料的結論是，第一個到達中國的葡人便是喬治‧歐維士，他到達屯門島的時間約為一五一三年六月，並逗留至一五一四年春季，利用季風返回馬六甲。[8]歐維士按照當時葡人「發現」亞洲的習慣，曾在屯門島前的一個小島（按：即赤臘角島）上豎立這個紀念碑。[9]據記載，他年幼的孩兒死在那裏，所以歐維士便把他埋葬在紀念碑下。[10]

7　路易士‧凱尤：《歐維士：第一個到中國的葡萄牙人（1513）》，頁28。作者引用葡國編年史家巴羅斯（Joao de Barros）的材料。

8　張天澤：《中葡早期通商史》，頁38，誤認歐維士在一五一四年抵達中國。據路易士‧凱尤：《歐維士：第一個到中國的葡萄牙人（1513）》，頁28、31說，歐維士是在一五一三年六月抵達中國，並且「是一五一四年三月至四月的正常航海季節，回到馬六甲」。

9　西文屯門 Tamao（或作 Tamon、Tamou）曾被認為是上川島或浪白滘，然據林天蔚在〈十六世紀葡萄牙人在香港事蹟考〉的分析，葡人稱 Tamao 實即屯門，它是一個「貿易之島」。根據中外文獻資料的記載，他認為 Tamao 應作屯門，但因文獻均作島嶼，故它並非指今天的屯門青山灣，而是指其對岸的「大奚山」（按：即今天的大嶼山）。這個貿易島的泊口在赤臘角島附近的東涌，亦即今天的香港國際機場和東涌新市鎮一帶。其論據利用不少當時的地圖為證，所見較為確實。有關論證參見林天蔚、蕭國健：《香港前代史論集》（臺北：臺灣商務印書館，1985年），頁135-152。這個說法較甚為可靠，因當年曾將葡人驅逐的汪鋐，為了紀述他的功績，鄉人為他建造了生祠，並由評事陳文輔撰寫〈都憲汪公遺愛祠記〉一文（張一兵校點：《深圳舊志三種》〔深圳：海天出版社，2006年〕，頁470-472）。文中說：「夫皇天眷德，隨以璽書，專管海道。海多倭寇，且通諸番。瀕海之患，莫東莞為最。海之關隘，實在屯門澳口，而南頭則切近之。……正德改元，忽有不隸貢數惡彝，號為佛朗機者，與諸狡猾，湊集屯門、葵涌等處海澳，設立營寨，大造火銃，為攻戰具；佔據海島，殺人搶船，勢甚猖獗。……事聞於公，赫然震怒，命將出師，親臨敵所，冒犯矢石，劬勞萬狀。……諸番舶大而難動，欲舉必賴風帆。時南風急甚，公命刷賊敝舟，多載枯柴燥獲，灌以脂膏，因風縱火，舶及火舟，通被焚溺；命眾鼓噪而登，遂大勝之，無孑遺。」文中言「佛朗機者，與諸狡猾，湊集屯門、葵涌等處海澳」，表明葡人駐紮地不可能遠在上川島或浪白滘，而只能是屯門到葵涌一帶海域。又，汪鋐攻擊葡人見下引王希文疏。

10　路易士‧凱尤：《歐維士：第一個到中國的葡萄牙人（1513）》，頁32：「歐維士於一五二一年七月八日下午躺在好成杜瓦特‧科埃略（Duarte Coelho）的懷裏與世長辭了。他被葬於刻有葡萄牙王國國徽的石碑旁……（它）曾在那掩埋了自己的兒子。」參看看張天澤：《中葡早期通商史》，頁38。

　　初期中葡雙方的關係尚屬和洽，故葡人在一五一五年再派遣拉斐爾‧佩雷斯特雷洛（Rafael Perestrello）到達屯門島，並在次年離開。在一五一六年八月或九月，他平安無事地回到了馬六甲，賺得二十倍的利潤。他還帶回好消息，「中國人希望與葡萄牙人和平友好，他們是一個非常善良的民族。」[11]

　　就在佩雷斯特雷洛前往中國時，有一支載了印度新任總督阿爾貝加里亞的艦隊由里斯本啟航，他們任務之一是由艦隊司令安德拉德（Fernao Peres d'Andrade）帶領一艘私掠船前赴中國。一五一六年四月，安德拉德離開印度科欽，並在八月十二日乘坐聖巴巴拉號（Santa Barbara）啟程前往中國，但由於已過了信風季節，風勢極弱，直到九月中旬才見到交趾支那的海岸，結果遇上暴風雨。艦隊決定回到馬六甲，其間曾派船到暹羅過冬。回程時也曾駛抵北大年（Patani），與當局達成一些協議。[12]一五一七年六月十七日，他率領八艘船出發，這些船的裝備良好，也都有中國導航員。[13]他們到達屯門島後，便與南頭的官員交涉往廣州的安排。由於等候一段時間仍未獲回覆，安德拉德便強行「以進貢為名」前往廣州，最後唯由南頭方面同意派出領航員引領船隊。船隊到達廣州時曾引發一些糾紛，最後由兩廣總督陳金令他們往光孝寺習禮三天。隨船隊抵廣州的大使皮萊資在懷遠驛留候，而安德拉德將附載至廣州的貨物出售後，因收到屯門島可能受海盜威脅的消息，便離開廣州，留下皮萊資聽候朝廷的回覆。[14]

　　然而，好景不常，由於文化差異，安德拉德弟弟西蒙（Simon）來華後引起嚴重的衝突。西蒙桀驁不馴，「擅違則例，不服抽分，烹食嬰兒、擄掠男婦，設棚自固，火銃橫行」[15]，引起軒然大波。「前海道副使汪鋐併力驅

[11]　張天澤：《中葡早期通商史》，頁41。

[12]　張天澤：《中葡早期通商史》，頁42-43。

[13]　這八艘船的名稱見張天澤：《中葡早期通商史》，頁43-44。

[14]　參看鄧開頌等主編：《粵澳關係史》，頁26-31。

[15]　王希文疏見張維華：《明史歐洲四國傳注釋》（上海：古籍出版社，1982年），頁25。又參看梁嘉彬：〈明史稿佛朗機傳考議〉，收入包遵彭主編：《明史論叢》七「明代國際關係」（臺北：學生書局，1968年），頁20-21。按：其兄先在城外鳴炮致意，引起廣州百姓的震驚，但事件在其耐心解釋和表示歉意後得以平息。至於「烹食嬰兒」應屬誤傳，主要是葡人擄買兒童引起的誤解。

逐⋯⋯凡俘獲敵酋，悉正極典，民間稽首稱慶，以為番舶之害可以永絕」。[16]

在屯門之戰後，隨即發生西草灣[17]之戰，汪鋐再次取得勝利。早在屯門之戰爆發時，馬六甲方面獲悉有關消息後，便派葡萄牙人哥丁霍（Mello Coutinho）前往屯門島增援。他們抵達時，屯門之戰早已結束。為了重新打開中葡通商的大門，他力勸部下避免衝突行為，並於入港投錨後，急忙上岸求見廣東地方長官，請求許其和平貿易。廣東地方長官置之不理，不得已，由屯門島退出。然而，哥丁霍的船隊仍遭受汪鋐派出的中國艦隊追擊。[18]為了加強火炮威力，汪鋐曾仿造葡式火銃（按：後來稱為佛朗機銃）。明嚴從簡曾記載有關經過：

16　同前注。

17　傳統以西草灣在新會，據林天蔚先生的研究，西草灣應作茜草灣，是大嶼山東涌與大澳之間的一個海灣。按：上文說屯門島即大嶼山（頁135-152；按：大嶼山是「島」，屯門澳是指今日的香港青山灣。林文中的附圖一至三均是珠江口東邊海域的地圖。細看此圖，應可明瞭當時的海域形勢。必須指出的是，所有西文史料均指出這裏是一個「貿易島」，距離「屯門澳」約三甲格，這個島對開有一小島，歐維士曾在那裏豎起發現碑，而西蒙也在那裏建了一個行刑架，並曾處死一人）。而葡萄牙人哥丁霍（Mello Coutinho）前往屯門島增援，並曾進入屯門島謀求重開貿易（頁155）。後雖恐船隊受到包圍，乃駛離泊口以觀其變，故其位置必仍在大嶼山一帶海域。林天蔚先生指出大澳旁的一個海灣名茜草灣，正是當日作戰的地點（參看頁169附圖四 c：〈茜草灣戰役圖〉）。汪鋐主動對哥丁霍的船隊攻擊（頁157）。因此，戰事從西草灣一直打到筲洲，然後又到了九逕山（按：下臨屯門澳，今天稱為九徑山，即屯門三聖墟到黃金海岸一帶的山嶺）。最後葡人大敗於汪鋐，只有少數船隻突圍，輾轉返回馬六甲。文中的「筲洲」歷來不能確指，林氏認為「王崇熙之《新安縣志》卷2〈輿圖〉在大嶼山與南頭間有「哨洲」，阮元《廣東通志》卷124〈海防圖〉有筲洲（在龍鼓洲附近）⋯⋯而一八四〇年所繪的〈陳刺史廣東通省水道圖〉亦有「筲洲」，位置相同。」（頁162-163）。今天這個小島叫「沙洲」。這個考證可信。其中，中方文獻指葡人「寇新會西草灣」，事實上，整個事件發生在屯門島海域一帶，不可能在新會海域爆發衝突。同時，是次戰役是由汪鋐主動出擊，故有關記載也可能是汪鋐等向上級呈報，是虛報軍情的結果。這種情況，在一五四九年所謂「走馬溪之役」也有類似的事件。

18　J.M. Braga, *The Western Pioneers and Their Discovery of Macao*（Macau, Imprensa Nacional,1949）, p.64.

有東莞縣白沙巡檢何儒前因委抽分曾到佛朗機船，見有中國人楊三、戴明等年久住在彼國，備知造船及鑄制火藥之法。鋐令何儒密遣人到彼，以賣酒米為由，潛與楊三等通話，諭令向化，重加賞賚。彼遂樂從，約定其夜何儒密駕小船接引到岸，研審是實，遂令如式制造。[19]

汪鋐利用這種新式軍備，終於在此戰役中成功打敗哥丁霍的船隊，並「奪獲伊銃大小三十餘管」。[20]由於朝廷隨即下詔「佛朗機不得進貢，並禁各國海商亦不許通市。由是番船皆不至，競趨福建漳州，兩廣公私匱乏。」[21]

三　葡人在漳州、寧波等地的活動（1524-1549）

鄭若曾《籌海圖編》曾總論這段時期的東南沿海情況。他說：

凡外裔入貢者，我朝皆設市舶司以領之。在廣東者，專為占城、暹羅諸番而設；在福建者，專為琉球而設；在浙江者，專為日本有設。其來也，許帶方物，官設牙行，與民貿易，謂之互市……西番、琉球，從未嘗寇邊，其通貢有不待言者。日本狡詐，叛服不常，故獨限其期十年，人為二百，舟為二隻。……日本原無商舶，商舶乃西洋原貢諸番載貨泊於廣東之私澳，官稅而貿易之。既而欲避抽稅，省陸運，福人導之，改泊海倉、月港。浙人又導之，改泊雙嶼港。每歲夏季而來，望冬而去。……海商常恐遇寇，海寇惟恐其不遇商……為商者，曷嘗有為寇之念哉！自甲申（嘉靖三年，1524）歲凶，雙嶼貨壅，而日本貢使適至，海商遂販貨以隨售，倩倭以自防，官司禁之弗得。西洋船原歸私澳，東洋船遍布海洋，而向之商舶，悉變而為寇舶矣。[22]

19　〔明〕嚴從簡：《殊域周咨錄》（北京：中華書局，1993年），頁321-322。

20　〔明〕嚴從簡：《殊域周咨錄》，頁322。西草灣之戰的西文記載，可參看J.M. Braga, *The Western Pioneers and Their Discovery of Macao*, pp.64-65.

21　〔明〕嚴從簡：《殊域周咨錄》《殊域周咨錄》，頁322。

22　鄭若曾：《籌海圖編》（北京：中華書局，2007年），卷12下，〈開互市〉，頁852-853。

　　鄭氏認為葡人在二十餘年間嘗試以漳州和雙嶼為新的貿易點。此時，適值寧波爭貢[23]事件，中日關係出現嚴重危機，中國東南沿海違禁的貿易便增添不少變數。由於明政府隨即嚴禁中日間的朝貢貿易，因此，日本西部大名勾結中國海商在中國沿岸島嶼進行走私活動便形成一個難以遏止的風潮，席捲閩、浙等地。與此同時，由於葡人在廣東受到汪鋐的襲擊，便北上福建漳州開展貿易。不久，他們便隨福建海商到達日商雲集的雙嶼港，以尋求更佳的商業機會。[24]

　　究竟葡人何時出現在漳州和雙嶼呢？史籍記載不一，顧炎武曾說：「十九年（1540），福建囚徒李七、許一等百餘人越獄下海，同徽歙奸民王直、徐海、葉宗滿、謝和、方廷助等勾引番倭，結巢於霩衢之雙嶼，出沒為患。」[25]所指應是較後時間的情況。事實上，葡人在廣東屯門海域受挫後，不久便隨在東南亞的福建海商轉往漳州活動。漳州在福建的南部。據葡國編年史家巴羅斯（Barros）的記載，早在一五一七年，葡人馬斯卡雷尼亞斯（Jorge Mascarenhas）曾「率領幾艘中國式帆船取道漳州前往琉球……（當他們）抵漳時，已錯過了季風。然而他發現漳州是另一個值得葡人貿易的地方。其利潤為廣東的兩倍，因為……本地貨美價廉，外來貨十分稀罕。」[26]

　　葡人在廣東衝突後北上閩浙貿易，與慣常違禁出海的漳州商人有密切的關係。早在明「宣德年間，漳州月港海商已無視政府的禁令，泛海通番。景泰年間，月港、海滄的走私商越來起多；到成化、弘治年間，月港已有『小蘇杭』的盛稱。」[27]現舉出兩個具體案例來說明漳州在明中葉海外貿易所扮演

---

[23] 爭貢事件的詳細經過，可參看張聲振、郭洪茂：《中日關係史》（北京：社會科學文獻出版社，2006年），第一卷，頁324-327。

[24] 朱亞非：《明代中外關係史》（濟南：濟南出版社，1993年），頁252。

[25] 參看朱亞非：《明代中外關係史》，頁253。

[26] 參看吳志良、湯開建、金國平主編：《澳門編年史》（廣州：廣東人民出版社，2009年），第一卷，頁29。參看 J.M.Braga, *The Western Pioneers and Their Discovery of Macao*, p.62。

[27] 陳再成主編：《漳州簡史（初稿）》（漳州：漳州建州一千三百周年紀念活動籌備委員會辦公室，1986年），頁45。

的角色：

一、湯開建教授在郭棐《粵大記》卷三發現一個案例，時間是英宗天順二年（1548）七月：

> 海賊嚴啟盛寇香山、東莞等處。先是，啟盛坐死囚漳州府，越獄，聚徒下海為患，……至是招引番舶至香山沙尾外洋。[28]

湯氏認為「『沙尾』即今日珠海灣仔一帶，沙尾外洋即在蠔鏡近海處。嚴啟盛是漳州人、我招引番舶很可能就是琉球番舶。在天順二年時，各種外商船隻已在蠔鏡走私和貿易。」[29]這是一則反映漳州人泛海通番的例證，而其活動的地點竟在澳門近海。

二、李金明教授在《明實錄》中找到以下一則資料。他說：

> 成化七年（1471）十月，福建（漳州府）龍溪縣私商丘弘敏等二十九人，詐稱「朝使」，先到滿剌加等國貿易，再到暹羅國，並謁見暹羅國王，其妻馮氏亦謁見國王夫人，接受其饋贈的珍寶，返回後被福建沿海官軍捕獲。[30]

到了「明正德間，（漳州）豪民私造巨舶，揚帆外國，交易射利，因而誘寇內訌，法繩不能止。」[31]據以上各項資料，可以肯定漳州人民對於海外貿易極為倚賴。這個地區的居民經常私自下海，形成許多龐大而分散的走私集團。《漳州簡史》稱：明代中期倭寇肆虐，部分原因是海商接濟。「漳州一帶的海商，最初為了反抗明政府的海禁政策，運載違禁物資，只是結倭互

28　湯開建：《澳門開埠初期史研究》，頁 134。

29　湯開建：《澳門開埠初期史研究》，頁 134。按：所指地點即澳門內港和十字門一帶水域。

30　李金明：〈明初海禁與東南亞貿盟的發展〉，收入中國海上絲綢之路研究中心編：《海上絲綢之路 2：中國與東南亞》（福州：福建教育出版社，1999 年），頁 114。

31　轉引自 http://www.douban.com/note/41872756/（2012 年 10 月 14 日摘錄）。

市；官方追捕緊迫時才武力拒捕，甚至轉而劫掠。」[32] 這也是後來發展為晚明最重要的外貿港口。[33]

此外，中葡發生西（茜）草灣之戰後，「餘黨聞風懾遁，有司自是將安南、滿剌加諸悉番舶盡行阻絕，皆往漳州府海面地方，私自駐紮，於是利歸於閩，而廣之市井蕭然矣。」[34] 據葡國史學家白樂嘉（J.M. Barga）分析，「由於葡人認為與中國的貿易太有價值了，以致於不能放棄。於是避免了廣東港，貿易船從馬六甲直接駛往浙江和福建。」[35]

其中，以寧波為中心的中日貿易便以舟山群島作為基地，展開大規模的走私活動。他們為逃避中國官員的制裁，也需賄賂當地緝私的官員及其上級。因此，約在一五二六至一五四四年間，舟山的雙嶼港成為中日走私貿易的大本營。根據嘉靖年間的地方志記載，參與私人海上貿易的共有三類人物：

> 一曰窩主：謂濱海勢要之家，為其淵藪，事覺輒多蔽護，以為脫免；
> 一曰接濟：謂點民窺其鄉道，載魚米互相貿易，以瞻彼日用；一曰通
> 番：謂閩粵濱海諸郡人，駕雙桅，挾私貨，百十成群，往來東西洋，
> 攜諸番奇貨，一不靖，肆搶掠。[36]

---

[32] 陳再成主編：《漳州簡史（初稿）》，頁48。關於嘉靖、隆慶年間漳州的情況，可參看羅青霄修纂：《漳州府志》（福建省地方志編纂委員會據萬曆元年刊本整理，廈門：廈門大學出版社，2010年）。

[33] 月港的情況可參看中共龍溪地委宣傳部、福建省歷史學會廈門分會編：《月港研究論文集》（廈門：福建省歷史學會廈門分會，1983年）及謝方：〈明代漳州月港的興衰與西方殖民者的東來〉，收入中外關係史學會編：《中外關係史論叢》（北京：世界知識出版社，1985年），第1輯，頁154-166。

[34] 黃佐：〈代巡撫通市舶疏〉，收於張海鵬主編：《中葡關係史資料集》上冊，頁211。

[35] J.M.Braga, *The Western Pioneers and Their Discovery of Macao*, p. 65；又可參看萬明：《中葡早期關係史》（北京：社會科學文獻出版社，2001年），頁44。

[36] 郭春震：《嘉靖潮州府志》（《日本藏中國罕見地方志叢刊》，北京：書目文獻出版社，1991年）卷一，〈地理志〉；參看黃啟臣、龐新平：《明清廣東商人》（廣州：廣東經濟出版社，2001年），頁157。

　　一般從事走私貿易的人員包括窩主、私販和水手等。走私者通過窩主獲得以生絲和綢緞等貨物，再租用合適的大船，進而與逸居島嶼的海寇首領結合，通過武裝護航到達日本西部和中部海岸，與尋求輸入中國貨物的大名交易。西部大名利用日本商人代將此類珍貴貨物出賣，以換取經濟利益。由於中國對日貨的需求較少，便以日本盛產的白銀作為支付手段。當時日本利用由朝鮮半島傳入的煉銀新方法——吹灰法[37]，為日銀生產提供了技術革新，白銀的產量遂節節上升。[38]

　　在中國沿海流竄的葡人，亦聞風而到達雙嶼港。除由馬六甲轉運至中國的胡椒、沉香、蘇木等貨物外，葡人缺乏更合適的貨物作銷售用途。然而，他們的「佛朗機炮」是世界最先進的火器，因此，無論是護航、掠奪船貨或供日本戰國大名使用，均足以讓葡人在中日走私貿易上佔一席位。經歷了一段時間後，葡人在雙嶼港集結聚居，發展出一片欣榮的局面。[39]到了一五三五年，葡人在包括澳門的廣東沿海不斷建立臨時貿易據點，收購合適的絲貨以轉售給日本。[40]從此，葡人艦艇常出現於閩浙的港口與島嶼，成為中日走私貿易的要角。[41]這種走私因秘密進行，難以確估其利潤。然而，由於中國對日本

---

[37] 以吹灰法（the haifuki/cupellation process）所煉製的白銀便稱為「吹灰銀」，參看 Robert LeRoy Inner, *The Door Ajar: Japanese Foreign Trade in the Seventeenth Century*, （Ph.D. thesis, The University of Michigan, 1980），pp.23-25.

[38] 日本白銀產量在十六世紀中葉急遽增加，吸引了以白銀為主要流通貨幣、產量有限、銀價高企的中國商人的垂涎。參看全漢昇：〈明代的銀課與銀產額〉，《中國經濟史研究》（香港：新亞研究所，1976年），中冊，頁209-231。

[39] 龍思泰著，吳義雄等譯，章文欽校注：《早期澳門史》（北京：東方出版社，1997年），頁5載：「在其繁榮興旺的日子裏，雙嶼成為中國人、暹羅人、婆羅洲人、琉球人等等的安全地帶，使他們免遭為數眾多、橫行於整個海域的海盜之害。這個地方向來繁華，但自一五四二年起，由於對日本貿易而變得特別富庶」。在頁141，作者回顧十六世紀早期對日貿易時又說：「不像在雙嶼那樣，可以賺取百分之二百到百分之三百的利潤。」這些材料均反映當時葡人在雙嶼的貿易盈利的異常豐厚。

[40] 由於歐洲在十五世紀末到十六世紀初的白銀生產有可觀的增長，故當時葡人已帶有一定數量的銀幣來到亞洲。參看崔瑞德、牟復禮編，楊品泉等譯：《劍橋中國明代史》（北京：中國社會科學出版社，2006年），下冊，頁375。

[41] 參看鄭永常：《來自海海的挑戰——明代海貿政策的演變研究》（臺北：稻鄉出版社，

的禁運政策，必將使中國走私的絲貨[42]成為高價貨，獲取高昂的利潤。

到了一五四〇年代，在雙嶼港被朱紈攻陷之前，葡人與當時的海寇領袖王直（五峰）合作，在寧波沿海收購絲貨，以轉販日本。[43]王直為何與葡人能夠合作？估計其中除利用葡人較巨大牢固的船隻外，一個更重要的理由是將葡人持有的火炮技術在自己的支配下，以為自身的本錢。王直走私活動以日本大名為對象，因此，在加強自身走私裝備的過程中，自然體會葡人火炮的價值。葡人也需利用王直在雙嶼及日本的關係，以開拓其對日的絲貨貿易。我們引用現存一篇關於一五四三至一五四四年間葡式火炮（稱為〈鐵砲記〉）傳入日本的珍貴資料，正好說明兩者的密切關係：

隅州之南有一島，去州一十八里，名曰種子……

先是天文癸卯（1543）秋八月二十五丁酉，我西村小浦有一船，不知自何國來，船客百餘人，其形不類、其語不通，見者以為奇怪矣，其中有大明儒生一人名五峰者，今不詳其姓字，時西村主宰有織部丞者，頗解文字，偶遇五峰，以杖書於沙上云：「船中之客不知何國人也，何其形之異哉。」五峯即書云：「此是西南蠻種之賈胡也……」

賈胡之長有二人，一曰年良叔舍，一曰喜利志多佗孟太，手攜一物，長二三尺，其為體也中通外直，而以重為質，其中雖常通其底要密塞，其傍有一穴通火之路也，形象無物之可比倫也，其為用也入妙藥於其中，添以小團鉛，先置一小白於岸畔，親手一物修其身，眇其目

2004 年），第五至七章，頁127-231。

[42] 直至十七世紀初，進口日本的貨物以生絲和絲織品為主，佔全部貨價的八成以上。參看全漢昇：〈明中葉後中日間的絲銀貿易〉，《中國近代經濟史論叢》（臺北：稻禾出版社，1996 年），頁161-162。

[43] 關於王直的走私活動，可參看佐久間重男：《日明関係史の研究》（東京：吉川弘文館，1992 年），第二編〈明代後期——中国海商の密貿易と倭寇〉，頁221-345；陳文石：〈明嘉靖年間浙福沿海寇亂與私販貿易的關係〉，《明清政治社會史論》（臺北：臺灣學生書局，1991 年），頁117-175。

　　而自其一穴於火，則莫不立中矣，其發也如掣電光，其鳴也如驚雷之
　　轟，聞者莫不掩其耳矣……一日時堯重譯謂二人蠻種曰，非曰能之，
　　願學焉，蠻種亦重譯答曰，君若欲學之，我亦罄其蘊奧以告焉。[44]

　　這位種子島藩主（時堯）因王直的中介而獲得葡式火槍的真確紀錄，反
映大名熱切獲得這種利害火器，以求在戰爭中獲得優勢。後來葡人與天主教
傳教士到達日本後，大名爭相為天主教傳播盡力，目的也只為獲得葡人從中
國帶來的絲貨和犀利的火炮（包括鳥銃和大炮）。

　　到了一五四七年，由於雙嶼港和浯嶼的走私活動日益猖獗，最後因窩主
欠商款而導致對寧波沿岸村落的殺掠，引起了朝廷的注意。[45]嘉靖帝決定派遣
朱紈執行清勦沿海走私活動的總指揮。朱紈被任命後，顯示出十分積極的態
度，在一五四八年和一五四九年分別將寧波雙嶼島和漳州浯嶼的走私巢穴攻
陷，並以便宜行事的方式將捕獲的葡人以海盜的罪名加以殺戮。由於朱紈的
執法手段強硬和急迫，引致閩浙沿海大姓的不滿，終於導致受到閩籍官員的
彈劾。案件最後以朱紈自殺了結。[46]自此以後，史稱倭寇問題日益嚴重，對中
國沿海老百姓造成極大的禍害。[47]

---

[44] 外山卯三郎：《南蠻船貿易史》（東京：東光出版，1943 年），頁 127-130。

[45] 關於觸發明政府派大員整肅閩浙沿海的私商，是由一名葡商名佩雷拉（Pereira）。他
借了一些錢給中國商人，卻無法收回。他便「糾集十八個或二十個葡葡牙最壞的暴
徒，乘黑夜突然襲擊寧波附近的村莊，洗劫了十家或十二家農民的住宅，掠奪他們的
妻子，並殺死了約十人。」參看戴裔煊：《明史・佛朗機傳箋正》（北京：中國社會
科學出版社，1984 年），頁 40。戴氏引用了平托《遠游記》第 221 章的資料，他也引
用《明世宗實錄》卷 350〈嘉靖二十八年七月壬申〉條的材料，以說明中方也有相類
的資料，可一併參考。

[46] 由他經辦的緝私工件，大多載於其文集《甓餘雜集》之中。《甓餘雜集》是其子孫為
他編輯的文集，共十二卷，有很高的史料價值。此書原屬孤本，現收於《四庫全書存
目叢書》（臺南：莊嚴文化事業公司，1997 年），集部，第 78 冊。

[47] 鄭樑生：《明代倭寇史料》（全五冊，臺北：文史哲出版社，1987-1997 年）收集了最
詳細的倭寇史料，可參看。又，近人的研究可參看范中義、仝晰綱：《明代倭寇史略》
（北京：中華書局，2004 年）。

四　重啓廣東貿易至澳門開埠前夕（1529-1552）

　　龍思泰曾經指出：「在葡萄牙人到達之際，中國沿海的無數島嶼、礁石
和海灣，湧現出無數的冒險家，他們不從事合法的行業，而熱衷於劫掠和
平、勤勞的居民。」[48]事實上，屯門和西草灣之戰後，葡人雖北上浙閩沿海一
帶活動，但並未放棄嘗試返回廣東的機會。先是，在一五二一至一五二二
年的中葡衝突[49]後，廣東原有的市舶司也同被廢止[50]，以致這個傳統的對外港
口的經濟受到即時的影響。中葡衝突後，廣東形勢趨於緊張，導致「番舶不
至」，廣州市面立即受到衝擊。而以商稅收入以補貼日益龐大的政府開支，
使廣東的財政頓形拮据。眼見洋船轉而到福建、浙江沿海一帶經營，廣東官
員便不能坐視了。

　　因此，到了一五二九年，廣東巡撫林富上奏，期望打破此困局。林富首
先指出：

> 正德十二年（1517），有佛朗機夷人，突入東莞縣界，時布政使吳廷
> 舉許其朝貢，為之奏聞……朝廷准御史邱道隆等奏，而行按視，令海
> 道官軍驅逐出境，誅其首惡火者亞三等，餘黨聞風慴遁，有司自是將
> 安南、滿剌加諸番舶盡行阻絕，皆往漳州城海面地方，私自駐紮，於
> 是利歸於閩，而廣之市井蕭然矣。[51]

　　林富又多次針對佛朗機說：

48　龍思泰：《早期澳門史》，頁14。龍氏認為葡人「為了保證貿易不致中斷……決心在
　　可能的情況下，襲擊並根除此種敗類。」其實，由於不同的原因，葡人也偶爾參與這
　　類海盜行為，只是沒有日後荷蘭人專以劫奪中國帆船和葡國商船作為正常收入的狀
　　況。

49　參看周景濂：《中葡外交史》（北京：商務印書館，1991年），頁27-28。

50　嚴從簡：《殊域周諮錄》，頁332-334。

51　張維華：《明史歐洲四國傳注釋》（上海：上海古籍出版社，1982年），頁26。

夫佛朗機素不通中國，驅而絕之，宜也……議者或病外夷闖境之為
虞，則臣又籌之：……南方蠻夷，大抵寬柔，乃其常性，百餘年來，
未有敢為寇盜者。近時佛朗機，來自西海，其小為肆侮，夫有以召
之也。見今番舶之在漳閩者，亦未聞有驚動，則是決不敢為害，亦
彰彰明矣。……凡舶之來，出於《祖訓》、《會典》之所載者，密伺
得真，許其照舊駐紮；其《祖訓》、《會典》之所不載者，如佛朗機
國，即驅逐出境。如敢抗拒不服，即督發官兵擒捕。[52]

又說：

粵中公私諸費，多資商稅，番舶不至，則公私皆困……祖宗時，諸番
常貢外，原有抽分之法，稍取其餘，足以御用，利一。兩粵比歲用
兵，庫藏耗竭，籍以充軍餉，備不虞，利二。粵西素仰給粵東，小有
徵發，即措辦不前，若番舶流通，則上下交濟，利三。小民以懋遷為
生，持一錢之貨，即得輾轉販易，衣食其中，利四。助國裕民，兩有
所賴，此因民之利而利之，非開利孔為民梯禍也。[53]

正如林富所言，廣東官員基本贊成海上貿易活動。上文所言四個恢復通
貢的理由，將「足供御用」列為首項，反映出傳統中國政治的特質——以帝
王的需要為藉口，往往最具效用。其次，是廣東官員十分重視商稅對地方財
政收入的幫助，也認為這是保持市面經濟繁榮的一個基石。

然而，《明史》卻把事情的先後顛倒。《明史‧佛朗機傳》載，「初，廣
東文武官月俸，多以番貨代，至是貨至者寡，有議復許佛朗機通市，給事
王希文力爭乃定，令諸番貢不以時及勘合差失者，悉行禁止，由是番貢幾
絕。」[54]張維華教授指出王希文的奏章應是針對林富，而《明史》將二者次序
倒轉，造成錯誤。筆者贊同此說，但由於王希文的奏章只部分轉見於《澳門

---

[52] 張維華：《明史歐洲四國傳注釋》，頁26。
[53] 張維華：《明史歐洲四國傳注釋》，頁25。
[54] 張維華：《明史歐洲四國傳注釋》，頁23-24。

紀略》卷上，與巡撫林富的奏疏有不對應之處，可以進一步分析。

王希文說：「正德間，佛朗機匿名混進，突至省城，擅違則例，不服抽分，烹食嬰兒、擄掠男婦，設棚自固，火銃橫行……前海道副使汪鋐併力驅逐……凡俘獲敵酋，悉正極典，民間稽首稱慶，以為番舶之害可以永絕……何不踰十年，而折俸有缺貨之嘆矣！……設有如佛朗機者，冒進為患，則將何以處之乎？」，而林富在奏疏中建言：「佛朗機素不通中國，驅而絕之宜也。《祖訓》、《會典》所載諸國，素恭順與中國通者也，朝貢貿易，盡阻絕之，則曰因噎而廢食也。況市舶官吏，公設於廣東者，所不如漳州私通之無禁，則國家成憲安在哉？」最後，他建議：「凡舶之來……其《祖訓》、《會典》之所不載者，如佛朗機（夷），即驅逐出境。」由此而言，王希文指稱之佛朗機，在巡撫林富的奏疏中明顯是主張禁絕的。[55] 為了重新開通市舶，林富更就「議者或病外夷闌境之為虞」的憂慮預作設想，一方面以歷史為證，「南方蠻夷，大抵寬柔……未有敢為寇盜者……見今番舶之在漳閩者，亦未聞小有驚動」，表明「外夷闌境」屬於過慮，且廣東當局亦必加強海防力量，「於海澳要害去處，及東莞縣南投等地面，遞年令海道副使及備倭都指揮，督率官軍，嚴加巡察」，以確保安全。因林富的奏疏考慮周詳，亦符合大明祖制，故獲得兵部的支持，表示：「安南、滿剌加自昔內屬，例得通市，載在《祖訓》、《會典》。佛朗機正德中始入，與亞三等以不法誅，故驅絕之，豈得以此盡絕番舶。且廣東設市舶司，而漳州則無之，是廣東不當阻而阻，漳州當禁而不禁也。請令廣東番舶例許通市者，毋得禁絕，漳州則驅之，毋得停舶。」結果，嘉靖皇帝亦「從之」。[56]《明實錄》載林富之奏在嘉靖八年（1529）十月；而王希文之疏則在九年（1530）十月，清楚說明兩疏之先後，而《明史》將之倒轉，是不太恰當。[57]

---

55 林富的奏疏是由黃佐代為草議。見張海鵬主編：《中葡關係史資料集》（成都：四川人民出版社，1999年），上冊，頁210-211。

56 張維華：《明史歐洲四國傳注釋》，頁26。

57 張維華：《明史歐洲四國傳注釋》引王希文疏有「何不踰十年，而折俸有缺課之歎矣，撫按上開復之章矣」。文中所言「撫按」，便是指巡撫林富此奏。因此，林富奏

　　表面上，王希文的上疏似為廣東當局造成困難。但事實上，巡撫林富的請求其實仍被保留。《明史·佛朗機傳》言「有議復佛朗機通市者，給事中王希文力爭乃定，令諸番不以時及勘合差失者，悉行禁止。由是番舶幾絕。」[58]這個敘述極易引起誤解，因《明世宗實錄》卷一一八記載了〈都察院復王希文上言〉一文。它首先概括王希文的主張，並由都察院回覆說：「（王希文疏）深切時弊，自今諸國進貢，宜令依期而至，比對勘合驗放，其番貨抽分交易如舊。」[59]因此，無論是兵部或都察院，事實上均支持重開貢舶，並清楚表示「番貨抽分交易如舊」的安排。[60]

　　自林富請求解除禁令、重開市舶後，林希文之反對又因朝議而擱置，朝貢貿易便從新展開，而各國商船便絡繹不絕地到達廣東。開禁原則上是排除葡商的，但他們會扮作暹羅商人，混迹其中。嚴從簡說：「奏下，從其言。於是番舶復至廣州，今市舶革去中官，舶至澳，遣各府佐縣正之有廉幹者往抽分貨物，提舉司官吏亦無所預。然雖禁通佛朗機往來，其黨類更附番舶雜至為交易。」[61]

　　此外，最早記錄葡人涉及澳門的材料可能是皮萊資的《東方概要》，它寫於一五一五年前後。皮萊資在一五一一年來到東方，一五一二年派到馬六甲，一五一五年回到印度。[62]在他的手稿中，提及以下一段文字，可能是指澳

疏先於王希文疏，實無可疑。

58　張維華：《明史歐洲四國傳注釋》，頁23-24。

59　轉引自張海鵬主編：《中葡關係史資料集》，上冊，頁212。

60　李慶新：《明代海外貿易制度》（北京：社會科學文獻出版社，2007年），頁218-219，載嘉靖八年「廣東巡撫都御史林富請裁撤廣東市船、珠池內官……十一年，保定巡撫林有孚疏方鎮守內臣之害，兵部尚書李承勛覆議，大學士張孚敬（璁）力持之，遂革鎮守，並市舶、守珠池內官，皆革之。」說明當年市舶司的持續整理。事實上，這也是廣東官員對抗鎮守太監的一次重要行動。

61　嚴從簡：《殊域周咨錄》，頁324；參看湯開建：《澳門開埠初期史研究》，頁84。

62　澳門《文化雜誌》編：《十六和十七世紀伊比利亞文學視野裏的中國景觀》（鄭州：大象出版社，2003年），頁1。皮雷斯也有譯作皮萊資。按：全書（《東方概要》）已由何高濟先生譯出，並稱為《東方誌》。又，皮雷斯曾提及琉球人也出現於此海域，論者琉玻的泊口在福建，認為不可能是廣東。但是，如涉獵當時記錄，可以確定琉球商

門這個地方：

> 除廣州港外，還有一個叫Oquem〔蠔鏡〕的港口。〔從廣州〕去那
> 裏，陸路走三天，海路一晝夜。這是琉球人和其他國家〔使用〕的港
> 口。63

　　另一條關於葡人早期在澳門活動的資料出於《明實錄》這部重要的官方
紀錄。根據《明熹宗實錄》卷十一，天啟示年六月丙子條云：

> 廣東巡按王尊德以拆毀香山澳夷新築青洲具狀上聞……部覆從之。
> 按：澳夷所據地，名濠鏡，在廣東香山縣之南、虎跳門外海滑一隅

人已頻繁地往北大年、馬六甲等地貿易，故在往返途中灣泊廣東，實屬正常，不足為
異。

63 澳門《文化雜誌》編：《十六和十七世紀伊比利亞文學視野裏的中國景觀》，頁10。
何濟高譯的《東方志——從紅海至中國》（南京：江蘇教育出版社，2005年），頁
101，則將Oquem譯為福建。按：從廣東廣州到福建、漳州兩地的距離頗為遙遠，絕
非十六世紀的帆船「一天又一夜」的時間可以到達，陸行也非三天可達。因此，譯
者以音近閩語來推算是Oquem為福建，不可靠。湯開建教授也指出「oquem，穆爾
（A.C.Moule）教授認為即是foquem，應譯為福建或福州……從廣州到福州，在當時的
交通條件下，陸行三天，水行一日一夜根本不可能的。因此，穆爾教授的解釋應該是
不能成立的。」見湯開建：《澳門開埠初期史研究》，頁133。事實上，到了一八三四
年七月，馬禮遜牧師（Robert Morrison）從澳門乘船到廣州也需要三天的時間，因
此，以三百多年前的帆船能有如此的航速，應屬子虛烏有。至於皮萊資所指「這是琉
球人和其他國家〔使用〕的港口。」曾引起爭論。然而，琉球人不但來到廣東，也遠
抵東南亞從事貿易活動。謝必震曾據《歷代寶案》和《明實錄》統計出，從洪熙到嘉
靖年間琉球船航行東南亞共八十八次（包括暹羅五十次、佛大泥〔即北大年〕八次、
安南一次、滿剌加三次、巡達二次、舊港八次）。謝氏更強調：「實際上，琉球國利
用明朝海禁所造成的空隙，在中國派往海外各國進行貿易的活動幾為停滯的狀況下，
在海外各國往中國貿易較前大為遜色的同時，開展有利可圖的中介貿易活動。攜帶的
貨物幾乎全是中國產品，同時大肆收買在中國緊俏的物品，一來一回，獲利甚豐。」
（謝必震：〈論琉球在明代中國與東南亞諸貿易中的地位〉，收入中國海上絲綢之路研
究中心編：《海上絲綢之路2：中國與東南亞》，頁110-111）。因此，廣東海口便很自
然地成為琉球人中途停泊、補給和貿易的港口。在《東方志》中，皮萊資也寫了不少
關於琉球的情況，正是他在馬六甲時蒐集到的訊息。

也。先是，暹羅、東西洋、佛朗機諸國入貢者附省會而進，與土著貿遷，設市舶提舉司以收其貨。正德間，移泊高州電白縣。[64]至嘉靖十四年（1535），指揮黃瓊納賄，請於上官，許夷人僑寓蠔鏡澳，歲輸二萬金，從此雕楹飛甍，櫛比相望。[65]

　　上文表明在嘉靖十四年（1535），葡人已通過賄賂，獲廣東海道官員允予在澳門暫居。由於《實錄》所記屬按語，且下文言「歲輸二萬金」及「從此雕楹飛甍，櫛比相望」，兩者似與後來的發展相混，記述上讓人產生疑問。因此，不少學者對此多持保留態度。[66]然而，除本條資料外，仍有其他輔助資料可證，足以補充。《明史·佛朗機傳》在林富上疏後，即言「自是佛朗機得入香山澳為市，而其徒又越境商於福建，往來不絕[67]」，說明兩者時間上相距不遠，所言亦近當日葡人的情狀。[68]

　　嘉靖四十四年（1565）兩廣總督吳桂芳說：自林富「題准復開市舶之禁，其後又立抽盤之制，海外諸國，出於《（皇明）祖訓》、《（大明）會典》

---

[64] 關於市舶司「移泊高州電白縣」一事，戴裔煊認為絕無其事，參看氏著：《明史·佛朗機傳箋正》，頁59-61。

[65] 陳文源輯錄：〈《明實錄》葡澳史料輯存〉，《文化雜誌》（1996年），頁174，「天啟元年（1621）六月丙子」條。又見於中國第一歷史檔案館、澳門基金會、暨南大學古籍研究所合編：《明清時期澳門問題檔案文獻匯編》（北京：人民出版社，1999年），第五冊，頁36。

[66] 關於這個課題的最新成果，可參看金國平、吳志良：〈1535說的宏觀考察〉，《早期澳門史論》，（廣州：廣東人民出版社，2007年），頁96-124。

[67] 張維華：《明史歐洲四國傳注釋》，頁27、29。

[68] 此外，龍思泰在概述澳門的起源時，也提及「中國編年史家記載，在嘉靖三十年（1535），一艘外國船在此出現。一五三七年，又有一艘外國船出現在中國沿海。船上的商人要求登岸，得到准許。他們蓋起一些棚屋作為臨時住處，並在岸上翻曬船上受損的貨物……在十八年或二〇年的時間內（1537-1557），似乎是為了貿易的緣故，中國人與葡萄牙人在屯門或浪白澳一再相遇。」龍思泰所稱的「屯門」，是指上川島。以上引文據吳義雄等譯：《早期澳門史》，頁15。按：譯者指出「嘉靖三十年」乃一五五一年。然據此段引文所述，如略去「嘉靖三十年」這個年號，其餘所涉及的西曆年份均具一致性。因此，可能是龍思泰將「嘉靖十四年」誤作「嘉靖三十年」。

所載，舊奉臣貢者，固已市舶阜通，舳艫相望。內如佛朗機國，節奉明旨，拒絕不許通貢者，亦頗潛藏混迹，射利於其間。」[69]由此而言，葡人在一五三〇年後已混在重新啟動的朝貢貿易中。雖然是易名改姓，總算是找得一個參與對華貿易的落腳點。由於是隱藏在其他東南亞貢使中，故戴璟在一五三五年編寫的《廣東通誌初稿》卷三五〈外夷〉中說：「比年邊備稍疏……異國殊類，往來貨通。議者謂資軍餉之利是也。然今重譯之設，利其奇貨，為貪饕之地，固不可為訓……吾恐佛朗機之變生肘腋矣。雖然，通之固非美政，而禁之亦非長策。吾讀林巡撫〈番舶疏〉，亦近似有理也。化而裁之謂之變，推而行之謂之通。噫！……盍慎諸！盍慎諸！」[70]又說：「佛朗機國，前此朝貢莫之與，正德十二年，自西海突入東莞縣界，守臣通其朝貢。厥後猖狡為惡，乃逐出之，今不復來云。」[71]由此可見，一般的中國高級官員往往未能正視沿海貿易的實況。他所說的「通之固非美政，而禁之亦非長策」含混不清，正是這類顢頇官員的最佳寫照。[72]

最後，據黃佐《嘉靖廣東通志》所記，林富開復東市舶奏的末段，曾強調以恢復貢市為目的，故主張將「私自駐箚者盡行逐去，其有朝貢表文者許往廣州洋澳去處，俟候官司處置。」[73]從此，廣東洋面有很多可以駐泊的海澳，如「新寧廣海、望峒，或新會奇潭、香山浪白、濠鏡、十字門；或東莞雞栖（棲）、屯門、虎頭門等處海澳灣泊不一。」[74]至於這段時間內葡人常到的上川島，似乎不在其中，可能只是葡人的私澳，並非當時粵省的正式泊口。無論如何，這些泊口原則上都是臨時貿易點，葡人和其他國家的貢舶都

---

[69] 吳桂芳：〈議阻澳夷進貢疏〉，收入陳子龍等選輯：《明經世文編》（北京：中華書局，1987年），冊5，卷342，頁3668-3669。參看晁中辰：〈明嘉靖間廣東與閩浙海外貿易的對比研究〉，收入田澍、王玉祥、杜常順主編：《第十一屆明史國際學術討論會論文集》（天津：古籍出版社，2007年），頁608。

[70] 戴璟：《廣東通誌初稿》（廣州：廣東省地方史志辦公室謄印，2003年），頁572。

[71] 戴璟：《廣東通誌初稿》，頁573。

[72] 四十卷的《廣東通誌初稿》，戴璟只用了兩個月時間來編寫。

[73] 黃佐：《嘉靖廣東通志》（香港：大東圖書公司，1977年），冊4，卷66，頁1783。

[74] 黃佐：《嘉靖廣東通志》，頁1784。

只能在貿易季節，在這些地點搭建簡陋的茅舍，並在交易結束後將之拆毀。這種安排，直到澳門開埠後，才在守澳官的縱容下改變。龐尚鵬曾指出變化的經過，很有參考價值：

> 每年夏秋間，夷舶乘風而至，往止二三艘而止……往年俱泊浪白等澳，限隔海洋，水土甚惡，難於久駐，守澳官權令搭蓬棲息，殆舶出洋即撤之。……近數年（按：即澳門開埠後數年），始入蠔鏡澳築室，以便交易。不逾年，多至數百區，今殆千區以上……今築室又不知幾許，夷眾殆萬人矣！[75]

以上分析，足以說明澳門開埠前葡人在中國東南沿海的活動概況。

五　小結

自從葡人在十六世紀初來到亞洲，便積極開拓其商貿活動。在印度和東南亞地區，他們基本上通過優越的軍事裝備來迫使當地政府就範。由於明帝國的龐大體系，他們基本上是採取較為和平的手段來爭取通商貿易的權利。然而，明帝國因倭寇問題，對外政策在宣德八年（1433）停止下西洋後日趨保守，對不列於《皇明祖訓》和《大明會典》的國家，如葡萄牙（按：他們被東南亞穆斯林民眾稱為佛朗機）是難以接受的。此外，由於西蒙桀驁不馴的行徑和皮萊資使團的失敗，導致中葡雙方的關係迅速惡化，使葡人絕跡於廣東，而廣東原來的朝貢貿易也完全中斷。葡人唯有輾轉隨著一些福建海商前往漳州和寧波進行走私貿易，並成功地開展對日本的貿易。此外，廣東巡撫林富為了改善該省的財政狀況，在一五二九年向中央申請局部重啟朝貢貿

---

[75] 龐尚鵬：〈題為陳末議以保海隅萬世治安策（制御番船）〉，收入陳子龍等選輯：《明經世文編》，冊5，卷357，頁3835。參看湯開建：《澳門開埠初期史研究》，頁136、140。

易，終於獲得批准。葡人雖被禁止參與其中，但仍能通過偽裝暹羅商人而活躍於廣東沿海海澳，如上川島、浪白澳和蠔鏡澳等港灣，而一度興旺的屯門島貿易卻難再繼續。其後由於對日貿易的龐大利潤，而寧波雙嶼和漳州月港兩個重要貿易點被朱紈、盧鐺等攻陷，驅使葡人積極地在廣東沿海尋求更為合適的貿易據點。結果是，由海道副使汪柏與葡國船隊艦長索薩達成租居澳門的協議。[76]

---

[76] 葡人租居澳門必須從中葡雙方尋求原因。葡方的原因大概已見上文，而中方的原因，除汪柏受賄這個傳統說法外，也極有可能包括嘉靖帝急於獲得龍涎香。參看金國平、吳志良：〈龍涎香與澳門〉，《早期澳門史論》，頁27-40。此外，當日不少廣東官員十分重視對外貿易，包括陳金、吳廷舉、林富等歷任官員。他們不但重視朝貢貿易，也力爭從市舶太監手中奪取管理權。又，汪柏與索薩的協議，主要是葡人在蠔鏡澳貿易必須服從抽分，且屬季節性質，每年貿易完畢後所有人員必須離開，不能在此澳口渡過冬天；而臨時性建築物必須拆除。按：這個安排很快便被打破。

從「三言」看明代南方經濟發展[1]

楊永漢[*]

一　緒論

安德烈・貢德・弗蘭克（Andre Gunder Frank）在其《白銀資本》（*Re-Orient : the Global Economy in the Asian Age*）一書中指出，明代中晚期（十六世紀以後二百多年）的中國南方是世界的經濟中心。弗蘭克更指出，十九世紀以前，歐洲無論在經濟或政治上都談不上「稱霸」[2]。彼時全球白銀總產量約十二萬噸，輸入中國的白銀約三至四萬噸以上，亦有學者估計超過一半以上的白銀是運到中國，而此數量足以令明政府製造超過三億兩以上的白銀。張居正的「一條鞭法」改革及康雍乾盛世的出現，都與此有關。

中國傳統上對商人的歧視，發展至明代，却是另一局面。明代商人的身份有一定的標準根據，據《明會典》卷十九載洪武十八年（1386）：

> 各處民，凡成丁者務各守本業。出入鄰里，必欲互知。其有游民及稱商賈，雖有引，若錢不盈萬文，鈔不及十貫，俱送所在官司遷發化外。

---

[1] 本文是以拙著〈虛構與史實〉作底稿，重新研究南方經濟的發展。本文引用的「三言」（《喻世明言》、《警世通言》、《醒世恆言》）故事，均為馮夢龍編著，三民書局通行本，並只引卷數，如《喻世明言》，卷一〈蔣興哥重會珍珠衫〉，將寫成〈蔣興哥重會珍珠衫〉（《喻》一），請讀者留意。

[*] 新亞研究所碩士、博士，北京師範大學文學博士，現任孔聖堂中學校長，香港樹仁大學中文系兼任助理教授。

[2] 〔德〕弗蘭克著、劉北成譯：《白銀資本》（北京：中央編譯出版社，2000年），頁27。

　　很明顯，明初亦是推行抑商政策，主要是經元末混戰，國家需要休養生息。所謂「商引」是政府發給商人的憑證，載明貨物詳情，無商引者，當目為游民。至於稅率，明建國前徵收的「官店錢」是十五稅一，建國後則為二十稅一，不久又放寬至三十稅一。課稅一般是按實物抽稅，縣有稅課局，由京師課稅局管理。

　　雖然明政府有意抑商，但明代海外貿易空前繁盛，商人因而致富者，屢見於史籍。顧炎武《天下郡國利病書》載明代傾向經商的原因是「農事之獲利倍而勞最，愚儒之民為之。工之獲利二而勞多，雕巧之民為之。商賈之獲利三而勞輕，心計之民為之。販鹽之獲利五而無勞，豪猾之民為之」。如此，則經商致富成為明代平民普遍認同的途徑。〈徐老僕義憤成家〉（《醒》三五）的阿寄取得資本後，第一件事就是想到用資金經商，不經商，難以致富。

　　不過，明代商人仍屢受官吏欺凌，據《明清徽商資料選編》記載商人受欺的事情，茲舉數則事例以證明。萬曆期間，大賈程思山挾輜重到洛陽，資財竟被寧王所侵吞。有朱承甫父子往淮楚一帶販鹽，却被中涓銜命辜榷所魚肉[3]。從上述資料可知，明代商人仍隨時受到官吏的榨取，可是商人一旦為官，其從前的商人地位亦同時被接受，不受歧視。漢桑弘羊推出入粟補官的政策，商人可捐資補官，此例於明清兩代極為普遍，亦成為商人避免剝削的途徑之一。

　　士、商地位似乎是對立，可是在明代，出現了一特別情況，尤其是中晚明時期，兩者身份互動。余英時先生在〈士商互動與儒學轉向〉一文中指出明代人口增加，科舉名額却未相應地增加，形成入仕的機會下降[4]。因此，十六世紀已有「士而成功也十之一，賈而成功也十之九」[5]的論調。據余先生的研究，在正德十年至十五年（1515-1520）間，蘇州地區的生員名額

---

[3]　轉引自田兆元、田亮：《商賈史》（上海：文藝出版社，1997年），頁71。

[4]　余英時：《現代儒學的回顧與展望》（北京：三聯書店，2004年），頁187-252。

[5]　《豐南志》第五冊，〈百歲翁狀〉，轉引自余英時：《現代儒學的回顧與展望》，頁190。

及貢、舉兩途三年總數之間的比例是一千五百名生員中，只有五十人成為貢生或舉人[6]。如此，則士人入仕的機會率是三十分之一，可謂微乎其微；這亦可解釋馮夢龍及其摯友董遐周[7]屢試不第的原因。由於這個主因，亦為了謀生，「棄儒就商」蔚然成風。「三言」之中，不少主角是商人，亦不無道理，如〈蔣興哥重會珍珠衫〉（《喻》一）的蔣興哥、陳大郎，〈李秀卿義結黃貞女〉（《喻》二八）的李秀卿、黃善聰，〈劉小官雌雄兄弟〉（《醒》十）的劉方、劉奇，〈施潤澤灘闕遇友〉（《醒》十八）的施潤澤等。

在〈范巨卿雞黍生死交〉（《喻》十六，以東漢為背景，然事例是明朝）說范式世本商賈，最近放棄經商，到洛陽應舉。〈旌陽宮鐵樹鎮妖〉（《警》四十）載慎郎乃金陵人氏，自幼通經典，但功名之途淹滯，轉身成為南北奔走的商客。又〈楊八老越國奇逢〉（背景為明代）載楊八老因功名不就，然後廢學從商，重理祖業。即儒、商的地位更換，當事人亦不引以為憾。棄商而就舉業，自古有之，然廢舉業而從商，在中晚明應是普遍的事情。據晚明另一本久已散佚的小說《型世言》[8]亦反映這種現象，如該書二十三回載[9]：

> 一個秀才與貢生何等煩難？不料銀子作禍，一竅不通，才丟去鋤頭區挑，有了一百三十兩，便衣冠拜客，就是生員；身子還在那廂經商，有了六百，門前便高釘貢員扁額，扯上兩面大旗。

上述所引內容反映了士人與商人的身份已變得模糊，儒生會轉而經商；同時，商人却可利用財富進入士人之列。余英時先生更找出例證證明十六世紀的商人子弟有從「附學生員」到「歲貢」入國子監的入仕之途[10]。又如《徐

---

6 余英時：《現代儒學的回顧與展望》，頁191。

7 董遐周，字然明，浙江烏程人。出身官宦之家，書香世代。祖父董份，官至禮部尚書。父董道醇，萬曆進士。其人落落寡合，生計最拙。

8 據余英時解釋，《型世言》是明人陸人龍編著，約刊於一六三〇至一六三二年之間。韓國漢城大學藏有孤本，一九九二年由臺灣中央研究院影印出版。中、臺已有單行本。

9 陸人龍：《型世言》，轉引自余英時：《現代儒學的回顧與展望》，頁194。

10 余英時：《現代儒學的回顧與展望》，頁195-196。

老僕義憤成家〉（《醒》三五）載徐老僕阿寄販賣漆料及秈米，卒令徐家致富，當廣置田地之後，即為徐氏兄弟納個監生且可優免若干徭役。從上述的例子可知明代士、商之間的關係確實起了變化。總結余英時先生的論文，可歸納幾點：

(1) 明中葉以後，商人可入仕。士商合流，商人社會地位亦有所改變，例如唐寅便是出身商人世家。
(2) 士人與商人交往，甚至成為深交，已被社會接受，但商人對官吏的專制橫行多採敬而遠之的態度。
(3) 士人替商人寫墓誌銘，諛墓取酬，風氣普遍。
(4) 商業昌盛，令商人寧守末業，不願進仕途，連皇族、官吏亦爭相營商。
(5) 商人精神生活，逐漸士大夫化。
(6) 社會思想產生改變，有義、利之辨，並認為「奢侈」不為過，儒家思想有宗教化的傾向。

　　上列狀況，可從「三言」內的故事印證。〈李秀卿義結黃貞女〉（《喻》二八）記黃善聰女扮男裝與李秀卿結為兄弟，且共同經商。李得悉實況後，向黃善聰提親，却被拒絕。此事逐漸驚動地方官吏，甚至朝中李太監也參與其中。最後李太監認李秀卿為義子，向黃女提親，卒成好事。此故事無疑反映了明代中晚期，對商人的歧視已降低。李秀卿為太監義子後，更受到其他官員尊重。當然，可以說眾官是害怕李太監的勢力，但無可否認，即使為商人，一旦與官宦扯上關係，亦有其社會地位。
　　其次，在〈陸五漢硬留合色鞋〉（《醒》十六）的張藎及〈盧太學詩酒傲公侯〉（《醒》二九）的盧柟，都是擁有巨富的讀書人。張藎祖上是大富之家，雖然曾上學，但父母雙亡後，就過著浮浪的生活，終日流連風月場中。盧柟更是監生，屢試不第，藉祖上貲資，成為地方豪富。盧所結交的都是官宦中人，甚至知縣汪岑也極力攀附。

可是，從另一角度看，官吏枉法，仍可令富人敗家。就如盧柟因幾次屈辱汪岑，最後汪岑竟借機誣陷盧柟。盧柟雖得陸祖光洗脫罪名，但家道已中落，無復前觀。另一個故事更反映出商人不欲與官吏為敵，〈蘇知縣羅衫再合〉（《警》十一）蘇知縣被拋下江中，死裏逃生，遇見徽商陶公。當蘇知縣說出他是乘坐山東王尚書的船而出事時，陶公即支吾以對，不欲參與其事。最後，蘇知縣只得要求一教席，維持生計，至於尋求昭雪冤屈，更無可問津。從上述兩個故事仍可知道商人地位雖然提高，但始終不欲與官吏對抗，招致不必要的煩惱。

從上述種種情況來看，明代中晚期經濟蓬勃，士商身份產生變動。謀利與享樂，逐漸成為社會士子所追求的目標，以致晚明士人過著奢侈縱欲的生活，均不以為恥。背後最大的支持要素，是對外貿易繁盛，大量白銀流入，商業興旺，容易聚積積聚財富所致。清人沈垚對此情況有以下的解述：

> 宋太宗乃盡收天下利權歸於官，於是士大夫始乃兼農桑之業，方得贍家，一切與古異矣。仕者既與小民爭利，未仕者又必有農桑之業方得給朝夕，以專事進取。於是貨殖之事益急，商賈之事益重……。此宋明以來之變遷之大較也。天下之士多出於商，則纖嗇之風日益甚，然而睦姻任恤之風，往往難見於士大夫，而轉見於商賈。…是故為士者轉益纖嗇，為商者轉敦古誼，此又世道風俗之大較也。[11]

明清以來，整體社會風氣在轉變，雖然上引文乃原作者壽序，有阿諛之嫌，但却能反映當時一部份人之看法。仕者纖嗇，而商者反而敦行古誼。

---

11 〔清〕沈垚：《落帆樓文集》，卷24〈費席山先生七十雙壽序〉，轉引自傅衣凌：《明清時代商人及商業資本／明代江南市民經濟試探》（北京：中華書局，2007年），頁4，註1。

二　南方經濟盛況與人口增長

「三言」的故事很多是與商人有關，而商人的貿易地區多在南方。明人對此亦有記錄，《廣志繹》載：

> 浙西繁華，人性纖巧，雅文物，喜飾鞶悅，多巨室大豪，若家僮千百者，鮮衣怒馬，非市井小民之利矣。浙東俗敦樸，人性儉嗇椎魯，尚古淳風，重節概，鮮富商大賈。……杭州省會，百貨所聚，其餘各郡邑所出，則湖之絲、嘉之絹、紹之茶、寧之海錯、處之磁、嚴之漆、衢之橘、溫之漆器、金之酒，皆以地得名。[12]

上述引文已將江南著名的出產作一概介。至於「三言」所記的南方貿易地區及貨品，可從下表得知：

表 1：「三言」所載南方貿易地區及商品

卷目	商人姓名	貿易地區	商品
蔣興哥重會珍珠衫（《喻》一）	蔣興哥 陳大郎	襄陽 / 湖廣 / 廣東 / 蘇州	珍珠、玳瑁、蘇木、沉香、米荳
李秀卿義結黃貞女（《喻》二八）	黃善聰 李秀卿	南京 / 江北	線香、雜貨
呂大郎還金完骨肉（《警》五）	呂玉	江南常州無錫縣 / 太倉嘉定 / 山西	棉花、布疋
錢秀才錯佔鳳凰儔（《醒》七）	高贊	湖廣	糧食

---

12 王士性：《廣志繹》（北京：中華書局，1997 年），卷 4，〈江南諸省〉，頁 67。

施潤澤灘闕遇友 （《醒》一八）	施復 朱恩	蘇州府吳江縣	機戶，布匹， 蠶絲、桑葉
張廷秀逃生救父 （醒20）	褚衛	江南	布匹
徐老僕義憤成家 （《醒》三五）	阿寄	浙江嚴州府淳安縣／ 蘇州／杭州／興化	漆料、秈米
蔡瑞虹忍辱報仇 （《醒》三六）	卞福	湖廣荊襄一帶水路	糧食、回頭貨 （雜貨）

　　歸納上表買賣貨品內容，主要是三大類：布疋、糧食、雜貨。相信雜貨的比率應較前兩者為少，以布疋為最龐大。日本學者斯波義信指出明代中期商業發展迅速，農業及工業與之配合而得到往前推進。[13] 以寧波為例，當時以「南幫」或「南號」為號召的的貿易商，在寧波入口木材、鐵、銅、進口木、麻布、染料、藥材、胡椒、糖、乾果、香和雜物等，分散至其他地方。再從南方各港輸出長江中下游的絲、棉、紡織品、陶瓷器及海產品。以「北幫」或「北號」著名的北方貿易商向寧波輸入豆類、豆餅（植棉肥料）、牛骨、豬油、藥材、染料、乾魚、乾果等，再向北方輸出稻米、糖、海產品、藥材、棉織品、紙張、毛竹、木材、雜貨等[14]。上列貿易貨品，相信大致流行於沿岸城市。從「三言」故事所載，經濟活躍區地包括湖廣、蘇杭、浙江等傳統經濟區域，所載貿易貨品又大致與斯波義信研究成果相同。至於絲織品的輸出，更是震撼地球經濟，據弗蘭克轉引一段紀錄：

　　　　一個名叫波特洛（Botero）的人指出，從中國輸出的絲綢數量……。
　　　　每年有一千英擔絲綢從這裡輸出到葡屬印度群島，輸出到菲律賓。他

13　〔日〕斯波義信：〈寧波及其腹地〉，收在〔美〕施堅雅主編、葉光庭等譯：《中華帝國晚期的城市》（北京：中華書局，2002年第二版），頁478。

14　同前註，頁478。

們載滿了十五艘大船。輸往日本的絲綢，不計其數。[15]

據耶穌會傳教士的紀錄，十七世紀晚期（清初）的上海，有二十萬紡工人，六十萬提供紗線的紡紗工人。[16]以此數據推算，晚明時期，亦應接近此數目。

中國經濟重心南移，自安史之亂而始，已成定論，但中晚明有如此盛況，除對外貿易外，善於經商亦是南方人的特點，在〈錢秀才錯佔鳳凰儔〉（《醒》七）中說：

> 兩山之人，善於貨殖，八方四路，去為商為賈。所以江湖上有個口號，叫做「鑽天洞庭」。內中單表西洞庭有個富家，姓高，名贊，少年慣走湖廣，販賣糧食。後來家道殷實了，開起兩個解庫（當鋪），托著四個夥計掌管，自己只在家中受用。

又如〈蔣興哥重會珍珠衫〉（《喻》一）說興哥聞得「上有天堂，下有蘇杭」，興哥因而要到蘇杭一行。所謂「上有天堂，下有蘇杭」，不獨是指風景秀美而言，亦當指當地經濟富裕，窮乏之人不多而得名。

至於商業與紡織業的鼎盛情況，可從〈施潤澤灘闕遇友〉（《醒》一八）窺見當時貿易的繁榮：

> 這蘇州府吳江縣離城七十里，有個鄉鎮，地名盛澤。鎮上居民稠廣，土俗淳樸，俱以蠶桑為業。男女勤謹，絡緯機杼之聲，通宵徹夜。那市上兩岸綢絲牙行，約有千百餘家，遠近村坊織成綢匹，俱到此上市。四方商賈來收買的，蜂攢蟻集，挨擠不開，路途無佇足之際。乃出產綿繡之鄉，積聚綾羅之地。江南養蠶所在甚多，惟此鎮處最盛。有幾句口號為證：東風二月暖洋洋，江南處處蠶桑忙。蠶欲溫和桑欲

---

[15] 〔德〕弗蘭克著、劉北城譯：《白銀資本》（北京：中央編譯出版社，2000 年），頁163。

[16] 同前註，頁164。轉引自 Ho Chuimei, 1994:201。

乾，明如良玉發奇光。繅成萬縷千絲長，大筐小筐隨絡床。美人抽繹沾唾香，一經一緯機杼張。咿咿軋軋諧宮商，花開錦簇成匹量。莫憂入口無餐糧，朝來鎮上添遠商。

尤其最末一首詩，直能道出家家戶戶都以紡織為業的境況。農曆二月，到處都是趕忙桑蠶，大筐小筐待織的絲放滿絡床，而掌握機杼者大都是女性。據史載江南女子紡織的情況是「女子七八歲以上即能紡絮，十二三歲即能織布」[17]，而家有女兒則「生女五六歲即教以紡棉花，十歲學織布」[18]。由此可知，江南女子自少便懂得紡織技巧，成為家中經濟來源之一。〈趙春兒重旺曹家莊〉（《警》三一）中的趙春兒因丈夫不善營生，只與隨身侍婢翠葉紡績度日，除了能維持家計，到最後，丈夫覺悟前非，希望奮發，趙春兒仍能有餘資供給丈夫作補官之用。

「莫憂入口無餐糧，朝來鎮上添遠商」兩句更證實「上有天堂，下有蘇杭」的緣由。蘇杭自來是富庶之地，多以商業貿易為生，「杭州之奢侈，錢氏時已然，南宋更靡，有自來矣。城中人不事耕種，小民仰給經紀」。[19]

上引文極言盛澤鎮之盛，其實此鎮最初亦只不過是一條小村落。盛澤鎮是江南有名的產絲區，當時已有「湖絲遍天下」之稱。環繞著太湖區的著名產絲區，除盛澤鎮外，還有王江涇鎮、震澤鎮、濮院鎮、烏青鎮、長安鎮、臨平鎮、南潯鎮、雙林鎮、菱湖鎮等多個名區。故事中的盛澤鎮是由一個普通的村落，逐漸成為商賈雲集的市鎮，足以見證明代商業發展的流程。明初的盛澤鎮只有五十六家人戶，發展至嘉靖時期，居民增至百家左右；此時，亦由村落成為市。其後，由於盛澤鎮「以綾綢為業」，貿易日漸繁忙，竟至「每日中為市，舟楫塞港，街道肩摩」。明末清初，盛澤鎮已為過萬戶的大鎮，更是綾綢的集散地，據康熙《吳江縣志》卷一六載：「富商大賈數千里

---

[17] 尹會一：〈敬陳農商四務疏〉，收入《皇朝經世文編》卷36，見李伯重：《江南的早期工業化》（北京：社會科學文獻出版社，2000年），頁49。

[18] 道光《金澤小志》卷1，見李伯重：《江南的早期工業化》，頁49。

[19] 葉權：《賢博編》（北京：中華書局，1997年），頁9。

輦萬金而來，摩肩聯袂，如一都會」。[20] 根據故事內容，其背景當發生明代中後期，由於明代的商業政策及社會對商人的概念改變，令到商業在嘉靖期間發展至高峰[21]，而盛澤鎮更是由村落發展成類似都會的大鎮；無疑，盛澤鎮是明代商業發展的見證。

由於經濟發展迅速，有勢力者可佔先機，如《水東日記》記〈西湖俗謠〉云：「杭州西湖傍近，編竹節水，可專菱芰之利，而惟時有勢力者可得之。故杭州人有俗謠云：『十里湖光十里笆，編笆盡是富人家。待他十載功名盡，只見湖光不見笆』。」[22]

人口的消長情況最足證明經濟重心南移，而宋代是中國人口史上的轉捩點。東南戶數在西漢元始五年（西元5年）佔全國戶數百分之十，唐開元二十八年（西元740年）佔全國戶數百分之四十，到宋元豐八年（西元1085年）已達百分之五十。[23] 商稅方面，熙寧時南方的收入是全國百分之五十六。[24] 上述的數年據顯示出自宋代開始，南方的經歷逐漸開展，至明代時，商業發展已超越北方。從人口的狀況，可知其發展梗概，可是，明代人口的確數，往往成史家的疑團，無從確定。

表2：近代學者對明代人口數目的估計

學者姓名	年代	口數	資料來源
梁方仲	洪武二十四年（1391）	56,774,561	〈明代戶口田地及田賦統計〉，《梁方仲文集》（北京：中華書局，2008年），頁7。

---

[20] 見王毓銓主編：《中國經濟史——明代經濟卷》（北京：經濟日報，2000年），頁936。

[21] 程似錦：〈談《醒世恆言》的成書及其中兩卷所反映的明代社會〉轉引自朱倩如：《明人的居家生活》（宜蘭：明史研究小組，2003年），頁33。

[22] 葉盛：《水東日記》（北京：中華書局，1997年）卷14，頁147。

[23] 張家駒：《兩宋經濟重心的南移》（武漢：湖北人民出版社，1957年），頁31。

[24] 同前註，頁33。

趙文林、謝淑君	洪武二十四年（1391）	61,967,943	《中國人口史》（北京：人民出版社，1988年），頁364。
趙文林、謝淑君	弘治四年（1491）	81,001,517	《中國人口史》，頁364。
葛劍雄	萬曆二十八年（1600）	約197,000,000	《中國人口發展史》（福建：人民出版社，1991年），頁241。
〔英〕安格斯·麥迪森	萬曆二十八年（1600）	160,000,000	《世界經濟千年史》（北京：北京大學出版社，2003年），頁27。
費正清	萬曆二十八年（1600）	150,000,000	轉引自弗蘭克（A. G. Frank），劉北成譯：《白銀資本》，頁159。
梁方仲	萬曆三十年（1602）	56,305,050	〈明代戶口田地及田賦統計〉，《梁方仲文集》，頁24。
趙文林、謝淑君	天啟六年（1626）	99,873,000	《中國人口史》，頁376。
曹樹基	天啟十年（1630）	192,510,000	《中國人口史》（第四卷，復旦大學出版社，2000年），頁452。
曹樹基	崇禎十七年（1644）	152,470,000	《中國人口史》（第四卷），頁452。

　　從〈表2〉的資料來看，分歧十分之大。傳統學者認為明代人口約在五千萬至七千萬之間，梁方仲先生根據原始資料記載，由洪武二十四年（1391）始，往後二百多年，人口沒有顯著增加。對此，近代學者多採懷疑態度。〈表2〉所列部份數據，是現代學者研究的結果，實際不止此數目。筆者則偏向趙文林、謝淑君的數據，因其數據主要是參考明代紀錄而作出推算。二氏指出，根據紀錄，北方人口自洪武十八年（1386）之後不斷上升，應與現實相符；反之，江南一帶，却從洪武十三年（1381）至萬曆六年

（1578）大幅下降，減幅約達百分之四十至五十，如浙江，從一千萬下降至五一五萬；兩廣，從九二三萬降至七六〇萬[25]。數據完全與現實不符。因此，趙、謝根據長江以北及西南布政使司轄區的增幅，作出推算而得到上述結果。天啟六年（1626）的數據，是根據弘治四年（1491）較確實的數據，以「第二亞波段人口峰值」的推算，約升百分之八點五八一八而得出[26]，數字包括吉林、黑龍江、西藏等未納入明版圖的地區。若以弘治四年（1491）的人口作準則，全國行政區人口是八千一百萬零一千五百一十七人，而南方（南京、浙江、福建、江西、湖廣、廣東、廣西）人口數字是五千六百零八萬五千六百七十三人，佔全國人口總數百分之七十[27]。若以人口增幅來看，南方的發展較北方較迅速得多。

弗蘭克根據資料推斷，明代經濟發展蓬勃，人口應迅速增長，自弘治十三年（1500）約一億人，發展至清乾隆十五年（1750）當有二點〇七億人（兩個數字均為保守估計）[28]。南京人口應超過一〇〇萬人，而北京亦在六〇萬人之上。發展至清嘉慶五年（1800），人口倘包括廣州及佛山一帶，則人口超過一五〇萬人，全歐洲城市的總人數也不及此數。於此，可從人口的增長看見經濟蓬勃的狀況。

三 水路運輸及對外貿易

經濟發展需要有足夠配套配合方能順利開展，而交通運輸就是經濟發展的命脈。在「三言」中經常出現以水上運輸為生的船戶，如〈宋小官團圓破氈笠〉（《警》二二）：

那劉順泉雙名有才，積祖駕一隻大船，攬載客貨，往各省交卸。趁得

---

25 趙文林、謝淑君：《中國人口史》（北京：人民出版社，1988），頁361-362。

26 同前註，頁376。

27 同前註，頁364。

28 〔德〕弗蘭克著、劉北成譯：《白銀資本》，頁159。

好些水腳銀兩，一個十全的家業，團團都做在船上。就是這只船本也值幾百金，渾身是香楠木打造的。江南一水之地，多有這行生理。

運輸業的發展，是推動貿易高速增長的主因，在〈蔡瑞虹忍辱報仇〉（《醒》三六）有如下的記載：

> 原來大凡吳、楚之地作官的，都在臨清張家灣雇船，從水路而行，或徑赴任所，或從家鄉而轉，但從其便。那一路都是下水，又快又穩。況帶著家小，若沒有勘合腳力，陸路一發不便了。每常有下路糧船運糧到京，交納過後，那空船回去，就攬這行生意，假充座船，請得個官員坐艙，那船頭便去包攬他人貨物，圖個免稅之利。這也是個舊規。

又〈蘇知縣羅衫再合〉（《警》一一）：

> 原來坐船有個規矩，但是順便回家，不論客貨私貨，都裝載得滿滿的，却去攬一位官人乘坐，借其名號，免他一路稅課，不要那官人的船錢，反出幾十兩銀子送他，為孝順之禮，謂之坐艙錢。

為了逃避課稅，免費載送一位官員，兼且送上銀子，稱為「坐艙錢」。官員不用路費，且得銀兩，而船戶又可免去稅課。「三言」重複記載此事，相信這種情況在明代是非常普遍。當然，其實這是漏稅的一種，而且是官民合謀。晚明時御史祁彪佳由漕河南行，同行三艘商船均免除一切商稅[29]，相信這種借官宦之名而逃避稅項，是非常普遍的事情。

還有，部份船家包高官船隻，裝載客人，運輸貨物。〈蘇知縣羅衫再合〉（《警》一一）記載儀真縣徐能久攬山東王尚書府中一隻大客船，裝載客人，南來北往，每年納還船租銀兩，並且僱用一班水手協助船務。

這類船家，一般利潤較薄，據《士商類要》等書記載，當時價錢的情況是：從揚州關搭小船至瓜洲，船價三文；由瓜洲南門渡大江至鎮江馬頭，船價二文；杭州府官塘至鎮江，每二十里二文等。可知船戶收入不豐，倘租賃

[29] 黃仁宇：《放寬歷史的視界》（臺北：允晨文化，2001年），頁20。

船隻，更要每年繳納租金，則收入更少[30]。然而，所用為大船，裝載貨物，且僱有船工，行程愈遠，則利潤愈高。〈蘇知縣羅衫再合〉（《警》一一）的徐能及〈蔡瑞虹忍辱報仇〉（《醒》三六）的陳小四都是僱著一班水手，不約而同二人的水手都是「兇惡之徒，專在河路上謀劫客商。」當然，部份船隻，不以運輸為主業，伺機行劫，亦應是常理之內，但憑運輸而獲利者，亦有不少例子，如浚縣有劉三才募船夫杜希言駕船遠赴天津，又有南京采石某大姓，家中多舟，募水手撐駕，以是獲利。[31]

　　商賈賃船運貨，選擇船主是一大困難。據記載江西湖口至廣東及廣信府玉山、江西南昌至浙江、杭州至鎮江等船主都是善良安分的[32]，而南京至北京的水路、淮安至河南汴城，有船戶刁難客商，甚至謀財害命。「三言」中〈蘇知縣羅衫再合〉（《警》一一）：

> 又有一房家人，叫做姚大。時常攬了載，約莫有些油水看得入眼時，半夜三更悄地將船移動，到僻靜去處，把客人謀害，劫了財帛。如此十餘年，徐能也做了些家事。

　　故事中的徐能就是五壩上街居民。其次，〈蔡瑞虹忍辱報仇〉（《醒》三六）中的蔡瑞虹一家亦是被船盜陳小四等謀害。在船上謀財害命的事相信是屢見不鮮，如褚華《滬城備考》卷六〈雜記〉載：「萬曆癸未，邑有新安布商，持銀六百兩，寄載於田莊船，將往周浦，其銀子為舟子所窺，黑夜中，三人共謀，縛客於鐵錨，沉之黃浦，而瓜分所有焉。」[33]內容所記，幾與「三言」所載故事無異。無疑，此一情節足以反映明代水上運輸的部份狀況。

　　由於乘船有風險，遇著「賊船」，則可能人貨兩失。故此，一般客商運貨會找「埠頭」協助，又稱「舟牙」。此類舟牙都是有抵業人戶充應，並經政府審查批准。客商僱定船戶後，就要訂立契約，船主要承諾某處交卸貨

30　見王毓銓主編：《中國經濟通史——明代經濟卷》，頁883。
31　同前註，頁883。
32　同前註，頁884。
33　李剛：《陝西商幫史》，頁182。

物，不得有失。當時的契約格式，仍保存於《天下通行文林聚寶萬卷星羅》中，其格式如下：

> 「＿＿處船戶姓＿＿，今得＿＿保委，就＿＿處河將自己船只攬載得＿＿人財并行李幾擔，至處河下交卸。議定每擔水腳銀若干？其銀沿路批借，候載到頭結算湊足。所載貨物，須管小心搭蓋，不許上漏下濕。或遇盤灘剃淺，如有疏虞，自舡戶甘認，照依地頭賣價，盡數賠還無辭。恐後無憑，立此文書為照」[34]

江南的棉紡業與絲織業發展空前迅速，據崇禎《松江府志》載婦女多以棉紡維持家計：

> 紡織不止鄉落，雖城市中亦然。里嫗抱綿紗入市，易木棉花以歸，機杼軋軋，有通宵不寐者。田家收穫輸官償債外，未卒歲，室廬已空，其衣食全在此。

上述記載說出不只一般鄉村的婦女以綿紡幫補家計，連城市中人亦以紡織為業。這裡可說明兩點：一是紡織的回報較高，因此大量婦女參與這項工作；二是紡織是廣泛流行，包括鄉村和城市。

據學者估計，明代後期松江棉布產量約二千萬匹，松江以外地區約五百萬匹，即江南地區年產棉二千五百萬匹。扣除本銷棉布，江南地區每年對外輸出約一千五至兩千萬匹，即總產量的百分之六十至八十為外銷，不可謂不高。因此，江南人民的生活水平是全國最高的。然而，上述的數字未必為確實的數目。晚明江南人口總數約兩千萬人，以一家五口計，則江南戶口約四百萬戶。[35]根據上列戶口數目，即每戶平均出棉六點二五匹。這樣的字出產數字，未足以使江南成為全國最富庶的地方。江南婦女一年約可織布二十九匹，只要其中有一百七十萬婦女從事紡織工作，則每年可產五千萬匹。如果

---

[34] 王毓銓主編：《中國經濟通史——明代經濟卷》，頁885。

[35] 李伯重：《江南的早期工業化》，頁38-39。

推算正確，江南紡織業成為東南方經濟命脈所在。[36]如此，則晚明江南地區自然成為全國棉布匹的集散地。四方商賈雲集，經濟自然較其他地區蓬勃。

棉紡業牽動整個南方的經濟，下表《明實錄‧穆宗實錄》記載有關晚明棉材料及製成品的收入增加的幅度，說明棉紡業的增長速度。

表3：《穆宗實錄》所載隆慶元年（1567）至五年（1571）明政府有關絲、絹、棉材料及製成品的收入

年號（宣德）	絲	絹	棉	棉花絨	布	資料來源
元年（1567）	36,943斤	160,199疋	192,937兩	123,314斤	312,845疋	卷15，頁11
二年（1568）	73,886斤	320,398疋	385,874斤	246,628斤	625,690疋	卷27，頁12
三年（1569）	73,886斤	130,398疋	385,874斤	246,628斤	625,690疋	卷40，頁11
四年（1570）	73,886斤	320,398疋	385,874兩	246,628斤	625,690疋	卷52，頁11
五年（1571）	73,886斤	320,398疋	385,874兩	246,628斤	625,690疋	卷64，頁14

備註：「棉」項一欄的重量單位乃照原書所記列出，很明顯「斤、兩」之間出現錯誤，其他資料記載「斤」多為「兩」，但數字才是參考的重點。「資料來源」欄所載頁數乃原典數字。

---

36 江南棉業的發展，其速度相當驚人，清代中期已每年產一萬匹，而技術亦不斷改良，據徐新吾：《江南土布史》（上海：社會科學院出版社，1992年）的調查，十九世紀末葉常熟農家織布機每台平均每月工作十三至十五天，一年有一六八天。二十世紀初期的江陰農村及上海郊區，每台機每日可織布一匹，即一個農家婦女，每年可以織二百匹布左右。見李伯重：《江南的早期工業化》，頁41，註3。

從上表可以看出，從隆慶元年（1567）至五年（1571）短短五年間，無論絲、絹、棉、棉花絨及布的收入均增加百分之百。

除棉紡業外，絲織業亦是江南紡織業的支柱。據吳承明估計晚明民間的絲織機約為官營織機的三倍。當時官營織機有三千五百台，即官民合共有機一萬四千台[37]。由絲織業衍生的其他工業亦推動了江南的經濟發展，絲織業生產的主要環節有紡經、絡緯、練槌、染色、牽經、接頭和絲織。中間如何分工，史料所記有異，但染色一項，相信另有工序，不能在同一織坊完成。

農家男女老幼多從事紡織，已是明清兩代江南經濟發展的特色。傳統上的男耕女織，將紡織作為副業的生活，似乎不適用於江南。據嘉靖《昆山縣志》卷一〈風俗〉載：「至於麻縷機織之事，則男子素習，婦人或不如也。」；崇禎《常熟縣志》卷二〈風俗〉載：「農事盡力，於耕隙則男女紡績，無游手游食之習。」；嘉靖《上海縣志》卷一〈風俗〉：「鎮市男子亦曉女紅」等[38]資料顯示，江南男子亦多以紡織為生。

李伯重歸納明清江南工業的發展，提出三個特點：一是從事工業生產的農村家庭，未脫離農業生產，即仍然有耕作；二是農村工業區多位於城市附近；三是某些農村工業產品需到城市加工，商人會提供資金改良產品，分銷到其他地方[39]。這裡要注意的是第三點，「三言」所載販布商人往往是由江南買貨而到他鄉出售，如〈呂大郎還金完骨肉〉（《警》五）中的呂玉往山西脫售絨貨、〈蔡瑞虹忍辱報仇〉（《醒》三六）中所載幾個歹徒李癩子、白滿等劫船後隨山西客人販貨等都反映出當時商人的經商情況。可是，「三言」故事沒有提及對外貿易，單是內銷，很難出現南方前所未有的經濟盛況。

上文已提及，從江南外銷的絲棉織品佔全區出產百分之六十至八十，從中國輸出的絲綢數量，每年就有一千英擔絲綢輸出到葡屬印度群島、菲律賓，載滿了十五艘大船。輸往日本的絲綢，更加是不計其數。弗蘭克已指出

---

[37] 許滌新、吳承明主編：《中國資本主義萌芽》（北京：人民出版社，1985年），頁368、370。

[38] 三項資料均轉引自李伯重：《江南的早期工業化》，頁72-73。

[39] 李伯重：《江南的早期工業化》，頁85。

這種貿易不平衡現象，歐洲需要東方的絲綢、瓷器、茶葉等貨物，而西方沒有足夠的貨物輸出東方，惟有以白銀補上。J.C.范勒爾（1955：126）估計自十五世紀至十六世紀，東南亞大約有四百八十艘重量在二百噸至四百噸的貨船，其中約有一百一十五艘是航運於中國與印度地區[40]。

十九世紀初，中國沿海省份出海的船隊，已遍及日本、菲律賓、梭羅、蘇拉威西、西里伯斯、摩鹿加、婆羅洲、爪哇、蘇門答臘、新加坡、廖內、馬本西亞半島東岸、暹羅、交趾支那、柬埔寨及東京灣[41]。而且，貿易控制權主要是落在中國人手裡，很多貿易都在各處的「唐城」進行，其後形成華僑的聚居點。所以，弗蘭克強調「最西方地區與最東方地區的長期貿易赤字，使得白銀主要向東流動」[42]，這結論幾乎是他的論文重點的所在。

南京的陶瓷廠，每年可生產一百萬件瓷器。其中有為專門為出口歐洲而設計的，瓷器繪有宮廷圖案；出口伊斯蘭國家的瓷器則繪有雅緻的抽象圖案。有學者認為明代工業產量佔世界三分之二。中外學術界公正的指出當時中國已具有佔全球財富總量的三分之一的經濟實力，國內生產總值約佔全球百分之三十。[43]另一以陶業為中心的景德鎮，其工業晝夜不停，明人王世懋有如下的記載：

> 江西饒州府浮梁縣，離縣二十里為景德鎮，官窯設焉。天下窯器所聚，其民富繁富，甲於一省。余嘗，以分守督運至其地，萬杵之聲殷地，火光燭天，夜令人不能寢。戲目之曰：四時雷電鎮。[44]

工業發展迅速，海外貿易繁盛，相對容易致富。「三言」中有兩個故

---

[40] 轉引自〔德〕弗蘭克、劉北成譯：《白銀資本》，頁148。

[41] 同前註，頁149。

[42] 同前註，頁107。

[43] 網上資料：Zhang Qiang：〈以史為鑑，可知興亡：大明帝國的GDP及其崩潰〉（2003年）。

[44] 〔明〕王世懋：《二酉委譚摘錄》，轉引自傅衣凌：《明清時代商人及商業資本／明代江南市民經濟試探》，頁17。

事，一是藉牙行致富，一是以紡織致富。此兩例子，正好反映當時的情況。徐老僕義憤成家〉（《醒》三五）記載徐老僕阿寄取得主家十三兩銀子後，開始經商，最後竟以致富：

> 那經商道業，雖不曾做，也都明白。三娘急急收拾些本錢，待老奴出去做些生意，一年幾轉，其利豈不勝似馬牛數倍！就是我的婆子，平昔又勤於紡織，亦可少助薪水之費。那田產莫管好歹，把來放租與人，討幾擔穀子，做了樁主。三娘同姐兒們，也做些活計，將就度日，不要動那資本。營運數年，怕不掙起個事業？

上述的記載反映三個概念：一是務農沒法發跡；二是只有商業一年可有幾倍利潤；三是得了利潤後，就得發展紡織及購買田地放租，而此概念正與現實情況相符。農業生產就算是大豐收，利潤亦不會以倍數增長；相反，發展商業，則可能獲得意想不到的收成。南方的紡織業既然可以獲厚利，自然推動投資者的參與。至於購買田地，亦正好反映了農民心態及中國人傳統「家」的觀念。

看看阿寄如何實踐他的想法。他知道販漆是有利潤的，但又短於資金。阿寄先到漆料牙行結交，與牙行中人混熟後，再央求協助取漆料，當中應涉及賒賬。即阿寄央得牙行出面，不需實數購買漆料，待漆料售畢，再行完數。牙行中人，基於是同鄉，就幫了一把。亦可看見當地的批發商沒有囤備生漆，牙商可代阿寄向不同批發商收購。而故事特別提到阿寄可以賒帳，即表示一般交易是見錢取貨。此情況亦與當時的記載切合，如陳繼儒〈布稅議〉：「凡數千里外，裝重貨而來販布者，曰標商，領各商之貲收布者曰莊戶。鄉人轉售於莊，莊轉售於標。」[45]雖然所記是布的貿易，但相信亦適用於其他行業，銀貨即時交收。

阿寄一發市，就得到利潤。他知道杭州較近出漆之地，回報較低。當資金充足，就遂雇船往較遠的蘇州販貨。正遇上蘇州缺漆，見他的貨到，猶如

---

45 黃仁宇：《放寬歷史的視界》，頁17。

寶貝一般，不勾三日，賣個乾淨。一色都是見銀，並無一毫賒帳。除去盤纏
使用，足足賺了一倍以上利潤。其後阿寄熟識販漆的途徑，竟有五六倍利
息。黃仁宇對此有一番解釋：「阿寄來自浙江淳安，蘇州乃其新到之處，文
中暗示，雖在此情形之下，通常賒欠為無可避免。又蘇州在十六世紀為中國
重要商業中心，油漆又為工業重要原料，其供應仍有此小販式之客商不時湊
應，殊堪注重。」[46]

阿寄並無賒帳，可算是幸運，亦可能生漆需求甚殷，人人以現銀交易，
以增加貨源。而故事又說杭州漆價較賤，俱往遠處去，杭州反而缺貨，前後
文似有矛盾。在蘇州販漆完畢，即糴六十多擔秈米，載到杭州出賣。這一來
一回的生意，獲利甚厚。加上阿寄看准何處歉收，則運米往售。如此，阿寄
則逐漸成為富商。試看看阿寄的生意經營手法：

> 阿寄此番不在蘇杭發賣，徑到興化地方，利息比這兩處又好。賣完了
> 貨，却聽得那邊米價一兩三擔，斗斛又大。想起杭州見今荒歉，前次
> 糴客販的去，尚賺了錢，今在出處販去，怕不有一兩個對合。遂裝上
> 一大載米至杭州，准糴了一兩二錢一石，斗斛上多來，恰好頂著船錢
> 使用。那時到山中收漆，便是大客人了，主人家好不奉承。一來是顏
> 氏命中合該造化，二來也虧阿寄經營伶俐，凡販的貨物，定獲厚利。
> 一連做了幾帳，長有二千餘金（《醒》三五）

阿寄販漆蘇州，並不知蘇州缺貨；於杭州、興化販米則看准歉收。當時
興化米三石一兩，杭州石一兩二錢，相距三倍半以上，似乎不大可能；倘若
所載屬實，產區與消耗區之間的資訊並不暢通。

獲取厚利後，阿寄回鄉用一千五百兩替主家置一千畝田地並莊房，並供
少主讀書。文末所載仍脫離不了傳統的資金運用模式，即購買不動產——田
地。

另外一例是載於〈施潤澤灘闕遇友〉（《醒》一八），當時紡織業的盛

況，正好與白銀大量流入中國同時，主人公施復就是乘此風勢而發跡：

> 且說嘉靖年間，這盛澤鎮上有一人，姓施，名復，渾家喻氏，夫妻兩
> 口，別無男女。家中開張綢機，每年養幾筐蠶兒，妻絡夫織，甚好過
> 活。這鎮上都是溫飽之家，織下綢匹，必積至十來匹，最少也有五六
> 匹，方才上市。那大戶人家積得多的便不上市，都是牙行引客商上門
> 來買。施復是個小戶兒，本錢少，織得三四匹，便去上市出脫。

上述情況說出盛澤鎮幾全民紡織，即每戶除農作外，都會以紡織作為副業或主業。牙行引客看貨，以大戶人家為主，小戶則需要自己將貨出售。通常是拿到市集的小型批發店，當中有店主及客商。布主拿出綢匹，先讓主人喝價，然後與客商討價還價。所賣的數量相信只在數匹至十數匹之內，若過此數，當有牙商為中間人。另有一項可看見小本經營的困難，就是當施復執別人遺下的兩錠銀兩時有兩種想法：一是如果是富商遺下，只是九牛一毛，倘是一般客商遺下，他遠來經商，無本而還，實在不忍；二是小經紀做成生意而遺下，他可能如自己一樣，要用這些銀兩養家。施復的想法可證明兩錠銀兩可以令人傾家，則此等個體戶或小客商是小本經營，其本金可能已是其全副身家。當此時，應有大量農民或游民借資經商，亦可想像，工業與商業發展初期，部份人已「富起來」，誘使其他人進工業及商業的門檻。前文曾提過盛澤鎮牙行成行成市，當日應是大商家、小客商、個體戶、牙行中人充滿整個市鎮，熱鬧情況，躍然紙上。

施復曾計劃如何發展自己的事業：

> 如今家中見開這張機，盡勾日用了。有了這銀子，再添上一張機，一
> 月出得多少綢，有許多利息。這項銀子，譬如沒得，再不要動他。積
> 上一年，共該若干，到來年再添上一張，一年又有多少利息。算到十
> 年之外，便有千金之富。

施復計劃是先儲足銀兩購買另一部新織機，再儲錢，再購新機。這樣一張張的添上去，必成大富。原來施復的想法不是癡人說夢話，張瀚《松窗夢

語》曾記其先祖發跡的事情：

> 因罷酤酒業，購機一張……每一下機，人爭鬻之，計獲利當五之
> 一。……積兩旬，復增一機，後增至二十餘。商賈所貨者，常滿戶
> 外，尚不能應。自是家業大饒，後四祖繼業，各富至數萬金。[47]

張瀚祖先是從成化年間開始發跡，歷四代不衰，且每房擁資過萬金，不
可謂不鉅。一張機一般需要二、三人操作，二十餘機則需要六、七十人操
作。家庭成員不足此數，則需要聘請傭工。家庭成員有限，傭工則無限，可
以致富者，是跳出家庭工業而進入大規模生產的模式。故張瀚解釋三吳致
富者，多與其家族興起類似：「余總覽市利，大都東南之利莫大於羅、綢、
絹、綺，而三吳為最」[48]

其他如張瀚先祖起家情況相似的，有蘇州的潘壁成，據《萬曆野獲編》
載潘的致富是「起機房織手，至名守謙者始至大富、致百萬」[49]。施復最初家
中只有一張機，每年養幾筐蠶，夫婦同力，幾年間增至三四張機，家中已是
饒裕。不上十年，其家已積千金家財，買了大宅，並起了有三四十張機的機
房。施復的遭遇，正好反映工業發展的過程，對外貿易的興旺，只要因風起
航，多能致富。

四　貨幣──白銀

「三言」各故事屢次提及商業交易是以白銀為主要貨幣，如〈蔣興哥
重會珍珠衫〉（《喻》一）中的陳大郎湊了二、三千金作貿易資本，以三、
四百兩銀作買珠寶的本錢等，其他故事凡有關買賣的幾乎全以白銀作為貿易
媒介。討論商業發展，貨幣是重要一環，德國歷史學家 Bruno Hildebrand 將

---

[47] 張瀚：《松窗夢語》（北京：中華書局，1997年），卷6，頁119。

[48] 同前註，卷4，頁85。

[49] 沈德符：《萬曆野獲編》（北京：中華書局，1997年），卷28〈守土吏狎妓〉，頁713。

貨幣發展過程分為三期：自然經濟時代（以物換物時代）、貨幣時代（金屬作交易媒介時代）、信用時代（先用信用進行貨物的交換，最後以同一物或等價物清算）[50]。明清小說在敘述宋以前的故事時，往往有一個謬誤，就是一切交易都是以白銀為主，例如〈莊子休鼓盆成大道〉（《警》二）載：「老蒼頭收了二十兩銀子，回復楚王孫」。其實中國貨幣的流通，從漢末以後，產生激劇的變動，全漢昇師解釋說：

> 錢幣的使用日漸減少，而實物貨幣的流通則日盛一日。這種當作貨幣來使用的實物，以穀、米、麥、粟等農產品，及縑、絹、布、帛、綾、綵、練、褐、綿、繒等布帛類為最多。⋯⋯自漢末以後，至安史之亂左右，一共五百多年之久，實物貨幣在中國各地的市場上都佔有相當雄厚的勢力。[51]

唐末至北宋中葉，商業發展迅速，錢幣的使用殷切，宋真宗時，四川開始發行交子（紙幣），而白銀亦同時成為為貿易媒介。自宋至明的幾百年間，白銀被作為貨幣使用，但並不是暢通無阻。當紙幣濫發時，銀的價值就上升，政府便會禁止民間以白銀作貨幣。由於穩定貨幣是政府的要務，因此一旦發現偽幣贗品，則嚴加追辦，如〈陸五漢硬留合色鞋〉（《醒》一六）記載一件發現假銀的處理方法：

> 原來本縣庫上錢糧收了幾錠假銀，知縣相公暗差做公的在外緝訪。這兜肚裏銀子，不知是何人掉下的，那錠樣正與庫上的相同。因此被做公的拿了，解上縣堂。知縣相公一見了這錠樣，認定是造假銀的光棍，不容分訴，一上打了三十毛板，將強得利送入監裏，要他賠補庫上這幾錠銀子。三日一比較，強得利無可奈何，只得將田產變價上庫。又央人情在知縣相公處說明這兩錠銀子的來歷。知縣相公聽了分

---

50 全漢昇：〈中古自然經濟〉，《中國經濟史研究》（香港：新亞研究所，1976 年），上冊，頁 2。

51 同前註，頁 60。

　　上，饒了他罪名，釋放寧家。共破費了百外銀子，一個小小家當，弄
　　得七零八落。被里中做下幾句口號，傳做笑話。

　　上述案件，其實知縣已知道被告是冤枉，但必須填回所失數額，不管是
否有冤，先斷罪，再追款。從這點可知，明政府對發現偽幣是傾向嚴辦。明
中葉以後，中國可以用白銀作貨幣幾百年，原因並不是銀的出產增加，而是
進口急劇上升。倘若沒有足夠的金屬貨幣作貿易媒介，明代的商業不可能如
此快速增長，因為以物換物妨礙大規模的買賣。因此，銀的全面應用，起了
重要性的作用。

　　明初，政府禁止以白銀為貨幣，並推出「大明寶鈔」作應用貨幣。可
惜，大明寶鈔的價值不斷下降，洪武八年（1375）發行，到洪武二十七年
（1394）已較發行時貶值百分之八十四至百分之九十。[52]至明中業，其價值不
及原來的萬分之一，幾同於廢紙。民間在此情況下，唯有暗自以白銀為交易
貨幣。最後明政府亦不得不取消白銀禁令，容許其作流通貨幣。

　　根據宋、明政府銀課的收入估計，自十世紀末葉以後，中國銀的產量沒
有增加，反而有下降的趨勢。從明代的銀課收入，足以反映明代銀礦的出
產量的不足。明代的銀課收入主要是來自銀礦的開採，從十四世紀九十年
代（洪武二十三年以後）開始約一百三十年間，最初的三分之一有增加，而
最後的三分之二却減少。由宋代發展至明代，白銀在宋及明代購買絹和白米
的價值起了變化，白銀的購買力增加一倍左右，其購買力增強，顯示出產減
少。

　　明初發行寶鈔，面值一貫，即一千文（行使價約值銅五十文至一百六十
文之間）。其價值不斷下跌，一百二十年後，其價值不及原來千分之一；
一百六十年後，不及萬分之一。據此，明政府雖然明令不准使用白銀，但人
民為保護自身利益，自然藐視此法令。故到宣德三年（1428）停發新鈔。其

52　全漢昇：〈明清間美洲白銀的輸入中國〉，《中國經濟史論叢》（香港：新亞研究所，
　　1972年），上冊，頁435。

後，正統元年（1436），准許民間以銀代米，交納稅收，稱「金花銀」。銀的法定地位被確定。

然而，在明的貨幣中，銀的流通較銅重要得多。原因是銅的出產量減少，鑄造成本又高，行使價值却低。銅的鑄造額不能滿足商業需要，銀就成為主要貨幣。其後明代改革中推行的開中法及一條鞭法均是以銀為收納貨幣。

明人普遍以白銀為主要貨幣時，白銀有兩大途徑輸入中國。一是嘉靖年間（1522-1566），日本銀礦產量增加，通過中、日的走私貿易，不少白銀流入中國；二是嘉靖四十四年（1565），西班牙人以西屬美洲為基地，佔據菲律賓。自此以後，西班牙政府每年派遣兩三艘大帆船，橫渡太平洋來往於墨西哥阿卡普魯可（Acapulco）和菲律賓馬尼拉（Manila）之間。[53]而菲律賓又與中國貿易，通過此媒介，大量白銀流向中國。

自十六世紀開始，美洲銀礦的產量非常豐富，單是秘魯的波多西（Potosi）已佔全球銀產量百分之六十強。根據西班牙政府的統計，由一五〇三至一六六〇年，由美洲運往西班牙的白銀共一百六十八億八千六百八十一萬五千三百〇三公分[54]，黃金約一億八千一百三十三萬三千一百八十公分，不包括走私數字。大量的白銀流入西班牙，促使西班牙在十七世紀的首十年，其物價的漲幅已是過去一百年的三、四倍。[55]西班牙的物價遠較他國為高，而銀的購買力相對地低。美洲所發現白銀不獨令歐洲產生變化，遠至中國，亦受到影響。

下列兩項資料，可知道美洲銀產量的概況[56]：

---

[53] 同上註，頁435。

[54] 此公分屬重量單位，是萬國權度通制，民初行公制時通用單位，公斤以下有公兩、公錢、公分、公釐、公毫等，皆以十進位。

[55] 全漢昇：〈美洲白銀與十八世紀中國物價革命的關係〉，《中國經濟史論叢》，下冊，頁475。

[56] 同前註，頁475。

（1）十六至十七世紀，西班牙在秘魯南部（Upper Peru）的波多西（Potosi）開採銀礦，每星期達兩萬五千至四萬西班牙銀元（pesos）。自嘉靖二十七至三十年（1548-1551）間，西班牙皇室所以銀課約三百萬篤卡（ducados）。每篤卡約值中國一銀元。

（2）據 *Phil. Isl.* 原書記載，西班牙皇室每年銀課收入約為一百五十萬西元。

由上述資料推斷，明代中葉的銀產量與秘魯相較是一大一小。這些白銀隨著美洲與菲律賓之間的貿易而流入菲島，透過中菲貿易再流入中國。由於大宗的貿易多以生絲和絲織品為主，中國商人乘勢輸出大量絲貨而換回大量白銀，其數額足以使白銀成為主要流通貨幣。自菲輸華的銀子，初時約十萬西班牙銀元（西元），到了十六世紀末葉已增加至一百萬西元以上，而且每年遞增。到十七世紀前半，每年已增至二百多萬西元。由此可斷言，明代能以白銀為主要貨幣是因為有大量白銀流入的緣故。美洲白銀的發現，實在幫助了中國商業的急速發展，張居正的一條鞭法亦藉此全面推行，相信身處明代的馮夢龍亦茫然不知。

弗蘭克指出明代周邊的國家所謂「納貢」，其實是商業活動，此結論已得大部份學者認同，中國成為中心點，以中國為中心的國際秩序亦同時出現。弗蘭克說：

> 整個多邊貿易平衡體系，包括印度和東南亞因遜於中國的產業優勢，而扮演的輔助角色，起了一種磁石的作用，使中國成為世界的終極「秘窖」。[57]

「秘窖」是指白銀秘窖。然而，商旅（使團），包括歐洲人要購買中國的貨品，亦必須付出白銀。中國是中心點，其價格訂定，足以影響亞洲，甚至世界的價格。中國相對於世界的貿易總是順差，因此，白銀流入中國是必然，而且只會不斷增加。南方經濟發展迅速，馬克斯（1996：60,59）指出

---

57 〔德〕弗蘭克著、劉北成譯：《白銀資本》，頁166。

自一六〇〇年（萬曆二十七年）始，每年流入寧波、廣州的華南及沿岸地區的白銀就達到約二十萬公斤。[58]

白銀的價值亦因不斷的輸入而貶值，一六〇〇年（萬曆二十七年）左右，黃金與白銀的比值是一比八，至中末期，比值是一比十；但發展至一八〇〇世紀末是一比二十[59]，貶幅可謂驚人。

至於有多少白銀流入中國，弗蘭克引用很多學者的數據，茲舉二人作參考：里德認為從一六〇一至一六四〇年（萬曆二十八年至崇禎十三年），東亞共獲約六千噸白銀，其中四千五百噸出自日本；巴雷特估計，從一六〇〇至一八〇〇年（明朝萬曆二十七年至清朝嘉慶五年），亞洲至少經歐洲得到美洲白銀三萬兩千噸，加上來自馬尼拉及日本的白銀，總數不在四萬五千噸之下。綜合估計，從十七世紀至十八世紀，中國佔有全球白銀產量約三分之一到四分之一間[60]。

白銀大量流入中國，依正常的發展，人口、生產與貨幣均有增長，通貨膨脹自然出現。然而，十七世紀中期以後，除短暫的米價飛漲外，大部份時期都於低通貨膨脹，甚至下降。戈德斯通解釋產出和流出速度的增長吸收了貨幣供應的增長，其次是可能有大量白銀被囤積。我們可以從「三言」的內容，見到囤積的情況。〈滕大尹鬼斷家私〉（《喻》十）載倪太守死前，將金銀埋於左壁，以俟其幼子得機緣到取：

> 老夫官居五馬，壽逾八旬。死在旦夕，亦無所恨。但孼子善述，方年
> 周歲，急未成立。嫡善繼素缺孝友，日後恐為所戕。新置大宅二所及
> 一切田戶，悉以授繼。惟左偏舊小屋，可分與述。此屋雖小，室中左
> 壁埋銀五千，作五罈；右壁埋銀五千，金一千，作六罈，可以準田園
> 之額。後有賢明有司主斷者，述兒奉酬白金三百兩。八十一翁倪守謙
> 親筆。年月日花押。

58　同前註，頁224-225。

59　同前註，頁192。

60　同前註，頁210。

又〈宋小官團圓破氈笠〉（《警》二二）：

> 宋金走到前山一看，並無人煙，但見槍、刀、戈，戟，遍插林間。宋
> 金心疑不決，放膽前去，見一所敗落土地廟，廟中有大箱八隻，封鎖
> 甚固，上用松茅遮蓋。宋金暗想：「此必大盜所藏，佈置槍刀，乃惑
> 人之計。來歷雖則不明，取之無礙。」

又〈趙春兒重旺曹家莊〉（《警》三一）：

> 叫再取鋤頭來，將十五年常坐下績麻去處，一個小矮凳兒搬開了，教
> 可成再鋤下去，鋤出一大瓷罈，內中都是黃白之物，不下千金。

又〈施潤澤灘闕遇友〉（《醒》一八）：

> 且說施復新居房子，別屋都好，惟有廳堂攤塌壞了，看看要倒，只得
> 興工改造。⋯⋯便將手去一攀，這石隨手而起。拿開石看時，倒喫一
> 驚。下面雪白的一大堆銀子，其錠大小不一。上面有幾個一樣大的，
> 腰間都束著紅絨，其色甚是鮮明。⋯⋯把房門閉上，將銀收藏，約有
> 二千餘金。紅絨束的，止有八錠，每錠准准三兩。

出現上述將金銀藏於土壁地底的原因，資金沒有出路，加上錢莊的發展
尚未成熟，存戶毫無保障所致。積存金銀於錢莊，一旦倒閉，則血本無歸。

第二種囤積是貪污，據牛建強分析《明史》的循吏數目，正德以前的
循吏比例是百分之九十，此後驟減，平庸貪官邊增[61]。此後貪官所積存金
銀，數量非常龐大，如嚴嵩被籍沒，得金器二萬四千二百零四點九六兩、銀
器二百零二萬六千八百三十六點二兩。兩者折合為銀，則值二百一十四萬
七千八百六十一兩，較嘉靖二十八年（1549）太倉歲入還要多[62]。籍沒張居正

---

[61] 牛建強：《明代中後期社會變遷研究》（臺北：文津出版社，1997年），頁175。
[62] 同前註，頁186。

時，折合金銀為銀數，值三十九萬八千八百二十二兩[63]。李自成入京後，制定追贓標準：「內閣十萬金，京卿、錦衣七萬、或五、三萬，給事、御史、吏部、翰林五萬至一萬有差，部曹數千，勳戚無定數。」[64]幾乎已假定所有官員貪污，其中閣臣周延儒更是貪名遠播。以至推斷，流入私藏的金銀數目，大得無法推算。當然可以影響整個社會的發展，包括通貨膨脹。

「三言」亦常提及貪官污吏，如〈盧太學詩酒傲公侯〉（《醒》二九）的濬縣知縣汪岑，貪婪無比，冤屈盧柟成死罪；〈沈小霞相會出師表〉（《喻》四〇）的解差張千、李萬收取沈小霞丈人的銀兩、孟氏的金釵，仍欲中途殺掉沈小霞。貪官衙蠹私藏的白銀，應是非常龐大。

前節曾提及貨幣發展時期，其中一期是「信用時期」。當貿易的金額非常龐大時，集資、信貸的需求自然增大。負責此功能的機構，就是現代的「銀行」，但清以前，中國並沒有「銀行」一詞的出現。古代如何處理貿易時所需的大量資金？《舊唐書‧德宗紀》曾記載建中三年（西元782年）於長安東、西市有為商人「積錢貨、貯粟麥」的「僦柜」出現。唐代的大商賈必須在長安貯有大量的資金，為的是方便商業交易。發展至宋代，此類「僦柜」並不流行，主要原因是宋代已出現紙幣，而且，宋代的茶引、鹽引可當作資金運用。

明代的發展如何？彭信威《中國貨幣史》第七章認為明代萬曆期間已有錢莊出現。彭氏所根據的是《隔影簾花》第三十六回的一節記錄：「……在河下開了酒飯店，又賣青布，開錢莊，極是方便」。可是，葉世昌《從錢鋪到錢莊的產生》中指出《隔影簾花》不是明人作品，內容是根據清人丁耀亢《續金瓶梅》改寫。如此，則彭氏的引證未必成立。韓大成《明代城市研究》一書根據明人所繪的〈南都繁會圖卷〉中，發現有「錢莊」一種，這應是最早出現「錢莊」一詞的文物。[65]。可是在「三言」各故事中，未出現過「錢

[63] 同前註，頁187。

[64] 張廷玉編纂：《明史》（北京：中華書局，2011年），卷253，〈魏藻德傳〉，頁6549。

[65] 陳明光：《錢莊史》（上海：文藝出版社，1997年），頁1，註1。

莊」一詞。可以推算，錢莊必定在明末清初才流行，否則馮氏在編纂「三言」故事時，有關商業發展的內容，沒有理由全不提及錢莊。

徽商之間為解決大量資金的運用，而發展出「會票」。據《豆棚閒話》載有徽商汪興哥者，不到一月，花掉萬兩金錢，要尋個親戚寫個「會票」來接應[66]。至於「三言」的故事，在處理資金上，通常是賒帳和放貸。下列的例子都是完成貿易後，不能立即完錢，需要等待一段時間才收取餘負額：

(1)〈呂大郎還金完骨肉〉（《警》五）：「何期中途遇了個大本錢的布商，談論之間，知道呂玉買賣中通透，拉他同往山西脫貨，就帶絨貨轉來發賣，於中有些用錢相謝。呂玉貪了蠅頭微利，隨著去了。及至到了山西，發貨之後，遇著連歲荒歉，討賒帳不起，不得脫身。」

(2)〈蔣興哥重會珍珠衫〉（《喻》一）：「興哥一日間想起父親存日廣東生理，如今耽擱三年有餘了，那邊還放下許多客帳，不曾取得。夜間與渾家商議，欲要去走一遭。」

(3)〈徐老僕義憤成家〉（《醒》三五）：「遇缺漆之時，見他的貨到，猶如寶貝一般，不勾三日，賣個乾淨。一色都是現銀，並無一毫賒帳。」

據上列三項資料，呂玉是將貨物提到山西發售。貨物先交與坐商發賣，若干時候到取貨款。可惜遇荒歉，帳討不回。呂玉賒出貨物，當然會有單據，可惜，在欠缺還錢能力的時候，呂玉的債是毫無保障。這些欠帳的商戶，相信是以零售為主。

客商所賒欠的帳稱為「客帳」，這些客帳並非預先有籌劃的信用貸款，而是付款人臨時短缺資金，先記在帳上，後來挨戶取回。所欠的年期並沒有特別規定，就蔣興哥到廣東結帳，是三年後的事。中間有沒有計算利息？就文意來看，似乎不計算利息。

賒帳應在貨物不能完全賣出，暫寄商店內。阿寄能完全收現銀，主要是

66　同前註，頁 14。

客人搶貨；反過來說，倘若滯銷，則有可能賒帳。放貸算息，是當時一種行業。賒帳是講交情，不算息，這倒反映出通貨膨脹不大的現實。

五 結論

在「三言」的故事中，論及經濟發展的都涉及商業。商人的出現及貿易的繁盛應是由東南經濟蓬勃而帶動起來，商品除本銷外，最重要的是海外貿易。「三言」的故事內甚少提及海外貿易，相信負責收集貨品的人員是以中國人居多，貨物籌集後，僱大船出海，故一般文士未必清楚其中交收狀況，因而沒有記載。據全師漢昇先生考究中國貨品是透過呂宋一帶的東南亞國家與葡萄牙、西班牙商人交易，有學者甚至認為此海上路線是海上絲綢之路。由於商業的繁榮，導致西班牙、葡萄牙、日本的白銀大量流入中國，使得明政府有足夠的白銀數量進行經濟改革，進而使之成為流通貨幣。

明中晚期，未出現通貨膨脹，除了人口與經濟發展配合之外，銀行機制尚未成熟及貪污者囤積金銀，意外地減緩通膨。但這樣的結果，令人感慨，晚明政府危在旦夕時，幾乎整個朝廷都陷於貪污舞弊中。

黃仁宇先生認為明代商人仍不能脫離傳統的交易模式，全部重點為現金交易。小生產戶更是即織即賣，中間並沒有中介人，商人直接與小生產戶交易（見《萬曆十五年・自序》）。但工業發展已從家庭式轉向大型工業，將勞動人口集中於工業，已然出現於南方。

牙行協調買賣，貨品價格清晰。外國的商業發展，直接影響中國，已是無可否認的事實。而中國是世界貿易的中心，貨品價格又直接影響全球物價，貿易產生的互動，於此可見。中國人移民到其他亞洲地區，基本上主導著中國貨品的買賣，使得白銀湧向中國，弗蘭克稱之為白銀「秘窖」。明代中晚期的南方，清代康雍乾的三朝盛世均與白銀大量的流入有關。中國貨物運到外國，而白銀流入中國，中外歷史亦因此產生互動。鴉片戰爭後，白銀外流，清政府開始不振，以至亡國。中國經歷慘痛的一世紀，這些都與商業有關。商業影響國運，由此可見一斑。

　　弗蘭克的《白銀資本》認為十六世紀全球的經濟是以中國為重心，逐漸向西方移動。據學者保守估計，此時中國的國民生產總值（GPD）佔全球百分之三十以上，亦有學者認為遠超過這個估計值。部份以歐洲為中心的西方學者取笑中國的無知，認為自己是地球的中心，弗蘭克說了句公道話：當時，世界的確是以中國為中心，而此中心是影響全球經濟發展的。現代中國，擁有大量資源及人力，相信二十一世紀以後，經濟重心將逐漸重回東方。

晚明中國帆船的國際海洋性格

——以《熱蘭遮城日誌》所載往來大員之戎克船來觀察

鄭永常[*]　范棋崴[**]

一　前言

　　過去有關荷據時期臺灣史的研究，其成果可謂相當豐碩。其中有關於以大員為中心的對外貿易研究，也是其中相當熱門的一個課題，但過去的研究成果，却較多將焦點集中於荷蘭船貿易上，專門以「戎克船」貿易為主題進行討論的研究則較少見。雖然過去學者如永積洋子、中村孝志等人的研究皆曾述及「戎克船」貿易之相關內容，但畢竟屬於附帶性質，其主體仍然是以荷蘭船貿易為對象，故對「戎克船」貿易的研究其實是相對較少。[1]本論文是以《熱蘭遮城日誌》中對「戎克船」的相關記載作為基礎進行研究，所謂「戎克船」即「中國帆船」，主要是出海洋的雙桅福船和廣船。[2]為了行文方便，本文保留原文「戎克船」的稱謂。本文的時間斷限在一六二四

---

[*]　鄭永常，國立成功大學歷史系教授。

[**]　范棋崴，國立成功大學歷史研究所博士生。

[1]　永積洋子：〈荷蘭的臺灣貿易〉，收入村上直次郎等著，許賢瑤譯：《荷蘭時代台灣史論文集》（宜蘭：佛光人文社會科學院，2001年），頁249-326；中村孝志：〈十七世紀台灣鹿皮之出產及其對日貿易〉，收入中村孝志著，吳密察、翁佳音等編：《荷蘭時代台灣史研究上卷》（臺北：稻鄉出版社，1997年），頁81-119。

[2]　王冠倬編著：《中國古船圖譜》（北京：三聯書店，2001年），頁216-231。

至一六四六年，剛好是明朝最後的二十年，希望透過觀察明朝最後二十年，往來大員的「戎克船」貿易情形，分析中國海商在國際海域上活躍的海洋性格，並論證明朝結束前，大員的貿易港埠地位已建構完成。

二　歐人東來與東亞新興海港城市的時代背景

隨著一四九二年哥倫布發現新大陸、一四九八年達伽馬抵達印度、一五一九至一五二一年麥哲倫艦隊環繞地球一周等航海事業的成功，不斷將歐洲人對海外冒險的興趣推上高峰。除了最早開始的西班牙、葡萄牙之外，其後的荷蘭、英國、法國等國也相繼投入海洋活動的行列，伴隨海外冒險而來的便是武力的商業殖民，揭開大航海時代歐洲人的貪婪行徑，却也帶動全球一體化的進程。在這全球化的過程中，一直被忽視的中國帆船和海洋上的中國人，實際上扮演著重要的角色。

航海帝國的殖民者，除了在美洲建立殖民地外，也將勢力伸展至亞洲。一五一〇年葡萄牙先在印度臥亞建立殖民地，又於一五一一年在馬六甲（Malacca）建立據點，並北上中國、日本尋求貿易機會，最後引起中國沿海走私貿易的躁動，倭禍蔓延。幾經倭亂後，明朝新的貿易政策開始推動，如一五五七年（嘉靖三十六年）明朝暗中允許葡萄牙在澳門通商，而福建月港的中國海商也於一五六七年（隆慶元年）獲准出販東西洋，這些新的貿易政策突破明太祖立下的「禁止片板下海」的祖訓。[3]明中葉海貿政策的轉變，自有其內在因素，然而這一突破性的新政策，却促使十七世紀東亞（東北亞和東南亞）各新興海港城市之出現，因為中國移民為這類新興港市帶來了龐大的生產力。

因為西班牙於一五六五年佔領菲律賓的宿務（Cebu），又於一五七一年在馬尼拉（Manila）建立根據地。此外，荷蘭與英國也相繼跟進，尤其是荷

3　鄭永常：《來自海洋的挑戰：明代海貿政策演變研究》（臺北：稻鄉出版社，2004年），第七章，頁185-231。

蘭，更是在爭取商業利益的過程中與葡、西爆發激烈衝突。荷蘭於一六○二年成立東印度公司，獲得政府給予貿易壟斷權，擁有外交上宣戰、媾和及施行殖民統治等自主權，可說是荷蘭政府在亞洲的全權代理統治者。

　　一六○三年東印度公司攻擊澳門，欲從葡萄牙人手中奪取中國沿海重要貿易基地，却無功而返。荷蘭人又於一六○四年占領澎湖，但遭明朝軍隊驅逐。不過荷蘭人在一六○五年成功控制香料群島，並於一六一九年在爪哇耶加達（Jayakarda）建立聯合東印度公司（V.O.C.）總部，並將該地命名為巴達維亞（Batavia）。荷蘭為了控制中國貿易，再度捲土重來，於一六二二年再次占據澎湖，最後被明朝派兵驅逐，只好在一六二四年退至臺灣大員（Teyowan），在此建立殖民據點。這裏成為聯合東印度公司統治臺灣的中心，同時也是對中國以及東亞地區貿易的重要樞紐。荷蘭人企圖在海洋上封鎖中國帆船去馬尼拉貿易，而西班牙人為了突破困境，於一六二六年派兵前來臺灣，在雞籠、淡水一帶建立貿易據點。可是在一六四二年被荷蘭打敗，退回馬尼拉。[4]

　　荷蘭東印度公司在大員建立殖民據點後，一方面以武力迫使原住民降服，一方面則吸引中國沿海居民前來開墾及貿易。在當時的東亞，中國商人駕駛的中國帆船，乘風破浪，北抵日本；南達暹羅（Siam, Ayuthai）、巴達維亞等東亞各海港城市做買賣。由於明朝中國只允許葡萄牙人在澳門（Macau）貿易，而葡萄牙人為了貿易權不容西洋各國船隻靠岸，因此西班牙人的馬尼拉，或是荷蘭人的巴達維亞和大員，甚至日本的長崎（Nagasaki）、越南的會安（Faifo, Hoi An）、暹羅等海港城市，都依靠中國帆船前來貿易，才獲得中國的貨源。因此在這東亞廣闊的海域當中，中國商人是葡、西、荷等殖民者相當強勁的貿易對手，也是海洋上貿易的合作者。

　　另一方面，十七世紀東亞新興的西方殖民地港市，必須藉由華人前來貿易和開墾，才能滿足貿易和生活所需。由於中國帆船是當時最多的本土海上運輸工具，而中國人韌性強，環境適應力高，新興海港城市的開墾、農耕與

---

[4]　同前註，頁352。

建設通常是由華人總攬，故西方殖民或本土統治者與華人之間存在著一種共生關係，這種競合與共生的關係，在大員也不例外。

　　由於聯合東印度公司欲全盤掌控各殖民地的統治狀況，要求各殖民地總督將當地發生的情況紀錄下來，故當時大批中國商人駕著中國帆船，從各地來往大員貿易的情況，都被記載在《熱蘭遮城日誌》。我們透過《熱蘭遮城日誌》記載戎克船的活動，分析明朝（1644）結束前，中國帆船已掌握東亞海洋上的貿易權。為了更好地瞭解戎克船與國內政局的關係，資料的整理延長至一六四六年。因為一六四五年，由於明清戰爭才影響到浙閩地區。自一六四六年後至一六六一年則是另一階段的狀況，將由另篇論文處理。

三　戎克船的貿易網絡和貿易品

　　雖然荷蘭人於一六二四年已控制大員，但初創期並不穩定，而《熱蘭遮城日誌》是從一六三〇年才開始記載有關貿易的事，我們檢查至一六四六年，希望通過這段時間當中戎克船數量的增長起伏，以及以大員為中心的戎克船出航、抵達及轉運東亞各地所形成之貿易網絡，還有貿易貨品的內容，來呈現此時期中國海商活躍於國際海洋上的性格。《熱蘭遮城日誌》中，自一六三〇年至一六四六年，全部關於戎克船之記載共有二千四百五十四條，相對於這段時間，各港埠的史料記錄都無法比《熱蘭遮城日誌》更為完備。作為歷史實證史料，《熱蘭遮城日誌》是當時留下來，最有價值、最有意義的資料。讓我們將這一段中國帆船的國際海洋性格歷史得以重現眼前。茲將一六三〇至一六四六年之間全部數據按年份製表如下：

表一：一六三〇至一六四六年戎克船航運紀錄表

年份	1630	1631	1632	1636	1634	1635	1636	1637	1638
隻數	20	36	37	99	149	103	159	215	249
年份	1639	1640	1641	1642	1643	1644	1645	1646	
隻數	186	15	4	4	224	216	318	420	

　　若以折線圖表示的話，就能更清楚地發現，這段時間以大員為中心的戎克船貿易，其趨勢之演變。

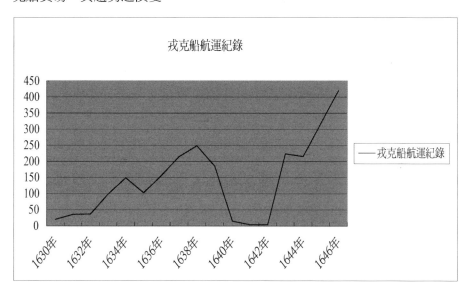

圖一：一六三〇至一六四六年大員戎克船航運趨勢演變

　　分析〈表一〉與〈圖一〉的資料，可以發現，戎克船的航行次數從一六三〇年開始逐步攀升，從一六三二年到一六三三年更出現倍數增長，由三十七次成長到九十九次。也就是說大員的貿易地位至一六三〇年才被中國帆船看中，願意來大員貿易。自一六三四年至一六三九年，戎克船航次相對穩定的成長，平均都有一百次左右，最多甚至到達二百四十九次，這種穩定成長，或許可以解讀成荷蘭人放棄在中國沿海或澎湖等地另尋據點，開始專心建設大員為其東亞貿易基地的反映。

　　但穩定的成長在進入一六四〇年後，却急遽下降，一六四一、一六四二，兩個年度只有個位數的航次，之所以出現大幅減少的情況，原因或許可以從數個方面來探討。首先，是荷蘭人本身的經濟狀況，如上表格數據顯示，戎克船數量穩定的成長，表示當時大員作為貿易港口的重要性越來越強，因此該地的轉運貿易逐漸興盛，大量商品湧入大員。但在繁盛的背

後，却是荷蘭東印度公司臺灣當局經濟窘況開始浮現，由於收購大批商品，荷蘭人已感到資金不足。到一六三八年中，荷蘭人甚至沒有現款支付運來的中國商品；[5] 其次，鄭芝龍勢力的快速發展，也對荷蘭人產生極大威脅，由於一六三九年後日本江戶幕府全面實施鎖國，只有中國人和荷蘭人准許前往長崎貿易，如前所述，荷蘭人財政困難，導致此消彼長，使得鄭芝龍為首的海商在日本更加活躍。[6] 且鄭芝龍為獨佔日本的生絲市場，於一六四〇年禁止華商將絲製品販運至大員，這不啻是使荷蘭的處境雪上加霜；[7] 另一方面，一六三九年，在馬尼拉的華人，在生活極為艱難的情況下，仍遭受西班牙統治者要求索取居留執照的費用，使華人極度不滿，因此出現華人叛亂的消息。當時菲律賓總督 Corcuera 下令屠殺馬尼拉城內外之華人，死者高達二萬二千至二萬四千人。這使得福建沿海華商對於海外貿易感到恐懼，兩地貿易遂停頓長達兩年之久，這也可能是造成中國帆船出航遽減的原因之一。[8]

來大員的中國帆船次數銳減，在進入一六四三年之後才中止，且回升到二百二十四次。在一六四四年稍微下滑後，又開始向上攀升，至一六四六年航次達到高峰，成長到四百二十航次。除了從戎克船航次的起伏能解讀出相關的歷史發展趨勢外，透過戎克船貿易的紀錄，也能重新建構以人員為中心，對外所展開的東亞貿易網絡，以及在這些網絡中各種商品的流動，以下便是相關議題的討論。

四 大員與中國沿海戎克船之貿易情況

一六三〇至一六四六年，為期十七年的貿易日誌中，可以發現大員與中國沿海港市的貿易行為相當頻繁，來大員貿易的戎克船總數是

---

5 同前註，頁352；江樹生譯注：《熱蘭遮城日誌》（*De dagregisters van het kasteel zeelandia*, Taiwan 1629-1662），（臺南：臺南市政府，2000 年），第一冊，頁191。

6 鄭永常：《來自海洋的挑戰：明代海貿政策演變研究》，頁354。

7 陳國棟：《臺灣的山海經驗》（臺北：遠流出版社，2005 年），頁402。

8 鄭永常：《來自海洋的挑戰：明代海貿政策演變研究》，頁352。

一千四百五十三艘,而其標示「中國沿海」有三百〇四條之多,而其他有明確地點的有一千一百四十九艘。(參〈表二〉)由於「中國沿海」畢竟是一個相當籠統且廣闊的地域泛稱,除了能看出中國商人往來貿易的密集與頻繁外,對於建構大員與中國沿海的貿易網絡則沒有幫助。

如果進一步細分,在這一千多筆資料當中,可以發現為數相當多的中國商人在進行貿易,或參與中國沿海島嶼或港市的活動。這當中有幾個地區出現頻率是最高的,基於這種頻繁出現的狀況,或許可以認定這幾個地區就是當時中國沿海一帶與大員進行貿易的最主要港市,將相關資料做成表格如下:

表二:來大員貿易之中國沿海戎克船數

地點	金門	廈門	安海	烈嶼	澎湖	廣東	東山	福州	漳州	海澄	中國沿海
次數	70	330	158	252	208	26	10	54	33	8	304

從〈表二〉的戎克船航次來分析,百次以上的有廈門、澎湖、烈嶼、安海四個地區,占全部記錄絕大多數的比例。其次,五十次以上的有金門和福州,再來有漳州、廣東(惠來)、東山、海澄等地。往來海澄(月港)大員的船次特別少,但海澄是中國帆船允許出洋的合法港口,最初每年「限船八十有八,給引如之,後以引數有限,而願販者多,增至一百一十引矣。」[9]而每年從月港出海貿易的中國帆船,大都是去馬尼拉易銀,所謂「呂宋地無他產,夷人悉用銀錢易貨,故歸船除白銀錢外,無他攜來,即有貨亦無幾。」[10]不過從這些資料顯示出,一五六七年明朝規定只允許月港合法出海的說法,已成過去。沿海有條件的海商都出海貿易,因此大量中國人,主要是

---

9 張燮撰:《東西洋考》(臺北:臺灣商務印書館,1971年),頁90。

10 同前註,頁90。

閩南人，也乘機移民東亞各港埠尋找新生活，而中國帆船縱橫東亞海域，成
為一股不容忽視的力量，也就是開始於這段時間。

　　除了戎克船隻航次多寡外，在〈表二〉中所提到的港口，其相對位置，
可以參見〈圖二〉。在地圖中可以發現，除了澎湖之外，幾個在記載中與大
員有著密集貿易往來的港市，主要集中在福建沿海一帶。其中金門、烈嶼、
廈門、安海、海澄、漳州這幾個港市的位置更是較為集中，都處於閩南沿海
到出海口一帶。東山雖歸屬於福建省，但實際上它的位置却是處於閩粵兩省
交界處，距離廣東潮州較近，福州的位置較靠近閩北，澎湖是在臺灣海峽中
較靠近臺灣的位置，廣東惠來則是在廣東省東部。

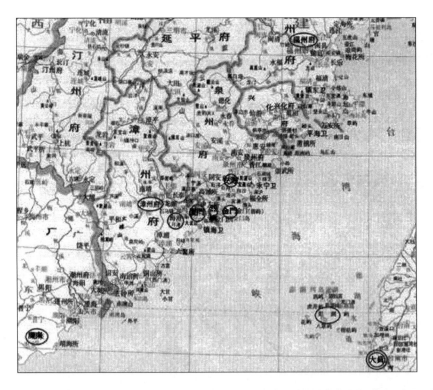

**圖二：中國沿海港市與島嶼位置圖，底圖為譚其驤主編《中國歷史
地圖集》（上海：地圖出版社，1982年），第七冊，頁70-71。**

要重建當時大員與中國沿海貿易的情況，除了觀察戎克船來航次數的起伏變化，不能不討論兩地貿易往來的貨物內容。從中國沿海來的商品大致上有幾類，其中較為大宗的是絲製品、瓷、器糖、與中國麥酒等商品，出現的次數和運送量都相當大。

絲製品方面，如一六三八年一艘運絲戎克船從安海抵達，載有「二百四十擔白生絲、一百四十擔黃絲，四、五擔絲紗、七千匹縐縜、五千匹京綾、一萬五千匹紗綾、一又二分之一擔絞撚的絲，八、九匹黑色有圖樣的絲、二百錠黃金、總值三萬五千荷盾。」[11] 或同年七月一日，也是從安海來的一艘戎克船，載有「一百擔生絲、一百擔黃絲、一萬一千匹白色紗綾、一萬匹白色縐縜，其中有些紅色的，七千匹大的和小的京綾、一千五百匹白色絲質薄紗、五十包白色的和原色的 cangan 布、數錠黃金。」[12]

在瓷器方面，如一六三七年一月二十日有一艘從福州來的戎克船，「滿載精美的瓷器，有七百籃，一百五十捆（balijs），和一百一十個大的瓷罐」，同日一起抵達的是八艘從廈門來的戎克船，運來「五十五到六十六擔生絲、六十到七十籃絲質布料、一百七十擔 lanckins 、一千四百擔砂糖、九千到一萬捆粗瓷器。」[13]

糖與中國麥酒也是數量相當龐大的商品，如在一六四三年八月十三日，一艘從安海來的戎克船，「載來約一千擔糖」，[14] 同年十一月四日有一艘來自福州的戎克船，「載一萬罐中國麥酒。」[15] 另外可以發現，有時候戎克船會運來經濟價值較不高但屬於實用性質的物品，比如建築材料或製作糖桶用的木板。如一六三七年五月十七日便記載一艘戎克船從烈嶼來，載有「四十根粗的柱子、三百根板條、一萬個紅瓦。」[16] 或如同年五月十日，一艘從廈門來的

---

[11] 江樹生譯注：《熱蘭遮城日誌》，第 1 冊，頁 386。

[12] 同前註，頁 400。

[13] 同前註，頁 285。

[14] 江樹生譯注：《熱蘭遮城日誌》第 2 冊（臺南：臺南市政府，2002 年），頁 183。

[15] 同前註，頁 210。

[16] 江樹生譯注：《熱蘭遮城日誌》，第 1 冊，頁 314-315。

戎克船，載有「三百擔白砂糖、六百但各種類的紗綾、一些京綾、花綾和其他〔布料〕，一擔明礬、二七根柱子、一批要製造糖桶的木板。」[17]

　　除了以上提到的商品外，單次運送量較少但經常頻繁出現的還有鹽和米，這和華人大批前來臺灣捕魚有很大的關係，根據中村孝志先生在〈荷蘭時代臺灣南部之鯔漁業〉一文中的說法，許多中國人在漁汛時期前來臺灣各地捕魚，他們往往先抵達大員之後才轉赴打狗等地區，中村先生認為是因為中國人必須先前赴大員向東印度公司申請補魚許可證，而在完成補魚作業返回中國前，也會先至大員交納十一稅，[18]這在《熱蘭遮城日誌》的記載中可以加以證明，關於補魚許可證的記載，如一六三六年十一月二十六日便記載「讓五艘要去打狗捕魚的戎克船持平常的通行證出航」，[19]同年十二月十九日的記載也提到「二艘戎克船從魍港前來此地，來申請通行證要前往打狗捕魚。」[20]；而有關完成捕魚作業後前赴大員繳納十一稅的記載則比如說一六三二年十二月三十一日有兩艘戎克船，從魍港返回大員「繳納一千條烏魚，作為什一稅。」[21]一六三日年一月十一日有十二艘船從南方抵達，「繳納五、六千尾烏魚，作為十一稅。」[22]此外一六三五年一月十二日的記載也提到「一批戎克船從南方來，再往中國。」[23]從這些記載中可以發現，光是繳納十一稅的烏魚數量便高達數千條，由此可見其捕獲的總數當更加驚人。這跟中國人攜帶鹽與米來大員又有甚麼關係呢？關於此點，一六三七年一月二十五日、二月二日、二月九日三天的記載可以提供參考，這三天都分別有三艘戎克船前往廈門，其裝載的貨物都是「醃烏魚和鹿肉」，[24]三月二十五日

---

[17] 同前註，頁313。

[18] 中村孝志：〈荷蘭時代臺灣南部之鯔漁業〉：《荷蘭時代臺灣史研究・上卷》（臺北：稻鄉出版社，1997年），頁131。

[19] 江樹生譯注：《熱蘭遮城日誌》，第1冊，頁273。

[20] 同前註，頁278。

[21] 同前註，頁80。

[22] 同前註，頁142。

[23] 同前註，頁196。

[24] 同前註，頁286、287。

一艘往東山的戎克船也載著「一批醃好的烏魚」，[25]其他相關的記載更是非常多。

或許可以推斷，中國人攜帶鹽是為了要醃漬烏魚延長其保存期限，以方便帶回中國，而米則是作為他們在臺灣捕魚時的糧食。由此可以發現，由大員運往中國的貨物當中，鹹魚是相當大宗的一種。除了鹹魚之外，中國人帶往中國的商品也包括少量的鹿皮和大量鹿肉，如中村孝志在其〈十九世紀臺灣之鹿皮出產及其對日貿易〉一文中提到，荷蘭東印度公司鹿皮與鹿肉的外銷，鹿皮主要銷往日本，鹿肉則幾乎沒有，中國則以鹿肉為主，較少鹿皮。[26]如一六四六年九月七日一艘戎克船從大員行往中國沿海，搭載有一百二十九名中國人及在所裝載的貨物中，[27]說明中國商人比較喜歡鹿肉多於鹿皮。

表三：一六四六年一艘戎克船的貨物

包裝	籃	捆	籃	籃	捆	袋	根	袋	籃	包	根	枚	籃	袋
貨品	乾魚	鯊魚	鹿肉	乾蠔	水鹿皮	胡椒	水牛角	鯊魚鰭	沈香	鹿骨	鉛	水牛皮	燕窩	絲
數量	14	2	163	44	9	112	763	27	15	15	35	8	2	3

五 大員與東亞地區的貿易情況

除了與中國沿海進行貿易，從一六三〇至一六四六年年大員也成為當時

---

[25] 江樹生譯注：《熱蘭遮城日誌》，第 1 冊，頁 304。

[26] 中村孝志：〈十九世紀臺灣之鹿皮出產及其對日貿易〉，《荷蘭時代台灣史研究》（臺北：稻鄉出版社，1997 年），上卷，頁 117-118。

[27] 江樹生譯注：《熱蘭遮城日誌》，第 2 冊，頁 580。

東亞地區商品的轉運地，當時戎克船是透過大員進行轉運貿易的地區，包括廣南、日本、巴達維亞、暹羅、馬尼拉、柬埔寨等地。現將各地區戎克船航次數據顯示之：

表四：大員相關之東亞地區戎克船貿易記錄表

地區	廣南（會安）	東京（舖憲）	日本（長崎、薩摩）	巴達維亞	暹羅（北大年）	馬尼拉（呂宋）	柬埔寨
次數	4	1	40	13	4	7	6

　　透過對《熱蘭遮城日誌》在此段時期關於東亞各港市的記載，可以發現各地區輸出與購入的貨物各具鮮明的特色，同時也可以建構出以大員為中心的東亞地區貿易航路，以下對各地區分別進行論述。

（一）廣南與東京

　　十七世紀開始，越南黎朝分裂為南北兩個政體；大將阮潢利用出鎮順化，乘勢獨立自主，在廣南建立政權。而北方的黎朝卻在鄭松把持下，以鄭主之名操控朝政。阮主與鄭主對立之時，雙方都致力發展對外貿易，以強化國際關係和輸入軍需品。當時廣南的貿易港市就是會安（Faifo），而鄭主的貿易港市是舖憲（Pho Hien），西方人稱之為東京（Tonkin）。

　　會安成為重要的商貿港口，是因為明代實施對日本的禁運，使日本商人無從取得絲綢，只能取道會安，購買由中國商人轉賣至此地的絲製品。故十七世紀初許多日本與中國商人聚居於此，形成聚落。與此同時，北方黎朝的對外貿易中心舖憲，其繁榮不及會安，但從《熱蘭遮城日誌》中仍能發現中國商人分別前往這兩地進行貿易的記載。

　　《熱蘭遮城日誌》中關於廣南的記載共有四則，分別是在一六三七年、

一六三八年、一六四四年和一六四六年，東京則是出現在一六三九年。整體
數據來說，關於廣南和東京的記載其實是偏少的，但由於這些記載中大部分
都有明確的記述相關航行路線和貨物內容，所以根據這些記錄，仍可以大概
建構出相關的貿易航路，這些記錄內容大致如下：

1. 一六三七年八月二十三日，荷蘭東印度公司旗下的戎克船 Goede Hoope
   號從廣南來大員，載54123.6.6荷盾的絲。[28]
2. 一六三八年十一月十一日，一艘戎克船從日本來，要去廣南。[29]
3. 一六四六年八月二十一日，一艘戎克船來自廣南沿海，載有「八百袋
   米、四擔鯊魚鰭、五五袋胡椒、三擔水牛角。」[30]
4. 一六四四年八月二十九日，一艘戎克船從廣南抵達大員，載有下表中貨
   物：[31]

表五：一六四四年一艘戎克船從廣南載來大員的貨物

包裝	貨物	數量
根	水牛角	650
擔	水牛角	31又3/4
擔	水牛皮	18
（擔）	鯊魚翅	80
擔	沈香	5
袋	沈香	136
擔	馬錢子	26又1/2
擔	紅色顏料	2又1/2
擔	安息香	1

---

[28] 江樹生譯注：《熱蘭遮城日誌》，第1冊，頁341-342。
[29] 同前註，頁413。
[30] 江樹生譯注：《熱蘭遮城日誌》，第2冊，頁572。
[31] 同前註，頁329。

擔	胡椒	9又1/2
擔	胡椒	39
擔	黑色的木頭	100
（根）	犀牛角	70
袋	白研蔻	9
擔	籐	53
籃	燕窩	2
袋	乾竹旳蝦子	16
袋	椰子粉	12
袋	老舊的檳榔	5
（位）	搭載乘客	76

* 表格內（）括號內為作者推測之單位，下同。

　　從以上的記載內容來看，在貨物方面，自廣南運抵大員的貨物，多半是具有熱帶或亞熱帶特色的商品，比如木材、香料、藥材、乾貨等種類的商品，其中胡椒、荳蔻、沉香和乾貨都是相當大宗的商品。值得注意的是，運送的貨物當中出現數量不少的水牛角，究竟水牛角有何用途？關於此點，《本草綱目》中指出，水牛角有「治時氣、寒熱、頭痛……治熱毒風及壯熱」的功效。[32] 而犀角可治「傷寒、溫疫，頭痛、寒熱……治主風毒攻心、熱悶」等功效。[33] 犀牛角具有解熱之藥效，但較為珍貴，故常用功效相近的水牛角取代，大批運往日本，或許正是其使用在漢藥中的需求。

　　在航線方面，基本上可以建構出從最北端的日本出航，中途經過大員轉運或補給，再往廣南或東京，最後往南航行至巴達維亞的航行路線。關於舖憲的記載只有一條即一六三九年二月十六日，「戎克船 Zeelandia 號出航，前往巴達維亞，會先經海南島去東京……載價值 7373.10.12 荷盾的中國貨

---

[32] 李時珍撰：《本草綱目》（臺北：臺灣商務印書館，1983年），頁440。

[33] 同前註，頁474。

物。」[34] 這艘中國帆船 Zeelandia 是聯合東印度公司的轄下的戎克船隊,服務於國際運輸。當時一些港埠的統治者可能都擁有中國帆船,以進行貿易,如一六三三年,荷蘭人記載「暹羅國王也有幾艘中國製的商船,並由中國人駕駛。」[35] 由此可見,晚明時期中國帆船的國際海洋性格,已為眾人所認識。

(二)日本

江戶幕府初期,德川家康曾頒布朱印狀,准許朱印船出海經營貿易,當時日本商人的蹤跡遍布東南亞各重要港埠。到了一六二四年,因基督教的關係,江戶幕府中斷與西班牙人的往來,禁止船隻往來菲律賓。一六三五年正式發佈鎖國令,禁止在海外經商之日本商人返國。一六三七年爆發島原之亂,幕府懷疑背後有葡萄牙傳教士暗中支持,故於一六三九年完全中斷與葡萄牙的貿易,鎖國令全面實施。只准許荷蘭船與中國帆船在長崎貿易。[36] 在《熱蘭遮城日誌》中相關戎克船記載也可以觀察到與此相符的變化趨勢。

《熱蘭遮城日誌》中關於日本戎克船記載,大部分都標註為「日本」,主要還是以「薩摩」與「長崎」兩地為主。「薩摩」所指應即薩摩藩,曾在一六三三年的記載中出現過兩次,[37] 一六三三年雖已禁止日本商人從事海外貿易,當時尚未將對外貿易限定於長崎,故仍可以發現中國商人至此貿易。兩次記載都是戎克船由薩摩出航往大員,其貨物內容,則包括白銀、日本米和一些雜貨。[38] 戎克船來往長崎之間共八次,在這些記載中可以發現,戎克船負責多樣性工作,包括為荷蘭東印度公司運送信件。如一六三七年十二月十八、十九、二十號的記載就提到,有兩艘戎克船從長崎前往大員,「帶有

---

[34] 江樹生譯注:《熱蘭遮城日誌》,第 1 冊,頁 424。

[35] 巴素著,郭湘章譯:《東南亞之華僑》(臺北:正中書局,1974 年),頁 162。

[36] 趙建民、劉予葦著:《日本通史》(上海:復旦大學出版社,1989 年),頁 121。

[37] 今日日本九州鹿兒島縣一帶,於幕末倒幕運動中具有關鍵性地位。同前註,頁 157。

[38] 江樹生譯注:《熱蘭遮城日誌》,第 1 冊,頁 89、90-91。

很多信件」；[39] 而在其他記載中，則可以發現從長崎出航來大員的戎克船，常載有大量的白銀和銅，如一六三三年四月二十二日便有記載，一艘從長崎航往大員的戎克船，「載有約三百擔銅、一百包米和估計二萬兩銀。」[40] 而除了薩摩與長崎兩地之外，與日本相關的戎克船記載為數也不少。

日本與大員兩地的雙向貿易，戎克船的角色不容小看，從大員運往日本的商品，其中最大宗的應屬鹿皮，其次是糖、瓷器和絲製品。幾乎前往日本的戎克船都有運輸鹿皮的記錄，而且明確標記的數量相當龐大。如一六三一年六月二十三日一艘從大員前往日本的戎克船，裝載了「約六萬枚鹿皮、二百五十到三百擔糖、三百擔明礬和約五擔生絲」，[41] 同年七月九號一艘從日本來大員交易的戎克船要返回日本，船上則裝載了「一萬枚鹿皮，四、五百擔白糖和黑糖，以及一些粗糙的瓷器。」[42] 一六三三年六月二十日一艘戎克船前往日本，裝載：「二百擔蘇木、二萬〇五百枚暹邏鹿皮、一千個大的粗瓷器、五百至六百個小的粗瓷器、五十到六十擔明礬、黑糖、十二擔白糖。」[43]

從以上列舉的記載來看，鹿皮的確是當時銷往日本的最大宗商品，但為甚麼此時期日本會對鹿皮有如此大的需求？根據曹永和先生考據的結果，鹿皮常被用於行縢（旅行或狩獵時包覆於腿上的皮革或布，武士作戰騎馬時也會穿戴），或是用在甲冑、弓具、鞍具等軍備上。在江戶幕府建立前，日本經歷戰國時代與安土桃山時代，當時室町足利幕府大權旁落，各地大名割據，戰爭頻仍的情況下，軍用品的需求自然大增，日本國內的鹿皮出產已無法滿足大量的需求，於是開始尋求海外的貨源，來自臺灣的鹿皮便成為日本人的最佳選擇。[44]

---

[39] 同前註，頁 63。

[40] 同前註，頁 87。

[41] 同前註，頁 50。

[42] 同前註，頁 50。

[43] 同前註，頁 93。

[44] 曹永和：《近世臺灣鹿皮貿易考》（臺北：遠流出版社，2011 年），頁 300。

　　進入江戶時代後，軍用品的需求大幅減少，但因為時代承平，風俗由儉入奢，鹿皮的也從軍需品轉向一般民眾的衣著，如皮裘（革羽織）、皮襪（皮足袋）、裝飾用皮袋（如錢袋或煙袋）等等，故對鹿皮的需求並沒有因戰爭結束而減少，相較於日本產鹿皮品質較好，價格又低廉的臺灣鹿皮，大量輸入日本。[45] 也因為大量的市場需求，造成大規模的獵捕，尤其是使用陷阱獵鹿後，一六四〇年鹿隻數大幅的減少，迫使荷蘭人不得不下令完全禁止獵鹿。[46] 而中國海商，早在七年前便從大員以外的地區如暹羅、柬埔寨等地引進鹿皮，以保持物貨的供應來源，可見中國海商的警覺性十分強烈。

　　在上述的記載中，也可以看到為數不少的瓷器和糖等商品利用戎克船運往日本。至於絲貨部分，大員地區運往日本的絲貨，大多是從中國沿海而來，但販運至大員後，荷蘭人很少利用戎克船運送絲貨至日本，這項任務主要由荷蘭船負責。從一六三五至一六四〇年，荷蘭人販往日本的絲貨高達百分之八十七都是由大員而來的，[47] 可見絲貨貿易仍然是荷日貿易的主力。

　　從日本輸入臺灣的商品，在記載中最常看到的便是白銀還有銅，除了上述長崎與薩摩出航的記錄外，如一六三三年四月十五日的記有一艘戎克船從日本來，裝載著「三百擔銅、兩三千兩銀」，[48] 從日本賺取白銀本來就是荷蘭東印度公司的規劃。由於荷蘭人沒法如西班牙人在中南美洲有大量且穩定的白銀礦藏供應，故荷蘭人只能通過貿易來獲取白銀。日誌中提到大量日本白銀運往大員，足以證明此點。

45　同前註，頁302-304。

46　中村孝志：〈十九世紀臺灣之鹿皮出產及其對日貿易〉，《荷蘭時代台灣史研究》，上卷，頁101。

47　陳國棟著：《台灣的山海經驗》，頁403。

48　江樹生譯注：《熱蘭遮城日誌》，第一冊，頁86-87。

（三）巴達維亞

自從巴達維亞於一六一九年成為荷蘭聯合東印度公司的總部後，便積極向東亞其他地區拓展，又於一六二四年在大員開埠。於是聯合東印度公司在北起日本，南至巴達維亞的東亞海域內，從事各種外交、貿易活動以及殖民地統治情況等，都必須向巴達維亞彙報，而日本和中國沿海等貨物也會輸送巴達維亞總部。

關於戎克船在大員與巴達維亞的往來記載，此段時間共出現十三次，因次數較多，故不一一列舉。如同上述提到的，荷蘭人在各地區的資訊都會送往巴達維亞聯合東印度公司總部，所以在十三次的記載中，就有四次提到關於運送「信件」一事；此外貨物中最為大宗的是糖和瓷器，共出現過四次；而一六三九年二月二十一日一艘戎克船 Middelburg 號從大員航往巴達維亞，載運著米和樟腦。[49] 其他戎克船轉運來自中國的貨物，但貨物內容大多數未細述記載，只有在一六四〇年十一月六日一艘開往巴達維亞的戎克船 Uytrecht 號，有詳加記載：[50]

表六：一六四〇年一艘戎克船從大員載來巴達維亞的貨物

包裝	貨物	數量
張	金絲	1,860
斤	珊瑚	299
斤	鹿茸	120
斤	木賊	40
斤	茴香	400
根	中國的針	2,310,000

---

[49] 同前註，頁 424-425。
[50] 同前註，頁 474。

個	小鏡子	21,680
個	兩面的木梳子	29,940
斤	黃色顏料	1,498
個	粗大的盤子	3,652
砂	糖	93,920
斤	硫磺	200

（四）暹羅

　　十七世紀的暹羅，首都為阿瑜陀耶（Ayuthai），華人稱為大城。《熱蘭遮城日誌》中在這段期間對於暹羅的記載，總共有三條，其記載內容如下：

1. 一六三二年九月二十五、二十六、二十七日
   其實這艘戎克船確切的來航日期是九月十三日，但却記載於二十五到二十七日的日誌中。記載中特別指出，此艘戎克船為日本人所有。此艘戎克船於九月十三日從暹羅來到大員，船上載有「三十五個中國人和十五個包括真正的以及混血的日本人，裝有四百擔檀香木和三萬枚鹿皮」；[51]

2. 一六三六年十一月九日
   一艘預計要前往日本的戎克船，因為錯過季風，只能把商品運至大員販售，所載運的商品有「蘇木、鹿皮、鉛、象牙」；[52]

3. 一六三六年十二月二十一日
   戎克船 Batavia 號從大員前往暹羅，載運的商品總值63848.15.10荷盾，內容為「一千斤白色中國生絲和其他商品」。[53]

---

[51] 同前註，頁71。

[52] 同前註，頁264-265。

[53] 同前註，頁279。

從以上的記載中可以發現，暹羅輸出的商品和廣南相當類似，都是藥材、香料及象牙等具有熱帶特色的物產。一六三六年十一月九日運往大員貨物中的蘇木，或稱為蘇枋木，《諸蕃志》謂：「其色紅赤，可染緋紫。」[54]可見，蘇木是一種染料，不過也有藥用價值，《本草綱目》中提到其有「消癰腫，撲損瘀血」的功效。[55]蘇木在《熱蘭遮城日誌》的記載中是相當常見的貨物。同時也可以發現，除了臺灣之外，暹羅也有鹿皮的輸出，而且還相當大量。如一六三三年一艘從大員出航往日本的戎克船，也載運了二萬五千枚的暹羅鹿皮。[56]可見暹羅不但輸出鹿皮，其輸出量還相當大宗。

大員與暹羅間有戎克船進行雙向貿易，而從暹羅出發的戎克船或將大員視為轉運補給港口，再往北赴日本進行貿易，在商船的經營上也可以發現有中國商人與日本人合作的情況。一六三五年後日本實施鎖國後，海外的日本商人逐年減少，從前由日本人經營的朱印船航線，不得不讓位給中國帆船。

（五）北大年

北大年（Patani）在馬來半島北海岸，位於今大的泰南地區，是馬來半島上的蘇丹國，屬暹羅勢力範圍內的小國。由於地理上的條件，十七世紀中，北大年是暹羅灣內的海洋貿易港埠之一。一六〇〇至一六二〇年荷蘭人經常至北大年購買中國絲貨。自荷蘭人落腳大員後，北大年的地位對荷蘭人來說已不重要。《熱蘭遮城日誌》對北大年的記載，只在一六四四年出現過一次。該年八月二十七日，有一艘華商 Peco 的戎克船從北大年抵達大員，載有：[57]

---

[54] 趙汝适撰，馮承鈞校注：《諸蕃志》（臺北：臺灣商務印書館，1970 年），頁 121。

[55] 李時珍撰：《本草綱目》，頁 81。

[56] 江樹生譯注：《熱蘭遮城日誌》，第 1 冊，頁 93。

[57] 江樹生譯注：《熱蘭遮城日誌》，第 2 冊，頁 328。

表七：一六四四年一艘戎克船從北大年載來大員的貨物

包裝	擔	袋	袋	袋	捆	斤	根	擔	擔	斤	
貨物	胡椒	米	椰子粉	乾的蝦子	藤	燕窩	水牛角	沈香	象牙	蠟	搭個人
數量	340	700	50	80	1,860	1,500	2,000	3	1	175	76

　　由於北大年的記載只有一條，故無從比較是否有其他商品或販運至東亞
其他地區的情形，但從商品內容中大致上可以瞭解，北大年出口的商品與其
他東南亞地區沒有太大差異，都是一貫具有熱帶特色的香料、藥材等物產。

（六）馬尼拉

　　這裏提到的馬尼拉，其實還包含了《熱蘭遮城日誌》中另外提到的呂
宋，由於都屬於西班牙人殖民勢力下的菲律賓範圍內，故在此一起討論。
一五六五年西班牙人的勢力開始進入菲律賓群島，至一五七一年勢力伸展至
馬尼拉，並開始建構馬尼拉為商埠。在《熱蘭遮城日誌》此段時間的記載
中，呂宋出現過兩次，分別是一六三二年十月一日至四日和十月二十日；馬
尼拉出現過五次，分別是在一六三三、一六三四、一六三八、一六四〇年，
但具體來說，實際上運載貨物內容記載不多，僅有的幾條大致上如下：

1. 一六三二年十月二十日
　　一艘戎克船從呂宋的 Panasilang 灣出航到大員，載有「三百擔蘇木、
　　四十擔糖和數量不多的鹿皮。有六個日本人，包括天生的和混血的日本
　　人，以及三〇個中國人，完全沒有攜帶武器。」[58]

58　江樹生譯注：《熱蘭遮城日誌》，第1冊，頁76。

2. 一六三三年七月二十二日

一艘從馬尼拉前往漳州河的戎克船，被荷蘭人所劫掠，其所載商品有「價值兩萬七千九百裡爾的香料、六百〇五又四分之三擔的蘇木、一千〇五十四斤的一級子丁香（giroffelnaagelen）、五百三十四斤白豆蔲、十四斤燕窩、十五根犀角。」[59]這艘從馬尼拉出發的戎克船本來是要前往中國沿海進行交易的，但被荷蘭人所劫掠，其所載貨物，大體上與暹羅、廣南等東南亞地區貨物類似，都是有熱帶特色的藥材、香料。

3. 一六三三年九月二十四日

一艘來自菲律賓的戎克船，似乎因為遭遇強風而進入大員避風，其貨物內容並未記載，要前往何地也沒有提到，但其目的地從其船員的組成可以看出端倪，「船上有日本人及中國人」，[60]由日本人和中國人為船員的戎克船，與前面暹羅所提到的狀況相同，故這艘戎克船原本的目的地可能就是日本。

4. 一六三四年十一月二十五日

有五艘從馬尼拉出航的戎克船抵達大員，載有「蘇木，微量的絲、白糖及其他貨物。」記載裏提到，這些貨物是日本方面訂購的，原定在大員轉運，聯合東印度公司禁止這些貨物出售，但允許他們原船遣返。[61]關於馬尼拉及菲律賓的記載之所以不多，是因為荷蘭與西班牙是敵對關係，從上述的記載中可以發現，荷蘭人會劫掠西班牙商船，同時也禁止其貨物在大員販賣。由此可見，此時大員與馬尼拉的戎克船貿易是不正常的。

（七）柬埔寨

柬埔寨在此段時間內的記載共有六次，分別出現在一六三三年、

---

[59] 同前註，頁108-109。

[60] 同前註，頁100。

[61] 同前註，頁191。

一六三四年、一六四一年、一六四三年，以下是相關記載的內容：

1. 一六三三年七月十九日

   一艘從柬埔寨出航的戎克船抵達大員，載有「約七百九十六裡爾，其中有一百裡爾是未鑄的銀、十lasten（二十三擔）米、十七擔白荳蔻、分裝成六十一袋；八百三十四斤象牙、七十五斤臘、三百八十七斤檀香木、一千〇五十枚鹿皮、六十八斤燕窩。」[62]

2. 一六三四年十一月十五日

   一艘戎克船從大員前往柬埔寨，載有人數不明的日本人。[63]

3. 一六四一年一月十九日

   商人 Peco 和 Sitsicq 的戎克船從大員出航去柬埔寨，載運的貨物有「二百二十擔紅色坐紗、一千二百匹粗的cangan布、九百匹麻紗、二百五十匹紗綾、八十五匹紅色縐緍、四擔lankins、四千個大而粗的盤子、三千個精美的盤子、二千組三個一組的瓷器、二百七十五個鐵鍋、三百二十個華蓋、五十束灰色紙張、九十擔明礬、六箱金絲、六十擔鹽。」[64]

4. 一六四三年四月三日

   同是華商 Peco 擁有的戎克船，從大員航往柬埔寨，載有「十一萬七千二百五十個各種粗製瓷器、三千一百一十九個鐵鍋、四籃很小的鐵鍋、二十四擔明礬、二十擔鐵、十三擔茯苓、一小箱湘絲、五小箱金絲、九擔珊瑚、二十三擔中國紙、一百〇八匹麻布、五袋燒製arack酒的紅米、一百四十五斤赤崁的煙草（Saccamsche taback）、三十個鏡子、二百五十個小玻璃瓶、五擔mercuyrium suplumatum、二十擔破掉的舊鐵鍋、二分之一擔絲線（zeylgaeren）、八百個陶罐（aercle

---

[62] 同前註，頁107。

[63] 同前註，頁190。

[64] 江樹生譯注：《熱蘭遮城日誌》，第2冊，頁10。

tresellen）、二十二匹cangan布、六十斤鐵絲、五十三擔提煉過的硫磺、五十匹麻布、二十匹cangan布、一小箱金絲，總值一千七百六十九又八分之五裡爾。」[65]

5. 一六四三年八月十一日

華商 Peco 的戎克船從柬埔寨抵達大員，載有「十五 cojangh 米、七擔顏料（verruws）、二擔象牙、十一擔牛皮、二十擔籐和十五擔蠟、搭有五十九個人。」[66]

6. 同一天，另一位商人 Sansoe 的戎克船也從柬埔寨來，載有「八十擔柬埔寨的核桃（nootjens）、二百五十袋米、五十擔蘇木、十二擔象牙、十擔蠟、六擔牛角、三十擔水牛角、二十擔白豆蔻（cardamon）、十擔顏料（verruw），搭八十五個人。」[67]

　　從以上記載可以看出，大員與柬埔寨是以戎克船進行雙向貿易。由大員銷往柬埔寨的貨物以來自中國的貨物為主，如絲製品、鐵鍋、紙、麻布、陶瓷器等一些日常生活的雜貨，另外也有生產自大員普羅民遮城的「赤崁的菸草」一百四十五斤，可見當時赤崁已種植經濟作物。從柬埔寨運往大員的貨物，則是以象牙、藥材、香料及糧食為主，同時柬埔寨也出產鹿皮。

　　大員與柬埔寨的貿易主要是戎克船的責任，因此華商扮演相當重要的角色，如上述記載中提到，華商 Peco 、Sitsicq 與 Sansoe 等人的姓名都具體記載在《熱蘭遮城日誌》中。或許可以推斷 Peco 的戎克船隊是以大員為基地，他的戎克船於一六四三年四月三日從大員航往柬埔寨發售，而八月十一日又從柬埔寨回航大員。其他 Sitsicq 與 Sansoe 等華商戎克船隊也會以某地為基地，才能掌握住該地的貿易品。也就是說海洋上的華商各有其基地和航運點，慣性地航行於某幾個埠頭，對於東亞航運網絡中的販運與流動，華商之重要性也許比西洋船更具有競爭力。

65　同前註，頁67-68。

66　同前註，頁181。

67　同前註，頁181。

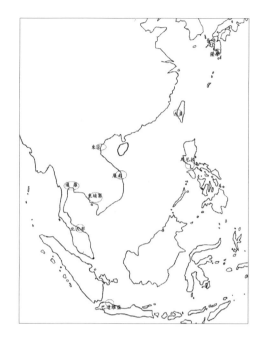

圖三：東亞地區港埠的位置圖，各港埠是中國帆船重要的貿易基地。

六 大員島內戎克船的運輸網絡

　　除了與中國沿海、東亞地區進行貿易外，戎克船也在臺灣島內提供商品運輸與連繫的功能。自荷蘭人於大員建立據點後，開始透過軍事與外交手段使原住民降伏，並於一六四二年將西班牙勢力驅離後，更將觸角伸展全台各地。而中國小型帆船更是無港不入的先頭部隊，無論是捕撈的或載運山產的，都以大員為中心靠泊、納稅和貿易中心。因此在《熱蘭遮城日誌》中，便登錄了許多臺灣沿岸的河港地名，茲將戎克船往來過的地名製成下表：

表八：臺灣島內戎克船航行各地記錄表

地區	魍港	淡水	下淡水	雞籠	二林	放索仔	打狗	竹塹	南崁	瑯嶠	堯港	笨港	新港仔	小琉球	崩山
次數	119	84	82	19	7	20	153	11	4	41	22	15	10	39	6

　　以下就表八出現的地名，參考學者的研究成果，逐項說明其地理位置，以便觀察戎克船在一六四四年時的活動範圍，這對島內海上航運的瞭解會有極大的幫助。說明如下：

　　「魍港」是否「笨港」？學界其實未有定論。顏思齊、鄭芝龍等人抵達臺灣後開墾之地，或有說魍港，或有說笨港，或認為兩地其實為一地。黃阿有在〈顏思齊鄭芝龍入墾臺灣之研究〉中指出，荷蘭古地圖中是把魍港和笨港分開標示，顯示兩地並非一地，[68]而根據他的考證，「魍港」應即今日嘉義布袋美好里一帶；[69]而笨港實際位置不明，但大致範圍應為雲林北港至嘉義新港及嘉義市一帶。[70]

　　「淡水」和「下淡水」都曾出現在《熱蘭遮城日誌》中。基本上自一六四〇年代，西班牙人勢力離開臺灣之前，《熱蘭遮城日誌》所記的「淡水」都是指「下淡水社」，也就是今日屏東萬丹鄉一帶。下淡水以此地的河川下淡水溪為名，即今日之高屏溪。今日新北市的淡水鎮，有關戎克船的記載，一直要等到一六四〇年四月二十一日才出現。《熱蘭遮城日誌》載華商Peco「派出兩艘戎克船，去該島北端的淡水」交易硫磺。[71]由於當時兩地地名皆稱「淡水」，很易混淆，為了加以區分，故在一六四〇年之後，《熱蘭遮城日誌》中提到兩地，都會特別加以標註，稱萬丹的「淡水」為「下淡水」或「南方的淡水」；稱北部的「淡水」為「北邊的淡水」。因此表八的「淡

68　黃阿有：〈顏思齊、鄭芝龍入墾臺灣之研究〉，《臺灣文獻》第54卷4期（南投：2003年3月），頁111。

69　同前註，頁112。

70　張勝彥、吳文星等著：《臺灣開發史》（臺北：空中大學，1996年），頁37。

71　江樹生譯注：《熱蘭遮城日誌》，第二冊，頁4。

水」是指北邊的淡水；表中「下淡水」是指屏東萬丹一帶。

除了以上較有爭議的地區外，其餘在大員以北地區，戎克船靠泊的河港有「雞籠」即今日之基隆，從一六二六年開始，到一六四二年西班牙人離開之前，此地都屬於他們的勢力範圍。[72]「二林」大約為今日彰化二林，因此地為平埔族二林社所在地故名之。[73]「竹塹」與「南崁」為今日新竹桃園一帶，《熱蘭遮城日誌》的記載中有提及竹塹溪與南崁溪，竹塹溪即為今日流經新竹地區之頭前溪，此地為道卡斯族的竹塹社。[74]而南崁溪與今日同名，流經龜山、蘆竹等鄉鎮。[75]「新港仔」屬於道卡斯族三大社群之一的後　社群活動區域，大約為今日苗栗後龍溪下游出海口附近。[76]「崩山」即指崩山社，或稱篷山社，大約為今日苗栗丘陵及台中大甲平原一帶，在清康熙年間也被稱為「崩山八社」，是道卡斯族活動的區域。[77]

大員以南的地區有「堯港」，乃一潟湖地形，大略為今日高雄興達港一帶，包含今日高雄茄萣、路竹、湖內等地區在內。[78]「打狗」為今日之高雄，因群聚於此地的西拉雅族分支馬卡道族，稱呼其地為 takao，其音與閩南語中之「打狗」近似，故用此名。[79]「小琉球」即今屏東縣之琉球鄉，[80]在《熱蘭遮城日誌》中也稱此地為金獅島，一六三六年提及此島的原住民因對抗荷蘭人而被鎮壓。[81]「瑯嶠」為今日恆春一帶。[82]

---

[72] 張勝彥、吳文星等著：《臺灣開發史》，頁 57-58。

[73] 許雪姬等著：《臺灣歷史辭典》，頁 51-52。

[74] 同前註，頁 308。

[75] 同前註，頁 551-552。

[76] 同前註，頁 956。

[77] 同前註，頁 729。

[78] 行政院文化建設委員會「臺灣大百科全書」網站，查閱日期 2012.3.21。

[79] 許雪姬等著：《臺灣歷史辭典》，頁 696。

[80] 行政院文化建設委員會「臺灣大百科全書」網站，查閱日期 2012.3.21。

[81] 江樹生譯注：《熱蘭遮城日誌》，第一冊，頁 232。

[82] 行政院文化建設委員會「臺灣大百科全書」網站，查閱日期 2012.3.21。

圖四：荷治（1624-1644）島內戎克船航線圖[83]

　　戎克船的航線，最北抵達基隆，最南到恆春半島，都集中在臺灣的西半部，這或許代表荷蘭人基本上對臺灣西海岸各港口進行過地理探勘。不過我們認為探勘的先頭部隊仍然是華商的戎克船，也許他們在臺灣西海岸不同河港進行貿易已有一段很長的時間，也許在荷治以前已經常來捕魚或貿易山產等。但自荷治以來，以大員為行政和貿易中心於焉形成，所以戎克船也把各地區的山產匯集到大員來。也就是說，以大員為中心的島內西海岸航線，在一六四四年前已完成。而航運的主角主要是較小型的戎克船，他們無論是來捕撈或載運山產，都意味著將各地的物產往大員輸送，在陸路交通仍然不方便的十七世紀，島內的交通運輸工具，戎克船的貢獻仍有待深入研究。

---

83 底圖來自譚其驤主編：《中國歷史地圖集》（上海：地圖出版社，1982-1987年），第七冊，頁70-71。

　　從臺灣各地經戎克船載運來大員的物產主要有數種，全著眼於經濟價值，但也有些是屬於功能性質，其中最重要的物產當屬鹿皮。在記載中可以發現，臺灣許多地區都有鹿皮的出產，如二林、魍港、堯港、下淡水、笨港、竹塹等地都有相關的記載，試列舉幾條記載如下：

　　一六三三年六月二十日一艘戎克船從二林來載五千枚鹿皮；[84]一六三五年六月二十七日華商印節瓦定從魍港來載一萬枚鹿皮；[85]一六三四年一月二十八日一艘戎克船從堯港來，載三千枚鹿皮；[86]一六三八年三月二十二日一艘從笨港溪來，載五十多擔鹿肉、一千枚鹿皮；[87]一六四六年六月三日，一艘戎克船來自竹塹溪，搭十四個人，載來一百一十籃鹿肉，二十擔鹿骨和三百枚鹿皮等。[88]除此之外的記載，還有相當多，不一一盡錄。

　　其次就是烏魚，中國人定期前來捕魚這在前面已經提過，而在記載中可以發現當時重要的漁場幾乎都在南方，包括打狗、堯港、下淡水等地，但其他地區如魍港，也有中國人從該地運回烏魚的記錄。如一六三四年五月二十五、二十六日有兩艘戎克船前往魍港捕魚；[89]一六三八年十二月九日有五十六艘戎克船「去下淡水和堯港捕魚。」[90]

　　此外，建築材料如石灰等也相當常見。在日誌中常提到從魍港運輸石灰往大員，如一六三四年六月十一、十三日記載「一艘戎克船載石灰，從魍港抵達。」[91]另外打狗也常有石灰運往大員，如一六三八年四月二十一日一艘戎克船從打狗來，載著石灰和九個人。[92]也就是說，「鹿皮」是當時最重要的山產，而「烏魚」是捕撈業的最有價值的水產，另一項就是「石灰」是常出現的礦

---

[84]　江樹生譯注：《熱蘭遮城日誌》，第一冊，頁93。

[85]　同前註，頁207。

[86]　同前註，頁145。

[87]　同前註，頁386。

[88]　同前註，頁544。

[89]　同前註，頁166。

[90]　同前註，頁166。

[91]　同前註，頁168。

[92]　同前註，頁389。

產，對中國人有藥用價值。此外還有載運乘客的功能，在陸路運輸不發達的時代，島內戎克船的運輸功能，突顯出荷治早期大員海洋首都的地理位置。

七　結論

自從一五六七年明朝中國開放福建月港海船出海貿易後，中國帆船開始遍佈東亞各地新舊埠頭。特別是晚明最後二十年，不單月港可以出海，有條件的浙閩粵沿海各港，都出海經營貿易，或以東亞各地新舊港埠為基地，中國帆船縱橫於東亞海域內，而對於中國帆船的時代貢獻和意義，往往因記錄不詳而不了了之。日本《華夷變態》一書對於中國帆船（唐船）的記載最為完整，可是其所記錄的「唐船風說」主要是從清代入關開始，對晚明時期東亞海洋上的中國帆船的航海資料却付之闕如。現在我們透過《熱蘭遮城日誌》中譯本的出版，從荷蘭史料，發現晚明最後十五年，對往來大員的中國帆船（戎克船），比較有完整的記錄，讓我們略知大員開埠後中國帆船（戎克船）所作的貢獻。

本文從《熱蘭遮城日誌》一六三〇至一六四六的記錄中，整理出往來大員戎克船的活動記錄共有二千四百五十四條。我們利用這些資料建構出明朝最後十六年，以往來於大員的戎克船，整理出東亞海域的貿易網絡中，從北到日本，南到巴達維亞的海洋範圍內，各地重要的港埠都可以發現中國帆船的蹤影。也就是說，每一處港埠在晚明時期都是中國海商的貿易中心，而某些中國海商便以該港埠為基地，轉轉到其他港埠買賣，當然中國沿海各港都是中國帆船的母港，必須回去載運中國貨物。之所以形成如此的局面，跟明朝中國的海貿政策有關，自一五五七年准許葡萄牙定居澳門貿易外，再沒有批准任何國家的海船進入中國港埠貿易，除非是與明朝建立宗藩關係和領有勘合的國家，當時只有琉球和暹羅仍然從海路來進行朝貢貿易。[93]其餘國家如西班牙、荷蘭、廣南、日本等國都在禁止前來中國貿易之列，但為了舒緩沿

93　張廷玉等撰：《明史》（中研院史語所漢籍文獻資料庫），〈本紀〉，頁317-334。

海倭寇的壓力，却准許月港商人出海販賣東西洋，其後沿海各處海商出洋貿
易成為晚明常態，也因此東亞海域上中國帆船帆縱橫各港埠。

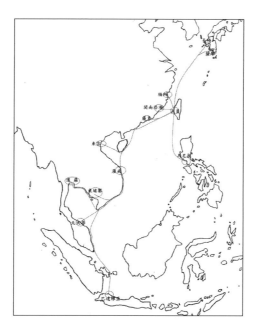

圖五：大員與東亞港埠戎克船貿易網絡

　　由此可知，晚明中國海商乘著中國帆船，攜帶著中國貨物如絲製品、陶
瓷等前往各地貿易，將商品脫手後，再從各地區購買當地之商品，如東南亞
地區之藥材、香料，日本的白銀、銅，臺灣的鹿皮、漁獲等等，將其販運往
其他地區以謀取利潤。晚明海商會以一兩埠頭為主要貿易港，建立基地以收
購當地物資，一般而言，中國海商會將當地物資轉賣回中國母港，因為中國
大陸是東亞地區的龐大消費市場，同時也是東亞地區人民日常生活用品的生
產地，因此中國帆船的載貨十分多元，除了貴重絲貨瓷貨外，如針、木梳子
等日常用品都在其中。在這種的情況下，晚明中國海商一方面促進了東亞各
地區商品的流動，一方面也成為歐洲殖民者的強大貿易對手。因此各地的港
埠統治者不得不利用中國海商來繁榮其港市，因此歡迎及允許中國海商前來

貿易是理所當然的事，大員的荷蘭人也不例外。

我們透過荷蘭人留下的史料，重構晚明中國海商在東亞海域中已經形成一個東亞國際貿易網絡。無論從大員出海或往來大員貿易的戎克船，每個連結的港埠就是一個中心，只因沒有完整的記錄，無法完整的呈現出來而已。這個東亞海域的國際貿易網絡，不必等待明朝亡國之後的鄭氏政權，也不必等待清朝開放海禁，就在晚明月港開放貿易後，中國海商和中國帆船的國際海洋性格已完全展示出來。

晚明中國海商雖然允許出海貿易，但從來沒有得到明朝政府的保護。海商們大都單打獨鬥或聯餘互助出海貿易。晚明中國海商與歐洲殖民者不同，歐人背後就代表其政府，也得國家全力支持。因此，中國海商的競爭力何在？當時明代中國國內市場欣欣向榮，生產力強大，政府徵稅又改以銀來繳納，因此海商以大量絲綢、瓷器、茶葉、糖、雜貨等手工業產品大量供應東亞各地和歐洲貿易者需要，以換取各地土產以及西方人從日本、美洲或歐洲帶來的白銀。由於明代中國只允許葡萄牙人定居澳門，其他歐洲人不准前來中國港口貿易，因此與中國做買賣，必須依靠中國帆船載貨前來貿易，而中國海商就扮演十分重要的角色。

另一方面或許跟當時東亞各地港埠地理環境有關，包括廣南、柬埔寨、暹羅等地必須經由海口進入內河，才會抵達主要的港埠區，這些在內河沿岸的港埠，通常有較好的交通區位條件，在商船卸貨之後可以立即將其販運至其他地區。而葡、西、荷等歐洲國家的商船體積較大，頂多只能航行至出海口，再往內河就必須換乘小船，而中國商人的中國帆船，體積較小，直接順內河而上到達港埠並不成問題，這是中國商人擁有的極大優勢。也因此在記載中可以看到，荷蘭人與西班牙人，甚至是暹羅國王，也都擁有一些戎克船作為國際貿易之用，但這些戎克船上的船員仍然是中國人。

清代帆船運銷日本的中國砂糖及其影響

松浦章[*]

李雪蓮譯[**]

一　緒言

　　砂糖作為甜味劑的代表，已在世界範圍內普遍使用，廣泛應用於日常的調味品和飲料。而砂糖成為世界性的大眾消費品是第一次世界大戰之後，起因為世界範圍內的生產過剩。[1]在日本則是江戶時代的享保年間（1716-1735）之後[2]。據說是德川八代將軍吉宗大力將砂糖原料的甘蔗的栽培技術普及到全國。記載吉宗事蹟的《有德院殿御實紀附錄》中第十七卷寫到：吉宗為了改變國內消費的砂糖大部份依靠從中國進口的狀況，採取各種各樣的方法。[3]德川吉宗不僅努力改變砂糖消費依靠中國的狀況，且為了實現砂糖的國產化一直探求甘蔗的栽培技術。享保十二年（1727），他通過鹿兒島的島津藩主松平繼豐學習薩摩栽培甘蔗的技術，繼而推廣移植到駿河即現在的靜岡縣和長

---

[*]　關西大學東西學術研究所所長、亞洲文化研究中心主任・文學部教授。

[**]　浙江工商大學日本語言文化學院日語翻譯碩士研究生。

[1]　關野唯一：《世界糖業文化史》（東京：邦光書房，1955年），〈自序〉，頁3。

[2]　小葉田淳：〈砂糖の史的研究に就いて〉，《史說日本と南支那》（東京：野田書房，1942年），頁217。本論文的初稿是連載於《臺灣時報》第186、187號（1935年5月、6月）的同名論文修改後作品。這是關於砂糖傳入日本及其普及狀況的最重要的歷史研究成果。

[3]　成島司直編：《德川實記》（東京：吉川弘文館，1982年），第9編，頁316。

崎。之後他又命令書物奉行（譯者注：日本江戶時代設置的官職名稱，主要
負責江戶城紅葉山文庫的管理、圖書收集以及分類整理保存等事務）深見有
鄰等從中國的文獻中調查學習甘蔗的栽培技術。此外還向來長崎的商人請教
中國的砂糖製造技術。總之，文獻記載當時學習甘蔗栽培技術的三大方法：
一是向薩摩藩學習琉球的甘蔗栽培技術，二是參考學習中國的文獻，三是向
中國商人請教。

　　本文通過論述江戶時代日本進口中國砂糖的史實，進而探討日本吸納中
國文化的形態特質。

二　從長崎荷蘭商行的記錄來看中國砂糖的進口

　　江戶時代長崎到底進口了多少中國砂糖？關於這個問題，由於無法查找
中國方面的記錄，所以便從中國商人的貿易競爭對手——荷蘭的記錄來查
找。[4] 荷蘭人對中國船隻駛進長崎港很敏感，每天都詳細地記錄每隻船的載貨
量。本文從其載貨清單中選取有關砂糖的記錄進行探討。

　　在《長崎荷蘭商行的日記》一六四一年七月五日的條目中，有如下記
載：

> 據某商人說，今年一官向長崎派遣的載有砂糖的船有十二隻。其中第
> 一隻于正午時分進港，載有……白砂糖一九八〇〇斤（下略）。[5]

　　一官是指鄭芝龍，文獻記載了他當年遣往長崎的十二隻船中載有砂糖。
同月十日條寫道：「清早，一隻來自福州的小帆船進港，載有……赤

---

[4]　岩生成一：〈江戶時代の砂糖貿易について〉，《日本學士院紀要》第 31 卷第 1 號
　　（1973 年 3 月），頁 1-33。岩生成一在該書中充分運用荷蘭方面的記錄詳細考察了江戶
　　時代荷蘭船及中國船運銷到長崎的砂糖的情況。而本文主要是考察日本吸納中國砂糖
　　技術的史實。

[5]　村上直次郎譯：《長崎オランダ商館の日記》（東京：岩波書店，1980 年），第 1 輯，
　　頁 56。

砂糖一六〇〇〇斤（中略）白砂糖四〇〇斤。」[6]，同日條中又寫道「深夜，一隻來自廣東的中國船進港，載有……白砂糖一一五〇〇斤，赤砂糖一〇〇〇斤。」[7]同月十二日條寫道：「下午，一官派遣的第二隻砂糖船裝載白砂糖二七〇〇〇斤進港。」[8]同月十三日條寫道：「清早，一隻來自福州的小帆船裝載白砂糖七〇〇〇斤進港。」[9]同月十四日條寫道：「從上述地點駛來的一官派遣的二隻帆船進港，載有……白砂糖一三九二〇斤，赤砂糖一〇三〇〇斤，冰糖三〇〇〇斤。」[10]同月二十二日條寫道：「傍晚，一隻來自福州的帆船進港，載有……白砂糖四二〇〇斤。」[11]二十三日條寫道：「正午剛過，有三隻帆船進港，一隻來自廣南，載有……赤砂糖四〇四〇〇斤。」[12]關於另外二隻又寫道：「來自福建的二隻，載有……白砂糖七七〇五〇斤，赤砂糖八三〇〇斤。」[13]二十四日條寫道：「又一隻一官派遣的來自漳州的帆船進港，載有……赤砂糖一六六〇斤。」[14]二十五日條寫道：「正午，有四隻小帆船進港，載有以下商品……白砂糖二七五七〇〇斤，赤砂糖四八〇〇斤，冰糖六二三〇〇斤。」[15]二十六日條寫道：「上午和下午，共有五隻帆船進港，來自廣東的三隻載有以下商品……白砂糖五五〇〇〇斤，冰糖一二〇〇斤。」[16]關於剩下的兩隻又寫道：「來自河內的二隻載有以下商品進港。」[17]，但未見有關砂糖類商品的記載。二十七日條寫道：「本日有二隻帆

6　同前註，頁57。
7　同前註，頁58。
8　同前註，頁58。
9　同前註，頁58。
10　同前註，頁58。
11　同前註，頁62。
12　同前註，頁63。
13　同前註，頁63。
14　同前註，頁65。
15　同前註，頁66-67。
16　同前註，頁67。
17　同前註，頁67。

船進港，其中一隻來自廣東，載有……白砂糖二五○○斤。」[18] 接著又寫道：
「另一隻來自泉州，載有以下商品……白砂糖一八五○○斤。」[19] 二十九日條
寫道：「一隻來自泉州的大帆船進港，載有……白砂糖一○○○○斤，赤砂
糖一八○○○斤。」[20]

把砂糖運銷到日本的不僅有中國船隻，還有荷蘭船隻。同月三十日條寫
道：「早上九點，荷蘭東印度公司『奧朗簡波姆』號船開始卸貨，到了傍晚
船上的大部份織品都已卸載完畢，只剩下四十個裝有砂糖的大木桶。」[21]

《長崎荷蘭商行的日記》一六四一年十月十一日條中記載中國船隻運銷
到長崎的商品名稱及其數量：

> 來自中國的八十九隻帆船進港，載有砂糖五四二七五○○斤，赤砂糖
> 二五一七○○斤，冰糖四七三○○斤。[22]

之後又寫道「來自廣南的三隻帆船……載有赤砂糖四○○○斤，白砂
糖二○○○○斤。」[23] 其中，在「一官派遣之六隻大帆船進口商品記錄」中寫
道：「砂糖四○○○斤，赤砂糖三五○○○斤。」[24]

據《長崎荷蘭商行的日記》一六四二年十月十六日條記載：來自中國的
三十四隻商船，裝載冰糖三萬兩千八百斤、砂糖兩萬四千斤、赤砂糖十六萬
一百斤[25] 到了長崎。據《長崎荷蘭商行的日記》一六四四年十一月十五日條
記載：來自中國的五十四隻商船，裝載白砂糖四十八萬九千八百斤、赤砂糖
八十四萬九千六百斤、冰糖七萬八千一百五十斤[26] 到長崎。據《長崎荷蘭商

---

18 同前註，頁 68-69。
19 同前註，頁 69。
20 同前註，頁 71。
21 同前註，頁 71。
22 同前註，頁 108。
23 同前註，頁 110。
24 同前註，頁 111。
25 同前註，頁 111。
26 同前註，頁 372、374、375。

行的日記》一六四五年十一月二十五日條記載：來自中國的七十六隻商船，
裝載冰糖五萬四千八百斤、白砂糖一百七十七萬、赤砂糖一百五十五萬三千
斤[27]到長崎。據《長崎荷蘭商行的日記》一六四六年十月二十七日條記載：
一六四六年來自中國的五十四隻商船，裝載白砂糖七十七萬九千五百斤、冰
糖十四萬五千五百斤、赤砂糖二十五萬八千一百斤[28]到了長崎。據《長崎荷
蘭商行的日記》一六四八年十二月八日條記載：自七月末到九月二十日，
來自中國的十七艘商船為長崎市場運載來白砂糖一萬兩千斤、赤砂糖九萬
一千斤，冰砂糖八十三斤[29]。據《長崎荷蘭商行的日記》一六四九年十一月
五日條記載：來自中國的五十隻商船，裝載赤砂糖六十八萬五千八百斤、綿
砂糖五萬一千四百五十斤[30]到長崎。據《長崎荷蘭商行的日記》一六五〇年
十月二十五日條記載：一六五〇年來自中國的七十隻商船，裝載白砂糖、赤
砂糖共七十九萬九百六十斤，冰砂糖六千一百五十斤[31]到長崎。據《長崎荷
蘭商行的日記》一六五三年十一月十二日條記載：自一六五二年十一月十日
到一六五三年十一月十日，來自中國的五十四隻商船，裝載中國產砂糖十五
萬兩千一百斤、赤砂糖五十八萬四千八百七十斤、冰砂糖三萬七千兩百五十
斤[32]到長崎。

　　如上所述，每年來自中國的商船運載大量的砂糖到長崎。在此試對上述
中國船隻的平均砂糖載重量作一探討。

27　村上直次郎譯：《長崎オランダ商館の日記》，第 2 輯，頁 62、63。
28　同前註，頁 103、106。
29　同前註，頁 224、226、227。
30　同前註，頁 265、266。
31　同前註，頁 321、322。
32　村上直次郎譯：《長崎オランダ商館の日記》，第 3 輯，頁 248、250。

表1：1647-1653年中國商船運銷到長崎的砂糖載重量（斤）

西曆	隻數	砂糖	白砂糖	赤砂糖	冰砂糖	合計	平均載重量
1642	34	24,000		160,100	32,800	216,900	6,379.4
1644	54		489,800	849,600	78,150	1,417,550	26,250.9
1645	76		1,770,000	1,553,000	54,800	3,377,800	44,444.7
1646	54		779,500	258,100	145,500	1,183,100	21,909.3
1648	17		12,000	91,000	83	103,083	6,063.7
1649	50		51,450	685,800		737,250	14,745.0
1650	70	790,960			6,150	797,110	11,387.3
1653	54	152,100		584,870	37,250	774,220	14,337.4
合計	409	967,060	3102750	4,182,470	354,733	8,607,013	
平均	51.1	6,120.6	12,362.6	12,338.7	988.1		21,044.0

　　從〈表1〉來看，自一六四一年到一六五三年，來自中國的商船運銷到長崎的砂糖最多的年份可達三百三十七萬斤，除去最少年份一六四八年的十萬斤，較少的年份也有七十萬斤以上。這些砂糖全部都在日本本土消費。

　　從航向日本的中國商船的視角來看，即便是運銷數量較少的年份，平均每隻船也裝載六千斤左右的砂糖到長崎。八年期間，平均每隻船約運載白砂糖一萬兩千斤、赤砂糖一萬兩千斤、冰糖一千斤，共計兩萬五千斤砂糖。那時一斤約合六百克，那麼兩萬五千斤約相當於十五噸。對於當時的中國帆船來說，砂糖的確是最合適的壓艙物。

　　同時也表明當時江戶時期日本社會對砂糖的需求量。

三　從日方記錄來看長崎進口的砂糖

　　宋代陸游在《老學庵筆記》卷六中寫道：

　　聞人茂德言：「沙糖中國本無之。唐太宗時外國貢至，問其使人：

『此何物？』云：「以甘蔗汁煎。用其法煎成、與外國者等。自此中國
方有沙糖。」[33]

正如陸游所言，砂糖在唐太宗（西元626-649年）時期由外國使節傳入
中國，之後在中國逐漸普及。

到了江戶時代，中國砂糖成為駛往長崎的貿易船所運載的常規貨物。

（一）從日方記錄來看中國砂糖的進口

上文主要依據荷蘭方面的文獻記載，下文將根據日方記載來探討中國
船的砂糖載重量。貞享三年（康熙二十五年，1686）七月漂流到對馬的一隻
廈門貿易船，關於客總管陳昂運載的貨物，文獻記載道「白糖肆千擔，冰糖
二千擔。」[34]，即載來白砂糖四千擔，冰砂糖兩千擔。

《月堂見聞集》收錄元錄時期到享保末年的江戶、京都、大阪等各地的
街談巷議，從中抽出享保十四年（雍正七年，1729）長崎進口的貨物中關於
砂糖的記載如下：

十月，唐船運載到長崎的貨物記錄

八號南京船　　　　　　　　白砂糖 三百三十斤 赤砂糖 二百五十斤[35]

九號寧波 十月二十二日入港 白砂糖 一萬五千斤[36]

十號寧波 十月二十三日入港 白砂糖 一萬八千斤[37]

十一號南京　　　　　　　　白砂糖 一萬八千斤[38]

---

[33] 陸游：《老學庵筆記》（唐宋史料筆記叢刊，上海：中華書局，1979年），頁80。

[34] 林春勝、林信篤編，浦廉一解說：《華夷變態》（東京：東洋文庫，1958年），上冊，
頁643。林復齋編：《通航一覽》第5（東京：國書刊行會，1913年），頁325。

[35] 國書刊行會編：《近世風俗見聞集》第2（東京：國書刊行會，1913年），頁174。林復
齋編：《通航一覽》第6（東京：國書刊行會，1913年），頁36。

[36] 國書刊行會編：《近世風俗見聞集》第2，頁175。林復齋編：《通航一覽》第6，頁8。

[37] 同前註，頁175；頁9。

[38] 同前註，頁175；頁36。

　　十五號寧波　　　　　　　　白砂糖　二萬二千五百斤[39]

　　十六號占城　　　　　　　　白砂糖　二萬三千二百斤[40]

　　十七號東京　　　　　　　　白砂糖　六萬七千斤[41]

　　由此可知，其中特別是十七號東京船載來了六萬七千斤，約合四十噸的砂糖。

　　寶曆三年（乾隆十八年，1753）十二月十日漂流到八丈島的原駛往長崎的船主高山輝的貿易船所運載的貨物中也發現砂糖。雖因船遭遇暴風雨而損失了部份貨物，但在剩下的貨物中有砂糖，記載如下：

　　一　冰砂糖　五千四十貫目　一　白砂糖　八千九百一貫目[42]

　　這隻船上的貨物之後由日本船運載到了長崎，在搭載的兩隻日本船——和合丸和大杉丸載貨目錄中也有關於砂糖的記載，具體如下：

　　和合丸大杉丸兩船貨冊　計開
　　一　白糖　　一百六十三件，外又隨帶食用白糖八包
　　一　冰糖　　一百三十二件，外又隨帶食用冰糖一包[43]
　　殘存貨物　計開
　　一　白糖　　三百零六件　　一　冰糖　四十四件[44]

這表明漂流到八丈島的船隻也載有白砂糖和冰糖。

　　安永九年（乾隆四十五年，1780）四月三十日漂流到安房國千倉浦的原駛往長崎的貿易船，其船主為沈敬瞻。關於該船裝載貨物，有如下記載：

---

[39] 同前註，頁175；頁9。

[40] 同前註，頁176。

[41] 同前註，頁176。

[42] 〈護花園隨筆〉，收入林復齋編：《通航一覽》第6，頁56。

[43] 〈巡海錄〉，同前註，頁69。

[44] 〈巡海錄〉，同前註，頁69。

南京商船漂流至房州浦，浦賀奉行因公偕六十家藥材批發商負責人對該船貨物進行調查並作記錄。

記

一　白砂糖　二十六萬二千五百斤　一　冰砂糖　五十桶　一萬二千五百斤……

以上焚燒處理。[45]

由此可知這隻船載有白砂糖二十六萬兩千五百斤、冰糖一萬兩千五百斤，共計二十七萬五千斤，約合一六五噸，僅一艘船就運載如此之多的砂糖。

文化四年（嘉慶十二年，1807）正月七日漂流到下總銚子浦的原駛往長崎的貿易船，其船主王宗鼎運載的貨物之中也發現了砂糖，記載如下：

金源盛船粗細貨冊

通船粗細貨物開後

計開　　　（中略）

一　一番三盆二百五十色　共重二萬八千二百二十四斤

一　二番泉糖三百五十色　共重三萬九千六百三十三斤[46]

由此可知，共計運載唐三盆（譯者注：砂糖的一種，從中國進口的上等砂糖）和泉糖（譯者注：砂糖的一種，中國泉州產的砂糖）六萬七千八百五十七斤，約合四十餘噸。

文化六年（嘉慶十四年，1809）巳七番船運載有砂糖類貨品，具體如下：

冰糖　二百包　　計一萬八千三百斤

三盆　二百六十五包　計三萬二千斤

---

45 〈續談海〉，同前註，頁94。

46 〈文化丁卯唐船漂着記〉，同前註，頁6。

　　泉糖　　三百九十八包　　計四萬五千五百五十斤[47]

　　可見該船載有冰砂糖一萬八千三百斤、三盆三萬兩千斤、泉糖四萬
五千五百五十斤，共計九萬五千八百五十斤，約合五十七餘噸。

　　文政九年（道光六年，1826）一月漂流到靜岡縣，之後被拖航到長崎的
酉八番船寧波船主劉景筠和楊啟堂的得泰船，在其貨物記載目錄「通船貨
數」中寫道「貨物約六七十件」，其中關於砂糖有如下記載：

一　白冰	冰砂糖	一百連
一　頂番糖	頂番砂糖即極品	三百包
一　三盆	上等砂糖即三盆	六百五十包
一　泉糖	中等砂糖　泉指地名	五百包[48]

　　可知船上運載有冰砂糖、上等砂糖「三盆」、極品砂糖「頂番糖」以及
泉州產砂糖「泉糖」。雖然這裡沒有寫明斤數，但以文化六年巳七番船上的
砂糖為例來換算的話，冰糖兩百包約合一萬八千三百斤，一包即為九十一
點五斤，三盆二百六十包約合三萬兩千斤，一包即為一百二十三斤，泉糖
三百九十八包約合四萬五千五百五十斤，一包即為一百一十四斤。

　　由此可推算出，得泰船上的三盆六百五十包即為七萬九千九百五十斤，
泉糖五百包即為五萬七千斤，假設頂番糖每包一百斤，那麼三百包約為三萬
斤，同此方法計算冰砂糖一百包約為一萬斤，共計十七萬六千九百五十斤，
約合一百零六餘噸。可見得泰船運載砂糖量高達一百噸。

　　從荷蘭方面的記錄來看，江戶後期天保二年、三年（1831、1832）中國
船運載到長崎的砂糖載重量，如下所示：

---

[47] 松浦章：《清代海外貿易史の研究》（京都：朋友書店，2002年），頁377。
[48] 田中謙二、松浦章編著：《文政九年遠州漂着得泰船資料》（大阪：關西大學出版部，
　　 1986年），頁28-30。

天保二、三年（1831、1832）唐船進口砂糖量[49]

天保二年1831					
	冰砂糖（斤）	砂糖（斤）	上等砂糖（斤）	普通砂糖（斤）	合計（斤）
一號船	36,000	124,700			160,700
二號船	29,500	112,385			141,885
三號船	27,696	不明			27,696
五號船	34,700	197,500			232,200
六號船	20,000	130,000			150,000
七號船	20,000	163,000			183,000
八號船	15,000	134,000			149,000
九號船	24,200	180,000			204,200
十號船	25,000	190,000			215,000
天保三年1832					
	冰砂糖（斤）	砂糖（斤）	上等砂糖（斤）	普通砂糖（斤）	合計（斤）
五號船	16,000	126,000			142,000
六號船	11,500		50,000	35,000	96,500
七號船	10,000		62,000	45,000	117,000
八號船	40,000		39,100	40,000	119,100
九號船	11,477		67,500	40,000	118,977
合計	321,073	1,357,585	218600	160,000	2,057,258
平均（每隻）	22,933.8	150,842.8	54,650 斤	40,000	2,029,562/13 156,120.1 斤

註：每隻船的平均砂糖載重量的計算不包括天保二年的三號船。

---

[49] 永積洋子編：《唐船輸出入品數量一覽（1637-1833）——復元唐船貨物改帳・歸帆荷物買渡帳》（東京：創文社，1987 年），頁249-252。

由此可知，一八三一、一八三二年間，唐船運載大量的砂糖、白砂糖、冰砂糖到日本長崎，平均每隻約載十五萬六千斤，約合九十三噸。也就是說平均每隻唐船約運載將近一百噸的砂糖到日本。

（二）中國砂糖的集散及對日出口模式

那麼，這些砂糖是怎樣在中國集散並運銷到日本的呢？

自十八世紀中期到幕末的約一百年間，駛往長崎的中國商船一直以浙江省的乍浦港為對日貿易的中心地。[50] 對此，道光《乍浦備志》卷十四前明倭變中有關於乍浦與日本之關係的明確記載。

> 以彼國銅斤、足佐中土鑄錢之用、給發帑銀、俾官商設局、備船由乍浦出口、放洋採辦。[51]

這一記載表明：日本的銅是中國鑄造貨幣的必需品，為了買進這些銅，政府指定官商，命其從乍浦出發，東渡日本。該書還記載船隻運航的狀況，原文如下：

> 尋分官・民二局、局各三船、每歲夏至後小暑前、六船裝載閩・廣糖貨、及倭人所需中土雜物、東抵彼國。[52]

從中可知，政府設置官局和民局，各局分別派遣三隻船，共計六隻，在每年夏至後至小暑前把福建和廣東所產的砂糖以及日本人所需求的各式中國商品運銷到日本。對日貿易船的出航時期為每年的夏至後至小暑前，即現在的六月二十日前後到七月上旬，在這二十天之間，駛出乍浦，揚帆日本。關於具

---

50 松浦章：《清代海外貿易史之研究》，頁98-117。
51 宋景關纂：《中國地方志集成·鄉鎮志專輯二十》（上海：江蘇古籍出版社，1992年），頁229。
52 同前註，頁229-230。

體航程，該書又有如下記載：

> 西風順利、四五日即可抵彼。否則十餘日三四十日不等。[53]

這表明：如果是西風的話，四、五日便可順利到達日本。否則就要花費十餘日，甚至三、四十日。這些船隻起帆回國的時間，如書中所述「九月中、從彼國裝載銅斤、及海帶‧海參‧洋菜等物回乍浦」[54]，即一般為九月中旬，而且滿載日本的銅以及海帶海參等海產乾貨而歸。

之後，再次遠赴日本。該書留有相關記載：

> 起貨過塘訖、仍復裝載糖貨等物、至小雪後大雪前、放洋抵彼、明年四‧五月間、又從彼國裝載銅斤及雜物回乍。通年一年兩次、官辦銅斤共以一百二十萬觔為額、每一次各船分載十萬觔。[55]

這表明了這些貿易船的運航規律，即從日本返航的船隻卸完貨物之後，便又重新裝載好砂糖等貨物，在小雪之後大雪之前，即現在的十一月下旬到十二月上旬的二十天期間再次揚帆日本，在第二年的四、五月份又返航回到乍浦，同樣此次也從日本運載回銅等各式物品。像這樣，每年往返航行兩次。每年從日本運載回來的銅約有一百二十萬觔，平均每隻船約運載十萬觔。

關於運載到乍浦的砂糖，在《乍浦備志》卷六、關梁、海關稅口中有記載曰：

> 糖貨係杭‧嘉‧湖及江南南偏諸郡通行之物、乾隆朝、廣東糖約居三之二、比來多汎至江南之上海縣收口、其收口乍浦者較之、福建糖轉少、其半廣東、糖商皆潮州人、終年坐莊乍浦、糖船進口之時、各照包頭斤兩、經過塘行家、報關輸稅、福建則多係水客、陸續販來、投

---

[53] 同前註，頁230。

[54] 同前註，頁230。

[55] 同前註，頁230。

過塘行家發賣。[56]

這一記載表明：乍浦的砂糖大多是從杭州、嘉興、湖州等江南各地運載而來的。尤其是乾隆時代（1736-1795）乍浦的砂糖約有三分之二產自廣東。之後，砂糖的匯集地漸漸由乍浦轉移到上海。但在乍浦廣東砂糖一直占總量的一半以上，所以砂糖的營銷商大多是潮州人。他們一整年都逗留在乍浦，等到運載砂糖的船隻到達後，便由過塘行代辦海關業務手續。

如上所述，運載到乍浦的砂糖大多產地是廣東，而且營銷商是潮州人，由此可以推斷這些砂糖大多產自潮州。

嘉慶十九年（1814）十二月二十五日一隻潮州的潮澄商船漂流到琉球八重山島，當地琉球官員對此進行了調查。其記錄收錄在《歷代寶案》第二集一一八。原文如下：

> 據本國轄屬八重山地方官報稱、嘉慶十九年十二月二十五日清早、有海船隻、被風飄至本島、攔礁損船、即撥小船數隻、拯救登岸、給食活命、詢據船主吳利德等口稱、本船係廣東省潮州府澄海縣牌名吳永萬商船、通船人數、舵工水梢三十六名、搭客二十二名、共計五十八名、坐駕澄字一百四十九號船隻、客歲六月十八日、裝載赤・白糖等項、在東隴港開船。八月初七日、前到天津府、發賣其貨。九月十一日、該地開船、轉到西錦州、置買黃荳・木耳・牛油・甘草・防風等件、要回本籍、十月初三日放洋、至同二十六日、因風不順、暫收入山東威海澳、（中略）、至十一月二十九日開駕、十二月初六日、駛到江南大洋、遇暴風、斷舵、隨風漂流、至同二十五日早晨、攔礁打破、現存船主・舵水・搭客共四十九名、其外九名淹死、所有貨物、亦盡漂棄。[57]

---

56 同前註，頁149。

57 松浦章：〈十八～十九世紀における南西諸島漂着中国帆船より見た清代航運業の一側面〉，《關西大學東西學術研究所紀要》第16輯（1983年1月），頁17-75。

這一史料表明：這隻澄字一百四九號船，是以潮州府澄海縣為牌名的吳永萬商船。船上有三十六名船夫水工及二十二名乘客，共計五十八人。於六月十八日載著紅、白砂糖從東隴港出航，於八月初七日到達天津府進行砂糖銷售。從此例可知，潮州船經常運載砂糖駛往北方海域。

嘉慶《澄海縣志》卷六、風俗、生業中也有相關記載，原文如下：

> 邑之富商巨賈。當糖盛熟時。持重貲往各鄉買糖。或先放賑糖寮。至
> 期收之。有自行貨者。有居以待價者。候三、四月好南風。租舶艎
> 船。裝所貨糖包。由海道。上蘇州、天津。至秋東北風起。販棉花
> 色布。回邑。下通雷、瓊等府。一往一來。獲息幾倍。以此起家者甚
> 多。

這一記載表明：廣東潮州府澄海縣在砂糖的收穫期去各鄉收購，在三、四月份吹南風時滿載砂糖，遠赴蘇州和天津等地銷售，並由此獲得巨額利潤。由此可以推測澄海縣的砂糖大多也以相類似的形式被運到了乍浦。

乾隆十八年（1753）七月初四日江南提督總兵官左都督林君陞的奏摺中有如下記載：

> 查劉河、川沙、吳淞、上海各口、有閩、粵糖船、肆、伍月、南風時
> 候、來江貿易、玖、拾月間、置買棉花、回棹。[58]

這表明：廣東和福建的砂糖船在每年的四、五月份吹南風的時節把砂糖運載到江南的劉河、川沙、吳淞、上海等地銷售，在九、十月份裝載棉花起帆回航。由此可知，原產自中國東南沿海的砂糖是由廣東及福建的海船運銷到乍浦和上海附近港口。其中有一部份砂糖則由從乍浦出發遠赴長崎的貿易船運銷到日本。

---

[58] 國立故宮博物院編：〈乾隆十八年七月初四日附、林君陞奏摺〉，收入《宮中檔乾隆朝奏摺》（臺北：國立故宮博物院，1982年），第5輯，頁689。

四 日本的砂糖消費情況

日本是如何消費唐船運載來的進口砂糖呢？本文將對此作一論述。

（一）日本的進口砂糖

寺島良安在《和漢三才圖會》卷十九、甘蔗條中撰寫了以下按語：

> 砂糖有冰糖、白糖、紅糖三類，它們同源一物，如生鐵、熟鐵、鋼鐵
> 一樣本質上沒有區別。雖然我國也移植了甘蔗，但產量不高。砂糖是
> 糯米糰子的調味必需品。關於從國外進口的砂糖大體如下所記：
> 每年約從國外進口白砂糖二百五十萬斤（一擔約合一百七十五斤。在
> 長崎分別裝進兩個大箱子，每箱約重八十六斤半），潔白乾燥的為上
> 品。其中有又圓又扁的餅狀大塊，被稱作杯盆，如果打碎它，就會發
> 現其異常潔白。在所有的砂糖中，以台灣的為上品，交趾的次之，再
> 其次為南京、福建、寧波的。咬留巴‧阿蘭陀（即出島）的為下等
> 品。[59]

據《和漢三才圖會》的以上總結可知：十八世紀初日本每年約進口砂糖
二百五十萬斤，約合一千五百噸。運載這些砂糖的不僅包括中國船，而且也
包括荷蘭船。

十八世紀初，在日本砂糖大致被分為三類即冰砂糖、白砂糖、赤砂糖。
這些砂糖的原料都是甘蔗，但由於日本國內的甘蔗產量不高，所以才從海外
進口砂糖。在進口的二百五十萬斤砂糖中，最好的是臺灣砂糖，其次是越南
的交趾砂糖，再其次是南京、福建、寧波等地產的砂糖，最後是由荷蘭商船

---

[59] 島田勇雄、竹島淳夫、樋口元巳譯注：《和漢三才圖會》（東洋文庫521，東京：平凡
社，1990年），16，頁81。

運載來的印度尼西亞產的砂糖。因荷蘭人在長崎的居留地是出島，所以被稱為出島白，屬於下等品。

《和漢三才圖會》中關於砂糖制食品，提到〈砂糖醃製點心〉。原文如下：

> 蜜柑、佛手柑、天門冬、生薑、冬瓜等皆可用砂糖來醃製成點心。為了保持食品數月間不至腐爛，常常先在石灰水中浸泡一夜，洗淨之後再用砂糖醃製……[60]

這表明砂糖是醃製果實等重要加工食品的必需品。

積極推進砂糖國內供給的是前文提及的德川吉宗。他一方面命令深見有鄰進行文獻調查，另一方面通過來航長崎的中國船主收集製造砂糖的相關資訊。有文獻記載享保十一年（1726）九月來航的六號廈門船李大衡所提供的〈煮烏糖法〉和〈煮白糖法〉。原文如下：

> 煮烏糖法
>
> 蔗有二種、一名甘蔗、一名竹蔗、煮糖竹蔗為主、甘蔗次之、種蔗在於二月、取蔗尾插在地中、用糞水灌三四次、待至十月、長有六七尺、砍來用石車、使牛托牽夾出蔗汁、將汁放鍋中、約計蔗汁二百觔、用蠔殼灰三四兩、同蔗汁煮滾、用銅清匙、去其泥渣、直至熟、鍋中糖若滾出、恐滿於鍋外、用麻油渣一滴即止、鍋中糖已熟、取糖些少放冷水中、其糖堅凝為度、一齊取起放在竹簸中、用木刀按數次、就如沙頭、火去已冷、即為烏糖、
>
> 煮白糖法
>
> 將蔗汁放在鍋中、約計二百觔、用蠔殼灰三四兩、同蔗汁煮汁滾、用銅清匙、去其泥渣、煮至數滾、將汁取起放在木桶中、俾渣煮渣沉於桶底、桶下半截、開兩個眼、用木門塞住、拔去木門、清汁流入鍋中、再將上面清汁、煮至二日、又將汁取起放在木桶中、俾渣泥沉於

---

60 島田勇雄、竹島淳夫、樋口元巳譯注：《和漢三才圖會》，18，頁244。

桶底、桶下半截、開兩個眼、用木閂塞住、拔去木閂、清汁流入鍋
中、又將上面清汁再煮、鍋中糖已滾浮滿出、用麻油渣用些少一滴即
止、煮至三甘、取起糖二十觔、放在糖漏中、用鐵鑯周圍攢下數次、
其餘鍋中糖、煮至四甘、取起三十觔、放在糖漏中、再攢下數次、又
將鍋中糖、煮至五甘、取些少糖滴於冷水中、其糖堅如龍眼肉為度、
一齊取起滕滿糖漏中、復用鐵鑯攢下至數次、糖如沙頭、方歇遲至十
餘天、糖已冷堅凝、將糖漏底下塞住拔去、令其糖水滴下、略盡用爛
泥十餘觔、蓋於漏面上、又有糖水滴下、待至泥堅、將泥取去其糖略
白、又用爛泥十餘觔、蓋於漏面上、又有糖水滴下、待至泥堅、將泥
取去其糖即白、後將漏中糖、取出曬乾、是為白糖、一、二甘似飯
湯、三甘似米漿、四甘似麥茅膏、五甘糖下冷水已堅凝、
一、糖漏乃圓時磁器、高有二尺三四寸、上大有一尺五寸、順下小至
三四寸、下留一孔二寸、可以出水、放糖時、將孔塞住、方不漏出、
待至糖堅、拔去塞住、自出糖水、
一、石車樣式、再來之日、以木頭作、就帶來、
一、鐵鑯樣式、再來之日、以木頭作、就帶來、
一、冰糖、三盆糖、煮法不知甚詳、回唐日細細訪問、來具呈、
一、十二月砍蔗尾長一尺、浸於水中五六日、取起埋在沙中、至二三
月自能發芽生根、挖出插於菜園中、至芽發起有尺餘、用糞水灌一
次、有草灰放在蔗根邊更妙、天時旱、不時灌水更佳、享保十一年九
月日
第六番廈門船主李大衡。[61]

上述「煮烏糖法」，即首先講述甘蔗和竹蔗的栽培，之後再敘述砂糖即紅糖
的製造工藝。「煮白糖法」則指出在紅糖湯汁裏須添加「蠔殼灰」，之後將
其熬煮，再經過幾道工序煉製出白砂糖。

　　把這個方法傳授到日本的是廈門船李大衡。李大衡於享保八年乘二十三

---

[61] 林復齋編：《通航一覽》卷272，刊本《通航一覽》第6，頁24-27。

號廈門船來到日本。現留存有當時的報告書。據此當時的船是廈門船，三十九人在上海登船，於十一月二十三日揚帆起航，二十八日抵達長崎港。

> 船主李大衡、前年作為十二號船文員來航。該船初次渡海。信牌為前年十二號船客顏啟惣領取。[62]

這表明，李大衡是享保六年十二號船上的文員。信牌（譯者註：清朝的船隻駛進長崎的許可證）是同船赴日的顏啟惣在長崎領取到的。

享保十二年十二號船是廈門船。[63]有關李大衡來日的確切記載如下：

享保六年十二號廈門船	船主：周元吉	牌名：吳楚譽
	文員：李大衡	
享保八年二十三號廈門船	船主：李大衡	牌名：顏啟惣
享保十一年六號廈門船	船主：李大衡	
享保十二年三十三號廈門船	船主：李大衡	
享保十五年十二號廈門船	船主：李弘中　李大衡代	
享保十六年二十七號南京船	船主：李大衡・黃子欲　黃亨萬代	
享保十八年十一號廈門船	船主：李弘中　李大衡代[64]	

從上可推測，李大衡極有可能是廈門人。

由於吉宗的努力，到了江戶後期日本國內的砂糖供給狀況有了很大的變化。記載天保八年（1837）至嘉永六年（1853）街談巷議的喜多川守貞的著作《守貞漫稿》、即《類聚近世風俗志》第二十八編、食類中有如下記載：

> 守貞云：日本上古無之，中古以來長崎入舶之荷蘭載來一種，以蘭館之地名出島為名，稱之為「出島白」。中國載來三種白糖。上品稱三

[62] 林春勝、林信篤編，浦廉一解說：《華夷變態》，下冊，頁2984。

[63] 大庭修編著：《唐船進港回棹錄 島原本唐人風說書 割符留帳》（大阪：關西大學東西學術研究所，1974年），頁78。

[64] 同前註，頁74、78、82、86、90、93、96。

盆，次之稱上白，下品稱太白。[65]

　　當時荷蘭商船運載到長崎的砂糖以荷蘭商行的所在地出島來命名，稱為
「出島白」。中國船運載來的白砂糖有三種，上等品稱為「三盆」，中等品稱
為「上白」，下等品稱為「太白」。日本漸漸也普及製糖，甘蔗先在駿河、
遠州即現在的靜岡縣種植，之後在天明‧寬政時期（1781-1800）普及至四
國。至十九世紀中葉，四國 州居全國首位，其次為阿波。此外，在駿河、
遠江以及三河、泉州等地也有生產。紅糖是從薩摩運載而來的，大多產自琉
球。隨後和山歌縣的紀州和高知縣的土州躍居第一，泉州、駿河、遠江、三
河等地也仍有生產。至江戶中後期，砂糖不僅應用在點心製作上，還廣泛應
用到一般的食物料理烹調中，甚至還應用到蕎麥面、油炸食品、魚糕的製作
上。

　　關於駿河的甘蔗栽培以及砂糖製造，有文獻記載文政六年（1823）被任
命為駿河城加番的松浦靜山在駿河等地開始種植甘蔗，到了收穫期用牛將其
榨成汁，製造成砂糖。[66]

　　靜山指出，對砂糖的普及做出貢獻的是德川吉宗，促進砂糖在日本的普
及便是吉宗治世的一大貢獻。[67]靜山自文政四年（1821）開始撰寫《甲子夜
話》記載世事，從中可知十九世紀中葉日本國內的砂糖生產已非常廣泛。
也就是說，吉宗（1684-1751）在位的享保年間（1716-1735）與松浦靜山
（1760-1841）撰寫《甲子夜話》的時期約相差一百年，而正是在這一百年中
日本逐漸普及甘蔗種植及砂糖製造。

　　這也可以從日本兩位具有代表性的著名農學家的農業著作中找到佐證。

　　江戶前中期的農學家宮崎安貞（1623-1697）在元祿十年（1697）所著
的《農業全書》卷五、山野菜類之甘蔗中寫到：甘蔗只能在氣溫較高的地區

---

65 喜多川守貞著：《類聚近世風俗志》（東京：魚住書店，1964 年），頁 441。

66 松浦靜山著：中村幸彥、中野三敏校訂：《甲子夜話4》（《東洋文庫》333，東京：平
　　凡社，1978 年），頁 78。

67 松浦靜山著：中村幸彥、中野三敏校訂：《甲子夜話3》，頁 295。

種植，元祿時期薩摩引進琉球的秧苗並開始種植。但是，這需要巨額經費，僅靠個人的力量難以完成，如果沒有藩主等統治者的大力支持，推廣是非常困難的。[68]

然而，江戶後期農學家大藏永常（1768-?）於安政六年（1859）所著的《廣益國產考》第二卷、砂糖之事中寫到，砂糖的情況發生很大的變化。原文如下：

> 砂糖在二百多年前只有出身尊貴的人才知道，貧賤下人連見都沒見過。元祿時期至安永寬政時期由唐船運來一種名為唐黑的紅糖，文化時期開始貿易中斷。比今日所用紅糖顆粒更細，為上等品。[69]

宮崎安貞的《農業全書》的成書時間約比大藏永常的《廣益國產考》的成書時間安政六年（1859）早二百年，正是在這期間日本的砂糖狀況發生了重大的變化。正如大藏永常所記載，「砂糖在二百多年前只有出身尊貴的人才知道，貧賤下人連見都沒見過」。這表明砂糖消費量最多的應該是江戶城。書中記錄還驚訝於江戶城砂糖日消費量達一千斤從而展開調查之事。[70]此事的真實性暫且不論，不難想像江戶城是其他地方無法相提並論的砂糖消費大城。

從大藏永常的記載可知，元祿時期只是出身高貴的人才知道的砂糖，在兩百年間逐漸國產化普及化。而且日本國內也能生產出與中國貿易船唐船運載來的同一水準的高品質的砂糖。

---

[68] 宮崎安貞：《農業全書》（《日本農業全書》第12卷，東京：社團法人農山漁村文化協會，1978年），卷1-5，頁391-392。

[69] 大藏永常：《廣益國產考》（《日本農業全書》第14卷，東京：社團法人農山漁村文化協會，1978年），頁98-101。

[70] 喜多村香城：《五月雨草紙》、《新燕石十種》（東京：中央公論社，1981年），第3卷，頁17。同書，朝倉治彥〈後記〉，頁335。

（二）日本砂糖消費的擴大

　　到了江戶中後期，不僅是消費量，砂糖的用途也極其擴大。在《守貞漫稿》第五編、生業下之冷水賣（譯者註：在江戶時代，夏天以賣加入砂糖和糯米圓子的冰水為生的人）中有實例為證：以賣冷飲為生的人，製作冷飲時也會使用砂糖，特別是在京都和大阪地區因加入砂糖便改名為「砂糖水賣」。[71] 此外，被稱為「砂糖入金時」[72] 的點心是用「白玉賣」[73] 糯米粉做成丸子狀煮熟之後的食品上撒上白砂糖。每年的傳統節日五月初五端午節時吃的槲葉糕[74] 在江戶、京都、大阪都有賣，這些槲葉糕也是用加有砂糖的紅豆餡製作而成的，在江戶也有用加入砂糖的味噌（譯者注：味噌是日本特有的黃豆醬）製作的。孩子食用的形似乾制鰹魚的點心（譯者注：這種點心在江戶時代風靡一時的是熊野產的，所以便稱為熊野節）[75] 是把加入砂糖蜜的小麥粉揉捏定型的食品。聞名於世的「金山寺味噌」[76] 也是用大豆麥曲加入砂糖製作而成的。「金團（譯者注：日本點心的一種，在糖煮栗子、豆類中拌餡的一種日本甜食，餡多用熟白薯經篩網過濾後加入白糖製成。）」[77] 也是加入砂糖製作而成的一種食品。「魔芋田樂（譯者注：田樂這裡指田樂燒烤即把魚、蔬菜穿成串燒烤。）」[78] 是指在製作魔芋烤串時在田樂醬中加入砂糖以增加甜味的一種食品。

　　眾所周知的「金平糖」[79] 是安土桃山時代從外國傳來的一種非常有名的

---

[71] 喜多川貞：《類聚近世風俗志》：頁174。

[72] 同前註，頁177。

[73] 同前註，頁177。

[74] 同前註，頁270。

[75] 同前註，頁313。

[76] 同前註，頁418。

[77] 同前註，頁433。

[78] 同前註，頁435。

[79] 同前註，頁439-440。

糖果，製作這種糖果砂糖是必不可少的。製作熬制羊羹[80]砂糖也是不可或缺的材料。此外，製作饅頭時也會使用砂糖。[81]高價的饅頭也必然使用高價的砂糖。如「雖鄉僻之地皆砂糖饅頭也，文化以來漸漸如此也」[82]所說：自文化年間以來，不僅是東京、大阪等大城市用砂糖來做饅頭，而且這種做法也普及到各地。江戶時代普及的蕎麥饅頭[83]是用蕎麥麵粉製作而成的，包餡的表皮是用蕎麥麵粉，而餡則是用進口的砂糖和小豆製作而成。

如上所述，有許多加入砂糖的點心類和食品類，另外也有加入砂糖的保存食品類。在文化時期的《卯花園漫錄》卷二中有關於用砂糖醃製青梅酒和蜜柑的記錄。[84]像青梅酒、醃製蜜柑等如今也是日常食用的食品類中，砂糖在當時被較為普遍使用。對此，在江戶後期的國學者小山田與清（1783–1847）的《松屋筆記》卷七十四、〈梅酒製作〉、〈糖漬製作〉[85]中也有相似的記載。《松屋筆記》是一本記載文政年間之後事件的筆記。

關於日本國內的砂糖價格，瀧澤馬琴（1767-1848）在《異聞雜稿》上冊[86]中記載了天保年間（1830-1843）的情況。砂糖價格在天保四年（1833）的春天開始暴漲，白砂糖由原來的一斤一百八十文漲到三百五十文，增長了一點九倍。赤砂糖由原來的一斤一百一十六文增長到兩百八十文，增長了二點四倍。由於價格的高漲，砂糖在各地滯銷，所以砂糖價格於同年十月開始下跌，白砂糖下跌到兩百文、一百八十文，赤砂糖下跌到一百三十二文。由於砂糖和糯米的價格的暴漲，點心的大小縮小到原來的一半，甜味也變淡。

---

80 同前註，頁443。

81 同前註，頁444。

82 同前註，頁445。

83 同前註，頁446。

84 石上八郎著：《卯花園漫錄》，收入早川純三郎編：《新燕石十種》（東京：中央公論社，1981年），第五卷，頁154-155。同書，朝倉治彥〈後記〉，頁409。

85 小山田與清：《松屋筆記》（東京：國書刊行會，1908年），第2冊，頁124-125。同書，第1冊，〈例言〉。

86 瀧澤馬琴：《異聞雜稿》上冊，收入《續燕石十種》第2卷（東京：中央公論社，1980年），頁154-155。同書，朝倉治彥〈後記〉，頁434。

即使是砂糖價格下跌時，點心的大小也沒有變，只是甜味略有所增而已。同樣的事情在不同的時代也時有發生。

五　小結

　　江戶初期的日本通過中國船和荷蘭船進口外國砂糖。之後德川八代將軍吉宗下令從中國的文獻記載中學習中國的甘蔗栽培以及砂糖製造技術。另外，他還向來長崎的中國商人請教，收集甘蔗栽培及製糖方法。隨後便在駿河、三河、長崎、和歌山等地，即德川家的直轄領地上栽培種植。正如平戶藩藩主松浦靜山在《甲子夜話》所述，經過積極推廣甘蔗栽培，到了一百年後的文政年間，甘蔗栽培以及砂糖製造在日本各地已廣泛普及。所製造的砂糖在江戶時代為一般平民所食用，應用到各式食品製作中，如砂糖水賣、白玉賣、槲葉糕、熊野節、金山寺味噌、金團、魔芋田樂味噌、白味噌、赤味噌、茄子田樂味噌、金平糖、米花糖、熬制羊羹、饅頭、蕎麥饅頭等數不勝數。

　　如上所述，產自廣東潮州以及福建廈門、泉州等地砂糖，由沿海商船運到浙江的乍浦，再裝載到前往長崎的貿易船上。之後從長崎再通過大阪的批發商，把中國砂糖銷往日本各地。

　　此外，享保年間在德川吉宗主導下，積極引進中國的甘蔗栽培及製糖技術，努力發展國內的甘蔗種植及國產砂糖的生產。之後到了江戶中後期，砂糖已經廣泛應用於日本人的日常食品製作中，這些食品與現在食用的基本沒有差別。

　　日本一方面在整個江戶時代一直不斷地進口中國砂糖，另一方面自享保年間以後各地同時又在努力提高國產砂糖的產量。

清代臺灣南部地區幾種米價數據的探索

謝美娥[*]

一 前言

　　近年對清代時期臺灣米價的研究，以米價數據的質、量和價格數列的長度而言，府級米價方面，已建立了臺灣府一七三八至一八五〇年、臺北府一八七八至一八八八年可靠的價格數列，其價格史料來源皆為清代官方糧價報告系列中的糧價清單。[1]府級以下的區域米價數列，主要依賴民間的帳簿或類似帳簿的米價資料建立而成。例如，自《道光二十二年歲次壬寅吉置廣記總抄簿》析出的淡水廳興直堡廣記一八四三至一八六九年米價數列，從新竹枋寮義民廟收支帳《敕封粵東義民廟祀典簿》解譯出的竹塹地區一八三五至一八九三年米價數列，都是質量皆優的數據資料。[2]

　　清代官方糧價報告系列的糧價數據，是指經由「不規則報告」（Special Report）和「經常報告」（Regular Report）兩種管道而來的價格資料，兩者

---

[*] 　國立成功大學歷史學系助理教授

[1] 　謝美娥：《清代臺灣米價研究》（臺北：稻鄉出版社，2008年），頁14-16、101-110。
　　謝美娥：〈19世紀淡水廳、臺北府的糧食市場整合研究〉（淡江大學歷史學系主辦「第五屆淡水學國際學術研討會」，2010年10月15-16日）。

[2] 　王世慶：〈十九世紀中葉臺灣北部農村金融之研究：以興直堡銀主小租戶廣記為例〉，《清代臺灣社會經濟》（臺北：聯經出版事業公司，1994年），頁1-72。謝美娥：《清代臺灣米價研究》，頁123-130，〈表2.6〉、〈圖2.8〉。黃瓊儀：〈從《敕封粵東義民祀典簿》看清代竹塹地區的米價變化（1835-1893）〉（臺南：國立成功大學歷史研究所碩士論文，2010年）。

都是糧價陳報制度。前者為有上奏特權的官員將其駐地糧價隨時上陳，在摺中簡摘，沒有限制奏報格式。（書寫格式見〈圖1〉）後者自前者演變而成，由地方各行政層級官員負責，自知縣而知府而督撫，層層上報。其奏報格式自乾隆元年（1736）起有格式化的規範，縣級和府級須每月旬報、月報，省級政府的布政使須每月月報給督撫，並編造州縣糧價細冊呈給戶部，督撫則是每月都必須上奏摘述當月糧價情況，並須隨摺附上當地主要糧食的價格清單。[3]（書寫格式見〈圖2〉）雖然「經常報告」是正制，但兩種管道並存至清末。

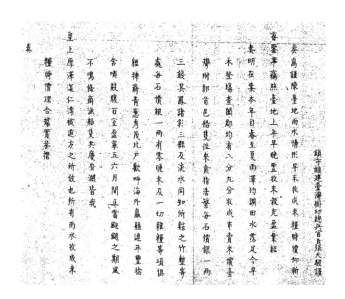

圖1：清代官方糧價報告系列——「不規則報告」，乾隆十年（1745）六月二十六日臺灣總兵張天駿奏

資料來源：中國第一歷史檔案館、海峽兩岸出版交流中心編：《明清宮藏臺灣檔案滙編》（北京：九州出版社，2009年），第22輯，頁286-287。

3　謝美娥：《清代臺灣米價研究》，頁14-15。

（前略）

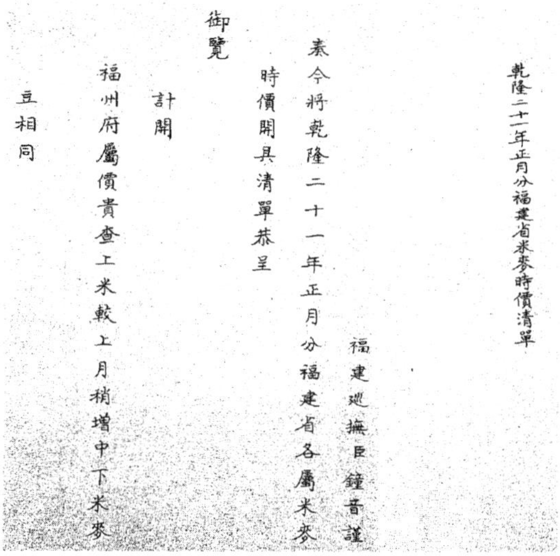

乾隆二十一年正月分福建省米麥時價清單
福建巡撫臣鐘音謹
奏今將乾隆二十一年正月分福建省各屬米麥
時價開具清單恭呈
御覽
計開
福州府屬價貴查上米較上月稍增中下米麥
豆相同

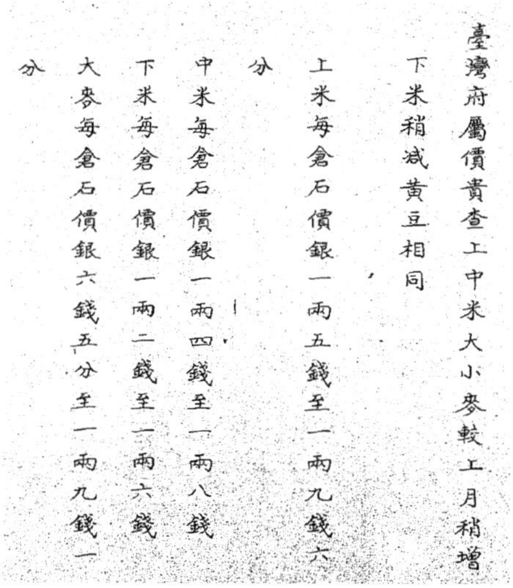

臺灣府屬價貴查上中米大小麥較上月稍增
下米稍減黃豆相同
上米每倉石價銀一兩五錢至一兩九錢六
分
中米每倉石價銀一兩四錢至一兩八錢
下米每倉石價銀一兩二錢至一兩六錢
大麥每倉石價銀六錢五分至一兩九錢一
分

圖2：清代官方糧價報告系列──「經常報告」，乾隆二十一年（1756）正月福建省糧價清單，福建巡撫鐘音奏。

資料來源：中國第一歷史檔案館、海峽兩岸出版交流中心編：《明清宮藏臺灣檔案滙編》，第38輯，頁409、417。

　　然而對清代臺灣史研究學群而言，糧價清單的利用並不多見，民間帳簿的使用則較為人所悉；唯帳簿時間連續性長者卻相對稀少，能從中解譯其米價訊息者更是少之又少。像岸裡大社、臺中龍井林家、頭份陳家、屏東鄭家等帳簿都被認為是經濟訊息較多者，雖然多少記有米價訊息，但是價格的時間連續性不足是這些資料最大的缺點。另有霧峰林家勝錦榮號（自一八八〇年代起有記錄）和新竹北埔姜家薑茂豐號，帳簿量堪列前矛，惟其中究竟有多少米價訊息，至今尚未見解譯或研究。[4]

　　以上各種已公開的帳簿米價資料以及上列四種已建立的米價數列，除臺灣府外，其米價指涉的地理空間都在中北部。那麼，其他區域是否存在數據可靠且米價數列斷限較長的價格史料？據知，臺南安平顏家帳簿（同治七至十二年，1868-1873），是難得的南部地區出土的帳簿。[5]顏家古帳稱有八本之多，記有穀價資料者六條，其中稻穀換銀且有容量單位元（石）可計者僅兩個年度（1871、1873）。[6]另一可能也是南部地區的道光年間大租戶糖租帳冊，記有道光十九至三十年間（1839-1850）五種大租粟及其折銀元七三銀的數目。這些大租粟折銀記錄雖然長達十二年，但並不能視為實際米穀價格的訊息。例如帳冊記一八三九至一八四六年的「柯權大租粟壹石柒斗」，折銀二元；另外一筆一八三八至一八五〇年的「林光福頂林雨大租粟貳石」，折銀二元。如果當成實際米價訊息，則帳簿所在地相同斷限年間的米價究屬哪一種？其米價如何可能長達十餘年不變？[7]因此，研究者渴求的是帳簿中米價訊息或與之相關的有效資料。無論如何，已有的研究顯示，來自帳簿的

4　同前註，頁10-14。

5　《臺南文化》編纂組：〈採訪記〉，《臺南文化》，第4卷第1期（1954年9月），頁70-79。黃典權：〈古帳研究一例〉，《臺南文化》，第6卷第3期（1959年），頁1-89。李晃世、黃典權：〈清代臺灣地方物價之研究〉，《國立成功大學歷史系歷史學報》，第4號（1977年），頁41-129。

6　黃典權：〈古帳研究一例〉，頁8-9。

7　李晃世、黃典權：〈清代臺灣地方物價之研究〉，頁53-62。

米價資料還是以中北部為主，南部仍然闕如。

如上所述，依據已公開或出土的帳簿史料建立南部地區的米價數列，目前實屬奢求；利用糧價清單建立的分區的米價數列亦只有臺北府。然而糧價清單確實有南部地區的米價數據，因而有必要探索官方糧價報告系列中的米價數據，看看是否可能建立清代南部地區可靠的米價數列。以下將官方糧價報告系列中的米價數據分為奏摺摺文中的零奏糧價、「經常報告」之糧價清單兩項加以討論，並試圖評估這些米價數據的可靠性和可用性。

二　奏摺摺文中的零奏糧價

近年隨著清代官方檔案出版的逐年增加，官方糧價報告系列米價數據的取得較前容易。臺灣的部份，陳秋坤、許世融曾利用過，係使用國立故宮博物院出版的宮中檔雍正、乾隆兩朝奏摺。[8] 兩位學者使用的是奏摺摺文中摘述的米價數據，而摺文中的米價摘述，有的屬於「不規則報告」系統，有的則是基於「經常報告」系統中的糧價清單摘錄而成，筆者將這一類的米價數據稱為零奏糧價。清代官員摺奏臺灣糧價時，其摺文並不一定逐縣摘述當月糧價情況，有時以一個價格約略指稱全臺，有時以北路、南路概括，有時則多縣並提。本文剔除摺文指稱可能是全臺範圍的米價數據後，凡稱及府治、郡治、郡城以及臨近郡城的鳳山、諸羅（嘉義）在內的米價數據，予以蒐集彙整（見文後〈附錄一〉）。這些數據的時間為十八世紀，主要指臺灣一府時期環繞臺灣府治和附郭臺灣縣一帶，或稱為南部地區的米價亦無不當。[9]

8　陳秋坤：〈十八世紀上半葉臺灣地區的開發〉（臺北：國立臺灣大學歷史研究所碩士論文，1975年）；〈清初臺灣地區的開發（1700-1756）──由米價的變動趨勢做若干觀察〉，《食貨月刊》，復刊第8卷第5期（1978年），頁25-37。許世融：〈清雍正乾隆時期臺灣米價分析〉，《史耘》，第3/4期（1998年9月），頁107-141。

9　清代臺灣行政區域的變動歷經一府時期、二府時期和建省時期。一府時期稱臺灣府，自康熙二十三年至光緒元年（1683-1875）；光緒元年以後至光緒十三年（1876-1887）為二府時期，有臺北府、臺灣府；光緒十四年（精確而言為光緒十三年年底）至光緒二十年（1888-1894）為建省時期，臺灣省下轄臺北府、臺灣府、臺南府、臺東直隸

　　零奏糧價的利用價值如何？是否可以據之建立米價的變動面貌？上文提到，「經常報告」系統出現並成為糧價陳報的正制之前，唯有仰賴「不規則報告」系統的運作，使糧食市場行情向上傳達，因此零奏糧價應可以呈現乾隆元年（1736）以前的糧價波動情形。然而由於現存檔案並非月月完整、年年相繼，「不規則報告」系統也未必每月奏報，所以零奏糧價能反映的糧價變動訊息乃某時某點之況，為跳躍式的。如果企圖以之概括某地一年乃至多年的糧價波動趨勢，恐怕方法和結論都大有問題。

　　應注意的是，零奏糧價的奏報時間經常出現在糧食作物收成季節，所以其價格偏向呈現一年中可能向低價變化的起始月或收成時節的低價月，無法看出糧價的季節變化。例如圖1，臺灣總兵張天駿於乾隆十年（1745）六月二十六日（西曆七月下旬）上的奏摺內容，就是早稻登場後的市賣米價。[10]據筆者研究，六至八月（西曆）是臺灣雙季稻的早稻及單季早稻的收穫季，米價的高峰期在四至六月，隨著六至八月稻米投入市場的量逐月增加，價格在七至八月才明顯下滑；其後又因十至十一月雙季稻的晚稻及單季晚稻的收穫，價格下降直到十二月，而進入一月，米價才轉而上升。[11]（見〈圖3〉）〈表1〉為中米或中下米的米價月份比例（將〈附錄一〉中的上米、下米兩種糧別以及以錢價計算的米價均予剔除），統計其月份筆數的百分比後可以看出，十一至十二月的百分比最高，七月其次。這是可以理解的，據〈圖3〉，頻次居冠的十一至十二月正是低價期月份，而且據一七五四年官員的評估，臺灣早稻佔百分之三十至四十，晚稻佔百分之六十至七十，[12]可見秋季稻

州。一府時期自康熙二十三年至光緒元年（1683-1875），稱臺灣府。謝美娥：《清代臺灣米價研究》，頁73。另，礙於有限的精力，〈附錄一〉為筆者處理《清代臺灣米價研究》時隨手蒐集的資料，其來源雖然包括未出版的檔案，但尚未窮盡這兩年北京第一歷史檔案館出版的臺灣相關檔案。此外，由於「經常報告」確立後，「不規則報告」在十九世紀中期以後越加少見，所以零奏糧價數量也相對地少。

[10] 中國第一歷史檔案館、海峽兩岸出版交流中心編：《明清宮藏臺灣檔案滙編》（北京：九州出版社，2009年），第22輯，頁287。

[11] 謝美娥：《清代臺灣米價研究》，頁169、248-249。

[12] 洪安全主編：《清宮宮中檔奏摺臺灣史料》（臺北：國立故宮博物院，2001-2003年），

穫對降低米價的作用較前季更為顯著。另外，統計〈表1〉，陳報的米價月份在七至十月者佔百分之六十四，偏向全年季節變化的低價期。雖然〈表1〉所示主要為十八世紀，但包含大部份已公開的奏摺所載，所以這個數值有其代表性。

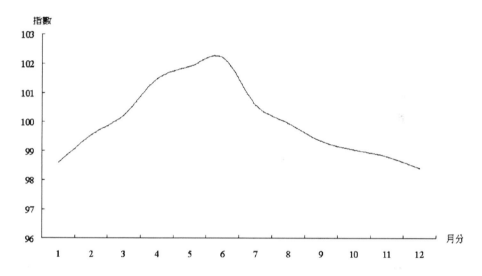

圖3：清代臺灣府米價季節變動（1738-1850）

資料來源：謝美娥，《清代臺灣米價研究》，頁248，〈圖3.1〉。

表1：臺灣府治及其週邊地區米價（1725-1824）月份筆數百分比

月份（西曆）	1	2	3	4	5	6	7	8	9	10	11	12
筆數	7	3	7	5	3	4	8	7	5	4	17	11
百分比	9%	4%	9%	6%	4%	5%	10%	9%	6%	5%	21%	14%

資料來源：〈附錄一：零奏糧價——臺灣府治及其週邊地區米價（1725-1824）〉。

　　上述零奏糧價價格的季節偏向特性，不能說只有南部地區才如此，若蒐集其他地區這類糧價予以觀察，其情形極可能相似。據此，使用零奏糧價中各單個時點的價格論稱某地米價的隨著時間高低變化時，應避免將之一概歸納為該地的價格水平常態。其次，零奏糧價中同一月份的價格未必每年都有，所以數量方法上不可以將各年同月份的價格平均就視為是季節變動。[13]由於零奏糧價的數據缺憾，建立可用的米價時間數列有其困難，遑論對其長期趨勢、季節變動等面貌的精確瞭解。

三　「經常報告」之糧價清單中的米價數據

　　這一來源的米價資料——糧價清單，如〈圖2〉所示，依照制式化的格式書寫，計價單位元（貨幣、容量）也都一致，所記為府級行政區的每月價格，每種糧食都列有價格區間，為當月該府的最高和最低價格。由於糧價清單是以府為計屬單位，所以清單中的高價和低價所指涉的府級以下價格地理區（縣）並非月月相同。例如，某月某府的最高價和最低價分別來自甲縣和乙縣，但次月的最高價和最低價為來自丙縣和丁縣，再次月則是乙縣和丙縣居其最。換言之，清單中的最高價和最低價未必月月恆常為某甲縣、某乙縣。清單上沒有書寫最高價和最低價究竟從府內哪個縣得來，研究者當然不能擅自指定清單中的最高價一定是某甲縣，而最低價必然是某乙縣。即便甲縣到丁縣之間在某年以及另幾年似乎雜在相似的高低價差順序，但未必整個清代時期都是這種順序，因此更不能妄自指定在較長年段中清單中的最高價必指某縣，而最低價定為某縣。這是利用糧價清單價格數據時應該特別注意的基本認知，否則無論其研究結論如何，都是基於錯誤認知的推定，不足採信。

　　由於糧價清單具有計價單位一致、時間連續性強以及資料量多的優點，

13　許世融：〈清雍正乾隆時期臺灣米價分析〉中所談的季節變動正是這樣算出的，這是方法上的錯誤。

雖然部份價格數據未必年年具足十二個月的價格記錄，但很幸運地，現在留存的清代各省糧價清單除了某些年數外，大抵月月相連、年年相繼，其不足十二個月的年，可視其不同的缺值情形運用適當的統計方法予以補值，並不影響價格數據的變動。

糧價清單來源的臺灣一七三八至一八六二年、一八七六至一八九四年的價格數據，符合上述條件。其中，臺灣為隸屬福建省一府時期時，其糧價清單上的米價資料示意的空間範圍稱為臺灣府米價。至仍隸屬福建省的二府時期和臺灣省時期，其米價空間已可表示臺灣內部分區（府級）的價格訊息。分區米價資料自光緒元年十二月二十日（1876年1月16日）後才出現，因此稱為臺北府、臺灣府的米價所示意的地理範圍為南、北兩個地區。光緒十三年九月十六日至一八八七年十一月一日決議升省後，米價的分期斷限權宜以光緒十四年（1888）來分。[14] 二府時期臺北府轄區南至新竹縣，其餘縣廳為臺灣府範圍。若臺灣以南北二分，則包含彰化縣、埔裏社廳在內的臺灣府可稱為南部地區。至臺灣省時期，省下轄臺北府、臺灣府、臺南府、臺東直隸州，米價的地理空間有東、北、中、南之分，此時的臺南府即是南部地區，府下轄嘉義縣、安平縣、鳳山縣、恆春縣、澎湖廳。

以下分別就不同時期的南部地區米價數據，考察其完整程度（遺漏值比例）以及經過可靠性評估後價格數據的可用程度。[15] 糧價清單來源的臺灣米價數據可以從王業鍵編製的「清代糧價資料庫」和中國社會科學院經濟研究所編的《清代道光至宣統間糧價表》取得。[16]

---

[14] 謝美娥：《清代臺灣米價研究》，頁73。

[15] 謝美娥：〈十九世紀後半期臺灣米價數據的初步探索〉（廣州：中山大學歷史系等主辦「紀念梁方仲教授誕辰一百周年中國社會經濟史研究國際學術討論會」，2008年11月20-21日）。〔論文集出版審查中〕

[16] 「清代糧價資料庫」於二〇〇八年完成，置於中央研究院近代史研究所網站，為王業鍵費數十寒暑蒐集北京、臺北兩地糧價清單以及合併第一歷史檔案館發行的《宮中糧價單》微卷建置而成。此資料庫可按中西曆時間、糧食種類、府級區域檢索。（謝美娥，「中央研究院九十七年度利用數位典藏改善學術研究環境計畫」之「『清代糧價資料庫』的整理與建置」成果報告〉，2008年12月）至於中國社會科學院經濟研究所

〈表2〉是糧價清單中臺灣南部地區的米價數據斷限，如表所示，福建省二府時期米價數據起訖年月為光緒二年一月至光緒十三年十二月（一八七六年二月至一八八八年一月），臺灣省時期為光緒十五年四月至光緒二十年九月（一八八九年五月至一八九四年十月）。兩個時期的時間並未接續，加上其米價地理範圍出入不小，前一時期的南部地區四至範圍較大，大致多出了新竹縣到嘉義縣中間這一帶和臺東州，因此無法將這兩個時期的米價合併。

表2：清代臺灣南部地區米價數據斷限

時期	行政區	米價數據起訖年月
福建省二府時期	臺灣府	光緒2年1月-光緒13年12月 （1876年2月-1888年1月）
臺灣省時期	臺南府	光緒15年4月-光緒20年9月 （1889年5月-1894年10月）

資料來源：〈附錄二〉。

　　米價資料的遺漏情形，需從有價格月數的百分比值來看。如〈表3〉所示，兩個時期的南部地區米價資料在有價格年數期間，其有價格月數的比例都在九成上下，可說相當高，表示數據缺漏少、連續性較強，有助於長時段米價變動趨勢的分析。二府時期臺灣府一八七六年一月缺值、臺灣省時期臺南府一八八九年一至四月缺值，所缺月份甚少，如不補遺漏值，也不會有太大的影響。

編：《清代道光至宣統間糧價表》（桂林：廣西師範大學出版社，2009年）臺灣在第14冊，即俗稱的「抄檔」，為一九三〇年代轉抄北京故宮博物院藏的糧價清單為表格化形式並輯成書冊的糧價資料，藏於北京中國社會科學院經濟研究所。王業鍵曾與該單位合作，擬將「抄檔」轉成資料庫形式（當時稱為「清代糧價數據庫」），可惜後來未持續合作，只有各省的電子檔，但沒有與「清代糧價資料庫」合併；而典藏單位也沒有將之建置成具有檢索功能的電子資料庫，而是出版紙本書冊，其樣式即當初製成的電子檔格式。本文使用的「抄檔」是作者二〇〇四年親至典藏單位複印的原書冊的臺灣部分，並與《宮中糧價單》做過校核。

表3：清代臺灣南部地區米價有價格月數比例

時期	府	有價格月數%
福建省二府時期	臺灣府	89
臺灣省時期	臺南府	92

資料來源：〈附錄二〉。

　　雖然南部地區兩個時期的米價數據缺值甚少，但究竟可否利用，應進行可靠性評估。根基於可靠程度高的米價數據做的數量分析，所詮釋經濟意含才有意義。此處使用米價連續不變月數比例做為指標，以便判斷哪種糧別、哪個時期、低價或高價的米價應該取用或摒棄。[17]筆者將米價連續不變月數比例分為三個群組來觀察：

1. 小於等於三個月，即月數在三個月及其以下者
2. 大於等於七個月且小於十三個月者
3. 大於等於十三個月者，同時也列出米價連續不變月數的最大值（連續相同價格的最長月數）以為參考

　　判斷的準則是，第一群組的比例須愈高愈理想，而第三群組的比例要愈低愈好；第二群組的比例和連續相同價格的最長月數值則做為輔助參考。

　　〈表4〉和〈表5〉為按照如上指標計算出的各群組比例，計算之前都先將中曆價格轉換為西曆價格，以解決中曆年出現十三個月的問題。[18]如表所示，「小於等於三個月」群組中，福建省時期臺灣府三種米價低價大致在六成近七成間，高價略少；而臺灣省時期臺南府三種米價低價比例顯著的低，高價比例竟只有其低價比例的二分之一或少一成。以這個群組來看，無論哪個時期、哪種糧別的米價，低價數列都比高價數列的百分比要來得高。再看

---

[17] 謝美娥：《清代臺灣米價研究》，頁85-86。

[18] 每個中曆月大都會跨二個西曆月（或三個西曆月），中西曆轉換乃是按中曆月各佔該西曆月不同比例的日數來計算價格。

「大於等於十三個月」群組，這個群組的比例應該愈小愈好，表中臺灣省時期臺南府三種米價低價的比例都是○，高價卻達百分之三十五之高。與福建省時期臺灣府相較，雖然其低價比例較前一時期為低，但是高價比例竟高於後者近三倍。與此輔助觀察的是，米價連續不變月數的最大值出現在臺灣省時期臺南府各種米價。

以上的可靠性評估顯示，兩個時期米價數據的表現差異頗大，幾可確定福建省時期臺灣府米價數據的可靠性相對較高，其中低價數列又比高價數列來得好，可用以分析價格的經濟意含（以低價數列為宜；〈圖4.1〉至〈圖4.3〉為這一時三種米價六個數列的逐月米價圖）。至於臺灣省時期臺南府米價，筆者認為整個時期各種米價數列皆不可用。換言之，「經常報告」之糧價清單中南部地區的米價數據，其可靠性以福建省時期臺灣府（1876.2-1888.1）米價低價數列最佳。

表4：福建省時期臺灣府（1876.2-1888.1）米價連續不變月數比例

項目	上米				中米				下米			
	低價		高價		低價		高價		低價		高價	
	a	b	a	b	a	b	a	b	a	b	a	b
A	97	**67%**	78	54%	89	**62%**	68	47%	97	**67%**	63	44%
B	21	15%	29	20%	17	12%	31	22%	17	12%	50	35%
C	13	9%	18	13%	13	9%	19	13%	0	0%	19	13%
D	13		18		13		19		10		19	

說明：A=小於等於三個月，B=大於等於七個月且小於十三個月，C=大於等於十三個月，D=連續不變月數最大值。a表米價連續不變月數，b表百分比。

資料來源：〈附錄二：福建省時期臺灣府及臺灣省時期臺南府米價〉。

表5：臺灣省時期臺南府（1889.5-1894.10）米價連續不變月數比例

項目	上米				中米				下米			
	低價		高價		低價		高價		低價		高價	
	a	b	a	b	a	b	a	b	a	b	a	b
A	23	**35%**	12	18%	23	**35%**	15	23%	21	**32%**	15	23%
B	25	38%	8	12%	25	38%	7	11%	34	52%	8	12%
C	0	0%	35	53%	0	0%	35	53%	0	0%	35	53%
D	10		35		10		35		10		35	

說明：同〈表4〉。

資料來源：〈附錄二：福建省時期臺灣府及臺灣省時期臺南府米價〉。

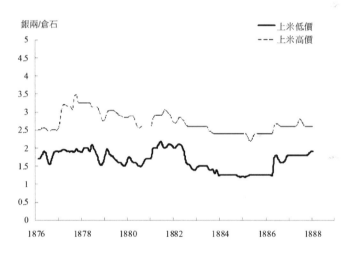

圖4.1：福建省時期臺灣府（1876.2-1888.1）上米逐月米價

資料來源：〈附錄二：福建省時期臺灣府及臺灣省時期臺南府米價〉。

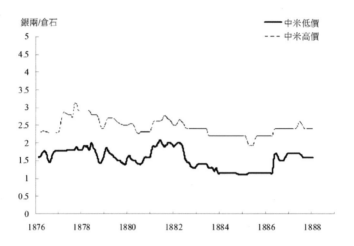

圖4.2：福建省時期臺灣府（1876.2-1888.1）中米逐月米價

資料來源：〈附錄二：福建省時期臺灣府及臺灣省時期臺南府米價〉。

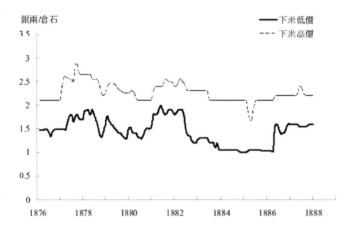

圖4.3：福建省時期臺灣府（1876.2-1888.1）下米逐月米價

資料來源：〈附錄二：福建省時期臺灣府及臺灣省時期臺南府米價〉。

四　結論

　　本文針對清代臺灣南部地區來自官方糧價報告系列的兩種米價數據——奏摺摺文中的零奏糧價、糧價清單中的米價——進行數據性質的探索，以便瞭解可靠的米價數列的建立是否可能。這是因為目前學界已建立的米價數列，主要依據兩類來源的數據史料而成，一為帳簿史料，一為官方糧價報告系列。就地理範圍而言，既有的可靠的米價數列除了概指全臺範圍的臺灣府（1738-1850）之外，大都在中北部範圍之內，像臺北府（1878-1888）、淡水廳興直堡（1843-1869）、竹塹（1835-1893），而南部地區仍然闕如。然而，優質的帳簿史料可遇不可求，唯官方糧價報告系列尚有南部地區的米價數據可供探索。此處的南部地區，其範圍因米價示意的地理空間和清代臺灣行政區的先後調整而有不同。在隸屬福建省的二府時期，南部地區指臺灣府，新竹縣以南的縣廳皆其範圍。至臺灣省時期，則指臺南府，包括嘉義縣、安平縣、鳳山縣、恒春縣、澎湖廳。

　　南部地區的米價數據，來自零奏糧價者，本文蒐集的是十八世紀臺灣府治及其週邊地區。這些數據只能反映某時某點的糧價變動訊息，無法以之概括某地一年乃至多年的糧價波動趨勢。而且，零奏糧價的奏報時間經常出現於糧食作物收成季節，其價格偏向呈現一年中可能向低價變化的起始月或收成時節的低價月，無法看出糧價的季節變化。

　　相較之下，來自糧價清單的米價數據的可利用價值較高，這一來源的米價數據為月報米價，具有計價單位一致、時間連續性強以及資料量多的優點。本文從王業鍵編製的「清代糧價資料庫」和中國社會科學院經濟研究所編的《清代道光至宣統間糧價表》取得米價資料，斷限為福建省二府時期臺灣府光緒二年一月至光緒十三年十二月（1876年2月至1888年1月）、臺灣省時期臺南府光緒十五年四月至光緒二十年九月（1889年5月至1894年10月）。將這批數據進行可靠性評後發現，無論哪一種糧別，福建省時期臺灣府米價數據的可靠性相對較高，其中低價數列又比高價數列好。而臺灣省時

期臺南府米價，所有糧別的米價數據皆不可用。也就是說，「經常報告」之
糧價清單中南部地區的米價數據，以福建省時期臺灣府（1876.2-1888.1）低
價數列米價最可靠、可利用性最高。

附錄一：零奏糧價——臺灣府治及其週邊地區米價（1725-1824）

價格：每倉石庫平銀（分）

年號	年	奏摺日期（中曆）	價格所指月份（中曆）	價格空間	糧別	低價	高價	價格	備註
雍正	3	1016	10月	臺灣府治	穀	33	34		
雍正	3	1025	10月	臺灣鳳山	米	128	129		
雍正	5	0604	6月	臺灣縣	米			192	
雍正	5	1013	10月	臺灣縣	米			117	
雍正	5	1013	10月	臺灣縣	穀			114	
雍正	6	1104	11月	臺灣縣	米			130	
雍正	6	1104	11月	臺灣縣	穀			100	
雍正	7	1015	10月	臺灣縣	米			114	
雍正	7	1015	10月	臺灣縣	穀	84	86		
雍正	8	1011	10月	臺灣縣	米			86	
雍正	8	1011	10月	臺灣縣	穀			72	
雍正	9	1120	11月	臺灣縣	穀			84	
雍正	10	0225	2月	臺灣縣	白米			120	
雍正	10	0225	2月	臺灣縣	穀			94	
雍正	10	0502	5月	臺灣縣	米			120	
雍正	10	1013	10月	臺灣縣	上米			120	
雍正	10	1013	10月	臺灣縣	穀			82	
雍正	11	0715	7月	府治	新米			80	

雍正	11	0715	7月	府治	舊米			90	
雍正	11	1118	11月	臺灣縣	米	120	130		
雍正	11	1124	11月	臺灣縣	上米			111	
雍正	11	1215	12月	臺灣府治	粗米	86	95		
雍正	12	1129	11月	臺灣縣	上米			120	
雍正	12	1129	11月	臺灣縣	穀			110	
雍正	12	1208	12月	臺灣府治	粗米	87	90		低價在86-87之間，以均價計
雍正	13	1125	11月	臺灣府治	粗米			105	
雍正	13	1204	11月末12月初	臺灣縣	上米			115	
雍正	13	1204	12月	臺灣縣	穀			94	
乾隆	3	0525	5月	臺灣府治	下米	155	165		
乾隆	4	0521	5月	臺灣府治	稻米	90	95		
乾隆	7	1016	10月	府治				134	
乾隆	9	無月日	正月中旬	臺鳳諸彰	米	147	190		
乾隆	9	無月日	1-2月	臺灣府（城）	上米			180	
乾隆	9	無月日	1-2月	臺灣府（城）	次米			170	
乾隆	9	0121	1月	臺灣郡城	米			170	
乾隆	9	0304	3月	臺灣郡城	上糙米	220	230		
乾隆	9	0326	3月	臺灣郡城	上糙米	204	205	205	

乾隆	9	0828	8月	臺灣郡城	米			130	
乾隆	9	1218	晚稻穫後	郡城	米			110	
乾隆	10	0626	6月	臺灣附郭首邑	米			130	
乾隆	10	0812	8月	臺灣郡城及各邑	米			120	
乾隆	10	0905	9月	臺灣郡城及各邑	米	100	130		
乾隆	10	無月日	約10月初	臺灣郡城及各邑	米			120	
乾隆	10	無月日	約11月初	臺灣首邑	米			130	
乾隆	11	0117	1月	臺灣郡城	米			130	
乾隆	11	閏304	閏3月	臺灣郡城及各縣	米	120	135		高價在130-140之間，以均價計
乾隆	11	0429	4月	郡城	米			180	
乾隆	11	0617	6月	郡城	米			140	
乾隆	11	0617	6月	郡治	米			150	
乾隆	11	1022	10月	郡城	米			173	
乾隆	11	1022	10月	府治	米			172	
乾隆	11	1126	11月	臺灣郡城	米			210	
乾隆	11	1227	12月	臺灣縣	下米			162	

乾隆	12	0215	2月	郡城	米			160	
乾隆	12	0707	7月	郡城	米			140	
乾隆	12	1019	10月	郡城	米			140	
乾隆	12	1217	12月	郡城	米			140	
乾隆	13	0703	7月	郡城	米			160	
乾隆	13	0911	9月	郡城	米			220	
乾隆	13	1027	10月	臺邑	米			200	
乾隆	13	1121	11月	郡城	米			190	
乾隆	13	1202	12月	臺彰	米			200	
乾隆	16	0122	1月	臺灣郡城	中米	130	140		
乾隆	16	0703	7月	臺灣縣	米			150	
乾隆	16	1001	10月	臺鳳	米	140	150		
乾隆	17	0308	正月下旬	臺灣縣	米	142	190		
乾隆	17	0310	3月		米	215	255		低價在210-220之間，高價在250-260之間，各以均價計
乾隆	17	無月日	約3月		米			260	
乾隆	17	0420	4月	臺灣府治	米	214	215		
乾隆	17	0916	9月	府治	米			214	
乾隆	17	1207	12月	臺灣府治	米			200	
乾隆	18	0727	7月	郡城（應是指臺灣縣）	米			200	
乾隆	18	1115	11月	府治	米			200	

乾隆	19	1210	12月	郡治	米			225	
乾隆	19	0620	6月	府治	米			200	
乾隆	19	1109	11月	郡治	米			225	
乾隆	20	0305	3月	郡城及諸彰	米	235	265		低價在230-240之間，高價在260-270之間，各以均價計
乾隆	20	0312	3月	郡城及諸彰	中米	230	240		
乾隆	20	0516	4月下旬-5月	郡城	米	210	220		
乾隆	20	0612	6月	郡城及鳳山縣	米			200	
乾隆	20	0720	7月	郡城及鳳山諸羅	米	170	180		
乾隆	20	0807	8月	郡治	米	170	180		
乾隆	20	0911	9月	郡城及鳳山諸羅	米			200	原摺稱價在200以上，以200計
乾隆	21	0217	2月	郡城	米				錢1100-1200文
乾隆	29	0413	4月	郡城	上米			230	
乾隆	31	0408	4月	臺灣郡	米	130	175		高價在170-180之間，以均價計
乾隆	32	0908	7-8月	臺灣府城	上米			170	
乾隆	32	0908	7-8月	臺灣府城	中次米			160	
乾隆	32	0908	7-8月	臺灣府城	穀			160	
乾隆	52	0223	2月	府城	米			210	

嘉慶	21	0415	4月	郡城	上米				每斗550-560文
嘉慶	21	0415	4月	郡城	中下米				每斗520-540文
嘉慶	21	0528	5月	郡城	上米				每斗450-460文
道光	4	0617	6月	鹿耳門	米	260	280		
道光	4	8	6月	鹿耳門	米	260	270		
道光	5	4	4年11月	臺灣	上米	240	280		

說明：1. 不同資料來源但同一人奏報者只計一筆。

　　　2. 若摺文已指定為某月之價，依其指定；若未指定，因文中常稱「目下」、「現今」等語，皆視為奏報當月的價格。

　　　3. 別除指稱全臺範圍的米價奏報。

　　　4. 原摺為穀價者，以二穀一米轉為米價。

資料來源：

《雍正硃批奏摺選輯》（臺灣文獻叢刊第300種，中央研究院漢籍電子文獻）。

「軍機處全宗（1729-1911）」之「軍機處錄副雍正、乾隆朝」，全文影像，北京：中國第一歷史檔案館。

中國第一歷史檔案館：《軍機處錄副奏摺：全國水利雨水自然災害資料》（北京：中國第一歷史檔案館，1990年），微卷編號692-714。

中國第一歷史檔案館：《雍正朝漢文硃批奏摺彙編》（南京：江蘇古籍出版社，1986年）。

中國第一歷史檔案館、海峽兩岸出版交流中心編：《明清宮藏臺灣檔案滙編》（北京：九州出版社，2009年）（部份）

中國第一歷史檔案館編：《宮中硃批奏摺‧財政類‧倉儲》（影印本，北京：中國第一歷史檔案館，1987年）。

洪安全主編：《清宮宮中檔奏摺臺灣史料》（臺北：國立故宮博物院，2001-2003年）。

洪安全總編輯：《清宮奏摺檔臺灣史料》（光碟，臺北：國立故宮博物院，2002年）。

「軍機檔‧月摺包」（臺北：國立故宮博物院圖書文獻處）。

國立故宮博物院圖書文獻處文獻股：《宮中檔雍正朝奏摺》（臺北：國立故宮博物院，1977-1980年）。

國立故宮博物院圖書文獻處文獻股：《宮中檔乾隆朝奏摺》（臺北：國立故宮博物院，1982年）。

附錄二：福建省時期臺灣府及臺灣省時期臺南府米價

附表1.1：福建省時期臺灣府（1876.2-1888.1）上米低價

價格：每倉石庫平銀兩

月 年	1	2	3	4	5	6	7	8	9	10	11	12
1876		1.70	1.72	1.82	1.90	1.84	1.63	1.54	1.69	1.85	1.90	1.90
1877	1.90	1.93	1.95	1.95	1.92	1.90	1.90	1.90	1.90	1.98	1.91	1.90
1878	1.90	2.00	2.00	2.00	1.90	2.10	1.99	1.89	1.77	1.58	1.52	1.63
1879	1.80	1.97	1.87	1.80	1.76	1.70	1.66	1.60	1.60	1.55	1.50	1.56
1880	1.73	1.73	1.63	1.60	1.60	1.52	1.50	1.50	1.59	1.69	1.70	1.70
1881	1.72	2.00	2.00	2.01	2.11	2.18	2.08	2.00	2.03	2.10	2.10	2.06
1882	2.00	2.04	2.10	2.10	2.05	1.90	1.64	1.56	1.54	1.44	1.40	1.40
1883	1.47	1.50	1.50	1.50	1.50	1.50	1.41	1.40	1.40	1.30	1.40	1.25
1884	1.25	1.25	1.25	1.25	1.25	1.25	1.25	1.25	1.25	1.23	1.20	1.20
1885	1.20	1.20	1.22	1.25	1.25	1.25	1.25	1.25	1.25	1.25	1.25	1.25
1886	1.25	1.25	1.25	1.25	1.75	1.80	1.70	1.60	1.60	1.62	1.72	1.80
1887	1.80	1.80	1.80	1.80	1.80	1.80	1.80	1.80	1.80	1.80	1.85	1.90
1888	1.90											

附表1.2：福建省時期臺灣府（1876.2-1888.1）上米高價

價格：每倉石庫平銀兩

月 年	1	2	3	4	5	6	7	8	9	10	11	12
1876		2.50	2.51	2.55	2.55	2.54	2.48	2.47	2.50	2.50	2.50	1.77
1877	2.62	2.99	3.20	3.20	3.17	3.15	3.15	3.08	3.45	3.47	3.28	1.80
1878	3.25	3.25	3.25	3.25	3.25	3.15	3.15	3.15	3.13	3.01	2.83	1.53
1879	2.81	2.98	3.05	3.05	3.05	3.03	2.98	2.93	2.90	2.87	2.85	1.40
1880	2.85	2.88	2.90	2.86	2.70	2.58	2.56	2.60	2.61	2.61	2.61	1.60
1881	2.62	2.81	2.90	2.91	2.91	2.91	2.94	3.06	3.03	2.96	2.91	1.96
1882	2.70	2.70	2.78	2.86	2.80	2.75	2.65	2.60	2.60	2.60	2.60	1.30

1883	2.60	2.60	2.60	2.60	2.60	2.60	2.47	2.46	2.40	2.40	2.40	1.15
1884	2.40	2.40	2.40	2.40	2.40	2.40	2.40	2.40	2.40	2.40	2.40	1.10
1885	2.40	2.40	2.31	2.21	2.21	2.32	2.40	2.40	2.40	2.40	2.40	1.15
1886	2.40	2.40	2.40	2.40	2.63	2.66	2.66	2.61	2.60	2.60	2.60	1.70
1887	2.60	2.60	2.60	2.60	2.66	2.80	2.76	2.66	2.60	2.60	2.60	1.60
1888	2.60											

附表1.3：福建省時期臺灣府（1876.2-1888.1）中米低價

價格：每倉石庫平銀兩

月 年	1	2	3	4	5	6	7	8	9	10	11	12
1876		1.60	1.62	1.72	1.77	1.72	1.53	1.44	1.59	1.73	1.77	1.77
1877	1.77	1.77	1.77	1.77	1.79	1.80	1.80	1.80	1.80	1.88	1.81	1.80
1878	1.80	1.90	1.90	1.90	1.80	2.00	1.89	1.79	1.67	1.48	1.42	1.53
1879	1.70	1.87	1.77	1.70	1.66	1.60	1.56	1.50	1.50	1.45	1.40	1.40
1880	1.59	1.63	1.53	1.50	1.50	1.42	1.40	1.40	1.49	1.59	1.60	1.60
1881	1.62	1.90	1.90	1.91	2.01	2.08	1.98	1.90	1.93	2.00	2.00	1.96
1882	1.90	1.94	2.00	2.00	1.95	1.80	1.54	1.46	1.44	1.34	1.30	1.30
1883	1.37	1.40	1.40	1.40	1.40	1.40	1.31	1.30	1.30	1.20	1.30	1.15
1884	1.15	1.15	1.15	1.15	1.15	1.15	1.15	1.15	1.15	1.13	1.10	1.10
1885	1.10	1.10	1.12	1.15	1.15	1.15	1.15	1.15	1.15	1.15	1.15	1.15
1886	1.15	1.15	1.15	1.15	1.65	1.70	1.60	1.50	1.50	1.52	1.62	1.70
1887	1.70	1.70	1.70	1.70	1.70	1.70	1.66	1.60	1.60	1.60	1.60	1.60
1888	1.60											

附表1.4：福建省時期臺灣府（1876.2-1888.1）中米高價

價格：每倉石庫平銀兩

年\月	1	2	3	4	5	6	7	8	9	10	11	12
1876		2.30	2.31	2.33	2.33	2.32	2.30	2.30	2.30	2.30	2.30	2.30
1877	2.33	2.64	2.85	2.85	2.82	2.80	2.80	2.73	3.10	3.12	2.93	2.90
1878	2.90	2.90	2.90	2.90	2.90	2.80	2.80	2.80	2.78	2.66	2.48	2.40
1879	2.46	2.63	2.70	2.70	2.70	2.68	2.63	2.58	2.55	2.52	2.50	2.50
1880	2.50	2.53	2.55	2.51	2.39	2.29	2.27	2.31	2.32	2.32	2.32	2.32
1881	2.33	2.52	2.62	2.62	2.62	2.62	2.65	2.77	2.74	2.67	2.65	2.56
1882	2.50	2.50	2.58	2.66	2.60	2.55	2.45	2.40	2.40	2.40	2.40	2.40
1883	2.40	2.40	2.40	2.40	2.40	2.40	2.22	2.20	2.20	2.20	2.20	2.20
1884	2.20	2.20	2.20	2.20	2.20	2.20	2.20	2.20	2.20	2.20	2.20	2.20
1885	2.20	2.20	2.06	1.92	1.92	1.92	2.10	2.20	2.20	2.20	2.20	2.20
1886	2.20	2.20	2.20	2.20	2.38	2.40	2.40	2.40	2.40	2.40	2.40	2.40
1887	2.40	2.40	2.40	2.40	2.46	2.60	2.56	2.46	2.40	2.40	2.40	2.40
1888	2.40											

附表1.5：福建省時期臺灣府（1876.2-1888.1）下米低價

價格：每倉石庫平銀兩

年\月	1	2	3	4	5	6	7	8	9	10	11	12
1876		1.47	1.47	1.47	1.49	1.49	1.42	1.34	1.44	1.49	1.49	1.49
1877	1.49	1.49	1.49	1.49	1.67	1.78	1.79	1.65	1.75	1.80	1.71	1.70
1878	1.70	1.88	1.89	1.89	1.79	1.90	1.79	1.69	1.57	1.38	1.32	1.43
1879	1.60	1.77	1.67	1.60	1.56	1.50	1.46	1.40	1.40	1.35	1.30	1.30
1880	1.49	1.53	1.43	1.40	1.40	1.32	1.30	1.30	1.39	1.49	1.50	1.50
1881	1.52	1.80	1.80	1.81	1.91	1.98	1.88	1.80	1.83	1.90	1.90	1.86
1882	1.80	1.84	1.90	1.90	1.90	1.75	1.44	1.36	1.34	1.24	1.20	1.20
1883	1.27	1.30	1.30	1.30	1.30	1.30	1.21	1.20	1.20	1.10	1.20	1.05
1884	1.05	1.05	1.05	1.05	1.05	1.05	1.05	1.05	1.05	1.03	1.00	1.00

1885	1.00	1.00	1.02	1.05	1.05	1.05	1.05	1.05	1.05	1.03	1.02	1.02
1886	1.02	1.02	1.02	1.02	1.54	1.60	1.50	1.40	1.40	1.42	1.52	1.60
1887	1.60	1.60	1.60	1.60	1.58	1.54	1.54	1.54	1.54	1.56	1.59	1.59
1888	1.59											

附表1.6：福建省時期臺灣府（1876.2-1888.1）下米高價

價格：每倉石庫平銀兩

月 年	1	2	3	4	5	6	7	8	9	10	11	12
1876		2.10	2.10	2.10	2.10	2.10	2.10	2.10	2.10	2.10	2.10	2.10
1877	2.10	2.39	2.60	2.60	2.57	2.55	2.55	2.48	2.85	2.87	2.68	2.65
1878	2.65	2.65	2.65	2.65	2.65	2.55	2.55	2.55	2.53	2.41	2.24	2.20
1879	2.25	2.38	2.45	2.45	2.45	2.43	2.38	2.33	2.30	2.27	2.25	2.25
1880	2.25	2.28	2.30	2.26	2.14	2.10	2.10	2.10	2.10	2.10	2.10	2.10
1881	2.11	2.29	2.39	2.39	2.39	2.39	2.42	2.54	2.53	2.50	2.50	2.46
1882	2.40	2.40	2.48	2.56	2.50	2.45	2.35	2.30	2.30	2.30	2.30	2.30
1883	2.30	2.30	2.30	2.30	2.30	2.30	2.12	2.10	2.10	2.10	2.10	2.10
1884	2.10	2.10	2.10	2.10	2.10	2.10	2.10	2.10	2.10	2.10	2.10	2.10
1885	2.10	2.10	1.90	1.69	1.69	1.94	2.10	2.10	2.10	2.10	2.10	2.10
1886	2.10	2.10	2.10	2.10	2.19	2.20	2.20	2.20	2.20	2.20	2.20	2.20
1887	2.20	2.20	2.20	2.20	2.26	2.40	2.36	2.26	2.20	2.20	2.20	2.20
1888	2.20											

附表2.1：臺灣省時期臺南府（1889.5-1894.10）上米低價

價格：每倉石庫平銀兩

月 年	1	2	3	4	5	6	7	8	9	10	11	12
1889					1.60	1.60	1.60	1.60	1.60	1.60	1.60	1.60
1890	1.56	1.54	1.64	1.70	1.70	1.70	1.70	1.70	1.64	1.60	1.60	1.66
1891	1.70	1.70	1.70	1.70	1.70	1.70	1.70	1.61	1.60	1.60	1.50	1.40

1892	1.40	1.40	1.40	1.40	1.40	1.40	1.40	1.40	1.40	1.44	1.52	1.58
1893	1.65	1.74	1.80	1.80	1.75	1.70	1.70	1.70	1.70	1.70	1.78	1.80
1894	1.88	1.90	1.90	1.90	1.90	1.81	1.80	1.80	1.80	1.80		

附表2.2：臺灣省時期臺南府（1889.5-1894.10）上米高價

價格：每倉石庫平銀兩

月 年	1	2	3	4	5	6	7	8	9	10	11	12
1889					2.70	2.70	2.70	2.70	2.70	2.70	2.70	2.70
1890	2.70	2.70	2.70	2.70	2.70	2.70	2.70	2.70	2.70	2.70	2.70	2.70
1891	2.70	2.70	2.70	2.70	2.70	2.70	2.70	2.70	2.70	2.70	2.70	2.70
1892	2.70	2.70	2.70	2.71	2.74	2.70	2.70	2.70	2.70	2.70	2.70	2.70
1893	2.70	2.79	2.90	2.90	2.95	3.00	2.94	2.90	2.90	2.90	2.90	2.90
1894	2.98	3.00	3.00	3.00	3.00	2.91	2.81	2.80	2.80	2.80		

附表2.3：臺灣省時期臺南府（1889.5-1894.10）中米低價

價格：每倉石庫平銀兩

月 年	1	2	3	4	5	6	7	8	9	10	11	12
1889					1.50	1.50	1.50	1.50	1.50	1.50	1.50	1.50
1890	1.46	1.44	1.54	1.60	1.60	1.60	1.60	1.60	1.54	1.50	1.50	1.56
1891	1.60	1.60	1.60	1.60	1.60	1.60	1.60	1.51	1.50	1.50	1.40	1.30
1892	1.30	1.30	1.30	1.30	1.30	1.30	1.30	1.30	1.30	1.34	1.44	1.50
1893	1.55	1.64	1.70	1.70	1.60	1.50	1.50	1.50	1.50	1.50	1.58	1.60
1894	1.68	1.70	1.70	1.70	1.70	1.61	1.60	1.60	1.60	1.60		

附表2.4：臺灣省時期臺南府（1889.5-1894.10）中米高價

價格：每倉石庫平銀兩

月 年	1	2	3	4	5	6	7	8	9	10	11	12
1889					2.50	2.50	2.50	2.50	2.50	2.50	2.50	2.50
1890	2.50	2.50	2.50	2.50	2.50	2.50	2.50	2.50	2.50	2.50	2.50	2.50
1891	2.50	2.50	2.50	2.50	2.50	2.50	2.50	2.50	2.50	2.50	2.50	2.50
1892	2.50	2.50	2.50	2.51	2.54	2.50	2.50	2.50	2.50	2.50	2.50	2.50
1893	2.50	2.59	2.70	2.70	2.75	2.80	2.74	2.70	2.70	2.70	2.70	2.70
1894	2.78	2.80	2.80	2.80	2.80	2.71	2.61	2.60	2.60	2.60		

附表2.5：臺灣省時期臺南府（1889.5-1894.10）下米低價

價格：每倉石庫平銀兩

月 年	1	2	3	4	5	6	7	8	9	10	11	12
1889					1.40	1.40	1.40	1.40	1.40	1.40	1.40	1.40
1890	1.36	1.34	1.44	1.50	1.50	1.50	1.50	1.50	1.44	1.40	1.40	1.46
1891	1.50	1.50	1.50	1.50	1.50	1.50	1.50	1.41	1.40	1.40	1.30	1.20
1892	1.20	1.20	1.20	1.20	1.20	1.20	1.20	1.20	1.20	1.24	1.34	1.44
1893	1.50	1.54	1.60	1.60	1.60	1.60	1.60	1.60	1.60	1.60	1.60	1.60
1894	1.68	1.70	1.70	1.70	1.79	1.80	1.80	1.80	1.80	1.80		

附表2.6：臺灣省時期臺南府（1889.5-1894.10）下米高價

價格：每倉石庫平銀兩

月 年	1	2	3	4	5	6	7	8	9	10	11	12
1889					2.30	2.30	2.30	2.30	2.30	2.30	2.30	2.30
1890	2.30	2.30	2.30	2.30	2.30	2.30	2.30	2.30	2.30	2.30	2.30	2.30
1891	2.30	2.30	2.30	2.30	2.30	2.30	2.30	2.30	2.30	2.30	2.30	2.30
1892	2.30	2.30	2.30	2.31	2.34	2.30	2.30	2.30	2.30	2.30	2.30	2.30
1893	2.30	2.39	2.50	2.50	2.55	2.60	2.54	2.50	2.50	2.50	2.50	2.50
1894	2.58	2.60	2.60	2.60	2.60	2.51	2.41	2.40	2.40	2.40		

清代佛山義倉論略[1]

陳俊仁[2]

一　前言

　　糧食為人民賴以維生的必需品，糧食不足往往引致社會動亂，故歷朝政府莫不注意糧食供求的平衡。人口的增減乃糧食需求的決定性因素之一。清朝由初期至中葉，人口不斷增加，尤以乾隆年間為甚。據《東華續錄》，乾隆六年（1741）全國人口有一億四千三百四十一萬一千五百五十九人，到乾隆五十九（1794）年，人口有三億一千三百二十八萬一千七百九十五人，約半個世紀內有一點一八倍的增長。[3]因此，清政府對於糧食問題頗為留心。影響長期糧食供應的主要因素包括耕地的面積及生產力、農作物的品種、水利建設等。此外，還有短期性波動，一則當青黃不接的時候，糧價會因供不應求而上升，二則若遇上水旱或戰爭，情況將更嚴重。解決糧食短期不足的有效辦法是建立糧倉，而清朝倉儲制度的構想甚為完備，「京師及各直省皆有倉庫，……而由省會至府、州、縣，俱建常平倉，或兼設預備倉。鄉村設社倉，市鎮設義倉，東三省設旗倉，近邊設營倉，瀕海設鹽義倉，或以便民，

---

[1] 本文初稿成於一九八八年，為新亞研究所碩士班時修習全漢昇老師「中國近代經濟史研究」一課的習作。是時全師已應允擔任我的指導教授，故呈交時戰戰兢兢，誠惶誠恐。憶起昔日情狀，猶如昨天。現略作修改，附刊於此，以紀念全師的教誨。另者，本文初稿的完成有賴同門學長林燊祿兄的協助，謹此致謝。

[2] 復旦大學歷史學系博士研究生

[3] 轉引自全漢昇：〈清代的人口變動〉，《中國經濟史論叢》（香港：新亞研究所，1972年），頁584。

或以給軍。」[4]

　　清初劉獻廷云：「天下有四大聚，北則京師，南則佛山，東則蘇州，西
則漢口。」[5]當時佛山工商業繁盛，人口眾多，要維持這樣一個大都市，糧食
供應自然是一個重要問題。本文目的在於論述乾隆六十年佛山創建義倉的原
因、管理情況及對當地社會民生所起的作用。

二　義倉成立的原因

　　佛山義倉的起源可追溯至乾隆四十八年（1783），以陳夢先為首的士
紳籌得六百多兩，在佛山正埠官地兩旁建舖屋收租，以備公費之用。乾隆
五十五年，士紳勞我野等議立章程，將舖屋的租金扣除文武社祭祀典禮及
書院開課費用後，用於建立義倉。到乾隆六十年（1795），他們買地建倉兩
所，廳舍二間，開始積穀備賑。為什麼佛山的士紳們會興辦義倉呢？我們就
乾隆六十年以前佛山鎮的糧食供求情況，分析出以下幾點原因：

　　第一、需求方面。佛山地處西、北二江的匯合處，居廣州上游，「川廣
雲貴各省貨物皆先到佛山，然後轉輸西北各省」[6]，「自西北而來者，則以佛山
為門闔。」[7]地理位置優越，交通發達，故清代前期，佛山比廣州還要繁盛，[8]
「自前明設鎮……附圖佔籍者幾倍于土著」[9]，不論本地丁口繁衍或外地移居，

[4] 趙爾巽等撰：《清史稿》（北京：中華書局，1976年）第13，〈食貨二〉，頁3553。

[5] 劉獻廷：《廣陽雜記》（北京：中華書局，1997年），卷4，頁193。

[6] 民國《佛山忠義鄉志》卷14，轉引自廣東省社會科學院歷史研究所中國古代史研究
　　室、中山大學歷史系中國古代史教研室、廣東省佛山市博物館編：《明清佛山碑刻文
　　獻經濟資料》（以下簡稱《資料》）（廣州：廣東人民出版社，1987年），頁267。

[7] 光緒《廣州府志》（成文出版社影印本），頁189。

[8] 吳震方：《嶺南雜記》，收入新文豐出版公司編輯部編：《叢書集成新編》（臺北：新
　　文豐出版公司，1984年），第94冊，頁319。其上卷云：「佛山鎮離廣州四十里，天
　　下商賈皆聚焉，烟火萬家，百貨駢集，會城百不及一也」。

[9] 〈重修佛山堡八圖祖祠碑記〉，見《資料》，頁257。

都令佛山的人口數字不斷上升。

年份	全國人丁數	廣東省人丁數
乾隆十四年（1749）[10]	177,495,039	6,460,638
乾隆五十一～五十六年平均數（1786-1791）[11]	296,991,000	16,175,667
增幅（%）	167	250

年份	佛山戶數（估計）
乾隆九年（1744）[12]	20,000+
乾隆五十三年（1788）[13]	100,000+
增幅（%）	500

　　從以上不完備的數字可以看出，乾隆年間，佛山人口激增，幅度比全國平均數乃至廣東一省更大，自然對糧食的需求比其他地區更為殷切。

　　第二、供應方面。自明中葉以來，佛山的經濟主要依靠工商業，其中尤以冶鐵為最。崇禎七年，有碑文云：「本（佛山）堡食力貧民，皆業爐冶」[14] 清初以後，情況更盛。據估計，乾隆時整個佛山冶鐵業工匠不下二、三萬人。[15] 此外，紡織業亦頗發達。清初期，絲綢紗緞行業已發展為十八行，[16] 而

10　梁方仲：《中國歷代戶口、田地、田賦統計》（北京：中華書局，2008年），頁352。

11　同前註，頁357。

12　〈汾江義學記〉云：「有鎮曰佛山，煙戶逾二萬。」，見吳榮光：道光《佛山忠義鄉志》卷12，金石下，頁2。

13　〈重修佛山經堂碑記〉云：「佛山……煙火十萬餘家。」，同前註，頁23。

14　〈廣州南海縣飭禁橫斂以便公務事碑〉，道光《佛山忠義鄉志》。

15　羅一星：〈明清時期佛山冶鐵業研究〉，廣東歷史學會編：《明清廣東社會經濟形態研究》（廣州：廣東人民出版社，1985年），頁81。

16　佛山檔案館編：《佛山史料彙編》。引自黃建新、同前註，頁26。

其中之一的帽綾行於道光九年籌建會館時，共計本行內捐金機戶六十五家，工人竟達一千一百〇九人，[17] 可以推想乾隆末年紡織業工人之多。商業方面，由乾隆至道光年間，佛山街巷從二百三十三條，擴展至五百九十六條；墟市從三墟六市發展為四墟十一市，碼頭津渡也從是一個發展為二十八個。[18] 而道光十年為方便外地商客沿街購物而編印的《佛山街略》，亦反映出佛山的商品經濟由清初發展至清中葉，已經到了極為鼎盛的地步。[19] 既然佛山市的經濟結構偏重於工商業，並雇用相當比例的勞動人口，因而從事農業生產的人數便相對地減少，「習農者寡，穫時多倩外鄉人」[20]，已是乾隆時的常見現象。再就耕地面積而論。據前所述，乾隆年間，佛山已是一個高度都市化的地方，工商業佔用農地的情況自可想像，所以有「佛山商旅所聚，廬肆多於農田」的說法。[21] 本來，清代廣東省的農民為增加收入，普遍種植稻米以外的經濟作物[22]，但佛山因耕地不足，致令「鄉之園圃至少，蔬果多資於各鄉」[23]。總括而言，佛山的農業發展遠遠落後於工商業，「田少人多，惟仰食他州之穀。」[24]，可知佛山本土的米糧生產不足以應付大量的需求。

第三、由於佛山需要向外地大量採購米穀，供本地消費，故影響米價的因素便形複雜。首先，外來米穀的數量直接影響佛山米價，「舉鎮數十萬人，盡仰資於粵西暨羅定之穀艘，日計數千石。穀艘至稍希，則米肆擁先所糴以增價。」[25] 雖然乾隆五十五年政府曾規定米商存米的最高限額為二百石，

---

17 〈道光九年鼎建帽綾行助工金碑記〉，《資料》，頁139。

18 黃建新、羅一星前引文，據乾隆及道光《佛山忠義鄉志》整理而成。

19 譚棣華：〈從佛山街略看明清時期佛山工商業的發展〉，《清史研究通訊》1987年第1期。

20 乾隆《佛山忠義鄉志》、〈鄉俗志〉，《資料》，頁291。

21 乾隆《佛山忠義鄉志》、〈鄉俗志〉，《資料》，頁291。

22 《硃批諭旨》第28冊，雍正八年鄂爾泰奏：「廣東一省，務末賤農者多。」《雍正東華錄》卷10，雍正五年：「人惟知貪財重利，將地土多種龍眼、甘蔗、煙葉、青靛之屬。」，見全漢昇：〈清雍正年間（1723-35）米價〉，前引書，頁541。

23 乾隆《佛山忠義鄉志》、〈鄉俗志〉，《資料》，頁291。

24 〈乾隆四十九年禁設硝廠碑〉，道光《佛山忠義鄉志》卷13。

25 乾隆《佛山忠義鄉志》卷3，《資料》，頁280。

隨買隨賣，以防囤積，[26]但畢竟米價的平穩只有仰賴於輸出地的不斷供應。再者，佛山為廣東省的米糧集散地，廣東穀亦以佛山報價為準，[27]其他地區如遇水旱失收，也會到佛山採購米穀。「道光五年乙酉夏，嶺南數郡飢，仰給於廣州、佛山鎮。佛山者，四方米穀之所屯也。」[28]加上米糧生產的季節性波動，佛山的米糧供應實在充滿著不穩定的因素。

第四、在本文開始時，我們說過清朝有完善的倉儲制度以應不時之需。早在乾隆十三年，佛山所屬的南海縣五斗口司已建有社倉，為五斗口司內十堡所共有，「後九堡以春借秋還，往來不便，委之於佛山，嗣後佛山遇有飢歉，呈官借碾開賑。」[29]既然佛山已有社倉，為什麼要另建義倉呢？原因有三：一、社倉存量不足佛山之用。社倉初創時，有穀一千〇三十一石[30]，及後略有增加，然「社倉存穀一千四百一十七石，不敷數天之散。」[31]二、社倉管理體制不善。雖說「社倉係民設官稽」[32]，但「（社倉）發倉之銀，例貯官庫，出入胥吏，百弊眾生」[33]，所在米穀，「州縣官視同官物，凡遇出借，層遞具詳，雖屬青黃不接，而上司批行未到，小民無由借領。」[34]乾隆六十年，佛山有賑飢之舉，「刻日借社倉出碾，布散甚速，是年飢死者較少，因賑能應時之故。」[35]從此特例，可見平日社倉的救荒工作頗欠效率。事實上，廣東一省有很多社倉，自乾隆末年已漸廢弛。三、社倉賑散規例未符需要。社倉「例係春夏出借，秋冬加息，催補還倉。」[36]如遇天災，富者自不需借穀，貧

---

[26] 〈奉憲嚴禁示碑〉，《佛鎮義倉總錄》（以下簡稱《總錄》）。

[27] 〈勸七市米戶照實報穀價啟〉，《總錄》卷2。

[28] 吳蘭：〈論米票〉，收入吳道鎔原稿，張學華增補，李棪改編：《廣東文徵》（改編本，香港：珠海書院出版委員會，1978年），第5冊。

[29] 《總錄》卷3。

[30] 乾隆《佛山忠義鄉志》、〈鄉事志〉，《資料》頁391。

[31] 《總錄》卷3。

[32] 《總錄》卷3。

[33] 吳應逵：〈勞莪野先生傳〉，《廣東文徵》（改編本），第5冊，頁515。

[34] 趙爾巽等撰：《清史稿》第13 ，〈食貨二〉，頁3561。

[35] 〈乾隆乙卯散賑碑記〉，道光《佛山忠義鄉志》，卷12金石下。

[36] 〈廣府朱為添建義倉積穀備賑詳奉列憲列示碑〉，《總錄》，卷1。

者亦慮無力加息償還，而裹足不前。

其實，佛山社倉的設立，初只「為籽種之用」[37]，故無論存量、管理及散穀規例等，均不能應付救荒的需要。茲將社倉成立至義倉成立前，佛山的賑災活動表列於下：[38]

年份	賑災辦法
乾隆二十三年	未詳
乾隆四十三年	簽捐
乾隆五十一年、五十二年	于闐鎮舖租二十取一，得數千餘兩，募人往楚南粵西買穀，散賑而兼平糶
乾隆六十年	簽捐；舖租二十取一；借社倉穀

從上表可以看出社倉對佛山的救荒工作，所起作用不大，每次賑災皆需動員鄉眾，臨時籌措，至為不便。

總結以上四點，佛山義倉之所以在乾隆六十年創立，乃因為乾隆年間佛山人口大增，對米糧供應造成壓力，一方面本地生產因農業人口及耕地不足而無法滿足需求，另一方面從外地輸入米糧這一途徑有欠穩健，若遇水旱或青黃不接，米價便很容易有大幅度的波動，影響民生，而社倉亦未能有效地解決此問題，故義倉便應此需要而創立。據統計，清代由康熙至清末，廣東一省共建有義倉五十九所，過半數為咸豐及以後所建。[39]佛山義倉早於乾隆末年便成立，可算是廣東義倉的先驅。

---

37 《總錄》卷3。

38 〈乾隆乙卯散賑碑記〉、〔清〕勞潼：《救荒備覽》，〈序〉及《廣東文徵》（改編本）第5冊製成。

39 陳春聲：〈論清代廣東義倉的興起——清代廣東糧食倉儲研究之三〉，《中國社會經濟史研究》（1994年第1期），頁61-66。

三　義倉的管理

　　為補救社倉歸官管理而帶來的各種弊端，佛山義倉便全由民間管理，佛山二十四舖，「以三舖為一班，每班公推該舖六人齊同到倉辦理，三個月一換」，另設司事一人，負責日常事務，而存量帳目則呈報官府立案，[40] 其精神在於「出納有專司，稽核有衿耆，不貸斂于民間，不經手于官吏，此仿隋文當社置倉之法而尤美善者。」[41] 嘉慶二年，經縣官批准「賑糶出納，俱聽民便，毋庸官為經理」。[42]

　　據《清史稿》〈食貨志〉所記，自康熙十八年鼓勵各地建立社、義倉以來，社倉因由官吏辦理，胥吏虧空及倉貯不足的情況屢有所聞。到乾隆十七年，戶部乃准義倉全由民間辦理，以矯其弊。如上所述，佛山義倉正是針對佛山十堡社倉的弊端而創立，其構思是「名隸於官，事理於民，任事者公舉⋯⋯歲羨所入以糴穀，毋貯銀，侵漁者罰之，所以矯社倉之失也」[43]，而管理義倉的士紳們頗能恪守廉潔奉公的精神。道光十年，值年飢，有人散播謠言，謂劣紳侵吞倉穀，并驚動各官署，圖興亂利己，事後，有人「獻言于官，謂紳民不和，不若盡歸出入于官⋯⋯（洗鈺爭之，曰：）倉舊章：度支掌于紳，稽查歸於官⋯⋯管于紳，官能察之，歸于官，誰察之者。」[44] 鄉紳力爭才能保有管理權。這種制度一直能有效地監管執事者，雖然嘉慶以後，屢次發現虧空的情況，但都及時糾正，修改章程，俾使倉務更上軌道。[45]

---

[40] 《總錄》卷3。

[41] 《總錄》，卷首〈序〉。

[42] 嘉慶二年〈廣儲義倉碑〉，《總錄》。

[43] 吳應逵：〈勞莪野先生傳〉，頁515。

[44] 同治續修《南海縣志》卷14，〈洗沂附子方鈺附傳〉，《資料》，頁399。

[45] 民國《佛山忠義鄉志》卷14人物：馬傳熙（同治年間人）及梁世澂（光緒年間人）、《總錄》卷1、嘉慶十七年〈分憲官核定義倉章程條款碑〉。此外，侵吞者還有倉丁羅英，及宣統元年的司事張鏗華，民國《佛山忠義鄉志》卷7，引自高惠冰：〈清代前期的佛山義倉〉，《華南師範大學學報（社會科學版）》（1985年第3期），頁44。

　　《佛山義倉總錄》中記載倉內人事組織，賑散規條及出租公產辦法甚詳，條例嚴密，反映管理人員處事認真，自能發揮更大的效能。而且，事有專司，一遇災禍，不用再臨時大費周章。像乾隆五十一、五十二年救荒，每舖抽租，鄉紳「審戶收租，事務繁冗，時共事者至數十人。」[46]事倍而功半，效率自不及組織完善的義倉。

四　義倉的財政

　　與社倉不同，義倉「遇荒年可行減價平糶之法，或竟行挨戶散賑。」[47]散賑之後，必再自行撥款購穀補充，穩定及充足的財政來源便成為義倉成敗的關鍵。佛山義倉的財政支持中，小部份為非經常性收入，如簽捐賑濟的餘款，公共工程的餘款及鄉人的捐贈[48]。而經常性收入主要為義倉公產的租金。義倉初建時，只有正埠兩旁的舖屋，但歷年遞有增添，到道光二十七年，義倉共有舖屋三十，地攤一、亭一、農地五及義艇。義艇租金以日計，因天氣好壞影響義艇開行，租金每年不同，平均為九百兩銀，另其他租項收入四百六十二兩及二百六十八圓（以道光十四年價，每圓七錢一分七厘折算，為二百六十四兩），三項合計，每年收入共約一千六百兩銀[49]。數目看似龐大，但實際僅足維持一個大城市米倉的經常開支如執事人員酬金、買穀等。如要賑災，便形支絀。就以道光十一年那次散賑為例，出米穀一項因屬往年貯備不算外，其他費用如磨米工銀、散工地保工錢等，共計用銀已一千八百餘兩[50]，可知賑災支出之巨。此外，義倉還需要每年支付拾嬰會[51]、文武社祀

---

[46] 〈乾隆乙卯散賑碑記〉。

[47] 乾隆六十年〈奉憲建立義倉碑〉，《總錄》卷1。

[48] 〈乾隆乙卯散賑碑記〉載乾隆六十年簽賑餘款歸義倉；《總錄》卷3載嘉慶十四年建設臨口餘款歸義倉；民國《佛山忠義鄉志》卷14載蔡錫麟送銀予義倉。

[49] 《總錄》卷4。

[50] 《總錄》卷3。

[51] 道光《佛山忠義鄉志》卷6，《資料》，頁392。

典、書院開課[52]等費用。如有清涌之舉，義倉亦撥銀贊助[53]。雖然義倉開支龐大，但幸好其收入多屬經常性，從《佛鎮義倉總錄》所記道光十二至二十六年的購穀記錄，可知義倉每年皆有能力購買米穀若干，以備不時。總之，義倉的財政來源雖不能說充足，但亦相當穩健。

五　義倉對佛山民生的影響

佛山義倉於當地社會經濟中所起的作用主要集中於救濟災荒，平抑米價。茲據所能找到的少量資料，將乾隆六十年義倉成立後佛山的救災活動表列如下[54]：

年份	災荒原因	救荒辦法	賑給人數	散賑日數
嘉慶十一年	未詳	開義倉，並借社倉穀	未詳	未詳
嘉慶十四年	未詳（四月初旬，米價昂增）	義倉穀15,000斤（往年積存，如數散訖）、社倉穀1,417石、簽捐及抽舖租二十分一，共8,660兩銀，換制錢散賑	12,395戶、25,803人	12
道光十一年	青黃不接、西來米穀稀少	義倉穀960,100斤（往年積存，如數散訖）、社倉穀1,417石，共碾米12,286石	10,923戶、48,755人	54
道光十三年	五、七月兩次水災	簽捐及抽舖租一月，買米平糶并賑粥	（每日萬有餘人）	（累月）

---

[52] 《總錄》，卷首〈序〉。

[53] 光緒十二年〈佛山清涌碑記〉，《資料》，頁210。

[54] 《總錄》為主，旁及光緒《廣州府志》及同治《南海縣誌》。光緒及民國年間的資料出自民國《佛山忠義鄉志》卷7〈倉儲〉，見高惠冰：〈清代前期的佛山義倉〉，頁44。

道光十四年	未詳	義倉正虛，抽租一月，買穀散賑。碾得米12,993石	11,689戶、57,213人	40
光緒三十四年	未詳	義倉出穀901,800餘斤	80,080人	32
民國四年	水災	義倉出穀574,600餘斤	約189,000人	12

從上表所列的資料，我們可以粗略地瞭解義倉在救荒事業上的貢獻及其不足之處。貢獻方面，在這段期間的七次賑災中，義倉曾五次參與，可見以義倉之體制規模，有足夠量應付嚴重的災荒。但是，義倉每次散米後，需要逐年酌加採購，若遇天災連年，如道光十三、十四年，倉貯未及補足，便會出現義倉無力協助的情況，此亦是其不足之處。然而，可以肯定的是義倉成立後，對穩定佛山的米價，起了一定作用。道光十一年有記載云：「鎮內向來散米，一遇開倉，穀價即減，亦必社、義兩倉掃數盡散。」[55]

佛山義倉成立初期因收入稍欠充足，而未能完全承擔起佛山一地的救荒工作，但道光中葉以後，義倉規模越來越大，道光十一年，穀倉由兩座增至六座，貯穀九十六萬〇一百斤，道光二十五年，共有九座穀倉，貯穀量達一百二十八萬斤。[56]由於義倉的成功，佛山社倉及義倉便出現此消彼長的現象。「義倉積穀日多，即有賑務，不再借用社穀，此倉遂無人過問，自道光辛卯至今，垂百年矣。」[57]

除了經濟上的作用，義倉亦發展為佛山的一個社會組織。由於其收入穩定，又有固定職員，故鎮內士紳往往透過義倉，進行各種社會福利活動。其一、嘉慶十七年將拾嬰會產租撥入義倉，拾嬰者在義倉支給工銀，嗣後義倉雇工人三名，每年約貼銀數十兩。其二，道光二十年，佛山鄉眾議暫借義倉

---

55 《總錄》卷3。
56 《總錄》卷3。
57 民國《佛山忠義鄉志》，見高惠冰：〈清代前期的佛山義倉〉，頁44。

地方辦理檢葬海旁流屍事宜，及後更將捐輸銀兩交義倉司事收管辦理。[58]

六　結語

　　本文是有關清代義倉的一項個案研究，從中我們瞭解到清代義倉的興起，補救著清代倉儲，尤其是社倉制度的種種缺點。清代前半期，社會經濟蓬勃發展，都市經濟力量漸增，民間自治精神亦抬頭，人民願意在救荒工作上有更大承擔，擺脫對政府的依賴，從而改善救荒的成效。以佛山為例，嘉慶以至民初的一個世紀中，佛山義倉無疑對當地的社會民生起著穩定的作用，成為民間糧倉的成功典範，證明義倉的建置能成功地達致救災濟貧的目標。

---

[58] 《總錄》卷2。

十八世紀福建倉貯與米糧供應的關係

方潤華[1]

一　倉貯制度的運作

在傳統的農業社會裏，稻穀的積貯對於平民百姓非常重要。與其他君主一樣，十八世紀的幾位滿清皇帝，每就糧食貯備方面，表現出極度的關注。雍正皇帝在登位後第五年（1727），曾經說過：「各省所貯倉穀，原備歉年賑濟之用，實百姓性命所關，……是以朕即位以來，時刻以倉儲為念，總為民命起見也。」又表示：「常平倉穀，乃民命所關。數年以來，朕為此事，宵旰焦勞，諄諄訓誡。若地方大小官員，苟有人心，斷不忍置之膜外。」[2]幾年後，乾隆皇帝在他的諭令中說道：「今天下土地不為不廣。民人不為不眾，以今之民耕今之地」，應該是「儲蓄有備，水旱無虞」，[3]才算配合社會經濟狀況。然而在他另一份諭令中却敘述福建省倉貯不甚足夠，並勸勉當地官員加以留意，必須使倉庫得到充實。[4]

---

[1]　方潤華（1959-2012），新亞研究所第三十四屆（1990）歷史組碩士畢業，由全漢昇老師指導，論文題目為《十八世紀福建米糧供求與米價變動的關係》。去世前任職香港政府，曾獲公務員事務局局長嘉許獎。方氏未及向本文集提交論文而猝然逝世，故編委會由其碩士論文抽出部份內容輯成本文，文責應屬編委會。

[2]　《大清世宗憲（雍正）皇帝實錄》（臺北：華聯出版社，1964年），冊2，頁800-801、899-900。

[3]　《大清世宗憲（雍正）皇帝實錄》，冊2，頁793-794；《清朝文獻通考》（臺北：新興書局，1965年），冊1，卷4，頁4882。

[4]　《大清世宗憲（雍正）皇帝實錄》，冊2，頁1469。

　　福建與其他省份一樣，糧倉因管理方式、米糧收納及具體用途的不同而
分成許多種類。其中最主要是透過常平倉、社倉和義倉等積穀來調節米糧供
應。糧倉的積穀種類計有常平倉穀、官民捐積穀和社倉穀，各有不同的來源
和用途。根據地方志的記載：「常平倉穀乃捐監收貯，以備平糶臠賑之用。
官民捐積穀乃歷年官民捐輸，以備賑者均入正額。社倉穀乃各社捐輸，聽社
長副自行經理，以時出納者。」[5]

　　早在康熙三十一年（1692），清政府下令福建官員依照其他各省例子，
擇地貯備米糧，[6]這是清代福建官方設置糧倉的最先個案。當初，貯存在糧倉
的是去了殼的食米。一直到了雍正三年（1725），朝廷採納貴州巡撫毛文銓
的意見，准許南方各省（包括福建）存倉米一石，改換稻穀二石。[7]理由是南
方土脈潮濕，且有瘴氣。如果積存食米，一、二年便會霉爛，不似收貯稻穀
長久。自此以後，福建各府州也要依從命令，改為貯藏稻穀。

　　在幾種糧倉之中，以常平倉最為重要，積貯額數也最多。常平倉有地
方掌印官直接管轄，每省貯額量有一定的限制。按照政府規定，雍正五年
（1727），福建常平倉應貯額量為十七至十八萬石；[8]乾隆十三年（1748）為
二十九萬六千餘石；[9]乾隆五十四年（1789）為二十九萬七千餘石。[10]然而應
貯額量與實貯穀數往往因為民間需要的多寡而有一定的差距，現在將十八世
紀福建常平倉實貯穀量的資料編成〈表一〉。

5　〔清〕曾曰瑛等修、李紱等纂：《汀州府志》（臺北：成文出版社，1967年），頁143-
　　144。

6　〔清〕陳壽祺等撰：《福建通志》（同治十年重刊本），冊2，頁1042。

7　《大清世宗憲（雍正）皇帝實錄》，冊1，頁430。

8　《大清世宗憲（雍正）皇帝實錄》，冊2，頁899-900。

9　包括臺灣貯額量。《福建通志》，頁1043；〔清〕王慶雲：《石渠餘紀》（北京：古籍
　　出版社，1985年），頁174。

10　包括臺灣貯額量。〔清〕承啟、英傑等編纂：《欽定戶部則例》（臺北：成文出版社，
　　1968年），冊3，頁1320-1321。原文標明為「額儲」，但未注明年份。乾隆五十四年
　　的定限，參考劉翠溶：〈清代倉儲制度穩定功能之檢討〉，《經濟論文》第8卷第1期
　　（1980年3月），頁2。

表一：十八世紀福建常平倉貯穀量

年別	實貯穀量石	變動率百分比	資料來源	備考
雍正五年（1727）	759,000		《宮中檔雍正朝奏摺》，輯8，頁523	
雍正八年（1730）	1,300,000	71.28	《宮中檔雍正朝奏摺》，輯16，頁714	
乾隆十三年（1748）	2,300,000	76.92	《大清高宗純（乾隆）皇帝實錄》，冊7，頁4657	
乾隆十六年（1751）	1,677,003	-27.09	《宮中檔乾隆朝奏摺》，輯1，頁920	同年七月，所存穀數為1,500,000石，見《宮中檔乾隆朝奏摺》，輯1，頁110
乾隆十七年（1752）	1,324,964	-20.99	《宮中檔乾隆朝奏摺》，輯4，頁379	
乾隆十八年（153）	1,681,696	26.92	《宮中檔乾隆朝奏摺》，輯6，頁847-848	
乾隆十九年（1754）	1,859,058	10.55	《宮中檔乾隆朝奏摺》，輯10，頁176	
乾隆二十年（1755）	2,090,467	12.48	《宮中檔乾隆朝奏摺》，輯13，頁14	
乾隆二十一年（1756）	2,344,921	12.17	《宮中檔乾隆朝奏摺》，輯16，頁103	
乾隆二十八年（1763）	3,009,386	28.34	《宮中檔乾隆朝奏摺》，輯19，頁488	
乾隆二十九年（1764）	2,908,597	-3.35	《宮中檔乾隆朝奏摺》，輯23，頁177	

乾隆三十年（1765）	2,867,065	-1.43	《宮中檔乾隆朝奏摺》，輯26，頁538	《清朝文獻通考》37載所存穀數為2,689,718石；梁方仲：《中國歷代戶口、田地、田賦統計》，頁255
乾隆三十二年（1767）	2,760,512	-3.72	《宮中檔乾隆朝奏摺》，輯28，頁551	
乾隆三十三年（1768）	3,005,078	8.86	《宮中檔乾隆朝奏摺》，輯32，頁532	
乾隆三十八年（1773）	2,805,894	-6.63	《宮中檔乾隆朝奏摺》，輯33，頁411	
乾隆四十二年（1777）	2,971,707	5.91	《宮中檔乾隆朝奏摺》，輯40，頁819	
乾隆四十三年（1778）	2,963,135	-0.29	《宮中檔乾隆朝奏摺》，輯45，頁505	
乾隆四十六年（1781）	2,710,578	-8.52	《宮中檔乾隆朝奏摺》，輯49，頁530	
乾隆四十七年（1782）	2,819,073	4.00	《宮中檔乾隆朝奏摺》，輯53，頁812	
乾隆四十八年（1783）	2,717,221	-3.61	《宮中檔乾隆朝奏摺》，輯58，頁176	

由〈表一〉可以看出，至少直到乾隆三十三年（1768），福建常平倉積穀量尚維持著增加的趨勢。換句話說：貯藏量不斷地擴充，反映出常平倉這個貯糧制度曾經良好地運行。至於福建各府州的貯糧情況，《欽定戶部則例》記載了乾隆五十四年（1789）各地方的穀貯額，我們根據這些數字，編〈表二〉。有意義的是，貯藏量較多的府州，除臺灣外都是米糧缺乏地區。顯示這些地區需要貯備充足的稻穀，以便米糧因供應不足時作出調節。

表二：乾隆五十四年（1789）福建各府州常平倉穀貯額比例

府州	常平倉穀貯額（石）	占總數的百分比
福州	516,900	17.4
泉州	370,274	12.5
建寧	226,366	7.6
延平	188,566	6.3
汀州	395,866	13.3
興化	134,634	4.5
邵武	151,424	5.1
漳州	303,310	10.2
福寧	171,510	5.8
臺灣	400,000	13.4
永春	52,104	1.8
龍巖	63,037	2.1
總計	2,973,991	100

資料來源：《欽定戶部則例》（三），頁1320。

　　為了維持常平倉應貯額量，清政府採用「買補」、「捐監」等措施作為
積貯的補足。先說「買補」方面，福建有一個特點，便是「市集米穀鮮少，
難供官買，歷來採買官穀，俱係向田多穀多之家，預先公平給價，隨後交
穀，與各省買自市集陡昂市價者不同。」[11]官方購買倉穀，大抵都是在豐收之
年，因應地方狀況而進行。如糧倉貯額足夠一半而當地米價未平，便不會極
力買補。假使米價平減，則再酌量採購；要是地區倉穀存量不足五成的話，
地方官買足五成便需停止，[12]盡量維繫官方與民間兩者需求的均衡。

---

[11] 《宮中檔乾隆朝奏摺》，輯3，頁910-911；《福建省例》（臺灣銀行經濟研究室編印），
　　第1冊，頁47。

[12] 《宮中檔乾隆朝奏摺》，輯3，頁910-911。

　　「買補」政策，發展到乾隆中葉，因為買戶的「抗玩」，以及地方官辦理不善，漸漸形成積習。清政府不得不定下規條，命令福建地方官員必須遵照定例辦事。第一，買補要就早、晚二稻收成而定，通常是早收時先買十分之四，餘數待晚收買足還倉。早穀倉收，定限八月，晚穀倉收，定限十一月內全數送交戶部查考。第二，如果市面米糧短缺，或因晚稻收成不佳，由該管轄府州官勘實情形，預期詳備，延遲至下年採買。第三，定價採買的策略，可能因為市場價格高昂而不夠敷支，於是定下每石各先發銀七錢，其後按照實在市值，另外詳細議定補足。第四，採買不許預先給價，必須隨買隨交。預先給價的陋習，永行禁止。第五，倉穀應向多田的大戶給價收買，不容書役任意開報，造成滋擾。此外，更加不准官吏剋扣買價。如果有貪污勒領，繳價加息等情況出現，必定將參與官員，一併按罪處罰。除上述規限外，更定下獎勵辦法：願意賣穀四百石以上者，州縣給以花紅獎賞；六百石以上者，州縣給以匾額[13]，務求達到「買補」的如期效果。

　　收購民間剩餘的稻穀存倉，用意本來是協調米糧市場的供需，但如果採買過多，反會令米糧價格因需要忽然增大而更為昂貴。就如乾隆十三年（1748）因為米價上漲，引起了許多議論。[14]大臣朱倫瀚認為是各地官員大量搜購米穀的緣故，他說：

　　　　伏思積貯之道，原因百姓不能蓋藏，是以廣為貯備，以待賑糶之需。
　　　　今歲仰荷皇仁，直隸可稱大有，其遠近各省，亦多雨水調勻，已兆豐
　　　　盈之慶。地方積貯缺額之米，正宜及時買補。竊恐各處買補並舉，每
　　　　省莫不以數十萬、百萬（石）計，交相爭購於一時，必致米價昂貴。
　　　　是地方未受平糶之利，先受目前米貴之累。或謂買補之法，不必本
　　　　地，不必封鄰，但擇產穀最多之地而買之，則賤值可抵腳價。不知此
　　　　地原因穀多而價賤，本地既有官買之穀，今又為各處分買，亦必價增

---

[13]　見《福建省例》，第1冊，頁547-548。

[14]　全漢昇：〈乾隆十三年的米貴問題〉，《中國經濟史論叢》（新亞研究所，1972年），第2冊，頁547-548。

而穀貴。是豐年多產之鄉，亦等於歉歲薄收之地矣。[15]

由此可見某種政策如矯枉過正地執行，便會令人民未獲其利，反而先受其害。

福建常平倉穀，除了買補方式維持額數外，向來都是藉著收取捐監穀來作補足。[16] 捐監即是民間俊秀子弟捐米穀至一定數量，便可以送監讀書。[17] 福建的捐監，在康熙五十二年（1712）年開始。當時，每名收穀一百二十石，未及三年，捐穀至一百餘萬石。[18] 到了乾隆四年（1739），清政府議定各府州、廳、州縣收捐監穀共一百零六萬四千石，每石定價六錢及五錢四分。監生一名捐穀二百及一百八十石不等，與戶部收銀一百零八兩定例相符。但開捐三年多後，報捐穀數只得三十九萬石。推究原因，是由於穀價昂貴，與原定銀數相差很遠，所以捐監人數甚少。總督蘇圖建議將捐監一名，照以往定例，收穀一百二十石，每石定價九錢，供一百○八兩，符合戶部定例，獲得批准。[19] 捐監數額減少以後，收到顯著的成效。因為由乾隆四年（1739）開始，至乾隆十六年春季底，已收得捐監穀二百一十萬石。[20] 又截至乾隆二十年（1755）秋季止，共收得捐監穀二百三十五萬餘石，距離原定額的二百六十萬石，只差二十四萬餘石。[21] 其後，情況又有了改變。十八世紀中葉以後，人口不斷增加，米穀價格上漲，從而影響了捐監數量。閩浙總督蘇昌和福建巡撫定長曾經就捐監穀數額的下降作出粗略估計，在他們聯名的奏摺中，便指出有乾隆十六年（1751）夏季至乾隆三十年（1765）十月，所收捐監穀只是

---

15 朱倫瀚：〈截留漕糧以充積貯箚子〉，收入賀長齡編：《清朝經世文編》卷39，頁1403-1404。

16 《宮中檔乾隆朝奏摺》，輯25，頁335。

17 參考許大齡：《清代捐納制度》（香港：龍門書店，1968年），頁84-85。

18 《大清高宗純（乾隆）皇帝實錄》，冊4，頁2744-2745。

19 許大齡：《清代捐納制度》，頁84-85。

20 《宮中檔乾隆朝奏摺》，輯26，頁438。

21 《宮中檔乾隆朝奏摺》，輯13，頁235。

從前的三成。[22]數量大幅降低。

　　造成捐監穀數量下降的另一個原因，是捐監者有鑑於本地穀價昂貴，便託人帶銀，轉在其他偏遠省份報捐。據地方官員的觀察，得出下文的敘述：

> 閩省……民間穀價每石均需賣至一兩以外，民間有不及一兩，及止需九錢之處，加以上倉、挑費、篩颺、折耗，仍需一兩以外。兼之每名應交倉價銀六兩，比之在（戶）部捐銀一百八兩，已屬浮多。生俊較及錙銖，率多將穀糶賣，托人帶銀赴（戶）部及陝（西）、甘（肅）等省報捐。查乾隆二十七、八、九三年，本省收捐監生僅一千餘名。其在（戶）部及陝（西）、甘（肅）等省報捐者，轉有二千五百四十餘名。浮於本省報捐之數，不止加倍。以致本省報捐生俊日少一日。……請將閩省平捐監之例，於原議每石收穀一百二十石之內，酌減一十二石。每石定價銀一兩，每名收捐穀一百八石，以符（戶）部捐一百八兩之數。……各屬生俊自必踴躍報捐，倉穀易於取盈。[23]

　　減收每名捐監者的捐穀數，也不失為一個變通的辦法。

　　雖然在同一省內，臺灣的捐監定例又自不同。臺灣原額捐監穀為五萬石，後來加捐十五萬石。淡水、漳化二處捐監穀價四錢五分，每監生一名，應收穀二百四十石；臺灣、鳳山、諸羅三縣捐監穀價五錢，每監生一名，應收穀二百一十六石。[24]臺灣自乾隆四年（1739）開捐，直至乾隆二十年（1755）十二月為止，十餘年間只收得捐監穀二萬餘石，距定額遠差近十八萬石。形成這個現象的主要原因是捐監穀價太低，官方採買倉穀，已規定六錢為準則，兩者相較之下，臺灣生俊自然將米穀賣與買穀官員，不再輸穀投捐。[25]

　　「買補」和「捐監」，這兩種辦法是官方為補充常平倉穀額所必須實施

22　許大齡：《清代捐納制度》，頁84-85。
23　同前註，頁438-439。
24　《宮中檔乾隆朝奏摺》，輯13，頁235。
25　同前註，頁235-236。

的。如果兩者同時進行，官方吸納入倉的米穀自然增多，但米糧在民間的流通量便相應減少。福建巡撫周學健在乾隆九年（1744）也注意到這個問題，他向皇帝提出以下的建議：

> 現在閩省收捐本色，與買補倉穀，一時並舉。歸於官倉者倍多，流通民間者自減，且發糶投捐，皆出富民餘粟。兩者並行，或貪圖貴價，則投捐者少，或急於功名，則發糶者鮮，勢不能兼收其益。必當用其一，緩其一，方不致有礙民食。謹議將應行買補節年平糶穀，暫停採買，聽生俊源源上捐，俟上捐一有成數，已足額儲，即將平糶存價解歸司庫，另候撥用。如投捐者尚不足額，或將平糶存價乘時採買。[26]

先收取捐監穀，然後才買入米穀存倉。這樣，流通在民間的米穀，不會因為官方收購而價格上揚，政府也不用撥出太多的公帑去補足貯穀額，雙方都得到利益。

常平倉是官方設立的糧倉，至於民間設立的則有社倉和義倉。社倉和義倉雖然說是民間自行管理，但每年要向官方呈報積貯數目，并需將一份冊籍登記繳交州、縣地方官，以便稽查，所以亦可算是具有半官方的性質。

福建的社倉和義倉在康熙二十年（1681）開始設立。[27]當時戶部題准鄉村立社倉，市鎮立義倉。[28]可是，鄉村或市鎮的界限不甚嚴格，有些地方設在市鎮的也稱為社倉，有些地方設在鄉村的也叫做義倉。[29]不管如何，社倉的設立，在於輔助平抑米價。康熙末葉，曾任福建巡撫的張伯行，也大力提倡民間常平倉的運作，當地方收成歉薄的時候，出借倉穀，幫助建置社倉。[30]

---

26 《大清高宗純（乾隆）皇帝實錄》，冊5，頁3228。

27 〔清〕王琛等修，張景祁等纂：光緒《邵武府志》（臺北：成文出版社，1967年），頁158-159。又據《清史稿》記載：「社、義各倉，起於康熙十八年」，見《清史稿校注》，卷127，頁3500。

28 《清史稿校注》，頁2500。

29 參看劉翠溶〈清代倉儲制度穩定功能之檢討〉，頁18-19。

30 張伯行：《正誼堂文集》（上海：商務印書館，1937年）頁35-37；頁53-54。據《清史列傳》所載，張伯行在康熙四十六年（1707）至四十八年（1709）出任福建巡撫。

社倉的積貯，是每年稻收時，由紳衿、士庶隨意捐輸。凡捐輸數目十石以上的，地方官獎以紅花；三十石以上的，獎以匾額；五十石以上的，遞加獎勵。如果有捐至二百至四百石的紳士，督撫奏給八品頂帶。[31]社倉由各鄉提舉敦實人士二名，出任正副社長。至於收息的規定，據雍正二年（1724）的定例：「凡借本穀一石，冬間收息二斗。小歉減半，大歉全免只收本穀。至十年後，息倍于本，只以加一行息。」[32]雍正七年（1729）時，又有少許改變，規定「借領倉穀者，請准其給發，每石止收息穀十升，遇小歉免取其息，仍如本數還倉。」[33]

乾隆十八年（1753），福建全省共存社穀十九萬餘石，[34]約為常平倉貯額的八分之一（見〈表一〉）。乾隆三十一年（1766）以前社倉實貯穀數達到四十九萬兩千六百五十七餘石，[35]到了乾隆四十四年（1779），更有官員奏請將所得社倉息穀糶賣，換作銀兩，存放在布政司處，作為地方民田水利之用。[36]可見那時的社倉已辦理得相當有成效，只是規模容量不及常平倉。雖然社倉並不是由官方掌管，但社倉穀在備荒賑濟方面，也有一定的作用。

二　倉貯的功能

稻穀貯備的目的，在於吸納豐收時的餘糧，用作米糧市場供應不足時的消費。幾種糧倉之中，自然以常平倉的供應量為最多。一般來說。常平倉的作用主要是通過出借、平糶兩方面實現。當地方出現青黃不接或收成歉薄的時候，政府便會出借給農民籽種口糧，幫助他們渡過因糧食不足而遇到的困

---

[31] 〔清〕承洛、英傑等纂：《欽定戶部則例》，頁 1269-1270；《清朝通典》（上海：商務印書館，1938 年），卷 13，頁 2097。

[32] 《清史稿校注》，頁 3500。

[33] 《大清世宗憲（雍正）皇帝實錄》，冊 5，頁 1319。

[34] 《宮中檔乾隆朝奏摺》，輯 5，頁 20。

[35] 《清朝文獻通考》，卷 37，〈市糶考〉6，見梁方仲：《中國歷代戶口、田地、田賦統計》（上海：人民出版社，1985 年），頁 255。

[36] 劉翠溶：〈清代倉儲制度穩定功能之檢討〉，頁 19。

難，并可以將倉穀出陳易新，避免不必要的霉爛。借穀的辦法通常是春借秋還，還時每石加穀息一斗[37]。乾隆三年（1738）二月，皇帝頒下諭令：「若值歉收之歲，貧民借領者，秋後還倉，一概免其加息。俾蔀屋均沾恩澤，將此永著為例。」[38]要是非歉收時借穀，需照舊加息。常平倉穀另外一項功能是藉著平糶來平抑過高的糧價。早在順治十七年（1660）清政府已定下平糶的規定：「常平倉穀，春夏出糶，秋冬糶還，平價生息，務期便民。」[39]基本的辦法是春糶秋糶，幫助減低因季節性所造成的糧價波動。出糶倉穀的數量，一般是以「存七糶三」為原則，即是將倉穀的七成保留，三成出糶。如果遇到米糧嚴重短缺，米價高漲的時候，地方官員可以酌量多糶出倉穀，不用拘泥成例。[40]至於平糶的價格，通常是比市價稍微平減。乾隆三年（1738），有兩位總督分別向朝廷建議倉穀的出糶價格，應該與市值有所區別。兩江總督那蘇圖認為平糶價「止須比市酌減一、二分」，而兩廣總督鄂爾泰則說：「平糶之價，不宜頓減。蓋小民較量錙銖，若平糶時官價與市價懸殊，則市儈必有藏以待價，而小民藉以舉火者，必皆仰官穀。倉穀有限，商販反得居奇，是欲平糶而糶仍未平也……請照市價止減十一，以次遞減，期年而止，則鋪戶無所操其權，而官穀不至虞其匱。」[41]兩項提議雖然被朝廷接納，但未為其他各省所執行。直至乾隆七年（1742），清政府規定：「成熟之年，每石照市價減五分，米貴之年減一錢。」[42]如果米價過於高昂，需要超越平減的幅度，由總督、巡撫等根據實際狀況，呈報應該減價多少，一方面上奏，另一方面酌量減低糶價，但總不得過三錢，[43]平糶的措施逐漸制度化。

---

[37] 《大清高宗純（乾隆）皇帝實錄》，冊2，頁817。

[38] 同前註，冊2，頁1052。

[39] 《大清會典例》，卷275。引自劉翠溶〈清代倉儲制度穩定功能之檢討〉，頁5。

[40] 乾隆七年二月及六月的諭令。見《大清高宗純（乾隆）皇帝實錄》，冊4，頁2491；《欽定戶部則例》，卷16，頁1169；王慶雲《石渠餘紀》，卷16，頁1169。

[41] 《清史稿校注》，頁3498。王慶雲也有同樣的記載，不過文字略有出入，前引《石渠餘紀》卷4，頁184-185。

[42] 《清史稿校注》，頁3498；《欽定戶部則例》，卷16，頁1172。

[43] 《欽定戶部則例》，卷16，頁1172。

　　上文已提到福建共有四個府米糧短缺，每年政府需要撥出倉穀平糶自然是一個理所當然的事實。平糶的原意在於穩定米糧價格，如果官方與民間能夠相應地合作，必定可以收得調節的成效。可是，福建偏有一些人為的因素出現，令到該省的平糶制度產生問題。雍正四年（1726），浙閩總督高倬其便已指出福建平糶倉穀，積有兩大弊病。他說：

> 其一，則從前各官交盤之弊不清。其所授受，皆有價無穀，而所作之價，又係不敷買補之價。……其一，則年年平糶之價太賤。即舉福州一府而言。歷年即極豐之歲，最賤之價，米未有買至一兩一石者。向時督撫，但討目前百姓之稱揚，不顧將來買補之無法。平糶之米，每石價減至一兩，且有不及一兩，止賣九錢者。此雖米石極賤之時，所不能有之價。下屬奉批收存，此價欲買之本處，則本處無一兩及九錢一石之米可買。欲買之外省，外省雖有一兩及九錢一石之米可買，其各項運腳，從何而出。……而中間因糶價太賤，更生一大弊端。姦民豪棍，乘此謀利，得米到手，輾轉即有倍贏。雖設法愈密，而其術愈巧。竟視平糶為奇貨。往往借米價略貴，即鼓煽窮民，恐嚇官府，壓之以官應愛民之說，迫之以人情洶洶之勢。相沿既久，其意竟欲平糶之期，一歲早似一歲，平糶之價，一年賤似一年。……如福州年來平糶，視米之程分高下，每石定以一兩二錢，或一兩三錢；穀亦視其程分高下，每石定以六錢五分或六錢。……至於各外州縣，亦隨其平時米之貴賤定價。總之，必計算本地秋成後既平之價為準。務使既糶之後，仍可於本處或外省買運還倉，乃可源源接濟，不至一發不繼。[44]

　　官方所定平糶價格太低，民間不肖之徒針對這點，將由官方平價買來的米穀出售，謀取利潤，平糶對他們來說簡直就是一項生意。

　　因為防止投機者買賣倉穀的不法行徑，福建地方官不惜將開糶日期推遲，出售倉穀給真正有需要的貧民。一般來說，缺糧的幾個府，都立下開糶

---

[44] 高其倬：〈倉穀平糶疏〉，賀長齡輯：《清朝經世文編》，卷40，頁149-150。

的期限。最先開糶的地區是嚴重缺糧的泉州、漳州，大約在二月底，三月初官方開始推出米穀糶賣。其次是福州、興化兩府，開糶日期在三月中。內陸的汀州可在三月底，四月初開糶。[45]因為在二月至三月這段時間，晚稻所得的米穀已差不多被消費殆盡，早稻又未有收成，平糶實在有急切的需要。為杜絕奸詐棍徒多買官穀，負責平糶的官員必須查察每戶人口數目，記在冊籍門牌之上。每當平糶開始，負責官員按口數酌量糶賣，買米的人需帶門牌為憑，不許他人冒認。[46]清政府儘量在調節季節性糧價波動的時候，保持公平的原則，遏制干擾糧價的投機活動。

除了調節糧價的季節變動外，平糶更對於調節糧價的不規則變動，發揮出補課或缺的作用。撇開戰爭的因素不談，一個社會糧價的不規則變動通常是由天氣和年成兩方面所造成。例如，在雍正四年（1726）五月的一份奏摺提到：

> 閩省自上年（1725）被水歉收之後，米價漸長。今歲春夏霖雨過多，天氣寒冷，禾莆興發甚晚。雖自五月以來，雨水調勻，然不免過時失節，收成終屬愆期，所以米價日騰。除省城、延平、建寧、邵武、福寧等各府州尚有米市以及存倉積穀可以通融支持外，其餘如泉（州）、漳（州）、興化、汀州等府米價刻刻高昂，每一倉石有賣至二兩五、六、七、八錢不等者，民間乏食，而乏食之尤甚者，惟泉（州）、漳（州）為最。……查刻下泉州一府，各處人民赴郡就食者，日至一、二萬人，漳州一府各處人民赴郡就食者至三、四萬人。[47]

由於連續兩年雨水過多，導致米價一直維持著高峰位置。到了次年七月，清政府有鑑於福建米價昂貴，特地截留江南漕米十萬石，浙江漕米易穀二十萬石，又撥江西米二萬四千餘石等源源接濟，米價始能趨向平穩。[48]

---

[45] 《宮中檔乾隆朝奏摺》，輯7，頁442，頁985。

[46] 同前註，頁895。

[47] 《宮中檔乾隆朝奏摺》，輯6，頁12。

[48] 《宮中檔乾隆朝奏摺》，輯8，頁522。

　　福建地方官曾經指出平糶有一定的困難，因為本地米穀「糶出則易，買還稍難，非年久難貯之穀，不敢輕言發糶。」[49] 惟有預先籌備，將糶價銀收齊，派可以信任的人往外省買米穀，到明年將要平糶的時候，再加上剩餘的截留漕米和出陳易新的米穀，一併撥出平糶，這樣既可以節省平糶的倉穀，又可以平定米價，兩方面都有好處。

　　另外一次比較嚴重的糧價不規則變動，發生在乾隆十六年（1751）至十七年（1752）。這兩年間，暴雨風災席捲全省大部份地區。[50] 在同一期間，福建鄰近的浙江、江西和廣東許多地方發生嚴重旱災。[51] 與福寧接連的浙江和與汀州府接連的江西災民，很多都從兩府（福寧、汀州）運走米糧。[52] 就是這些自然災害和人為因素引致福建米價達到另一個高峰。為了制止米糧市場的投機活動，福建巡撫潘思矩撥出常平倉穀七十萬餘石運往浙江平糶，又在本省平糶倉穀六十餘萬石，[53] 希望籍著這些行動來穩定米價，但由於省外販糶食米的商客，不斷地運走食米，而本地藏有稻穀的大戶，又不肯輕易賣出存穀，因此食米價格不能大減。乾隆十六年（1751），福建省用在本地平糶和運往浙江接濟的米穀數量，比往年增加幾倍。[54] 從這個實例看來，倉穀存量對於舒緩米價需求是極重要的因素。[55] 幸好福建省的常平倉存穀一直都能保持應貯穀量的額數，足以應付能力範圍以內的米價波動。

---

[49] 同前註，頁523。

[50] 中央氣象局氣象科學研究院編：《中國近五百年旱澇分佈圖集》（北京：地圖出版社，1987年）頁146-147。

[51] 《宮中檔乾隆朝奏摺》，輯1，頁818；輯2，頁849；輯3，頁278, 435-436, 474, 561, 631。

[52] 《宮中檔乾隆朝奏摺》，輯2，頁901。

[53] 《宮中檔乾隆朝奏摺》，輯1，頁110。

[54] 《宮中檔乾隆朝奏摺》，輯2，頁923。

[55] 劉翠溶對清代倉貯的功能問題，有出色的討論。參看劉翠溶、費景漢：〈清代倉儲制度功能初探〉，《經濟論文》第7卷第1期（1979年3月），頁1-29。

三 小結

　　常平倉在平抑糧價方面，產生一定的作用。而福建常平倉穀的實貯額在乾隆二十八年（1763）以後，一直都維持著與應貯額接近的數量，在供求對比的情況下，這自然是社會經濟穩定的象徵。

　　同時，必須指出的是，十八世紀這幾位皇帝在調劑省與省之間的米糧供應、開放海運、鼓勵商販輸入米糧、設置常平倉、輸出倉米平糴等策略的訂定，對米價發揮出最大可能的調節作用，他們的努力是不容忽視的。

清季十年福建財經改革（1901-1911）

——制度層面的考察

李金強[*]

　　清末國家財經危機叢生，民生凋弊，已面臨不得不變之地步[1]。就福建而言，自十九世紀八〇年代以降，本身原已「民貧地瘠」；加上茶貿及土產外銷之日漸衰落；兼且中法越南戰爭，福州船廠為法艦攻擊破毀，使福州深受戰火蹂躪。地方經濟出現逆轉，最明顯例子莫如自一八九五年以降，對外貿易由出超轉為入超。根據統計，福建於一八九五至一九一五年間，每年入超介乎一千至二千萬元之間[2]。政府財政收入，日形見絀，本省於賠款分攤、新政開支等各項，在在需財[3]。如何解決財經危機，已成為當前之急務。清政府

[*]　香港浸會大學歷史系教授

[1]　李時岳：〈清末農村經濟崩潰與農民運動〉，《史學月刊》，6期（1958年），頁12-18；
　　全漢昇、王業鍵：〈清代的人口變動〉，《中國近三百年社會經濟史論集》（香港：存萃學社，1979年），頁81-82。

[2]　徐曉路：〈論近代福建演變的趨勢〉，《福建論壇》2期（1990年），頁35-41；《福建經濟簡史》（廈門：廈門大學出版社，1989年），頁327-344。

[3]　〈福州經濟之現狀〉，《商務官報》（臺北：故宮博物館，1982年），4冊，頁718；《政治官報》（臺北：文海出版社，1965年），36冊，1026號（1910年），頁68-69，閩督松壽於奏摺中謂：「近年舉辦新政，需用尤繁，幾有無米為炊之勢」；福建外債，參 Ho Hon Wai: "A Final Attempt at Financial Centralization in the Late Qing Period, 1909-11," *Papers on Far Eastern History*, 32（1985），Appendix 1, pp. 54-55；福建內債，於一九〇七年崇善擬勸募公債一百三十萬元，見彭雨新：〈清末中央與各省財政關係〉，《中國近代史論叢》（2輯，臺北：正中書局，1963年），5冊，頁21。

於一九〇〇年後，已經啟動財經整治及振興實業，謀求以制度層面入手，興利除弊，解決困局[4]。本文即就此兩方面論述晚清十年福建之財經改革，藉此說明辛亥革命前夕，清政府為求維穩政權之努力，而其間改革之推手，乃由地方官紳合力而成。其中尤以閩督許應騤（任期一八九八至一九〇三年）、李興銳（任期一九〇九至一九〇四年）、松壽（任期一九〇七至一九一一年）三人及日後成為宣統帝師之陳寶琛（一九八四至一九三六年）最為重要[5]。

一　財經整治

　　福建隸屬閩浙行政區，然省級最高行政首長閩浙總督及福建巡撫，同駐省會福州，督撫同城而治，故福建巡撫位尊權小，全省權力重心在於總督。其下為布政使司（藩司），掌管財政；然閩海關例歸福州將軍兼理，鹽務另設鹽法道主理；而負責收糧之督糧道，由於兼管驛傳，又稱糧驛道，並兼分巡福州、福寧二府，職權甚大。[6]

　　就財稅而言，以農田稅——地丁錢糧、鹽課、關稅、雜稅及厘金為主。而其農業生產則以稻米、茶、煙草、蔗糖為大宗，而手工業則以製茶、製糖及造紙著稱。及至一八六〇年後，左宗棠（1812-1885）於福州創設福州船廠，為近代新工業之濫觴，此後新式織布、製糖、麵粉廠，相繼興辦，福建財經始起變化。[7]至晚清十年，遂踏入全面改革的階段。

　　清季財經整治乃由制度更革入手，重點在於整頓紊亂的財政機構，統一

4　果鴻考：〈論清末政府在經濟上除弊興利的主要之舉〉，《中國社會經濟史研究》，3期（1991年），頁69-79。

5　李金強：〈新政與革命——以清季福建官紳為例（1901-1911）〉（「辛亥革命暨南京臨時政府成立」國際學術研討會，南京大學，2011年10月15至18日），頁2-11。

6　張德澤：《清代國家機關考略》（北京：中國人民大學出版社，1981年），頁210-214、216-217、228-231；李國祁：《中國現代化的區域研究——閩浙台地區，1860-1916》（臺北：中央研究院近代史研究所，1983年），頁8-9。

7　李國祁：《中國現代化的區域研究——閩浙台地區，1860-1916》，頁18-56、273-300、412-415。

財權及稅制改革。

　　一九〇四年閩督李興銳首先對福建自太平天國之亂後所新設的財政機構，進行整治，此即將咸同軍興以來，新成立負責籌捐籌餉的善後，稅釐及濟用三局，加以裁併而成財政局，專責款項之出入而成「總匯之區」。繼而將賑捐局、交代局設於財政局之內，此乃將「事權不一，名目糾紛」財稅機構之紊亂現象，給予統一，求其「脈絡貫通」。稍後再由松壽成立度支公所，由藩司總其成，下分七科——總務、田賦、糧儲、釐捐、官廉、軍需、制用，各科設科長一人，酌派科員，分任其事，並設總科長一人，以總其成。負責全省財政收支，財政機構始歸一統，[8]是為清季閩省財政機構之更革。一九〇八年，清廷進行整頓全國財政，責令各省清理財政。閩督松壽遂成立清理財政局（設於皇華館，1909）及調查局（1909），由藩司尚其亨出任兩局之總辦，下設科長、科員[9]專責清理本省財稅。此後財政權全歸藩司，而行政權則歸督撫。清理財稅之進度包括：調查每歲財政收支、編製財政統計表、年度預算、國家及地方稅之劃分。並編福建財政說明書，呈交中央[10]。上述閩省對財政機構統一事權之更革，以及謀求稅制之改革，目的皆在於解決財政及入不敷出之困境，而福建具有「現代性」財稅體制亦由是始建。

　　其次就稅制改革而言，清末財稅，自太平天國之亂後產生急劇變化。[11]以福建省為例，每年歲入已經由過去以地丁錢糧，鹽課逐漸轉為以厘金，關

8　〈閩浙總督松壽奏籌辦統一財政情形摺〉，《政治官報》，36 冊，1039 號（1910 年），頁 280-281；《大清德宗光緒皇帝實錄（七）》（臺北：華文書局，1964 年），卷 525，頁 4839，謂李氏「裁併各局所，設財政局，經理財用」。

9　《政治官報》，20 冊，579 號（1909 年），頁 400-401，並委提學使姚文倬、按察使鹿學良，督糧道張星炳、鹽法道陳瀏為會辦。

10　參松壽籌備憲政事宜之報告，《政治官報》，19 冊，550 號（1909 年），頁 435-436；24 冊，701 號（1910 年），頁 420；32 冊，909 號（1910 年），頁 83；38 冊，1101 號（1910 年），頁 330-332；《內閣官報》，50 冊，70 號（1911 年），頁 225。〈度支部清理財政章程〉《商務官報》，4 冊，頁 18-19；又《福建全省財政說明書》，〈例言〉，頁 1，全書以總論為首，詳述歲入賦稅各項之沿革利弊；又參 Ho Hon Wai, pp. 9-56。

11　彭澤益：〈十九世紀五十至七十年代清朝財稅危機和財政搜刮的加劇〉，《十九世紀後半期的中國財政與經濟》（北京：人民出版社，1983 年），頁 138-175。

稅及雜稅為主。[12]隨著清末內憂外患之加深，開支龐大，至二十世紀初福建財政已見困難重重。[13]閩督許應騤於任內上奏，謂茶市日敝，商賈不前，釐金收入大減，「閩省物力愈艱，餉源愈涸」，因而出現銀根短絀之現象。[14]一九〇三年，中央要求福建以中飽陋規及煙酒稅加派四十萬兩，亦遭李興銳以「官累民貧」為理由，要求暫時寬免。[15]一九〇五年及一九〇七年，崇善先後奏陳稅釐短絀，京餉難解摺，縷述閩省茶、木貿易衰退，稅釐收數較前愈絀，因新政用款日增，解釋無力完繳，明言「委實力盡筋疲，無可措貸」。[16]及至一九一〇年松壽奏稱福建預算案成立，並決定於一九一一年試辦，估計歲入七百〇三萬一千三百二十八餘兩，而支出則為八百二十三萬七千六百六十五餘兩，該年赤字已見達一百二十多萬兩。其他如教育、民政，實業等開支，尚未計算在內。福建財政入不敷出，至為明顯。難怪松壽說：「仰屋興嗟，殊難為繼」。[17]

---

[12] 〈福州將軍崇善奏摺〉，《東方雜誌》，1 卷 12 期（1904 年），頁 2868，指明「閩省進款除地丁錢糧外，以釐金為大宗，軍國餉糈以及攤還洋債一切用款，無不取給於茲」，清季釐金的重要性，參莊吉發：〈清季釐金與新政經費的來源〉，《大陸雜誌》，57 卷 6 期（1978 年），頁 21。李國祁：《中國現代化的區域研究：閩浙台地區，1860-1916》，頁 412-416，對清季福建歲入結構之轉變具有詳細論述；此外，雜稅於清季地方稅收，日居重要地位，參何漢威：〈清末賦稅基準的擴大及其局限──以雜稅中的茶酒稅和契稅為例〉，《中央研究院近代史研究所集刊》，17 期下（1988 年），頁 69-98。

[13] 如福廈兩關，歲徵洋藥釐金，全年共十二萬兩，由於支付庚子賠款，因而影響本省財政。參莊吉發：〈清季釐金與新政經費的來源〉，頁 22。

[14] 〈許應騤奏摺〉，《皇清道咸同光奏議》（臺北：文海出版社，1969 年），2 冊，卷 26 下，頁 1308-1309；關於銀根短絀之原因，參福建商務議員呂渭英之報告，《政治官報》，2 冊，68 號（1907 年），頁 592。呂氏指出近十年來福建之茶、木、紙、筍四類商品出口已減其半，而茶葉銳減尤甚；而進口貨之土藥、洋藥、洋紗、洋油、洋糖則不斷增加，貿易出現赤字，而導致銀根短缺。

[15] 《大清德宗光緒皇帝實錄》，卷 529，頁 4878。

[16] 《宮中檔光緒朝奏摺》（臺北：故宮博物院，1975 年），21 輯（1905 年），頁 139-148；24 輯（1907 年），頁 278。

[17] 〈松壽奏〉，《政治官報》，36 冊，1042 號（1910 年），頁 324-326。

故此閩省總督、藩司除進行加厘加捐，努力節省開支外，遂謀求振興實業以達開源解困之目標，此即「雖屬瘠區，如能開墾農林以及各項實業——則所獲餘利，即可接濟公家之用。」[18]至於振興實業所需之資金與技術，則可以借助海外華僑之力量。[19]故此振興實業及鼓勵華僑投資，遂成為清季福建經濟改革之要項。

二　振興實業

清季振興實業，首在經濟新思想之萌發。隨著西力東漸，歐美工商立國以致富強，遂為官紳所關注，從而產生改革之要求，此即清季官紳重商言論之提出，目的亦在於謀求國家之富強。而商戰觀念即為其時之代表口號，此一思想與觀念，雖然對外表達挽回經濟利權，而對內則為表達振興實業的想望。其思想內涵，包括農業改良、獎勵商業、發展工業之農、工、商聯繫發展的觀念。即在此一經濟思想背景的誘導下，從國家層次而言，咸認為首應從改革經濟行政制度及組織民間商會入手。[20]

前者即導致一九〇三年商部及一九〇六年農工商部的創立，實為前史所未見。此一經濟行政中樞之成立，乃負責擬訂經濟政策，推動經濟建設，其中尤以實行保商、獎勵商業的措施，一掃傳統「賤商」之慣例，深受史家所關注，認為此乃劃時代的大事，商人地位亦從此由傳統社會中末民的地位脫穎而出。[21]後者即自一九〇四年起，鼓勵全國商人在各地組織商會，協助政府

---

[18] 《宮中檔光緒朝奏摺》，24輯（1907年），頁378。

[19] 施景徽：〈保護南洋華僑事宜說〉，《商務官務》，4冊（1909年），頁267。

[20] 王爾敏：〈商戰觀念與重商思想〉，《中國近代思想史論》（臺北：自印，1977年），頁233-379；〈中華民國開國初期實業建國思想〉，《中華民國建國史討論集》（臺北：中華民國建國史討論集編輯委員會編，1981年）2冊，頁45-81。王氏指出清季商會之創立乃因各省各埠所組織之學會所推動，並參李陳順妍：〈晚清的重商主義〉，《中央研究院近代史研究的集刊》，3期上（1972年），頁207-221。

[21] 李陳順妍，同前註，頁219；Willington K. K. Chan, *Merchants, Mandarins and Modern*

推動經濟改革及建設。[22]

　　就福建一省而言，閩督許應騤亦具農工商聯繫的振興實業思想。[23] 隨即因應中央商部及農工商部的成立，相繼創設商政局、勸業道及開辦商會[24]，藉以推動及振興地方經濟建設。

（一）福建商政局（1904）及勸業道（1910）之設立

　　清季財經行政新機構之成立，除了受到上述重商觀念之影響外，乃自一八五〇年代以降，由於平息內亂及辦理洋務籌餉之所需，地方省級經濟行政組織，逐漸出現不少專業性的「局」，如前述之善後局、稅釐局等即是。其次地方行政層級中的「道」，其功能亦因時勢變動而日見專業化，此乃促成清季各省新經濟行政機構誕生之由來。[25]

　　一八九九年閩督許應騤，為求振興實業，早於廈門設立保商局，推動護僑政策，目的在於吸納華僑回國投資，興辦實業。清季華僑乃以閩粵兩省為主，其中東南亞華僑，最為殷富，由是引起清廷之注意，遂於一八九五年至一九一二年間，開始重視和肯定華僑之地位，進而爭取僑商回國投資。[26] 故此福建首先成立保商局，保護回籍之華僑，鼓勵其投資，發展故國經濟，

　　Enterprise in Late Ching China（Cambridge Mass.: Harvard University Press, 1972），pp. 165-195；阮忠仁：《清末民初農工商機構的建立——論政府與經濟現代化關係之檢討》（臺北：國立師範大學歷史研究所，1988 年），頁 371-374，指出一九〇三年商部成立，職務上實掌農、工、商事務，獨稱商部，主要為了與六部中戶、工兩部取得協調；至一九〇六年裁撤戶、工二部後，即改稱為農工商部，成為完全薪新的經濟行政組織。

[22] 關於清季商會之研究，參朱英：〈清末商會研究述評〉，《史學月刊》，2 期（1984 年），頁 112-116。

[23] 《光緒政要》（臺北：文海出版社，1985 年），4 冊，頁 1426。

[24] Willington K. K. Chan, pp. 206-212.

[25] 阮忠仁：《清末民初農工商機構的設立》，同前註，頁 178-184。

[26] 參〈南洋華僑之地位〉，《商務官報》，5 冊，（1910 年），頁 176；Wang Gungwu, *Chinese and the Chinese Overseas*（Singapore: Times Academic Press, 1991），pp. 24-25.

該局乃由官紳合辦，[27] 然最終管理不善，致使回籍華僑，受到「吏役任意誅求，地方無賴亦百端魚肉」[28]，遂受到中央商部指斥，下令停辦，負責官員亦受到處分，而保商局亦由此結束。[29] 此外，就本省吸收僑資而言，據林金枝的統計，由一八九五年至一九一一年間，福建僑資企業項目，計工業六項、農礦業一項、交通運輸業二項、商業四項，合計十三項。如福州華興機器製糖廠（1905）、廈門大同醬油廠（1907）、漳州華祥製糖公司（1909）、福州邁羅罐頭食品公司（1910）、廈門東方江東冰水廠（1911）、永春大溪杉山（1910）、漳廈鐵路（1905）、廈門捷記棉布行（1903）等。其中以漳廈鐵路最為重要，該項計劃由陳寶琛主持，謀求以商力收回失去的鐵路權益，陳氏與地方紳商及華僑，合組商辦福建省鐵路公司。初籌資金十萬元，並於一九〇六年前赴星加坡、檳城、爪哇等地，呼籲華僑投資，並募得一百七十餘萬元之股款，計劃先行修建漳廈間鐵路九十華里，於一九〇七年動工。可惜該鐵路修築，由於貪污中飽，欠缺經費而未能全部完成。至一九一〇年先行通車嵩嶼至江東橋一段，最終至一九二七年停辦。綜觀上述僑資資本，計獲資金兩千兩百二十萬銀元，佔當地資本額百分之六十六，可見所獲僑資較多。[30]

---

[27] 《皇清道咸同光奏議》，1冊，卷10，頁558-559。清廷並下令南北洋大臣及沿海督撫仿照福建設立保商局，並參《宮中檔光緒朝奏摺》，18輯，頁381-385。

[28] 〈商部諮閩督文及附御史成昌原片〉，《商務官報》，1冊（1907年），頁289；並參 Yen Ching-huang, *Coolies and Mandarins: China's Protection of Overseas Chinese during the Late Ch'ing Period（1851-1911）*（Singapore: Singapore University Press, 1985），pp. 267-280；並參 Willington K. K. Chan, pp. 201-204, 清廷護僑政策始於一八九三年，而具體實踐即為廈門保商局之成立，可惜失敗。

[29] 興泉承道延年及廈防同知通判鄭煦兩人均受處分。《光緒朝東華錄》（北京：中華書局，1958年），5冊（1903年），頁5108、5115-5116，Willington Chan 認為廈門保商局事件，乃商部謀求控制地方經濟行政機構之明顯個案。

[30] 林金枝：《近代華僑投資國內企業概論》（廈門：廈門大學，1988年），頁294、297、299-300；《近代華僑投資國內企業史研究》（福州：福建人民出版社，1983年），頁80；《近代華僑投資國內企業資料選輯（福建卷）》（福州：福建人民出版社，1985年），頁88；李國祁：《中國現代化區域研究：閩浙台地區》，頁343-344；並參《閩縣陳公寶琛年譜》（美國，1997年），頁93、103。Michael R. Godley, *Overseas Chinese Enterprise in the Modernization of China 1893-1911*（Cambridge: Cambridge

　　一九〇二年前，福州知府程祖福，早已建議成立官商合辦的商務局，振興商務，並且擬定章程。[31]同年許應騤為推動閩省經濟，先後成立礦務局及官腦局，其中礦務局計劃與外商合作，發展汀州、建寧、邵武三府之礦產，然均告失敗。[32]又開設農桑局，試辦蠶桑，推動絲織工業。稍後添設農務試驗場，從事農業改良。[33]隨著上述各「局」的先後成立，終於促成統籌全面發展經濟的行政機構的產生。此即商政局的出現。

　　一九〇四年，閩督李興銳以福州、廈門為通商口岸，分別於兩地設立商政局，藉以保商及振興商務。[34]廈門遂合併舊有之樟腦、保商等局而成立商政局。為一完全的官方機構，下設六所，分別為保惠所、貨殖所、藝術所、會計所、陳列所及調查所，承擔當地之農牧、路礦及金融事務，並繼續保商局之護僑政策，然該局於保護回籍僑商，流弊叢生，未見成效。[35]與此同時，福州亦成立商政局，該局擬訂全省經濟發展計劃，以十五年半，分三期進行，主要發展農工商礦，建立商會，派遣留學生，發行紙幣及開鑄銅元等措施。該局紳商，並集股設立開源公司，購辦機器。製造洋燭、肥皂等，發銷各屬，並計劃生產洋巾、洋襪等貨品。[36]此外，商政局總辦並受商部委任，出任商部議員，藉此加強中央與地方對於商務推動之溝通。清季閩省商部議員，先後由汀漳龍道何成浩、興泉福道王貴、汀漳龍道李毓森，及候補道呂渭英

University Press, 1981），pp. 163-169.

[31] 甘韓編：《清朝經世文新編續集》（重印，臺北：文海出版社，1979年），卷10，頁799-801。

[32] 《光緒朝東華錄》，5冊，頁5309，兩局計劃發展閩省礦業及樟腦業，均告失敗，並參〈署閩浙總督李奏籌辦閩省礦務片〉，《東方雜誌》，1卷2期（1904年），頁485。

[33] 《大清德宗光緒皇帝實錄（七）》，卷512，頁4704；〈崇善奏摺〉，《宮中檔光緒朝奏摺》，22輯，（1906年），頁828-829。

[34] 〈署閩浙總督李奏閩省籌辦商務設局派員辦理情形摺〉，《東方雜誌》，1卷3期（1904年），頁728-729，李興銳並建議：由前任福建按察使楊文鼎及鹽法道鹿學良，出任福州商政局總辦，而候補道黎國廉可任廈門商政局總辦。

[35] 《東方雜誌》，1卷3期（1904年），頁735；又參〈商部奏〉（光緒31年），《光緒朝東華錄》，5冊，頁5376-5378，關於保商護僑，參 Yen Ching-huang, pp. 227-280.

[36] 《東方雜誌》，1卷9期（1904年），頁114；2卷7期（1905年），頁4403。

出任。[37]

　　一九〇六年中央實施改官制，次年改商部為農工商部，繼而各省改組商政局為農工商局，並將農桑局併入。[38]至一九〇八年令各省設勸業道，下設六科，分別為總務科、農務科、工藝科、商務科、礦務科、郵傳科（掌鐵路輪車電綫），每科設科長一員。以應實業發展之需要，並將先前所設之農、工、商、礦各局，一律歸併由該道管轄。[39]一九一〇年冬福建正式裁督糧道，改設勸業道一職，專管全省農、工、商、礦、交通各項事務，並由督糧道張星炳出任該職。根據松壽之奏摺，謂張氏於任內發展農務、商務分會；派遣勸業員至全省各地，廣為開導；並曾計劃設立茶葉講習所，對工藝所加以勸勉；又與巡警道合作，勸農「剗除毒卉，改種嘉禾」；並組織出品協會，參加南洋勸業會展覽，聯絡商情。對其銳意經營，表示滿意。[40]至此，福建負責地方經濟建設與發展之新經濟行政機關，陸續成立。清季福建新經濟建設亦由此而生。

（二）福建各地商會的成立

　　一九〇四年商部決定仿照西方國家的商會模式，鼓勵華商，設立商會，

---

[37] 〈商部奏請各省商務酌充議員摺〉，《東方雜誌》，1卷11期（1904年），頁2665-2666；又呂渭英：〈福建金銀關近年消長情形〉，《政治官報》，2冊，66號（1907年），頁1918；呂渭英：〈閩省茶葉植情形〉，《商務官報》，2冊（1907年），頁651。

[38] 《閩侯縣志》（臺北：成文出版社，1966年），卷28，頁88。

[39] 又勸業道設立及辦事細則，見《商務官報》，3冊（1908年），頁371。

[40] 〈松壽奏〉，《政治官報》，32輯，913號（1910年），頁156-158；45輯，1289號（1911年），頁131。南洋勸業會於一九一〇年在南京舉行，由兩江總督並南洋大臣端方提倡，為期半年（一九一〇年六月五日至十一月二十九日），為中國首次自辦全國性產品展覽會，陳列館共二十九個，展出產品七萬件，包括農產品、工藝、水產、美術、畜產、機械、醫藥、教育、武器裝備等。福建省亦參加展出，而日、美兩國亦派遣實業團，到會參觀，深具歷史意義。參野澤豐：〈辛亥革命與產業問題——1910年的南洋勸業會與日美實業團的訪華〉，中華書局編輯部：《紀念辛亥革命七十周年學術討論會論文集》（北京：中華書局，1983年），下冊，頁2473-2485。

「聯絡商情，提倡實業」。[41]李興銳任內即注意成立商會之重要性，視為振興商務之「第一關鍵」，認為商會可使「官商聯為一氣」，而且「有商會而後可厚營業之力，聯渙散之情，以之貿易而不受制於外人」。[42]商會組織，主要以一省為單位，並分別成立三級體制之商務總會、分會及分所。在省會及通商大埠，成立商務總會；而於縣治及其它商業較為發達的城鎮，成立分會；並於總會、分會所在地區內的商業小鎮成立分所。互相呼應，使商人力量由是得以結集，成為近化中國社會一股新興的社會力量。[43]據阮忠仁的統計，一九〇四至一九一一年間福建一省商會合計四十五個。[44]（參附表）福建商務總會，一在福州，一在廈門。福州商務總會，總理為張贊廷（二品頂戴），協理為李馥南（花翎同知銜），會員達九百二十人。而廈門商務總會，總理為林爾嘉（1875-1951）（二品頂戴），協理陳綱（四品銜）、邱曾瓊（花翎）、傅政（花翎），會員四百三十人。[45]可見福、廈商會主其事者，均為具有功名之地方紳商。其中林爾嘉，字叔臧，源自台灣板橋林家，經商致富，於甲午戰後，隨其父林維源（？-1905）內渡，定居廈門。[46]一九〇五年受到商部左參議王清穆賞識，推薦出任廈門商務總會總理。[47]直至一九一一年，林氏先後在廈門創辦廈門電話公司，又開設龍溪墾牧公司、廣福公司製糖會

[41] 〈商務總分會與地方官衙門行文章程〉，《商務官報》，3冊（1908年），頁113。

[42] 《東方雜誌》1卷3期（1904年），頁728-729。

[43] 〈奏定商會簡明章程〉，《東方雜誌》1卷1期（1904年），頁234。虞和平：〈近代商會的法人社團性質〉，《歷史研究》5期（1990年），頁41-42。

[44] 福建商會數，參〔清〕學部總務司編：《第一回中國年鑑》（臺北：中國出版社，1973年），頁1562；阮忠仁：《清末民初農工商機構的設立》，頁238，自一九〇四至一九一六年福建省會合計六十四，而一九〇四至一九一一年則合計為四十五。

[45] 阮忠仁：《清末民初農工商機構的設立》，頁453；又廈門商會，參周子峰：《近代廈門城市發展史研究1900-1937》（廈門：廈門大學出版社，2005年），頁178-184，廈門商務總會成立之初，設址於鎮邦街樓房辦公，並於石碼、泉州、同安、灌口，先後設立分會，稍後協理改由米商洪曉春一人出任，並設議董八人。

[46] 〈台北林本源家〉，《廈門文史資料》，9輯，頁118-121；並參許雪姬：〈日據時期的板橋林家——一個家族與政治的關係〉，中央研究院近代史研究所編：《近代家族與政治比較歷史論文集》（臺北：中央研究院近代史研究所，1992年），下冊，頁661-673。

[47] 〈王清穆考察閩粵沿海各埠商務情形〉，《東方雜誌》，3卷3期（1906年），頁6250-6251。

社，並出任農工商部頭等顧問。期間參加福建全省礦務調查，度支部幣制調查員，漳廈鐵路營建[48]。此外，又注意閩省茶業改良。[49]對於清季福建實業之推動，甚具貢獻。而林氏亦為福建商人階層，受到清廷重視的典型個案。

隨著晚清商會在全國各地不斷組織及成立。近代商人開始成為一股新興的社會力量，對清季社會民生，產生重要影響。此即商人參與城市市政建設和管理；商團建立武力，維持地方治安；興辦新式教育，並以實業教育為重；又參與國內外商品展覽及考察，藉以振興實業；而更重則為參與全國抗爭運動，推動國家與社會之變革。自一九○五年以降，接二連三發生，包括抵制美貨運動，收回權利運動，立憲運動，抗捐抗厘運動，全國新式商人均扮演重要角色。[50]

上述清季商人的種種活動，就福建而言，如林爾嘉參與廈門近代市政建設；如福建商人興辦商品展覽，參加南洋勸業會之展覽，出訪日本的實業考察團；福建總商會之商人組織商業研究所，設立夜習學校，教育商界青年；又成立商團公會，選拔各商幫精壯之士，予以軍事訓練，維持社會治安。[51]而清季福建商人亦捲入抗爭運動，始於一九○五年抵制美貨的反美風潮。而以福州、廈門兩地為主。福州抵制運動，初起於學界，由福州學界成立「福

---

[48] 〈林輅存代福建暨南局賀壽文〉，《菽莊先生四十雙壽》（1914年），頁17-19；又〈菽莊與林爾嘉〉，《廈門文史資料》4期（1983年），頁143-152。

[49] 林爾嘉：〈閩省茶葉改良情形〉，《商務官報》，2冊（1907年），頁630。

[50] 朱英：《辛亥革命時期新式商人社團研究》（北京：中國人民大學出版社，1991年），頁285-301；Marie-claire Bergére, "The Role of the Bourgeoisie," in Mary C. Wright ed., *China in Revolution: The First Phase 1900-1913*（New Haven: Yale University Press, 1968），pp. 241-242, 245-257；小島淑男：〈辛亥革命時期資產階級結集和經濟改革的摸索〉，中央研究院近代史研究所編：《中國現代化論文集》（臺北：中央研究院近代史研究所，1991年），頁210-214；又商會在一九○五年抵制美貨運動，參張存武：《光緒卅一年中美工約風潮》（臺北：中央研究院近代史研究所，1965年），頁43-46。

[51] 野澤豐：〈辛亥革命與產業問題〉，頁2477、2486-2487，赴日考察團福建成員，包括福州源昌銀號總理葉鴻英、廈門壽世堂藥房號主陳澤覃、漳州裕源農牧公司總理陳啟裕、漳州棉業總會議董林子達；又參《中華民國開國五十年文獻》1編12冊，頁82-83；廈門商會興辦陳列商品展覽，見周子峰：《近代廈門城市發展史研究》，頁184。

建公立保工會」，作為抵制機關後，並運動商幫停購美貨，而福州商會，亦
因上海商界福建幫首董曾鑄（1849-1908）號召抵制而加入，除運動福州各
商會外，並派發傳單，列明十四項一百〇一種進口美貨之「調查表」，呼籲
不買不賣美貨。[52]而廈門則由旅菲僑商陳綱出面領導抵制運動。該運動結果導
致美國駐廈領事安得森（George E. Andeson）竟以沒收陳綱之菲律賓財產，
壓迫其退出。並且藉口美駐廈領事館旗杆上旗繩被割，製造「旗繩事件」，
進行交涉，針對廈門商人的反美活動，結果廈門當局被迫鳴炮道歉了事。而
廈門商會對此表示憤慨，謀求阻止不遂。福建商人之民族主義，表露無遺。
其次，於一九〇一至一九一〇年間，由於福州知府曹垣強加厘金，規定每兩
加抽補水四分，福州南台眾商起而抗爭，福建（州）商務總會成員如曾珊
珂、黃敦臣、蔡展寵等起而組織閩省商業研究所，與之對抗，終於達到撤銷
加厘之目的。及至辛亥革命福州光復，商會亦起而維持橋南地方的治安。至
於廈門商會於一九〇五年因廈門海關代理稅務司，法人嘉蘭貝（P. M. G. de
Galembert）整頓廈門常關，引起廈門商戶不滿，遂起而罷市及搗毀海關，
促成政府讓步。及至廈門光復，商會亦起而設立保安會，維持地方治安。由
此可見福建商會在清季政治與社會動盪中，亦起而抗爭。福建商人顯然已見
階級覺醒。[53]

三　結論

　　清季福建經濟出現危困，面臨改革之必需。時清廷於一九〇一年起而推
行新政，經濟改革即為其中要項，而重點在於由財經制度入手。從而啟動福
建一省之財經整治及振興實業之新政，目的在於發展地方經濟，增加省府財
稅之收入。

52　朱士嘉編：《美國迫害華工史料》（北京：中華書局，1958 年），頁 154-156。

53　張存武，同前註，頁 53-55、177-185；《中華民國開國五十年文獻》1 編 12 冊，頁 82-
83；2 編 4 冊，頁 315-316；周子鋒：《近代廈門城市發展史研究》，頁 181-194。

　　其時福建地方官紳以閩督許應騤、李興銳及松壽為首，遂進行對本省財經制度之改革。就財經整治而言，合併咸同以來「新生」的財經機構而成財政局，繼之以度支公所及清理財政局之建立，由藩司專責，統一財權。相繼調查全省財稅、編訂年度預算、建立新稅，實為福建財稅「現代化」之始。其次為求增加省府之收入，在農工商聯繫發展之理念影響下，謀求發展農、工、商實業，基於福建為華僑之鄉，尤重僑商回國投資。先後成立保商局、商政局、勸業道及省縣商會，藉以推動華僑投資（計共十三項），及農、工、商、礦、交通新企業之興辦，而以陳寶琛主持之漳廈鐵路最為著稱，然成效皆不大。

　　其間由於鼓勵省內外商人投資實業，促成新式商人群體形成及「階級」覺醒，於參與實業投資之外，面對清季內憂外患之時局，商人階層更起而抗爭。先後參加一九〇五年抵制美貨運動，抗捐抗釐，最終更參與辛亥革命福建之光復。清廷推動新政，目的在於維繫政權，然最終卻為導致商人投身政治與社會之抗爭運動，促成清室瓦解，實為始料之所未及。

附表：清季福建商會表

	名稱	成立時間	會董數	會員數
1	福州總商會	1904	50	920
2	廈門總商會	1905	40	430
3	龍溪商會	1906	40	266
4	南靖商會	1906	─	75
5	建甌商會	1906	30	185
6	松溪商會	1906	30	70
7	霞浦商會	1906	21	126
8	長汀商會	1906	20	102
9	福安商會	1907	36	82
10	連江商會	1907	36	137
11	建甌土洋商會	1907	24	30
12	詔安商會	1907	28	102
13	漳浦商會	1907	30	108

14	古田縣平湖商會	1908	30	72
15	邵武商會	1908	12	325
16	雲霄商會	1908	26	64
17	仙遊商會	1908	32	526
18	龍岩商會	1908	16	34
19	福清商會	1908	30	30
20	上杭商會	1908	20	42
21	浦城商會	1908	15	126
22	永安商會	1909	30	60
23	德化商會	1909	20	332
24	崇安商會	1909	18	80
25	寧化商會	1909	22	118
26	長樂商會	1909	30	30
27	永定商會	1909	30	320
28	南平商會	1909	20	89
29	南平峽陽鎮商會	1909	18	76
30	光澤商會	1910	21	63
31	建陽商會	1910	24	23
32	羅源商會	1910	30	32
33	平潭商會	1910	20	60
34	惠安商會	1910	30	341
35	同安商會	1910	30	95
36	沙縣商會	1910	36	78
37	琯江商會	1910	24	75
38	順昌商會	1910	20	184
39	福鼎商會	1910	15	70
40	平和商會	1910	30	121
41	永泰商會	1910	30	56
42	金門商會	1910	20	180
43	建寧商會	1910	26	98
44	寧德縣商務分會	1904	18	89
45	莆田縣涵江商務分會	1909	30	80

資料來源：《第一回中國年鑑》（1912），頁 1562-1563。

近代東亞水泥產業之發展與變遷

陳慈玉[*]

一　前言

　　水泥（華北稱為洋灰，華南稱為士敏土，東北則稱塞門土，Cement）是工業建設的基本材料。一七五六年英國土木工程師的鼻祖史密頓（John Smeaton, 1724-1792）在建造燈塔的過程中，發現含有黏土的石灰石，經煆燒和細磨處理後，加水製成的砂漿能慢慢硬化，成為堅固的人造石。他使用新發現的砂漿建造舉世聞名的普利茅斯港的漩岩燈塔（Eddystone Lighthouse）。但直到一八二四年，英國利茲（Leeds）城的泥水匠阿斯普丁（Joseph Aspdin, 1778-1855）才正式確定水泥製造的方法。因為他使用的是波特蘭（Portland）地方所產的石灰石，所以獲得第五〇二二號的「波特蘭水泥」（Portland Cement, 矽酸鹽水泥）專利證書。其後，經過一百多年的推廣與技術革新，至今仍是建築材料中不可或缺的。[1]

　　一八七〇年代後期，日本小野田水泥會社和淺野水泥工廠都在明治政府的殖產興業政策下成立，兩者所生產的水泥成為日本對外出口的重要商品。並且兩公司都在二十世紀初期開始向中國東北、臺灣和朝鮮投資。

　　至於中國最早是一八八九至一八九〇年之際，開平礦務局在煤礦附近，附設用立窯燒製水泥的唐山細綿土廠，到一九〇七年盤讓給周學熙經營，改

---

[*]　中央研究院近代史研究所研究員
[1]　行政院新聞局編：《水泥工業》（南京：行政院新聞局，1947年），頁1；王燕謀：《中國水泥發展史》（北京：中國建材工業出版社，2005年），頁6-36。

名啟新洋灰公司。而在自強運動的後期，廣東巡撫岑春煊於一九〇六年在廣
州創建廣東士敏土廠。湖廣總督張之洞則因修築粵漢鐵路需要大量水泥，乃
於一九〇七年公開招商興辦水泥廠，結果由清華實業公司程祖福上書應招，
成立民營的湖北水泥廠（大冶水泥廠）。[2]換言之，中國最早的三家官營或民
營水泥廠都得到當時清政府的大力支持。它們的設備也隨著先進國家水泥技
術的改進，而由立窯改為旋窯，其產量在一九一一年有十萬多噸，接近最高
年進口量（一九一〇年）。[3]

　　本論文擬利用中日雙方的檔案史料，以及研究文獻，探討東亞水泥產業
發展過程中，政府所扮演的角色。首先泛論當時東亞水泥業的背景，其次分
析各地區水泥業的發展軌跡，及東亞水泥貿易網絡的重要性。

二　東亞水泥業的背景

　　大致而言，東亞水泥業是引進西方技術來發展的進口替代產業。如〈表
1〉所示，該地區的水泥業最早是從日本開始。日本的水泥業以官辦企業為
嚆矢；其後，中國先由外商投資，並相繼引進海外技術，進行水泥的國產
化。第一次世界大戰結束後，日本進入國內生產過剩時期，向中國以及東亞
地區的出口量逐年提升，直到三〇年代初期中國收回關稅自主權後，日本出
口量曾經減少。

　　二十世紀二〇年代，日本國內幾次組織卡特爾（cartel），試圖控制產量
和銷售量、壟斷價格、聯合營銷等，並且意欲控制及整編殖民地（臺灣、
朝鮮和關東州[4]）在內的供給體制與需求市場。[5]同時中國上海華商、啟新洋灰

---

[2]　行政院新聞局編：《水泥工業》，頁1-2；王燕謀：《中國水泥發展史》，頁51-60。

[3]　王燕謀：《中國水泥發展史》，頁53、60。

[4]　一九八九年三月，俄羅斯與清朝簽訂《旅大租地條約》後，俄羅斯始在該地區設立殖
　　民地，一般叫關東州。一九〇四年隨日俄戰爭爆發，旅大地區的租借權改歸日本，關
　　東州成為日本的殖民地，直到一九四五年八月日本投降為止。

[5]　陳慈玉、蕭明禮：〈日本統治期の台灣セメント產業と對華南貿易〉，收入田島俊雄、

（唐山）和中國水泥（南京）等水泥公司，多次出現同業聯營、聯合營業區等內容的卡特爾組織。當時中國的卡特爾雖是為限制生產與供給、限制銷售區域等措施，俾便提高價格的壟斷組織，但主要目的在對抗日本水泥業的「進口傾銷」行為。

表一：東亞地區水泥業發展簡史

年月	記事
1875.05	（日本）工部省製作寮開始生產水泥
1881	日本小野田水泥廠創設
1886	青州英坭廠在香港建立（工廠在澳門和九龍）
1889.11	唐山細棉土工廠被批准（1891年建成投產）
1903.12	淺野水泥深川廠建成丹麥史密斯公司的旋窯
1906	廣州創建廣東士敏土廠
1907	成立民營的湖北水泥廠（大冶水泥廠）
1908	啟新洋灰公司購入丹麥史密斯公司的旋窯
1909.06	小野田水泥大連支社建成投產
1917.07	淺野水泥臺灣工廠（打狗）建成投產
1919.12	小野田平壤支社建成投產
1924.12	（日本）第一次水泥聯合會成立
1925	上海華商、啟新、中國水泥第一次開始同業聯營、調整銷售價格
1926.01	（日本）水泥聯合會發現磐城水泥退會問題，取消聯營價格協定
1927.12	（日本）三井物產造船部從史密斯公司取得旋窯製造權利

朱蔭貴、加島潤編著：《中國セメント產業の發展——產業組織と構造變化》（東京：お茶の水書房，2010年），頁77-99。

1929.12	（日本）第二次水泥聯合會成立
1930.05	中國和日本之間的關稅談判達成協議，三年後中國恢復關稅自主
1931.07	上海華商、啟新、中國水泥在上海組織聯合營業
1931.09	以九一八事變為契機，再次爆發抵制日貨運動
1932.11	小野田水泥設立鞍山水泥工廠
1933.05	水泥關稅保護生效，關稅由原來的每噸四海關金提高到八點三海關金
1933	啟新自行仿製旋窯
1934.11	（日本）小野田宣佈不參加第三次水泥聯合會
1934.12	（日本）重要產業統制法首次適用於水泥工業
1935.03	淺野系大同洋灰吉林工廠建成投產
1935.06	淺野與磐城、七尾等於遼陽合資成立滿州洋灰公司
1935.06	人民公營西北實業洋灰廠引進日本栗本鋼公所做的旋窯等設備而建成投產
1935.10	淺野購買本溪湖洋灰公司
1936.02	啟新和江南與中國水泥一起建立聯合營業組織
1936.10	官商四川水泥股份有限公司建立在重慶
1937.07	七七事變後，日軍全面進攻中國
1941	小野田小屯廠引進日本石川島造船作的立波爾窯設備
1943.05	以華中和昆明的部分水泥廠為基礎，合併而改制為華新水泥股份公司

資料來源：田島俊雄等編：《中國水泥業的發展——產業組織與結構變化》（北京：中國社會科學出版社，2011年），頁19-20。筆者已修正若干錯誤，並加以增補。

換言之，一九四〇年以前的日本水泥業歷經了進口替代成功後，轉向出口擴張的時期，而此過程又牽涉到投資殖民地東北、朝鮮與臺灣的舉動，以及中國水泥業的反制。

三　日本水泥業的發展軌跡

日本最主要的水泥廠是淺野與小野田水泥製造株式會社，兩者都是明治初期，一八七〇年代設立的。

（一）淺野水泥株式會社的發展

其成立的時代背景與明治政府的殖產興業政策息息相關。明治政府工務省除了擴充接收自各藩的各種國營工礦企業外，[6]曾於一八七二年在東京深川區創立「攝綿篤製造所」（水泥製造廠），但經營不理想。當時政府因極力擴大國營事業，導致財政危機，乃改弦易轍，開始整理國營企業。到一八八三年，工部省直營的「攝綿篤製造所」（此時易名為深川水泥工場），在澀澤榮一[7]的協助下，賣給煤炭業者淺野總一郎，成立淺野水泥工廠（以下簡稱淺野），資金四萬五千圓，淺野總一郎和澀澤榮一各出資三萬圓和一萬五千圓。[8]淺野水泥工廠（一九一三年改為淺野水泥株式會社）在一九一五年合併北海道水泥株式會社，一九一七年建設完成位於日本川崎，

---

[6]　林明德、陳慈玉、許慶雄：《日本歷史與文化》（臺北：國立空中大學，1992年），頁342。

[7]　澀澤榮一（1840-1931），明治至大正時代的實業家，早年曾赴歐洲見識西洋近代產業與財政制度。明治以後任職大藏省，參與建立財政、金融制度。明治六年（1873）辭官後參與第一國立銀行、王子製紙、大阪紡織等實業的設立，退休後並從事社會工作。著有《德川慶喜公傳》。上田正昭、西澤潤一、平山郁夫、三浦朱門監修：《日本人名大辭典》（東京：講談社，2001年），頁925。

[8]　和田壽次郎：《淺野セメント沿革史》（東京：淺野セメント株式會社，1940年），頁82、97-101。

以及臺灣臺南廳興隆內裡打狗山的工廠。公司所生產水泥總量則自一九一一年的二廠（東京、門司）的二十一萬公噸，倍增為一九一八年底的五廠（東京、門司、川崎、臺灣、北海道）的四十四萬公噸。[9]

（二）小野田水泥製造株式會社的設立

小野田和淺野在近代日本水泥製造業分庭抗禮。

小野田會社由日本山口縣士族笠井順八，得到井上馨[10]的協助，於一八七〇年代後期在該縣厚狹郡小野田町創設，當時資本額為五萬七千一百五十圓，年產僅一百〇七公噸而已。[11]原名「水泥製造會社」的小野田成為日本第一家民間水泥公司。[12]其成立的時代背景略異於淺野，而是與明治政府的扶植民間企業政策息息相關。

小野田採取英國的水泥製造法，自工廠附近採掘所需的原料——泥土與石灰，而能利用舟楫之便，將產品運往各地，且容易取得地權，這是當時所以建廠在厚狹郡的要因。[13]在建廠之前，笠井順八先派人到東京深川水泥工廠研習技術，設廠之後經過不斷的努力研究，終於在一八八三年九月製造出不亞於深川水泥工場的優良產品。[14]其產品乃開始供應神戶鐵道局、九州三池礦山局、兵庫造船局等官營企業，以及阪神一帶的建築業。為了開拓新市場

---

[9] 同前註，頁 277-278、327-328。

[10] 井上馨（1836-1915），幕末至大正時代的武士、政治家。早年屬幕末的開國倒幕派，明治政府初期擔任大藏大輔，而後退出政府進入實業界成立先收會社（其後為三井物產繼承）。明治十二年（1879）後再入政界歷任外務卿、外相，推動修改不平等條約及歐化政策。嗣後又擔任農商務相、內相、藏相等職務，並進入元老院，受封侯爵。上田正昭、西澤潤一、平山郁夫、三浦朱門監修：《日本人名大辭典》（東京：講談社，2001年），頁 215。

[11] 井田幸治編：《小野田セメント製造株式會社創業五十年史》（東京：小野田セメント製造株式會社，1931年），頁 1-2。

[12] 同前註，頁 3、45。

[13] 同前註，頁 70-71。

[14] 同前註，頁 71-72。

與有效管理銷售網，小野田會社於是實施分區販賣制度，把阪神方面與長崎方面的市場分別委託松村商店和三井物產株式會社（以下簡稱三井物產）販售，其本身直接經營自九州北部至山口縣方面的交易。後來，將海外輸出部分亦委託三井物產進行；到了一九〇一年十二月以後，甚至把該會社產品全權委託三井物產獨家販賣。[15]

自一八七〇年開始進口水泥以來，日本的水泥市場行情被輸入品的價格所左右，與外匯行情有密切關連。即使小野田和淺野先後成立後，由於產量不多，也沒有發生同業競爭所帶來的市價變動情形。大致而言，日本水泥品質略遜於進口品，所以價格較低廉。小野田創業時的市場僅限於：四國、九州和關西一帶，一八八七年以後，小野田試圖擴充工廠設備和增加產量，而東京方面則出現公家機關、學校和國會議事堂等建築工程計畫，以及佐世保、吳等海軍局鎮守府的設立，都亟需水泥。小野田乃積極運作，向中央政府商務省分析課提出水泥樣品，請其做化學分析；同時請橫須賀海軍鎮守府進行物理試驗，從兩處都獲得小野田水泥是「不劣於外國品的最優良品」之認定證明書。[16]

此時適逢日本積極建設交通事業，鐵路、港灣、道路、河川整治及橋樑等的建設都與水泥業息息相關，所以小野田的事業得以擴張。首先，小野田招聘德國工程師，改善工廠組織及製造方法，以圖改良品質和增加產量。其次，增資至十萬圓來擴充設備，並於明治政府實施「商法施行條例」（一八九三年一月）後，在該年十一月改名為「有限責任小野田水泥製造株式會社」，其製造能力增為年產一萬三千公噸。[17]

隨著國內市場的擴大與產量的增加，小野田亦著眼於海外市場的開拓。雖然一八八七年三井物產天津分行曾經向小野田訂購一百七十公噸的水泥，但因為日本內需旺盛，小野田生產不足，以致於無法交貨。到一八九〇年，

15　同前註，頁86-88。

16　同前註，頁90-91。

17　同前註，頁100-124。

小野田擁有月產約五百公噸的製造能力，乃囑付長崎三井物產分公司調查海外各地的水泥市況，並寄送樣品到天津、上海兩地的三井物產分公司，也製作英文說明書到香港、芝罘、新加坡、馬尼拉、澳洲和美國各地宣傳，結果該年得以首次出口三十七公噸水泥。[18]到中日甲午戰爭以後，日本曾經歷短暫的好景氣，小野田乃改善工廠設備，其水泥製造能力再增為年產三萬四千公噸。小野田也與臺灣的賀田金三郎商店簽訂獨佔販賣契約，從一九〇〇年開始出口到臺灣，供給臺灣築城、基隆築港等之所需，一九〇三年底首次出口二百六十七公噸水泥到美國。[19]

　　水泥業的成長和技術的改良息息相關，亦即從初期的豎窯演變為旋窯（一九〇三年首次輸入），改進生產方式，能連續長期燒製水泥，提高生產效率。而一九一四年第一次世界大戰爆發以後，原本供給資本財給世界的歐洲成為戰場，反而極需軍需品和其他工業產品，更無暇東顧。日本工業因此勃興，小野田和淺野為主的水泥業界也以導入旋窯為契機，使用餘熱汽缸發電機，迎向生產設備的近代化。[20]如後將述，開始積極投資殖民地的朝鮮和滿州。形成「日本水泥產業圈」。有助於小野田公司的整體收益，小野田在朝鮮的利潤甚至超過日本本土。（參見〈表二〉、〈表三〉和〈圖一〉）

表二：小野田水泥公司利潤表　　　　　　　　　　　　單位：日圓

年度	純益金	年度	純益金
1881.3-1885.10	- 6,067	1908	287,078
1885.11-1886.10	- 4,096	1909	224,730
1886.11-1887.10	4,893	1910	254,355

---

[18] 同前註，頁140-141。

[19] 同前註，頁195-196、226-230。當時三井物產大阪分公司設立「水泥首部」來配合小野田水泥的販賣。

[20] 杉下捨三，〈本邦セメント工業一百年小史〉:《セメント・コンクリート》No.339（東京：セメント協會，1975年），頁17-18。二十世紀初期世界先進國已經採用旋窯。

1887.11-1888.3	4,370	1911	243,346
1888	20,451	1912	244,104
1889	7,972	1913	241,770
1890	11,976	1914	106,309
1891	14,132	1915	118,025
1892	10,191	1916	284,395
1893	19,035	1917	638,391
1894	14,792	1918	610,678
1895	15,819	1919	535,599
1896	23,208	1920	539,098
1897	70,635	1921	536,792
1898	100,247	1922	740,791
1899	55,919	1923	1,676,485
1900	60,455	1924	1,038,101
1901	193,896	1925	1,078,915
1902	28,704	1926	1,248,761
1903	29,465	1927	1,492,187
1904	35,918	1928	1,597,619
1905	39,543	1929	2,706,328
1906	60,032	1930	1,572,353
1907	273,306		

說明：一八八八年以後為該會計年度資料，即當年四月至翌年三月。

資料來源：井田幸治編：《小野田セメント製造株式會社創業五十年史》（東京：小野田セメント製造株式會社，1931年），附錄頁12-17。

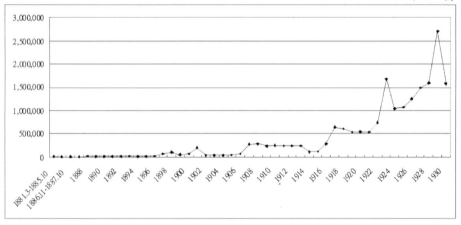

圖一：小野田水泥公司利潤變化圖

說明：一八八八年以後為該會計年度資料，即當年四月至翌年三月。

資料來源：井田幸治編：《小野田セメント製造株式會社創業五十年史》（東京：小野田
　　　　　セメント製造株式會社，1931年），附錄頁12-17。

表三：小野田水泥各區域工廠利潤表（1931-1937）

年代	日本		朝鮮		東北		總計
	千日圓	百分比	千日圓	百分比	千日圓	百分比	
1931	222	42.5	169	32.4	131	25.1	522
1932	193	21.6	432	48.4	268	30.0	893
1933	534	35.9	592	39.8	362	24.3	1,488
1934	476	29.0	708	43.1	458	27.9	1,642
1935	625	36.0	795	45.7	318	18.3	1,738
1936	665	40.0	755	45.4	244	14.7	1,664
1937	619	38.5	724	45.0	266	16.5	1,609

資料來源：小野田セメント株式會社編：《小野田セメント百年史》（東京：小野田セメ
　　　　　ント，1981年），頁366。轉引自Soon-Won Park, *Colonial Industrialization and Labor
　　　　　in Korea : the Onoda Cement Factory*,（Cambridge, Mass.: Harvard University Asia Center,
　　　　　1999），p.61.

　　日本政府在一九三七年決定不將水泥指定為戰時重要產業，開始限制水泥業的擴張。一九三九年日本帝國的擴張達到高峰，小野田水泥的產量也在同年達到一百九十萬公噸，此後逐年下降。戰爭期間因為煤炭等原料的短缺、缺乏熟練工人，以及物資運送困難，造成水泥產量的下降。[21]一九四〇年創立水泥統制會社，控制日本水泥的生產與販售。一九四一年所有的工業被合併為二十五個工業集團，許多的中小企業被大企業併吞，以支持日本經濟與政府在中國和太平洋戰爭中的動員。[22]一九四三年十二月，軍需公司法案下，日本政府與軍方控制六百八十三種主要產業。[23]儘管如此，一九三七至一九四五年小野田水泥在東北與朝鮮的經營仍然持續成長，供應這段期間該區域的建設與軍事相關產業需求。二戰結束後，小野田水泥公司控制二十九個分廠：十個在日本，七個在東北，五個在朝鮮，和七個在其他地方的工廠。

　　再者，由〈表二〉和〈圖一〉也可以看出，除了創廠初期的赤字以外，小野田在一九〇七年開始起色，一九一六年以後利潤明顯增加，一九二三年倍增，次年又減少，但一九二五年以後持續增加，此應與市場的聯合壟斷有關。

（三）日本水泥聯合會

　　日本為了保護本國產業，實施進口替代水泥的政策，從一九一一年開始對外國水泥（包括滿洲）採用高稅率的進口關稅（每公噸五日圓）。日本國內水泥業者之間在一九二四年成立了水泥聯合會。當初成立的目的是為了防止同業者削價競爭所導致的市價低落現象，可謂為「防禦型」卡特爾。此組織的萌芽應回溯到一八九五年的「共和俱樂部」，後來小野田水泥公司和七

---

[21] 小野田セメント株式会社：《小野田セメント一百年誌》，頁387。

[22] 同前註，頁367-368。

[23] 同前註，頁389。

家有力業者，進一步於一八九八年十月共同出資五萬日圓設立名為「共同水泥合資會社」的共同販賣公司，以企圖強化流通過程的統制。但尚未開始營業即解散了，因為此時各業者皆期望以自由競爭的方式來謀取高額利潤。即使二十世紀初期日俄戰爭以後，雖然出現了「波特蘭水泥同業會」的團體，但其目的在普及水泥的用途、調查研究、資料蒐集與統計等增進業界總體的利益，並不具有卡特爾性質。後來日益發展，加盟的公司遍及日本、朝鮮和滿洲。

由於水泥市場沈浮不定，所以不時有倡導統制的業者出現，但大多僅限於地域性的販售協定。到第一次世界大戰結束以後，一九二〇年日本經濟開始面臨不景氣，水泥供需不平衡現象的惡化，促使業界認真考慮統制產銷的必要性。適逢一九二三年關東大地震，業界雖然期待震災後的重建可以促進水泥的需求增加；但因當時缺乏資金，以致於重建工程緩慢，結果造成水泥生產過剩，存貨激增，反使翌年的市況更顯著惡化。為了挽救此現狀，小野田公司社長笠井真三和淺野公司董事金子喜代太積極奔走，結合十七家水泥業者共同於一九二四年十月創設水泥聯合會。

此聯合會大抵網羅當時全部水泥業界的有力公司，主要目的在視加盟各公司的生產和販售數量，以及當時的供需情況，來調節其出貨比例，並協定最低銷售價格以防止市場崩落，亦即在產銷兩方面都實行一元性的卡特爾統制。

小野田公司社長就任聯合會議長，結果由於統制工作不易進行，主要的任務僅止於限制生產而已。第一次聯合會持續五年，一九二九年期滿後，又開始第二次聯合會。到一九三四年十二月的第三次聯合會，會期改為十年。[24] 此卡特爾組織的出現可視為因應時代的產物，也是小野田和淺野兩大水

---

24 但事實上在一九四〇年即解散。參見和田壽次郎：《淺野セメント沿革史》，頁359-362；セメント聯合会編：《セメント聯合会年鑑 昭和六至九年度》（大阪：セメント聯合会，1932-1934年），頁411；セメント聯合会編：《セメント聯合会年鑑 昭和十～十四年度》（大阪：セメント聯合会，1936-1940年），頁698-700；藤津清治：〈わが国、および滿州その他（終戰前）におけるセメント製造企業の変遷——明治五年（一八七二年）～昭和三十年（一九五五年)-2-〉,《ビジネスレビュー》7卷3號

泥公司積極合作的結果。

　　因此兩大公司的動態左右此聯合會的發展。而日本經濟也在一九二九年以後面臨世界大恐慌的餘波，以及金解禁、貨幣緊縮政策的施行，一時沉寂，影響到對水泥需求的激減。於是各水泥公司開始削價競爭，市價慘跌。聯合會的功能幾乎完全喪失。此乃由於聯合會是針對全日本產銷狀況而制定相關措施的，所以難免有照顧不到地方。因此九州地區的各水泥公司首先召開協調會（名為九州十日會），自行估算出貨比例，結果市價頗佳。所以日本中部、四國、朝鮮、臺灣、關東、北海道等地的水泥公司也相繼仿行，紛紛設置新的販賣統制機關。[25]

　　一九三一年九一八事變以後，犬養毅內閣停止金本位制，進入準戰時體制，也採用通貨膨脹政策，匡救時局的土木業乃因此大興，對水泥的需求增加，於是水泥業者競相增產，市況混亂。當時淺野公司率先提倡暫時中止增產，但聯合會內部意見相左，結果小野田水泥公司退出聯合會，加盟派與未加盟派激烈抗爭，使市況更形亂盪不安。一年多以後，國會通過重要產業統制法修正案的實施，其適用範圍擴及殖民地，此兩派才在國家權力的壓力下妥協。[26]

（1960年2月），頁68-69。

[25] 和田壽次郎：《淺野セメント沿革史》，頁387；井田幸治編：《小野田セメント製造株式會社創業五十年史》，頁738。

[26] 井田幸治編：《小野田セメント製造株式會社創業五十年史》，頁452；和田壽次郎：《淺野セメント沿革史》，頁388；橋本壽朗：《大恐慌期の日本資本主義》（東京：東京大學出版會，1984年），頁340，348-351。又，犬養毅，生於一八五五年，曾任報社記者，報導西南戰役。一八九〇年當選岡山縣眾議員，一八九八年六月，任內閣之文部大臣，一九一〇年創立立憲國民黨；一九二三年任山本權兵衛內閣的文部兼郵政大臣，一九二四年任加藤高明內閣的郵政大臣，一九二九年任立憲政友會總裁，一九三〇年任眾議員，一九三一年犬養毅作為反對黨總裁被授命組閣，出任日本第二十九任首相，一九三二年五月十五日遭海軍激進人士襲擊首相官邸（史稱五一五事件）而身亡，享年七十七歲。參考自古林龜治郎編：《明治人名辭典》（東京：日本圖書センター，1987年），上卷，頁4；澀澤榮一、三宅雄二郎、鎌田榮吉監修，野依秀市編輯：《明治大正人物史》（東京：日本圖書センター，2004年），頁79-80。

換言之，由於日本水泥工廠的近代化與量產化的急速進展，使水泥的供給過剩，聯合會的目的是維持日本市場的穩定性，並未具體限制外銷數量和對殖民地的投資，因此兩大公司得以分別擴張到臺灣、東北、朝鮮以及中國。

四　中國水泥業的發展軌跡

中國近代水泥業的首次出現是在一八八〇年代後期的天津，故擬以當地的水泥公司為例來析論。

（一）唐山細綿土廠的創辦和再建

光緒三年（1877）唐廷樞開始任開平煤礦督辦。他看到工程建設所用大量水泥全由國外進口，價格非常昂貴。後又瞭解到，唐山有大量能用以製造水泥的原料石灰石，於是，產生了創辦水泥廠的想法。[27] 十年後（1887）冬，唐廷樞回到廣東故里，從余姓友人得知，澳門青洲英坭廠採用廣東英德縣石灰石與澳門當地河泥作原料，已成功地燒製出水泥。唐廷樞返回開平煤礦後，隨即將唐山石灰石與香山縣裏河坦泥送往澳門青洲英坭廠試燒。試燒成功後，為慎重起見，又多次將原料送到英國試燒。結果證明，採用唐山石灰石和香山縣裏河坦泥可製得品質優良的水泥。

唐廷樞乃決定創辦水泥廠。於光緒十五年（1889）十一月向李鴻章上奏稟帖，陳述尋找原料經過和試驗結果，提出擬在唐山建立水泥廠。[28] 李鴻章接

再者，重要產業統制法制定於一九三一年三月，是由經濟官僚主導的，其目的在推進產業合理化，因為企業界期待此法能帶來對付當時經濟恐慌的效果，而大力支持。見大石嘉一郎編：《日本帝國主義史2世界大恐慌期》（東京：東京大學出版會，1987年），頁220。

[27] 王燕謀：《中國水泥發展史》，頁54。

[28] 〈光緒十五年一一月初五日唐廷樞給李鴻章的稟貼〉，見啟新公司第1號卷，轉引自南

稟帖後批示：「前將唐山所產灰石與香山裏河坦泥配合煉成，經英國著名化
驗師並葡倫各廠迭次試驗，推為頭等細綿土，受拉之力竟有四百磅之多，果
如所言，詢為最上之品。此項細綿土系製造工程必需之物，若能自造合用，
較之購之外洋，運費大省。……各局當可湊搭股一二萬兩，即由該道迅速妥
議章程，克期開辦，以資應用。」[29]批准唐廷樞開辦水泥廠。

於是唐廷樞再次給李鴻章奏稟帖，報告水泥廠籌辦情況，並呈辦廠章
程，開辦廠宗旨、資本籌集等條款。[30]如此，唐廷樞在李鴻章的支持下正式開
辦唐山細綿土廠，次年外國設備運抵工廠並開始安裝，一八九一年即建成投
產。工廠占地六十六畝，有立窯四座和相關設備，日產量近三十噸。當時籌
得六萬兩銀子，其中海防支應局和淮軍銀錢所出資二萬兩，開平煤礦出資二
萬兩，裡河坦泥產地香山縣紳士、唐廷樞好友出資二萬兩。[31]所以這可說是官
督商辦的企業。

唐山細綿土廠投產後，遠從廣東運送原料石至唐山，燒造洋灰，成本很
高，水泥品質較差，甚至不如當地土產，銷售十分困難，因此工廠虧損嚴
重。一八九二年，唐廷樞病故，江蘇候補道張翼接任開平煤礦總辦。張翼於
一八九三年奏請朝廷關閉唐山細綿土廠。該廠從一八八九年開辦到一八九三
年關閉，生產時間僅兩年多。[32]

中日甲午戰爭後，開平礦務局總辦周學熙於一九〇〇年初，奏章直隸總

開大學經濟研究所編：《啟新洋灰公司史料》（北京：三聯書店，1963年），頁22。

[29] 〈光緒十五年十一月初十日李鴻章給唐廷樞的批示〉，見啟新公司第1號卷，轉引自南
開大學經濟研究所編：《啟新洋灰公司史料》，頁22。

[30] 〈光緒十五年十一月十五日唐廷樞給李鴻章的稟貼〉，見啟新公司第1號卷，〈光緒
十五年十一月十八日李鴻章給唐廷樞的批示〉，見啟新公司第1號卷，轉引自南開大
學經濟研究所編：《啟新洋灰公司史料》，頁22-24。

[31] 〈光緒十六年四月十九日唐廷樞給李鴻章的稟貼〉，見啟新公司第1號卷，轉引自南開
大學經濟研究所編：《啟新洋灰公司史料》，頁25。王燕謀：《中國水泥發展史》，頁
55。

[32] 周學熙：〈啟新公司創辦經過〉，見啟新公司第一屆股東常會卷，轉引自南開大學經濟
研究所編：《啟新洋灰公司史料》，頁26-27。王燕謀：《中國水泥發展史》，頁55。

督裕錄，請求重新開辦細綿土廠。裕錄准奏，並委派周學熙重辦唐山細綿土廠。周學熙接任後，即委任開平礦務局礦師李希明擔任工廠總經理，著手重辦工廠事宜。適逢八國聯軍出兵中國，攻佔天津和唐山，唐山細綿土廠與開平礦務局都被英國人佔有。周學熙重辦細綿土廠事宜因而被擱置。[33]

一九○三年袁世凱出任北洋大臣後，責成張翼收回開平礦務局和細綿土廠。張翼雖多次交涉，始終未果。一九○六年，袁世凱再責令周學熙收回細綿土廠。經過幾番周折，終於在同年八月收回該廠，改名為唐山洋灰公司。[34]

（二）啟新洋灰有限公司的誕生

唐山細綿土廠自一八九三年關閉到一九○六年收回重辦，已停工十三年，不僅工廠設備已落後於時代，並且由於長期擱置而破爛不堪，必須投入資金，進行改造和擴建。周學熙用低價收購工廠全部資產，同時還清舊股債務。此後，在袁世凱的支持下，一面恢復生產，一面募集資金，著手改、擴建事宜。

一九○七年八月十六日周學熙等人制定〈洋灰公司創辦章程〉。章程規定：「公司定名為啟新洋灰有限公司」。章程還規定一切均照有限公司定例辦理，故明文具體規定組織機構、領導人選舉、股票、賬目、營業、股息分紅等事宜。換言之，華資水泥工業在創始階段是按照西方國家的模式。該公司股數為二萬股，每股龍洋五十元。周學熙在章程公佈後不久即招齊一百萬元股金。[35]

---

[33] 〈光緒二十六年四月裕祿給周學熙的札文〉，周學熙：〈啟新公司創辦經過〉，見啟新公司第一屆股東常會卷，轉引自南開大學經濟研究所編：《啟新洋灰公司史料》，頁26-27。王燕謀：《中國水泥發展史》，頁55-56。

[34] 有關周學熙與英國的交涉經過，參見南開大學經濟研究所編：《啟新洋灰公司史料》，頁27-35。王燕謀：《中國水泥發展史》，頁55-56。

[35] 南開大學經濟研究所編：《啟新洋灰公司史料》，頁35-36。王燕謀：《中國水泥發展史》，頁56。

　　啟新洋灰有限公司選舉周學熙為第一任總經理，他任此職由一九〇七年開始到一九二七年止，長達二十年。他吸取唐山細綿土廠因技術落後和產品品質低下而導致失敗的教訓，拋棄立窯生產方式，採用當時世界上最先進的乾法旋窯技術，重金向丹麥史密斯公司購買了二台乾法中空旋窯，以及其他相關設備。同時聘請德國人昆德為總技師（總工程師）、德國人鮑樓布克和馬赤擔任燒窯工，以確保生產順利進行。[36]

　　一九〇八年一月正式投產，每天生產水泥七百桶（每桶一百七十公斤），產品商標為太極圖牌，後又改為馬牌，其品質可與進口水泥相媲美，故取得海內外信譽。[37]

　　該廠的地理位置非常適當，因為（1）毗連開灤礦區，可得量多而廉價之燃煤；（2）位於北寧路之中心地帶，運輸極稱便利；（3）原料棉石粘土之採掘即在廠之附近，且品質均稱豐富。[38]所以能降低原料、燃料等生產成本和流通至市場的運費，以獲取利潤。不僅如此，建廠初期，在清朝政府的支持下，享有銷路、運費、煤價、稅捐等特權，[39]一九一二年民國鼎革以後，依然能阻止他人在山東、井徑一帶設廠，[40]可謂壟斷華北的水泥產業。

　　因此隨著市場需求的增加，該公司曾於一九一〇年、一九二一年和一九三二年擴充設備，自丹麥和德國購買新機器，並多次增添發電機的數量，使日產量大增七點八五倍到五千五百桶，[41]堪稱國內之巨擘。也達到日本當時一般水泥廠的水準。[42]

---

[36] 後來又聘任丹麥人金森為技師，〈民國三十五年五月二十二日啟新公司復中華全國工業協會天津區分會函〉，見啟新公司第1764號卷，〈宣統三年啟新洋灰有限公司工廠續聘昆德合同〉，見啟新公司第23號卷，〈民國22年7月〉，見啟新公司第21屆股東常會卷，以上皆轉引自南開大學經濟研究所編：《啟新洋灰公司史料》，頁44-46。

[37] 王燕謀：《中國水泥發展史》，頁57。

[38] 〈民國二十一年十一月王松波君參觀唐廠概述及意見〉，見啟新公司第808號卷，轉引自南開大學經濟研究所編：《啟新洋灰公司史料》，頁132-133。

[39] 詳見南開大學經濟研究所編：《啟新洋灰公司史料》，頁46-47。

[40] 同前註，頁195-198。

[41] 詳見南開大學經濟研究所編：《啟新洋灰公司史料》，頁135-142。

[42] 同前註，頁142-162。

（三）啟新洋灰有限公司兼併湖北水泥廠

該公司所產水泥長年以來，供給京張、張綏、京漢、京奉、津浦、隴海、漢粵川各鐵路，以及葫蘆島開埠局等處。[43]二戰前除鐵路一直購用水泥外，以工業需要為大宗。該公司設有東部總批發所（奉天）、南部總批發所（上海）以及西部總批發所（漢口），分別銷售水泥至各地區。[44]南區銷路迅速增長，而南區銷路又主要集中在上海，大部分用於民間建築，若將南區鐵路用計算在內，南區銷售數則超過北區。[45]

在該公司的持續發展過程中，兼併其他競爭企業是一重要手段，早在一九一一年就進行收購湖北水泥廠的行動。該廠開辦於一九〇七年（清光緒三十三年），位於現在的湖北黃石市。因該廠設於長江中游，控制東南各省水泥的需求市場，直接影響到啟新馬牌洋灰的銷路，故啟新遂乘湖北水泥廠經營不善，負債甚重（當時湖北水泥廠借有吉林官錢局七十餘萬元，日債六十萬元）的機會，企圖將之吞併。先是一九一一年初，啟新「擬以庫足銀九十五萬兩收買」，但因湖北水泥廠索價太高，未能成議。其後收買不成，啟新又嗾使吉林度支使徐錫臣追索湖北水泥廠的債款，並請求湖廣總督瑞莘追查湖北水泥廠向日本借債的責任，迫其出售，又不成。最後，終於用「受託管理」的辦法，取得湖北水泥廠的經營管理權。[46]

這過程也關聯到日本的企圖控制湖北水泥廠。湖北水泥廠創建時曾向日本三菱公司借款，一九一一年借款到期，第一期本息雖能付清，但已無力

---

[43] 〈民國四年三月成交交通部函〉，啟新公司官廳往來專卷，轉引自南開大學經濟研究所編：《啟新洋灰公司史料》，頁164。

[44] 資料來源：〈啟新洋灰公司〉，中央研究院近代史研究檔案館藏：《經濟部檔案》，檔號：17-23-01-74-17-002；〈啟新洋灰股份有限公司第十五屆帳略〉（1926年）。

[45] 到抗日戰爭時期，由於日本對中國的侵略，加強了對水泥的控制，啟新全部水泥皆供給日本軍用，只有極少一部分經由市場銷售給民間。見南開大學經濟研究所編：《啟新洋灰公司史料》，頁165。

[46] 同前註，頁198-205。

支付第二、三期到期債款。湖北水泥廠總辦程祖福於一九一二年五月，與三菱公司在上海的負責人大板中島協商，要求延期付款。三菱公司提出的條件是要管理該廠。程祖福拒絕後，籌得八萬多銀元，償清第二期本息。但三菱公司要求必須完全付清債款，否則仍需交出工廠管理權。程祖福乃聘請律師與之交涉，三菱公司卻向湖北省政府提出查封湖北水泥廠的要求。同時，日本駐武漢領事館向湖北省政府交涉，限兩日內清還欠款，否則即封廠變產解決。兩日限期過後，湖北水泥廠仍無法清還。湖北省政府於日本的威脅下，同意日方查封湖北水泥廠在上海、湖北大冶和武漢三處的財產。

　　湖北水泥廠被查封後，程祖福在百般無奈之際，決定以出讓工廠管理權為條件，向天津保商銀行借長期貸款一百四十萬兩銀。因此一九一四年三月三十一日，湖北水泥廠還清三菱公司全部借款，收回一切擔保品，從而結束這筆債務糾紛。

　　啟新洋灰有限公司獲悉程祖福與保商銀行簽署以出讓管理權為條件的借款合同，認為時機已到，董事會乃決定在股東中推選出七人，組成華豐興業社，專與保商銀行洽談轉讓問題。結果，以一百四十萬兩銀為代價，於同年四月十一日取得湖北水泥廠經營管理權，並改名為華記湖北水泥廠。

　　啟新洋灰有限公司接管湖北水泥廠後，即任命新廠長，充實技術員工，增添設備，強化管理，故生產蒸蒸日上，適值當時南方政局暫時穩定，打開市場新局面，工廠很快就轉虧為盈。[47]

（四）中國水泥同業聯盟

　　第一次世界大戰後，華商工業興盛，各處建設甚多，對水泥的需求大增，在一九二〇年左右，上海華商水泥公司（以下簡稱華商）、南京中國水泥公司（以下簡稱中國公司）及蕪湖太湖水泥廠（後該廠停辦，設備轉售給

---

[47] 〈民國三年，啟新第二屆股東常會臨時議長提案──收購湖北水泥廠〉，啟新公司第二屆股東常會卷，同前註，頁203-205。

中國水泥公司）同時籌建，一九二三年華商、中國兩公司先後開始生產，遂在江浙一帶市場上與啟新展開競爭。[48]該地區的水泥市場原本是啟新的天下，但是華商不僅在上海打開銷路，還將水泥銷往華中、華北和華南；中國公司的產品，憑藉姚錫舟在建築行業的影響，也很快能在江浙一帶銷售。因此啟新不再壟斷水泥市場。例如，一九二三年該公司在南方銷售出五十二萬桶洋灰，一九二四年僅售出三十萬桶。

於是，啟新於一九二四年七月向華商提出聯合經營的倡議並得到回應。在雙方協商過程中，啟新堅持限制「華商公司象牌水泥北運」，華商未能同意，致使聯營談判中止。嗣後，啟新將華記湖北水泥廠的水泥運抵上海，削價傾銷，與華商抗爭。結果損失慘重。[49]

不久，華商從報紙上獲悉，日本水泥行業由於產量供過於求，不但在本國展開削價競銷，還向海外傾銷，上海則是日本水泥的首選市場。因此，該公司以「共制外貨，絕其銷路」和「力避競爭、以免兩傷」為由，向啟新妥協，重開聯營談判。一九二五年五月間，雙方達成諒解，同年六月三十日，啟新與華商簽署聯合經營合同，自一九二五年七月一日生效，期限五年。[50]

啟新與華商聯營後，兩個月內即聯合漲價兩次，得益甚厚。[51]後為了抵制日本龍牌水泥的競銷，於同年十月又共同減價。[52]兩廠實行聯合漲價或減價，使經營情況大為改善，例如華商由一九二四年虧損三點八萬餘元，轉為一九二五年盈餘一點二萬餘元，一九二六年盈餘更增至十二萬餘元。[53]

48　同前註，頁205。

49　〈民國十四年五月二十六日，各公司合辦芻言〉，啟新公司第336號卷，同前註，頁210-211。王燕謀：《中國水泥發展史》，頁86。

50　〈民國十三年十二月十五日，聯合營業合同草案〉，啟新公司董字第53號卷，同前註，頁211-214。王燕謀：同前註，頁86-87。

51　〈民國十四年七月二十三日，啟新南部啟新南部總批發所金邦平給總事務所的信〉，滬密不列號函，啟新公司第365號卷，轉引自南開大學經濟研究所編：《啟新洋灰公司史料》，頁215。

52　〈民國十四年十月十七日，啟新、華商特別會議記錄〉，啟新公司第365號卷，同前註，頁216。

53　王燕謀：《中國水泥發展史》，頁88。

　　總之，中國水泥企業可因寡頭壟斷供給市場而避免無序競爭所帶來的損失，從而產生可觀的利潤（參見〈表4〉和〈圖2〉），並有限地抵制日本水泥的進口。但是需求者的付出是否因此增加？由於水泥是基礎建設的要材，由它所產生的向後連鎖產業以及消費者不少，當中日兩國水泥產業，在政府默許之下，同時以不同性質的卡特爾組織來競爭時，這些產業以及消費者有否受惠？或許是應進一步探討的議題。

表四：華商水泥公司、啟新洋灰公司歷年贏利表（1925-1936）

單位：元

年代	華商水泥公司	啟新洋灰公司
1923	33,054.59	2,005,105.90
1924	- 38,064.55	939,249.49
1925	12,710.38	1,077,692.04
1926	120,444.28	本年虧損
1927	36,539.11	807,780.91
1928	247,941.33	833,286.01
1929	146,632.72	1,218,436.78
1930	76,006.66	1,140,309.29
1931	483,125.78	1,544,357.54
1932	438,298.00	1,818,720.38
1933	543,338.00	2,288,301.80
1934	699,780.00	3,351,152.75
1935	64,915.00	1,490,080.51
1936	383,700.00	2,164,283.91

說明：一九三一年華商水泥公司更改會計年度，變四月一日至次年三月三十一日的舊會
　　　計年度為一月一日至十二月三十一日的新會計年度。因此一九三一年的數量係按
　　　當年的四月至十二月九個月計算。

資料來源：南開大學經濟研究所、南開大學經濟系編：《啟新洋灰公司史料》，頁269-
　　270；上海社會科學院經濟研究所編：《劉鴻生企業史料》（上海：上海人民出版社，
　　1981年），上冊，頁200、224的〈華商上海水泥公司售價與營利增長表〉；中冊頁
　　104的〈華商上海水泥公司水泥銷量及營利額表〉。轉引自加島潤、田島俊雄、朱蔭
　　貴編：《中國水泥業的發展：產業組織與結構變化》（北京：中國社會科學出版社，
　　2011年），頁46。

單位：元

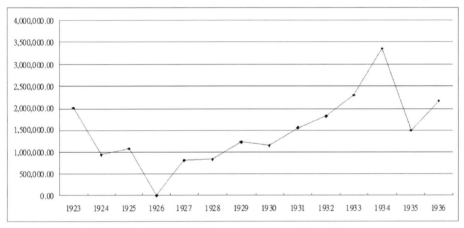

圖二：啟新洋灰公司歷年贏利趨勢圖（1925-1936）

資料來源：〈表4〉。

五　臺灣、滿州與朝鮮水泥業的發展軌跡

　　臺灣與朝鮮當時都是日本的殖民地，因此其水泥業的萌芽與發展都與日本息息相關。

（一）淺野水泥株式會社的投資臺灣

　　如前所述，淺野水泥株式會社在一九一七年建設完成位於臺灣臺南廳興隆內裡打狗山的工廠。

　　淺野水泥投資臺灣的緣由，與甲午戰爭後，日本在此進行一連串港口、鐵路、下水道等「殖民地基礎工程」，以及製糖會社工廠設施的興建，使臺灣產生大量的水泥需求。由於臺灣水泥需求市場的暢望，故淺野水泥於一九〇八年正式在臺北市開設出張所（辦事處）。其後，臺北辦事處的規模隨著業績的增加，以及臺灣工廠的陸續建設，而於一九一七年七月正式升格為臺灣支店（分公司），[54]因此日治初期臺灣的進口水泥，便為淺野與小野田水泥株式會社這兩家企業所壟斷。

　　有鑑於臺灣各項開發事業的進展，水泥需要量勢必更為增加，自一九〇九年起，淺野水泥開始進行臺灣水泥工廠建設的準備事宜。但由於法律條文對林野土地的交易限制，故直到一九一五年八月，淺野水泥臺灣工廠才正式動工，並於兩年後竣工，這也是臺灣第一座近代化生產的水泥工廠。完工時的淺野水泥臺灣廠主要採用原石燒成法，月產量為二萬四千桶。但該廠完工後不久，為了提升產量，隨即在該年底決定將製造方式改為生灰燒成法。其設備計有：每小時四點五公噸產能之旋窯一座，生料磨及水泥磨各二座，煤粉磨一座，二百三十匹馬力鍋爐四座，六百匹馬力蒸汽機二座。其後幾經擴充，一九一八年增建石灰窯七座；一九三〇至三一年間加裝生料磨二座；選粉機，旋窯（每小時產能十六公噸）煤粉磨，水泥磨，一百二十匹馬力鍋爐，三千瓩發電機各一座。又將一號旋窯加大每小時產能增至十二點九公噸。並在一、二號旋窯加裝旋轉式熟料冷卻機各一座。產量較前倍增。[55]

　　由於臺灣分廠的設立，淺野水泥在其《淺野セメント沿革史》一書中宣稱：「自開始營業以來，臺灣工廠的產品不只滿足了島內的需要，進一步連對岸的福州、廈門、汕頭乃至香港等華南沿岸地區，更不用說遠至南洋地區都成為外銷的範圍」，以及「臺灣工廠是本公司名符其實騰飛南海的一大據點」等語。[56]正因為淺野水泥臺灣廠位處於華南貿易最佳位置的高雄港旁，使

[54] 和田壽次郎：《淺野セメント沿革史》，頁591-593。

[55] 中國工程師學會編印：《臺灣工業復興史》（臺北：中國工程師學會，1958年），頁297-299；林炳炎：《紅毛土技術史在台灣》（臺北：太和印刷，2005年），頁28-29。

[56] 當時淺野水泥高雄廠擁有德製9 × 180呎旋窯（日文稱回轉窯）一座、6 × 60呎冷卻

得一九三〇年代總督府在《熱帶產業調查書》中，對其以地理條件優勢發展水泥貿易擁有相當的期望。[57]

一九三七年高雄廠脫離日本水泥聯合會，改組為臺灣水泥株式會社高雄工場。並將紙袋廠、石棉板及水泥磚廠等劃出單獨經營。一九四二年由日本佐伯工場遷來第三號旋窯，每小時產能二三公噸；另加裝生料磨及選粉機一台，水泥磨及選粉機二台，餘熱鍋爐一座，六千五百瓩汽輪發電機一部。至此，日治時期之高雄廠產量達其最高峰。

此外，磐城水泥公司、三菱商事及臺灣拓殖三社共同於一九三九年七月設立臺灣化成工業樣式會社，工廠在蘇澳，一九四二年三月一號窯開始生產，蘇澳水泥廠廠址設於蘇澳鎮白米甕。利用西帽及烏岩二山所產之優良石灰石製作水泥。其第一套生產設備，係購自日本敦賀水泥廠。主要設備計有每小時產能十五噸之乾法旋窯一座，一千及六百批馬力生料磨各一座，一千及四百五十匹馬力水泥磨各一座，一千五百匹馬力餘熱鍋爐一座，二千四百瓩汽輪發電機一套。是年七月間遭受颱風襲擊，廠房摧毀殆盡，損失慘重，生產停頓。經公司當局另籌資金，除修復損壞之廠房及設備外，並向日本豐國水泥株式會社購到每小時產能十三點五噸之乾法旋窯一座，四百五十匹馬力生料磨一座，八百匹馬力水泥磨一座，一千匹馬力餘熱鍋爐一座，一千五百瓩汽輪發電機一座。於一九四三年九月裝竣開工。此後生產及銷售情形，尚稱良好。一九四十四年因為機械故障而生產減少。次年遭盟國空軍轟炸導致無法運轉。[58]

再者，臺灣電力公司與東洋產業會社，於一九四二年六月共同投資經營南方水泥株式會社。工廠設於新竹市竹東區。石灰石取於距廠約十八公里之

機一座、碎石機二台、原料調和機二台，生料磨與水泥磨各二台，以及乾燥機、鍋爐等設備。和田壽次郎：《淺野セメント沿革史》，頁 327-334。

[57] 台灣總督府殖產局商工課：《熱帶產業調查書：台灣ノ外國貿易（上）》（臺北：台灣總督府殖產局商工課，1935 年），頁 168。

[58] 中國工程師學會編印：《臺灣工業復興史》，頁 299-300；林炳炎：《紅毛土技術史在台灣》，頁 29-30。

赤柯山。各項設備則係拆遷日本高濱水泥廠之舊品。當時新竹、竹東間鐵路支線尚未興築，全賴公路運輸。而赤柯山至竹東間山路崎嶇，溪流縱橫，物料運送只能利用臺車及人力。戰爭期間復數度遭受轟炸，迄日本投降時，尚未竣工。[59]

　　另一方面，小野田則著眼於滿州與朝鮮的投資，而淺野也在一九三○年代開始登場於滿州。

（二）中國東北的水泥業之變遷

　　日俄戰爭結束以後，日本經濟蓬勃發達，各種企業勃興，對於水泥的需求激增。小野田的製造能力已經無法滿足日本的內需，對滿州和朝鮮的供給也漸漸困難，滿鐵開始改築廣軌工程，對於水泥的需求增大。因此小野田乃計畫在原料豐富、交通便捷的大連附近建設工廠，一九○九年五月完工時擁有建地三五點六公頃，除了工廠本身外，尚包含宿舍、醫務室、小學校舍等。當時水泥製造能力僅年產三萬公噸，其後經過兩次擴張設備，到一九二八年，年產能力已達二十五萬噸以上，[60]是創設時的九點八倍左右。

　　東北水泥產業大抵以小野田大連分廠為核心，所以該廠的成長象徵著東北水泥業的成長。該廠產品的銷售市場頗為廣泛，這是由於交通運輸工具比較齊備的緣故。亦即經由滿鐵幹線，和陸續完成的四洮、吉長、吉敦等支線，可以銷售製品到滿蒙各地和華北地區，滿蒙一帶約消化六成左右的大連分廠水泥。在出口到海外方面，則經由大連港運送到華南、臺灣、東南亞和日本。[61]

　　那麼，東北水泥的生產在進入一九三○年代以後有何種變化呢？首先，在九一八事變之前，東北地區的水泥廠只有小野田大連分廠而已，因此當

---

[59] 中國工程師學會編印：《臺灣工業復興史》，頁300；林炳炎：《紅毛土技術史在台灣》（臺北：太和印刷，2005年），頁30。

[60] 井田幸治編：《小野田セメント製造株式會社創業五十年史》，頁489-491。

[61] 同前註，頁496。

地所需水泥，存賴該廠以及河北省唐山的啟新洋灰公司、[62]俄國和日本的供
給，而主要需求市場的滿鐵沿線大概每年消耗十萬公噸左右。事變後，淺野
水泥公司頗看好東北地區對於水泥需求的前途，乃與加入水泥聯合會的各公
司商量，計畫創立新公司。於是在一九三二年「滿洲國」成立後，七月向關
東軍特務部提出興建新工廠的申請，同時立即針對原料來源和廠地展開調查
工作。同年秋天就決定原料的石灰石來自吉海線沿線的磐石縣七項子山，廠
地則選在吉林省京圖線沿線哈達灣。翌年三月三十日得到關東軍的許可，而
十月三十日也獲得「滿洲國」政府實業部的正式許可，於是該公司在十一月
二十七日於東京召開發起人總會，決定設立資本金「滿洲國」國幣三百萬圓
的「滿洲國」法人大同洋灰股份有限公司。一九三四年四月底著手進行建廠
工程，一九三五年一月完工，三月開始運轉。[63]改變了一九〇九年以來小野田
分廠的二十五年間在東北獨家生產的狀態。

　　大同洋灰公司是「滿洲國」成立後最早開始營業的工廠之一，其組織則
採用日本和「滿洲國」合辦的方式，亦選任中國（「滿洲國」）人艾洒芳擔
任董事，與出資的各日本水泥公司（秩父水泥公司、大阪窯業水泥公司、磐
城水泥公司、日本水泥公司）的代表，共同組成董事會。而監察人有三位，
其中一位是中國（「滿洲國」）人常堯臣。淺野水泥公司所持股份為總股份
十萬股份的百分之八十三，因此大同洋灰公司可說是淺野水泥公司的子公
司。淺野公司的副董事長淺野良三就任為大同洋灰公司的總辦，董事長淺野

---

[62] 啟新洋灰公司，一八七六年開平礦務局創辦唐山水泥廠以來，中國始出產水泥，然其
　　時係中英合辦，至一九〇七年，改歸商辦，更名啟新洋灰公司，是中國本土資本水泥
　　業之發軔。見楊大金：《現代中國實業志》，下冊，頁990（收入楊大金主編：《民國
　　史料叢刊　經濟・工業》〔鄭州：大象出版社，2009年〕，第563冊，頁404）。

[63] 和田壽次郎：《淺野セメント沿革史》，頁440-441。或許這也是小野田之所以退出水
　　泥聯合會的主要因素之一。又，「滿洲國」幣一圓等於大洋銀一元，原則上是與日幣
　　價值相同。見佐佐木孝三郎編：《奉天經濟三十年史》（奉天：奉天商工公會，1940
　　年），頁317，頁397-399；滿鐵經濟調查會編：《滿洲經濟年報》（東京：改造社，
　　1933年），頁344-349；東亞經濟調查局：《支那・滿洲經濟研究》（東京：改造社，
　　1937年），頁328-329。

總一郎擔任顧問一職，大同洋灰公司的董事長則為兒玉國雄。因此淺野水泥公司完全掌握大同洋灰公司的經營權，並在一九三五年三月當大同水泥公司的產品開始銷售時，由日本淺野公司取得獨家販售契約，由其在新京的營業所直接經營流通過程。[64]

淺野水泥公司的企圖並不僅於此，該公司在一九三五年六月與日本的磐城、七尾兩水泥公司，共同組織康得組合，以篠塚宗吉為董事長，創立資本金「滿洲國」國幣二百萬圓，可年產十八萬噸的「滿洲國」法人滿洲洋灰股份有限公司，在遼陽郊外建設工廠，四萬股權中淺野擁有一半，故能參與策劃經營事宜。[65]

淺野公司再進一步於同年十月針對大倉財閥所投資的本溪湖煤鐵公司[66]

---

64 和田壽次郎：《淺野セメント沿革史》，頁441-443。又，艾迺芳，字擷華，生於一八九三年，為滿石理事長、大同洋灰股份公司董事，「滿洲國」建國前曾任吉海鐵路局幫辦同總辦等職，滿洲事變後任東北交通委員會委員，「滿洲國」建國後任中東鐵路理事，滿石理事長。兒玉國雄，生於一八八六年，曾任東京鐵道局副參事、鐵道參事兼任鐵道書記官、膠濟鐵路車務所長派遣鐵道書記官、運輸局配車課長、鶴見臨港鐵道股份公司監察人等職。引自中西利八編：《滿州人名辭典》（東京都：日本圖書センター，1989年），頁631、1354。常堯臣，字伴樵，軍官團出身，一九二四年任奉天軍吉林混成第二旅騎兵第十八團團長，一九二六年五月於奉郭（張作霖與郭松齡）戰爭中立下戰功，擢任為第十六師第十旅旅長，為張作霖所信任。引自外務省情報部編：《現代支那人名鑑》（東京：東亞同文會調查編纂部，1928年），頁860。

65 和田壽次郎：《淺野セメント沿革史》，頁443。又，滿洲洋灰股份有限公司在日本登記為日本法人滿洲セメント株式會社（水泥公司），資本金為五百萬圓。再者，篠塚宗吉，生於一八八四年，日本エタニットパイプ、帝國ニユーヒユーム鋼管、北越石油、旭航空工業各股份有限公司董事長。曾任職京都川島織物公司，後轉入東京瓦斯公司，就任神田營業所所長、本公司營業課長、參事、經理等職，後轉任東京瓦斯焦炭公司常務董事、日滿水泥公司社長。引自《日本產業人名資料事典》（東京：日本圖書センター，2001年），頁423。

66 本溪湖煤鐵公司是大倉財閥在東北經營的重心。該財閥於一九一〇年直接投資一百萬元（大洋銀），東三省當局則以現金六十五萬元和評價三十五萬元的礦業權取得合作的地位。翌年，為利用廟兒溝鐵礦以從事製鐵事業，增資為四百萬元，改稱本溪湖煤鐵有限公司，一九一四年再增資到七百萬元。雖然名為中日各增資一半，但實際上中國方面資金，是來自大倉財閥的貸款，而以其所持有的股份為擔保。在日本政府的強

的子公司本溪湖洋灰股份有限公司（年生產能力為十萬噸）展開介入經營權
的計畫。本溪湖洋灰公司當時總股數有六萬股，淺野與澀澤、古河兩財閥合
作，購買了一萬兩千股，於是得以派遣該公司的人士田中藤作和乙竹茂郎兩
人分別去擔任常務董事和監察人，因此淺野公司能參與本溪湖洋灰公司的實
際運作。[67]換言之，經由資金的投入與董監事的派遣，淺野公司建立了以大同
洋灰公司為主軸，滿洲和本溪湖洋灰公司為支軸的生產架構，短期間內在中
國東北就樹立龐大勢力，足以與已經在此經營二十多年的小野田水泥公司相
抗衡。兩者繼在日本分庭抗禮後，再把競爭的舞臺擴展到殖民地。

　　另一方面，小野田則在一九三三年二月於滿鐵所屬的鞍山製鐵所內設立
「鞍山出張所」（鞍山辦事處），三月著手建設工廠，次年四月完工，同時廢
止鞍山出張所，改名鞍山工廠（此時鞍山製鐵所亦改稱昭和製鋼所），此工
廠主要利用鞍山製鐵所的礦渣來製造高爐水泥。原本早在一九一九年時，滿
鐵總裁中村雄二郎就向小野田提出利用鞍山製鐵所礦渣的要求，其後小野田
大連分廠經過九次試驗，確認能產生水泥。於是滿鐵與小野田之間不斷地交
涉，終於在一九三一年根據滿鐵的指示，由小野田提出製造高爐水泥的企劃
案。後因九一八事變而一時停頓，到一九三二年十一月始決定由小野田獨資
建設鞍山水泥工廠。[68]一九三四年十一月小野田又在關東州設立「關東州小野
田セメント製造株式會社」（關東州小野田洋灰製造株式會社），廠址即大

力外交支持下，即使辛亥革命之後，亦能排除中國中央政府的介入。在一九三五年九
月第一次改組，自商辦本溪湖煤鐵有限公司改為「滿州國」法人的本溪湖煤鐵股份有
限公司，資金從大洋銀七百萬元（大倉和中國政府各半），增加到「滿洲國」幣一千
萬圓（其中大倉礦業六百萬圓，「滿州國」政府四百萬圓）。大倉雖取得經營實權，
但同時該公司被指定為「滿洲國」的準特殊會社，接受其政府某種程度的管制。見高
村直助：《日本資本主義史論》（京都：ミネルヴァ書房，1980年），頁137-149；大
倉財閥研究會編：《大倉財閥の研究》（東京：近藤出版社，1982年），頁419-444。
67 和田壽次郎：《淺野セメント沿革史》，頁443。
68 藤津清治：〈わが国、および滿州その他（終戰前）におけるセメント製造企業の変
遷——明治五年（一八七二年）～昭和三十年（一九五五年）-3-〉，《ビジネスレビュ
ー》，8卷2號，1960年10月，頁84-85；此時小野田公司尚擁有哈爾濱工廠。見日本
工業化學滿洲支部編，沈學源譯：《東三省物產資源與化學工業》，頁350。

連分廠，兩者之間締結租賃契約，該洋灰公司也和鞍山工廠及其原料地區締
結租賃契約，關東州小野田洋灰製造株式會社的所有股權全部屬於在日本的
小野田母公司，取締役社長（董事長）亦為同一人——笠井真三。[69]

東北水泥的出口量，到一九二四年才開始增加，其主要目的地是中國青
島、上海、香港、天津、芝罘和日本、臺灣、東南亞的泗水、爪哇等地。當
時小野田水泥都是由三井物產株式會社獨家販賣；淺野水泥公司則在大連設
有辦事處，經營該公司的產品。[70]並且一九二五至一九二八年間，出口到中國
的數量超過到日本的數量，也出口到關內和臺灣。臺灣所進口的水泥，除了
日本本土之外，皆為關東州的大連小野田水泥工廠所生產，而臺灣也輸出水
泥到華南地區。因此基本上東北和臺灣可視為「日本水泥產業圈」與中國關
係之重要雙翼。

（三）日本水泥業的投資朝鮮

朝鮮水泥進口最早的紀錄為一九〇四年，其進口量佔有日本全部水泥
及石灰出口量中的百分之三十七。[71]一九一〇年日韓合併後，朝鮮的水泥需
求穩定增加，包括各種公共建設，如鐵路（一九一〇年的平壤煤礦鐵路、
一九一一年的鴨綠江鐵路、一九一四年的漢城到光州鐵路、一九一四年漢城
到元山鐵路）、公路系統、港口設施修復與擴建、以及城市中各類政府建設
等現代化基礎設施。而鐵路佔有水泥消費的最大比重，平均達百分之二十的
水泥用於鐵路建設上。

朝鮮總督府對朝鮮半島的資源和原料調查中發現，在京畿道和黃海沿岸
各道都發現了石灰岩礦床。笠井信三（小野田公司創辦人的孫子，第四任總

---

[69] 同時，也在朝鮮成立「朝鮮小野田セメント製造株式會社」。同前註，頁 68-75。

[70] 佐田弘治郎編：《滿洲に於けるセメント工業と其の需給狀況》，頁 92。

[71] 東洋セメント工業株式会社：《東洋セメント十年》（首爾：東洋セメント工業株式会
社，1967 年），頁 61。

裁1918.07-1939.07）於一九一三年九月得知這個消息，[72]乃說服公司董事會
同意在這個地區設立礦場。在一九一五年一戰時期的經濟榮景中，小野田公
司籌畫進行大規模投資。一九一六年小野田公司在政府批准下組織一個探勘
隊，經過五個月在黃海沿岸、平安南道的測會後，選擇Sunghori作為建設工
廠的最佳地點。Sunghori位於Mount Mandal山腳，區內擁有高品質的石灰
礦，且鄰近大同江提供水及出口管道，此外附近還有Sadong煤礦及簡易鐵
路提供必要的燃料供給。[73]

　　一九一六年十月，笠井信三到朝鮮並取得總督長穀川好道（1916.10-
1919.08）的許可，建立小野田Sunghori分廠。朝鮮總督支持殖民地的水泥業
投資，立刻批准笠井的要求，下令鐵路局協助連接Sadong煤礦到Sunghori
的鐵路。

　　一九一七年初小野田公司開始在Mount Mandal附近購買土地，公司買
進四萬坪的廠房土地以及八十萬坪的石灰石礦場。（一坪約等於三點九五平
方碼）Sunghori原本是個不起眼的小村莊，僅有數十戶居民，一時間成為道
內最大規模工廠的預定地，迅速吸引大量的農民從各地搬來加入鐵路、廠
房、住宅和公司建築物的興建工程。[74]

　　因為土地取得耗費比原訂更久的時間，以及受到歐戰影響，自歐洲購買
的設備遲遲未到，使得建設工作耗費三年，是原本估計時間的兩倍。當必要
的設備及資本抵達（包括了從英國訂購的鍋爐、從瑞士購入的發電機以及自
美國購入的鐵板迴轉窯），工廠終於在一九一九年十二月開始投產。這間位
在殖民地上的現代化水泥工廠，只有一座迴轉窯，其年生產量是六萬公噸
（每天二百五十公噸）。[75]

　　隨著一九二〇年代開始的十五年水稻推廣計畫展開，水泥需求增加。水
利協會在朝鮮各地推廣修築水壩及灌溉管道，並推廣水稻種植。一九二四年

---

[72] 小野田セメント株式会社：《小野田セメント一百年誌》，頁207。

[73] 小野田セメント株式会社：《小野田セメント七十年誌》，頁514。

[74] 同前註，頁527。

[75] 小野田セメント株式会社：《小野田セメント一百年誌》，頁210。

朝鮮總督府制訂各道修築水利設施計畫，小野田水泥公司於是擴大Sunghori
工廠的規模，因為在朝鮮總督府執行水利灌溉設施的九百萬日圓預算中，小
野田公司享有百分之十壟斷權。其他如赴戰江水壩、興南道的朝鮮氮肥工
廠、以及一九二六年開始的鹹鏡道南部的Sinhung鐵路計畫等，都刺激水泥
需求成長。[76]

　　一九一九年工廠建立的時候，朝鮮的水泥需求量約為四點五萬公噸，
一九二二年成長為兩倍、一九二三年成長為三倍。一九二三年水利設施水泥
的用量大增，超越了鐵路。一九二四年起，Sunghori工廠生產的水泥不足需
求量的半數，也因此直到一九二八年水泥過半依賴進口。[77]

　　在政府的立場，鼓勵小野田公司往殖民地投資，是緩和一戰後到一九二
〇年代日本國內面臨水泥市場萎縮的積極作法。[78]所以一九二〇年代，小野
田公司在朝鮮的業務迅速擴大，與總督府關係密切。Sunghori工廠分別在
一九二三至二四年、一九二七至二八年、一九二八至三〇年擴大工廠規模。
一九二四年增設一座新的立窯，使年產量增加到十五萬公噸。至一九三〇年
末，Sunghori工廠增加了另外一座立窯，使得年產能力達到三二萬公噸，產
量超越了小野田公司在日本的主要工廠。[79]

　　一九二九年小野田公司在咸鏡南道元山市附近的Ch'onnaeri建立一座新
工廠。由於小野田管理階層在一九二六年春天籌畫Sunghori工廠第二次與第
三次擴建計畫，在赴戰江水壩的水力發電計畫中，僅水壩建築需要的水泥就
高達十五萬公噸，這也吸引一個新的財閥「日本チッソ株式会社」（日本氮
肥公司）對此感興趣。同時，總督府也告知小野田公司的管理階層們，在元
山、赴戰河流域以及鹹鏡道內還有豐富的石灰石礦藏。因此，正在尋求日本
境外企業合作的小野田管理階層，立刻展開在朝鮮投資新工廠的計畫。[80]

---

[76] 小野田セメント株式会社：《小野田セメント七十年誌》，頁513。

[77] 東洋セメント工業株式会社：《東洋セメント十年》，頁67。

[78] 同前註，頁67。

[79] 小野田セメント株式会社：《小野田セメント一百年誌》，頁287-295。

[80] 安藤豐祿的證詞。

以安藤豐祿為首的工程隊，由 Sunghori 工廠出發，對 Ch'onnaeri、Doch'o myon、Munch'on kun、咸鏡南道等處進行三個月的探勘工作。這個地點擁有良好的港口、四通八達的水路網絡，以及附近的煤礦資源。一九二七年十一月連接 Ch'onnaeri 工廠以及咸鏡南道主要鐵路的 Yongdom 車站落成。新工廠在一年內落成，年產量達十三萬公噸。到了一九三〇年，小野田水泥公司的這兩座工廠，供應朝鮮半島百分之七十的水泥。一九三〇年，這兩座工廠聯合產量超越小野田公司在日本的主要工廠，同時在朝鮮的分公司成了八個工廠中最大的兩間。

小野田管理階層們對 Ch'onnaeri 工廠的期望，不僅是要擴大產能，還要合理化生產過程，鑑於日本此時勞動力短缺的問題，他們預測到不久的將來，殖民地也將遭遇工資上漲及勞動力短缺的難題。因此，合理化生產過程的計畫包含減少材料、燃料、薪資和包裝上的支出。Ch'onnaeri 工廠有更多新式設備，包括粉碎機、回轉窯、發電機和鍋爐，並用紙袋取代麻袋來減少包裝成本。[81]

到了一九三〇年代，隨著日本政府逐漸加強控制各主要產業以支援軍事目的，小野田公司要鞏固與擴大在國內產業變得更加困難。一九三一年日本國內實施新的主要產業管制法令，不過這到法令直到一九三七年才在朝鮮與滿州實行，因此在這六年間朝鮮與滿州成為日本產業投資的主要市場。一九三一年九一八事變發生後，日本的水泥需求增長，於是各大水泥企業恢復生產競爭及生產過剩的情勢，直到一九三四年第三次水泥聯合會才恢復在國內的生產銷售控制。為了規避日本政府的主要企業管制法令，小野田水泥公司的大連、Sunghori、Ch'onnaeri 工廠正式由母公司分離，一九三二年大連的小野田工廠更名為關東州水泥公司，而朝鮮的小野田水泥工廠則更名為朝鮮小野田水泥公司。

在這種情勢下，不僅是為了追求利潤，也為了市場潛力，小野田公司自然加強在東北與朝鮮的經營。一九三〇年代朝鮮與東北的工業化發展，使得

---

[81] 小野田セメント株式会社：《小野田セメント一百年誌》，頁297。

這兩個地方對水泥的需求迅速提高。公司的大約一半的利潤，是由Sunghori
與Ch'onnaeri工廠頻藉著低廉的電力、燃油與工資而產生。

　　Ch'onnaeri工廠主要的擴張是一九三四至一九三四年，並於一九三五
至一九三六年再次擴張，使其年產量在一九三七年達到四十萬公噸，是小
野田水泥公司所有工廠中生產量最大的工廠。一九三六年引進德國發明的
新式回轉窯到Ch'onnaeri工廠內，使得從Ch'onnaeri工廠可以從Changjin
Hydroelectric Power Company購入低廉的電力，也使其成為一九三七年小野
田企業中最賺錢的分公司。[82]

　　由於日本軍國主義對日本政局的影響日益加深，小野田公司也擴大他們
在朝鮮北部以及中國東北的企業規模，一九三三年決定在朝鮮北部鹹鏡北道
富寧郡西上面的Komusan設立新工廠，以滿足作為日本傀儡的滿州國建立
後，在滿州國東部及朝鮮北部迅速提高的水泥需求。工廠是在一九三六年六
月完成，年生產能力達十五萬噸。另外也分別在鞍山和泉頭新建兩間工廠，
以滿足東北水泥的需求。[83]

　　一九三四年第三次水泥聯合會成立後，其他日本水泥企業開始往朝鮮投
資。一九三五年宇部水泥（Ube Cement Company）在黃海道的海州建立水泥
工廠（名為朝鮮水泥公司），年產量達五十四萬公噸。一九三六年淺野水泥
則在黃海道沙裡院設立一座年產量達十八萬公噸的水泥工廠。第四個在朝鮮
設立的水泥工廠則位於江原道三陟的Sajikri，主要供應朝鮮南部水泥。由於
戰爭期間取得機器與原物料的困難，這個位在三陟的工廠花了近五年興建，
於一九四二年六月完工，年產量八十四萬公噸。另外由朝鮮總督府、滿州國
政府以及チッソ社長野口遵等聯合進行鴨綠江水電開發計畫中，在水豐水庫
旁還有一座水泥磨粉廠。因此在朝鮮一共這有六個水泥工廠，其中屬於小野
田公司的四座工廠（不算水豐水庫的工廠），提供一九四五年朝鮮水泥需求
量的百分之六十。[84]

---

[82] 同前註，頁361。

[83] 同前註，頁361。

[84] 同前註，頁392。

六　結語

　　水泥是近代化建設的基材，隨著日本、中國、臺灣和朝鮮鐵路網的普及、道路橋樑的架設、港灣河川的修築，以及市街建築的營造之進展，對於水泥的需求與年俱增，因此當局皆重視水泥業的創立與發展，所以從十九世紀末期二十世紀初期以來，此產業不斷地擴張。利之所趨，使後來民間企業接二連三地建設新的工廠，導致增產競爭和販賣競爭的現象。

　　日本水泥業者為了控制產銷市場，組織聯合會來寡頭壟斷市場，並積極外銷。雖說由於日本水泥的進口，會影響中國華資水泥業的經營，於是他們約定聯合營業，但效果似乎不彰，日本產品依然源源不斷地流入，只是保障了啟新公司的巨大利益而已。或許是戰前中國水泥的生產量仍然無法充分供給本國急增的需求，也可說是在這場產業競爭中，日本的實力遠超過中國關內。

　　事實上，在中日戰爭爆發前，東亞水泥市場上呈現出多元的流通現象，我們可以從〈圖3〉看出端倪：當時日本本土的產量是朝鮮、滿洲、關東州、中國關內和臺灣總產量的二點八八倍；而其中的百分之十七點七二是出口到全世界（包括殖民地），却僅從朝鮮、滿洲、關東州和臺灣進口不足三十六萬噸的水泥，為其產量的百分之六點三八而已。臺灣與中國關內、朝鮮的貿易量遠少於和中國東北的貿易量、以及日本對中國關內的出口。[85] 換言之，在東亞水泥貿易網絡中，日本居舉足輕重的地位，而其殖民地圈內的流動，似乎是要協助日本的壟斷東亞水泥市場；東北的角色是以自給自足和替代來自日本的進口品，以及出口到日本殖民地臺灣為第一要務，中國關內則依然是日本水泥的銷售市場。

---

[85] 至於造成此現象的因素及其變化，擬另稿析論。

單位：千公噸

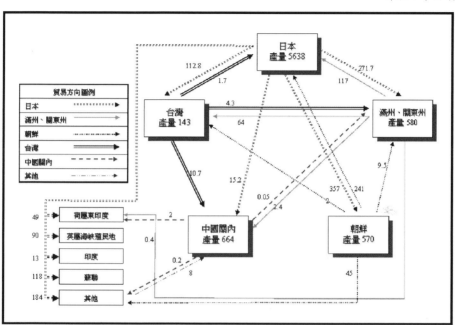

圖三：戰前東亞水泥的生產與貿易（1936）

註：1. 箭頭為貿易方向，箭頭旁數字為貿易量。

2. 中國關內地區與香港合併計算，滿洲與關東州合併計算。

3. 日本水泥輸出之其他國家包括（單位：千公噸）：呂宋（3）、英屬東非（16）、莫三比克（0.3）、錫蘭（34）、伊朗（70）、秘魯（8）、夏威夷（19）其他數量較少國家合計（32），因四捨五入，故數字相加後略大於統計表數據。

4. 貿易量低於零點一千噸者不列入圖中。

資料來源：中國第二歷史檔案館、中國海關總署辦公廳編：《中國舊海關史料（1859-1948）》（北京：京華出版社，2001年），第123冊，頁123之81、頁123之431；臺灣總督府財務局編：《臺灣貿易年表》（臺北：臺灣總督府財務局，1937年），頁158、212、517、577-578；滿洲國財政部編：《滿洲國外國貿易統計年報》（臺北：文海出版社，1993年，據1937年本影印出版），1936年（上），頁120-121、332-333、456-457；關東州廳長官官房庶務課編：《關東州貿易統計》（大連：關東州廳長官官房庶務課，1937年），頁7、12、156-157；大藏省編：《外國貿易月表》（東京：大藏省編，1938年），頁58、86-87；朝鮮總督府編：《朝鮮貿易年表》（京城：朝鮮總督府，1937年），頁175-176、494-496、696-698。

近代中國民營企業文化的轉變

鄭潤培[*]

一　前言

　　晚清時期，西方列強向中國展開軍事及經濟侵略。為抗拒西方的入侵，清政府於是進行一系列的自強政策，以求強求富的洋務運動首先舉行，新式機器及廠房先後在中國建立起來。在發展過程中，官辦企業首先興辦，民營企業亦日漸興起。由於官辦企業在經營上的局限與種種流弊，加上政府的支持，民辦企業日漸壯大。自清末至民國時期，民營企業在成長過程中，逐漸形成一些具有特色的企管文化。通過瞭解這些企管文化，可以更加明瞭中國近代企業的經營變化及成功的地方，更明白中國近代經濟發展情況。

　　民辦企業文化形成之前，最初出現的企業文化，便是官辦企業的文化。中國以農立國，根本沒有西方企業的概念，所以在沒有先例之下，官辦企業的管理方式，根本與衙門相約。主事者往往利用職權，安排親友在內。大家只求一份差事糊口便算，不但缺乏對辦事機構的責任感，甚至缺乏對企業工作的基本認識，各人營私舞弊，因循推諉。[1]例如張之洞籌建漢陽鐵廠時，曾明言「員司虛浮、匠役懶惰，為中國向有之積習」，對員工的工作態度有一定認識，知道廠內的情況是：「廠中所用以少報多，以劣充優，繁瑣難稽」、「廠中員司離工游蕩，匠役虛冒懶惰。百人得八十人之用，一日作半

---

[*]　澳門大學教育學院課程主任（中文專業）。

[1]　張國輝：《洋務運動與近代企業》（北京：中國社會科學出版社，1984年），頁74-75。

日之工。」[2] 說出官辦企業管理文化的流弊重點。

官督商辦及官商合辦形式的企業出現時，企業的成敗與主持者的利害關係較為緊密，主持者對企業的經營運作較前留心，加上輕工業為主例如棉紡織業，無論在規模上、員工人數及生產設備上，都比不上官辦時期的重工業，管理方面較容易控制。在企業生產，社會發展需要的情況下，一套新的近代企業管理文化漸漸孕育出來。例如以經營棉紡織業著名的大生企業，當時已有紗廠的組織規條公開羅列。大生企業的管理成功，是運用傳統經驗管理成功的例子。其後穆藕初經營德大紗廠，是標誌西方科學管理的成功案例，而規模大、延續性長的榮家企業，可說是揉合中國傳統與西方科學的管理成功例子，本文便試以此三企業來探討中國近代企業文化的轉變。

二 傳統文化上的大生企業管理

自甲午戰後，外人取得在華設立工廠的權利。國人為求維護權益，紛紛創設民營企業。在眾多企業中，大生紗廠是當時經營成功者之一。創辦者張謇，不但把大生紗廠經營得有聲有色，而且更藉此建設一系列包括墾牧、航運、鹽業、榨油等的企業，形成大生企業集團，把紗廠所在地南通營造成一個現代化的都市。

大生企業的成功，與張謇建立合適的企業文化有莫大關係。企業文化的核心是文化精神，是價值觀。張謇創設大生紗廠，既不為名，也不為利。根據他自己說，辦廠是想通過實業發展教育，保障國家利權，使國家走向富強之路。「念書生之為世輕久矣，病在空言，在負氣，故世輕書生，書生亦輕世。今求國之強，當先教育，先成養能通適當教育之才。」[3]、「通州之設紗

2　張之洞：〈勘定鍊鐵廠基籌辦廠工暨開採煤鐵事宜摺〉，《張文襄公全集》，收入王樹楠編：《近代中國史料叢刊》（臺北：文海出版社，1970 年），奏議卷 29（光緒十六年十一月初六），頁 20-26；卷 135，電牘 12，〈致上海盛道台〉（光緒十六年四月初八），頁 3。

3　張謇編：《嗇翁自定年譜》（光緒二十二年三月）。

廠，為通州民生計，亦即為中國利源計。……損我之產資人，人即用資於我之貨以售我，無異瀝血肥虎，而俎肉以繼之。利之不保，我民日貧，國於何賴？」[4]

他創業的精神，秉承著傳統儒家文化，本著以天下為己任的責任心，完全沒有考慮個人的利益。雖然他沒有營商經驗，更缺乏主理現代工業的知識，但他就是憑著大生企業的核心價值精神，使跟隨者信服，發揮出團隊精神的力量而取得成功。各董事對他的認同，或多或少也受張謇籌廠的抱負和行動所影響。例如光緒二十五年（1898）九月，紗廠成功建立時，張謇自言「先後五年生計，賴書院月俸百金，未支廠一錢」。[5]籌廠之旅費，全憑賣字維持，可見他刻苦情況。又當紗廠經營困難，計畫出租時，對方把正價壓低，而「願別酬五千」，張謇斷言拒絕。只有像他這樣具氣節、理想的人，行事不計個人得失的態度，才可「每夕徘徊於大馬路泥城橋電光之下，仰天俛地，一籌莫展」[6]，仍然堅持下去。

企業核心文化的形成，除了創業領導者外，外在的環境配合亦是一個重要因素。張謇帶有狀元名銜，又得到張之洞與劉坤一的支持，任「通官商之郵」，對廠務方面，有一定幫助。光緒二十一年（1895）十二月，他稟請張之洞核定籌廠辦法，奏咨立案，並奏准免釐，[7]亦有助於他建立企業文化的核心價值。因為當時興辦實業，少不免要跟官場打交道，否則辦起事來，處處困難，而為官者卻常常恃勢凌商，所以商人裹足不前。他居於官商之間，正好解除商人的困擾，減少官商之間的衝突，為廠方爭取良好的發展條件，被廠中各級人員認同。另方面，一些官員希望籌辦實業來抵抗西方經濟侵略，但要找有抱負，不為私利的人極為困難。

張謇能以國家利益，保障地方利權為目標來辦實業，例如大生的股票上

---

[4] 《實業錄》卷1〈廠約〉，頁8，收入張怡祖編：《張季子九錄》，《近代中國史料叢刊續輯》（臺北：文海出版社，1983年）。

[5] 張謇編：《嗇翁自定年譜》（光緒二十五年九月）。

[6] 曹文麟編：《張嗇菴實業文鈔》，卷1〈大生分廠第一次股東會報告〉，頁1。

[7] 曹文麟編：《張嗇菴實業文鈔》，卷1〈承辦通州紗廠節略〉，頁16。

都明文規定：「本公司股東以本國人為限」、「此項股票不得售予及抵押於非中國人」。[8]這些無私的核心價值精神，無疑是令官方、令董事們認同與信服的因素。

近人研究企業文化，把文化的表現分為兩層，一是理念層，主要是領導者和核心成員共同信的價值，另一是制度行為層，主要是指對組織及其成員的行為規範。[9]要有高尚的價值觀，企業文化才能建立和發展，但如果沒有良好制度的配合，價值理想亦不能落實，經營運作不能維持。甲午戰前，中國只有一些手工業工場，並沒有工廠，更談不上現代化的企業管理。以狀元身份投身於實業建設的張謇，便從傳統文化中摸索出一套可行的、卻暗合現代企業模式的制度。

張謇對大生的組織管理，主要見於〈廠約〉[10]一文，文中有廠約十六條，清楚列出訂立廠約的理由和紗廠的組織情形。廠約實行的時間是由光緒二十三年（1896）張謇定約之時，至光緒三十二年（1906）改組為止，約中的內容，多採自上海各廠，再加斟酌，配合當地環境而成。這套制度，包括對管理層和工人方面的各種措施，把日常整體運作實行規範化。

大生的股份中，雖有公款和以機器入股的「官股」，但實際負責廠務管理的人，都是商股的董事。初期，大生按董事分為六大部門，分別是出貨、進貨、廠工、雜務、銀錢、賬目。各部以董事為最高領導，其下設執事，負責日常事務。張謇只負責「通官商之郵」，作為官商之間的橋樑，並不參加實際廠務工作。後來，因應發展需要，把賬目與銀錢董事合併，成立會計部。把進貨與出貨董事合併，成立營業部。將廠工部轉為考工部，雜務部轉為庶務部，仍由董事統領。為協調庶務、營業、考工、會計各部的運作及方針，各部之上設立總賬房，由各部董事及張謇任總經理組成。各部董事之

8　見大生第三紡織有限公司股票、大豐鹽墾公司股票。引自張壽彭：〈論張謇創辦的大生紗廠的性質〉，《蘭州大學學報》1983年第4期。

9　張德主編：《企業文化建設》（北京：清華大學出版社，2009年），頁2-3。

10　《實業錄》卷1。

下，分設執事，下有工頭，分別領導學徒及工人。[11]

在這多年來的實施過程中，〈廠約〉的內容因應情況而修改，例如：把董事制改為經理制；把銀錢、賬目董事二人合為一人；進貨、出貨董事合一；增設查賬員等。但總體來說，紗廠仍以〈廠約〉中的規定為原則來處理管理事務。

生紗廠的組織可說是採取一種功能型的組織方式（functional organization）。這類組織以設置功能部門作為組織原則，現代很多中小型也是採用這類組織型式，最大的優點是把專門人才集中於一個部門統籌，有效率且合乎經濟原則。[12]例如大生把賬目與銀錢兩類董事合併後，廠中的開支賬目便可更清晰及有系統，減省重複人員和開支運算。改組成會計部後，更有效率處及更準確計算廠中開支。

張謇注意到，組織方式對企業發展固然重要，但組織內的協調也是不可忽視的，對企業的發展都有極大的影響。[13]大生紗廠在組織聯繫方面，也是處理得很成功。廠方主要是採用公開行政的方式。大生的董事與各執事所訂之章程，規定「書揭於版，懸各處」。當時社會風氣，聘用員工多要保薦，容易產生偏私的情況。大生便規定「某人經辦某事，酌定後書於板，懸各處」，如果發生私弊虧空的事，保薦人要負責。各部門的開支，無論大小都要報告總賬房，而總賬房在每月和每年終結數時，把開支及盈虧，報告各董事及股東。張謇一方面負責溝通官商，另方面負責領導各部門董事，共同組成總賬房，控制大生的一切事務。[14]

從傳統文化及經驗來看，「賞罰分明」是管治下屬不易的法則。現代的管理理論，亦認為一個成功的領導者，要懂得適當運用所謂獎賞權（reward

[11] 《實業錄》卷1〈廠約〉，卷4〈大生紗廠股東會提議書〉，卷8〈大生紗廠股東會建議書〉。

[12] 香港管理專業發展中心編：《管理學原理》（香港：中文大學出版社，1999年），頁112。

[13] 香港管理專業發展中心編：《管理學原理》，頁126-128。

[14] 《實業錄》卷1〈廠約〉。

power）和強制權（coercive power），使員工預期會得到好處或害怕受到懲罰而服從上司。[15]張謇一方面嚴格管束工人，使工人不敢怠慢工作，另方面又表現出十分關心工人的生活，令工人安心為廠工作，這種恩威並濟的管理原則，有效地激勵員工，達到強化員工的工作行為，提高工作表現的目的。

對職員表示關心方面。例如職工杜黻周六十歲生日，張謇親往祝壽，並撰寫祝賀對聯，隆重其事。杜黻死後，張謇在大生紗廠的公司廳內為杜舉行葬禮，親臨主祭。其他職工見到老同事受到的禮待，都深受感動，相互勉勵，忠於大生，希望獲得同樣生榮死哀的對待。[16]

管束工人方面，當時一般工廠多是利用薪金和體罰來約束工人，張謇自不例外，工作犯錯者，由工頭報告執事後，可用戒尺責手心二十。不聽調派或擅離職守者，初則罰款，二次倍罰，三次革換。輕微者則扣半天工資。工人上班時，必須報告司賬，查點人數才開車。在上班和下班時，派巡丁搜檢工人，查看有沒有私自帶走貨品，凡有違者，會受革退或罰款。[17]除了〈廠約〉規定外，全廠各車間、各部門都訂有詳細的具體管理章程，總有一百九十五條之多。不少條文雖有學者視為具「封建壓迫性質」[18]，如廠方有權可以人身搜查工人，可以把偷竊的花紗掛在偷竊者身上遊廠，還罰站在門口示眾。

恩威並濟的管理原則亦用於生產上，大生一廠章程中規定：「凡十四號紗出至一百五十磅外者，工人有賞，不足一百四十磅者有罰。凡十二號紗出至一百八十磅外者，工人有賞，不足一百七十磅者有罰（皆一禮拜一考）」。又「每車三百錠，每班須做到十一點鐘，落紗十次（指十二支紗，紡十四支紗落紗八次）。每次除淨，十二支須得十九磅為合數。十四支須得

---

[15] 周巧笑：《管理技巧》（香港：中文大學出版社，1998年），頁155。

[16] 洪維清：〈張謇辦實業概況〉，《工商史料2》（北京：文史資料出版社，1981年）。

[17] 汪敬虞：《中國近代工業史資料》（北京：科學出版社，1957年），頁1217、1238。

[18] 《大生系統企業史》編寫組：《大生系統企業史》（南京：江蘇古籍出版社，1990年），頁34。

十五磅半為合數。准此者平，過此者優，不及者劣。工價亦視此為則。」[19]

其他開支方面，大生也有明確規定。廠約規定各級人員的薪金、花紅、賞金、罰款，甚至工人執事的平常飯菜，茶房人等的「月犒」、節日花費和招呼客人的費用，都要列明。且標榜節約，嚴禁浪費，例如招待來客便不得超過五簋、八碟、四菜、一點、酒二斤。

大生企業文化，十分重視素質標準（quality standard）。張謇主要在提升技術和保持原料質素方面來控制產品素質。設廠之初，大生成立「譯學堂」，選擇學徒中一些較聰明者來教導，藉此提高工人的文化水平，方便學習外國技術，後來更在盈利中提取費用，籌建南通紡織學校。這所學校自開辦到一九四九年，三十餘年，先後培養紡織工程系三十五屆和染化工程十二屆，學生近一千七百名。他們除了服務大生外，還有所發明，如「量布表」便是開中外先河。畢業生日漸取代外國技師。一九一八年，畢業生協助上海厚生紗廠排裝新機成功。一九二一年，大生三廠的機器，亦是由他們負責完成安裝。[20]

張謇是一個傳統的文人，考取功名不久便投身實業建設，沒有營商經驗，自然更談不上瞭解現代企業管理，但他考察上海企業的發展，參考同類工廠的管理手法，建立自己的企業文化模式。從上述分析中，可以看到他對大生的管理，很多地方是合乎現代管理的要求。大生企業的成功，與他建立合適的管理文化實有不可分割的關係。

三　引入科學管理文化與穆藕初

在科學管理介紹到中國之前，中國企業管理文化，沒有理論基礎，只是憑著經營者個別經驗來施行，隨著經驗的積累，一些較為成功的經營者

---

[19] 同前註，頁161。

[20] 張壽彭：〈論張謇創辦的大生紗廠的性質〉，《蘭州大學學報》1983年第4期。同前註，頁212。

如大生紗廠的張謇，採用較為進步的管理模式，使企業走向成功的一面。
到了穆藕初在一九一四年春翻譯泰羅寫的《科學管理原理》（*The Principles of Scientific Management*），譯名《工廠適用的學理的管理法》，並以連載形式發表於中華書局發行的《中華實業界》一九一五年十一月第二卷十二期至一九一六年三月第三卷三期，題為〈工廠適用原理的管理法〉，加上他運用這管理方法使上海大德紗廠成功獲利，很快就影響到其他企業的管理文化，穆藕初創辦的企業文化核心價值，可以從他分析中國實業失敗之原因看出。他提出實業家最應注意的，便是管理方法。[21] 他把國民生產力低落的原因，歸納出三個因素：一是無國民教育，二是無時間研究，三是無管理方法，認為如果不對全國各廠場的管理作出整頓，每年必定會引致大量的損失。[22] 他肯定實業的重要性，認為優先發展工業，可以有促進農業和商業的作用，工業是「能增高農產之代價，助進商業之繁昌，實為惠農益商，裕民足國之樞紐」。[23] 要發展工業，便需創設工廠，而組織工廠有九個要點，分別是：人才、母金、原料、機器、僱工、管理、交通、市場、金融。指出「苟主持得人，管理合法，公司之隆運可以立致」[24]，明確地凸顯出管理的重要性。

他把泰羅管理的原則，作為企業制度實施的依據和取向，成為企業文化理念層的核心，內容包括（1）對被管理者提出科學的操作方法，以便有效地利用工具，提高工效。研究被管理者工作時動作的合理性，去除多餘的動作，改善必要動作，並規定出完成每一個單位操作的標準時間，制定出勞動時間定額。（2）對被管理者進行科學的選擇、培訓和晉升。選擇合適的被管理者安排在合適的崗位上，並培訓管理者使用標準的操作方法，使之在工作中逐步成長。（3）制定科學的工藝規程，使工具、機器、材料標準化，並對作業標準化，同時採用文件的形式固定下來。（4）實行具有激勵性的計件工

---

[21] 穆藕初：〈中國實業失敗之原因及補救方法〉，收入趙靖主編：《穆藕初文集》，頁144。

[22] 穆藕初：〈實業與教育之關係〉，《穆藕初文集》，頁149。

[23] 穆藕初：〈振興實業之程序〉，《穆藕初文集》，頁176。

[24] 同前註，頁176。

資報酬制度。對完成和超額完成工作定額的被管理者按較高的工資率計件支付工資。對未能完成定額的被管理者，則按較低的工資率支付工資。（5）管理和勞動分離。管理者和被管理者應該在工作中密切合作，以確保工作按標準設計程序進行。

穆藕初處身的環境，正值第一次大戰，經營紗廠大有可為，例如天津裕元紗廠，一九一八年完工，開工生產後四年內便盈利六百萬元。穆氏運用科學管理，成功建立德大紗廠，其生產設施配置，更成為業界的參觀模範，出產的寶塔牌棉紗，在一九一六年北京商品陳列所舉辦的品質比賽中名列第一。他的成功，部分得力於運用科學管理。以科學管理方法，建立並盡量完善企業文化的制度層。

穆藕初受到西式管理的影響，對傳統管理方式十分不滿。當時，許多工廠在聘請員工時，不大理會應聘者的工作能力，而主要從員工之間的關係來做取捨標準，具有親屬、同鄉等關係的便優先考慮。他認為這種做法有礙工廠的生產和技術提升，於是便在創建德大紗廠時開始進行改革。他以經理兼工程師的身份，深入生產各環節中，直接瞭解生產情況，掌握工頭與工人在各生產部門的工作情形，與及瞭解工人所掌握的技術水平，進一步向他們提出技術水平的要求，從而提高生產質素。

當時，學徒與業師之間，一旦確立師徒關係，便產生從屬企業內部的家族關係，學徒受傳統名教禮儀束縛，要行拜師禮，收授保證金，每年春節或壽誕要以晚輩名義道賀。[25] 他制定廠規、廠紀來約束工人，改變工人對工頭的人身依附關係，一定程度沖淡企業的封建色彩。[26] 他親自修訂〈德大厚生兩廠服務約則〉，包括總則、廠約，以及廠員、告假、賬房、棧房、驗花、物料、車務稽查等約則，共二十九項之多。廠約五條為：「同事宜友愛。辦公宜謹慎。交際宜謙和。治躬宜儉樸。宜力戒喫煙酗酒賭博冶遊及一切不名譽

---

[25] 沈祖煒編：《近代中國企業：制度和發展》（上海：社會科學院，1999年），頁129-130。

[26] 趙靖編：《中國近代民族實業家的經營管理思想》（昆明：人民出版社，1988年），頁144。

之事」對於各車間每個崗位都定有詳細的要求和獎罰規定[27]。他對雇用工人作出新的安排，雖然仍允許工頭或工人推薦自己的親友外，但這些工人必須通過廠方的考核，合格者才可聘用。工頭解雇工人的權力亦受限制，不得任意解雇工人。這樣一來，能夠進入廠中當工人的，都有一定的技術水平，而真正有能力的工人，可以避免受到工頭的壓迫，工頭的管理權力受到抑制。再者，他聘用大批紡織專業人材任企業工程師和技術人員，由有學歷知識的內行人進行技術領導，可以全面提升工廠的技術和管理水平。

穆藕初認為工資的釐定一方面要配合社會生活水平，另方面要反映到工人的工作能力，他同意可以通過獎勵來增加工人的生產效率，他主張通過特別工資來提升工人的生產力，估計只要增加十分之五的工資，工人便可出力一倍，可以花最少的費用而得到最大的生產效益。他以一間廠六百工人來計算，一個月以工作二十五天計，如果工人生產力增加一倍，一月可多得一萬五千額外工作單位，一年便有一八萬額外工作單位。[28]

他從科學管理的知識來分析紗廠工人的工作時間，說出紗廠工人以工作十二小時為最合適。他認為主張工作八小時的人，是不明白紗廠的運作。指出紗機開車之後，除落紗時要停機外，一般是日夜運轉不停，工人只是從旁監視，間中把斷紗接上，休息時間多，並非十二小時全數工作不停。如果限制工作時間，不但工人收入減少，整體棉紗的生產量減少，市場更易被英美等國的產品佔據。[29]

穆藕初瞭解到辦好工廠周邊事業如銀行、醫院對生產有幫助。衛生方面，他主張工廠要做到空氣流通，陽光充足，時常收拾潔淨，不讓塵垢堆積，而他工廠的清潔水平很高，能做到參觀者對衛生情況滿意。醫藥方面，廠方能在每年夏秋時期向工人延醫給藥，並且聯絡同仁醫院，如工人患病，隨時送去診治，醫藥費由廠方提供。此外，廠方還有一些政策配合。例如：

27　唐國良主編：《中國現代企業管理的先驅穆藕初》，頁28。

28　穆藕初：〈實業與教育之關係〉，《穆藕初文集》，頁150。

29　穆藕初：〈復討論厚生紗廠招募湖南女工問題諸君〉，《穆藕初文集》，頁260。

工人如有不測，廠方定下撫恤的方法，工人儲蓄獎勵、工人子女義務教育、工人勤務獎金等[30]。這些政策，增加工人對廠方的歸屬感，使他們安心投入工作。

就生產而言，穆藕初對紗廠管理上自有一套方法：一是力求減少廢花。他計算過，每擔花市值銀三十兩，而廢花每擔值錢四五兩，換言之，每出廢花一擔，則廠中損失銀二十五、六兩。一年來算，工作三百天，便損失七千八百兩之多。二是力求廠中各人都盡職。工廠生產是由很多環節聯繫起來，各環節都有各自的任務，管理者要悉心研討種種獎懲辦法，使每一環節的人都能盡職。三是力求全廠收拾潔淨，以免令人精神廢弛。指出紡織廠中大小機器日夜開動，塵屑漫空，稍不注意便不可收拾。四是力求工人自覺愛護機器設備，不會損壞浪費。[31]

財務管理方面，當時的民族企業財務管理水準不高，有些企業幾乎沒有什麼帳目可言。資金運用上往往是家、廠不分，廠的盈利可隨意用作消費支出。廠與廠之間的資金也時常互相挪用，常將公積金當股息，紅利分光吃淨的現象。穆藕初在自己紗廠中進行財務管理的改革。一是引入西方的複式記帳方式，以糾正傳統單式記帳之弊。不過，考慮到傳統習慣，仍保留單式記帳方式作為補充。二是建立健全財務統計系統，為會計核算提供可靠而充足的原始資料。考慮到工頭多為文盲，根本不會也沒有習慣對日常生產狀況進行分析，他親自設計許多有關生產進度、原料消耗及產品數量等方面的統計表格，並教導工頭如何填寫，要求工頭逐日填報。[32]

穆藕初經營德大及厚生成功，成為當時同行的典範，標誌著引入西方科學管理之可取。不過，從一九二三年開始，他經營的幾家紗廠相繼陷入困境，一九二五年，德大也因虧損出售給申新公司。學者有認為這是第一次世界大戰結束中國紡織業步入困境的一種體現，有多方面的因素影響。這些因

---

[30] 穆藕初：〈復討論厚生紗廠招募湖南女工問題諸君〉，《穆藕初文集》，頁262。

[31] 穆藕初：〈紗廠組織法〉，《穆藕初文集》，頁86-87。

[32] 穆藕初：〈中國企業科學管理的先驅〉，《穆藕初文集》，頁6431-642。

素中，除了經濟大環境轉變、國內經濟環境不健全、棉花產量歉收等外在因素，穆藕初個人處事失策也有關係。[33]

企業文化的核心理念，是推動企業持續發展的動力。穆氏的實興實業的理念是不用置疑，問題是他並未能把這理念推至股東，讓股東信服。他在一九一六年創辦厚生紗廠開始，六、七年間，接連創辦與參與創辦五家紡織廠，在短時間內籌建太多的工廠，雖然顯示出創業的魄力和才能，但也顯露急於求成的缺點。急速擴張的結果，使穆氏感到精神困乏，難於照顧。[34]例如他在豫豐紗廠籌建成功後，一睡四十八小時，醫生診治為用腦過度。經過幾年的創設紡織廠，他亦承認「時間與精神，因一事業與他事業繁複關係上，逐日消耗者，亦不在小數。」[35]。股東們對穆氏所做的亦不理解，他們認為穆氏擔任太多社會服務，平日前來厚生批發所找穆氏的人太多，有時甚至出現吹笛拍曲的場面，感到穆氏不務正業[36]。這情況下，科學管理缺乏合適的人來推行和領導，企業的發展自會停滯，甚至經營失敗。

穆藕初只追求西方新式管理模式，忽略傳統人事管理問題。他承認股東之間經常因為經濟問題、用人問題而發生衝突。這些衝突，穆氏很難置身事外，對穆氏的管理威信自然會帶來影響。例如：穆氏當時身為協理，股東江君與貝潤生君聘請李迪先君為協理取代他[37]，但事前並沒有通知他，亦沒有詢問他的意見，兩股東決定人選後才通知他。只因江君與貝潤生君兩股東合共已佔股份四分之三，穆氏無力反對，而且這位李迪先君更在不久之前被穆氏開除，現在股東卻重新聘用來取代穆氏職位。股東這種行為，沒有得到全體董事授權，也沒有得到穆氏的同意[38]，可見平常管理困難之處，可知股東對穆

---

[33] 高俊著：《穆藕初評傳》（上海：世紀出版集團，2007年），頁185-187。

[34] 穆藕初：〈穆藕初與近代中國棉紡織業〉，《穆藕初文集》，頁683。

[35] 穆藕初：〈藕初五十自述〉，《穆藕初文集》，頁60。

[36] 唐國良主編：《中國現代企業管理的先驅穆藕初》，頁31。

[37] 原文用「季君」代替李迪先，用「蘇君」代替貝潤生，見穆家修、柳和城、穆偉杰編著：《穆藕初年譜》（上海：上海古籍出版社，2006年），頁304。

[38] 穆藕初：〈藕初五十自述〉，《穆藕初文集》，頁60-61。

氏的支持有限，與穆氏的關係不十分和諧。

科學管理的理論雖然合乎紗廠生產的安排，但除了機器生產外，人事的管理亦十分重要。由於中國傳統人際關係複雜，所以處理人事的問題時，比較處理生產問題更需要一些技巧。可是，從穆藕初自己說出的例子來看，可以發現他處理人事紛爭的技巧不足。他指出李迪先君是由股東介紹來廠學習紡織，逐漸升至紗部主任，但對紡織工務「仍茫如也」。顯然他明知李迪先君的技術水準欠佳，只是為了股東情面，便讓李迪先君升至管理階層。此外，有些股東對李迪先君的工作不滿意，經常在穆氏面前批評，並要求開除李迪先君。穆氏卻不開除他，只把他的工作與布部主任對調。原意只是想保留李迪先君的工作，可是卻引起李迪先君的誤會，以為穆氏受布部主任的挑撥所致，結果使兩部門意見不合。這顯然是穆氏犯了管理上溝通不足的毛病，才產生這種情況。而穆氏解決兩部門的紛爭，採用把兩人辭退的方法，但兩人既無工作上犯錯，只因意見之爭而被辭退，處理實有商榷之處。[39]

四 傳統與現代結合的榮家管理文化

由張謇憑著傳統思想加上自身經驗而建立起一套企業文化，到穆藕初把美國科學管理引入中國，國人日漸認識現代管理的模式。大家起初對於這種方法，帶著半信半疑的態度。後來穆氏運用這種管理方法取得成功，使到經營的紗廠獲利，大家才真正關心如何把科學管理模式應用在改善生產上。不過，由於過份看重西式的管理文化，忽視傳統辦事人員的習性，結果企業經營出現問題。這種經營文化的轉變，以榮家企業最見效果。榮氏一方面受到穆藕初引入科學管理的影響，另方面結合傳統的管理模式，以一套合適的企業文化而做出成功的效果，成為一所規模大、延續性長的企業。

榮家企業核心理念，主要是以辦實業為重心，與張謇及穆氏不同，榮氏企業的理念層是傾向實用性、營利為主。這可說是受到無錫地域文化影響，

---

[39] 同前註，頁60-61。

對工商業而言，無錫文化具有開拓、創業精神，注重實用性和功能性。在經營企業成功之餘，榮氏仍然保持一份對傳統的尊重，著重回饋社會，當榮氏企業發展到相當規模時，他發表《無錫之將來》這本小冊子，提出建設大無錫的構想。[40]

在制度層面上，榮氏表現出把傳統與現代管理結合的特點，以一求生存，二求發展的風格運作，注重制度創新和實用性。他把傳統管理文化與科學管理方法結合，採用行之有效的「恩威並舉」形式來施行管理，推動生產。「威」的一面，例子如下：

1. 推行「標準工作法」。工程技術人員按照泰羅制的原則，仿照日本紗廠操作法制定一套清花──鋼絲──粗紗──細紗──絡搖全過程的標準工作法，強制工人實行。為此，總工程師汪孚禮還親自編寫小冊子，並授課講解，對工人操作技術進行指導。

2. 嚴格勞動管理。制定嚴格的〈工務規則〉，對工人實行嚴格的管理。新職員一旦發現工人在工作時間休息或不在崗位上，就跑上去打罵或罰扣工資。此外，還減少一些工種的人員定額，提高工人的生產定額。「工人停歇後，並不添補足額，故現時每一工人所作之事，常兼舊時兩人或三人之工作」。通過上述手段，大幅度提高工人的勞動強度。[41]

至於「恩」的一面，即重視溫情、精神管理，重視勞工福利，注意工人身心之安康。例如：對工人進行嚴格管理的同時，適當提高工人工資；為提高工人出勤率和勞動積極性，對請假少、勞動態度好的工人，給予一定的物質獎勵；每逢節假日，還給工人發放獎金、紅包；在通貨膨脹時，給工人加發米貼、布貼、膳貼等，用金錢補貼來支援工人。此外，還經常開展多種

---

40 王慶唐等：《榮氏家族與經營文化》（上海：世界圖書出版社，1999年），頁10-11、183。

41 上海大學、江南大學樂農史料整理研究小組選編：《紀念榮德生誕辰一百三十周年學術論文集》（上海：上海古籍出版社，2005年），頁455。

技術競賽，給優勝者以物質獎勵，最高為一隻金戒指，以此鼓勵工人鑽研技術。

榮氏在一九三二年在申三首創的「勞工自治區」進一步擴大員工福利。申三所有職工都住到工廠宿舍裏，宿舍分單身女工、單身男工、小家庭三區。八至十二人為一室，設室長；十四室為一村，設村長；三個分區設區長；最高為自治區區長。自治區內設有食堂、消費合作社、儲蓄所、浴室、醫院、圖書館、電影院，為職工生活提供方便。廠方組織職工飼養家畜、種植蔬菜、花果，從事副業生產，以補貼膳食；建立工人自治法庭，調解職工間的糾紛。[42]

榮氏利用傳統忠義文化來強化勞資關係，減少相方矛盾。忠方面，設立「尊賢堂」，陳列戚繼光、王其勤、岳飛等愛國英雄；設「功德祠」，祭祀歷年因公殉命的職工，把傳統忠君受國的精神轉移至對雇主、對企業的忠誠。義方面，一九三一年，開辦申新日校，免費訓練本廠子弟；又設六年制申新小學校，收錄本廠六歲以上職工子弟。一九三二年開辦申新男女工晨夜校，以普及工人教育，增加工人知識；後又開設刺繡、縫紉、造花等傳習科，備工人業餘時間學習。一九三二年秋季創辦醫院，備有當時罕見的X光鏡，治療室、診療室、手術室、驗血室等，「莫不悉備」；病房分男女調養室、傳染病室、普通病室、外症室等，「實為全國勞工界獨一無二之設備」。醫治科目包括內科、外科、咽喉科、口腔及齒科、眼科、耳科、鼻科等，本廠職工就診免收藥費，職工家屬藥費減半收取。[43]

「勞工自治區」的建立，一方面有利於資本家加強對工人的管理和控制，同時也使工人生活比較安定，有效地緩解勞資間的對立和矛盾，提高工人的生產積極性和企業的勞動生產率，強化雇主與雇員關係，成為轟動一時新聞。

此外，榮氏也把會計制度改良，實行成本核算，天天結賬。具體內容包

---

[42] 同前註，頁456。

[43] 同前註，頁457。

括：（1）實行成本核算，加強企業內部管理。推行榮德生發明的成本核算法，天天結賬。每日為「日結」，每星期為「周結」，每月為「月結」，如此一覽即知盈虧多少。（2）劃一記賬方法，採用劃一記賬方法記賬。會計科目絕對劃一。對於損益計算方式，亦劃一。將每期的銷貨、銷貨成本及毛利等數額，均在損益計算書內表現。傳票格式和付款單據的保存也實行劃一。廠中管理制度日臻完善，自經理、副經理、工程師、總管、副總管、雙領班、單領班，以至各車間分班人員，一切分工負責，均有系統，收支皆有手機，有專人負責，使無流弊。[44]

榮氏在管理上最成功的地方，是處理工頭制的問題。他把舊的工頭制更新，雖然受到工頭反對，但他採用合適方法，運用管理技巧，引入現代管理技術，解決工頭的反對行動。

一九四一年一月，榮宗敬聘請曾在日商紗廠工作的樓秋泉到申三任粗紗間領班。不久，杭州甲種工業學校紡織專科畢業生余鍾祥到廠擔任改良指導員。接著，又聘請留日歸國的原上海大中華紗廠技師汪孚禮任總工程師，著手進行企業管理制度的改革。然而，改革剛開始，便遭到工頭的抵制和反對。為減少阻力，榮德生把全廠五萬紗錠中的二萬舊式美機交給主張改革的新職員管理，三萬英式新機交給工頭管理，一切行政、技術互不侵犯。新職員聘請一批紡織和機械專科畢業生擔任技術和管理工作，成立「保全部」、「考工部」、「試驗」間等部門，調整設備布置，實行較為科學而嚴格的管理制度，使車間面貌煥然一新，勞動生產率大大超過工頭管理的英式新機。

這一結果，使榮氏兄弟大為振奮。他們決定在申三取消原先文場、武場的管理體制，全面推行科學管理，以工程師、技術人員管理（當時叫做「學生制」）代替過去的工頭制，原有的一些工頭、領班如沈阿富等人，實行辭、歇、降、調。同時，實行類似「泰羅制」的生產定員制、勞動定額制、論貨工資制、論工賞罰和標準工作法，重點整頓、改善車間一級的生產管理。[45]

---

[44]《榮德生企業經營管理理念在申新三廠的實踐》，頁 470-475。
[45]《紀念榮德生誕辰一百三十周年學術論文集》，頁 449。

這些改革措施大大觸動工頭的既得利益，特別是調整勞動組合後，限制他們剋扣工人工資、吃空額的特權，因此他們竭力反對。一部分工人，也因為管理力度的加強和勞動定額的提高而心懷不滿。沈阿富等人利用這種情緒，煽動工人毆打新職員，釀成轟動一時的「申三打人風潮」。[46]事件平息後，為緩和矛盾，避免新的衝突，榮德生被迫放慢改革步子，措施為謹慎。對於一些性格急躁、方法簡單的新職員，進行教育，勸其改進，或調離申三；對於那些工頭，則暫不辭退，保留其某些權益，將他們調離崗位，削減特權，或給予津貼，勸其退職養老，逐步淘汰。直到一九二七年，老工頭基本上淘汰，生產管理權完全控制在新職員手裏，改革得以順利完成。[47]

在榮家的努力下，把中西的管理文化結合起來，一方面，榮氏發揚「以人為本，以德服人」的企業傳統文化，基本管理思想是恩威並用，寬嚴適度。通過建立勞工自治區等一系列措施，關心職工（包括其子女）的生活和教育，注意理順企業和職工的關係，提高職工的積極性，打好成就事業基礎；另方面，榮氏仿照西方新式管理方法，通過制定一系列的規章制度，使工作標準化，對員工進行考核做到有理有據，企業的管理模式成為當時其他各廠仿傚的楷模，經營規模不斷擴大，產量和銷量不斷增長。其管理模式成為近代中國民族工業企業中最具有代表性的一種管理模式。

五　結語

興辦企業的成功，其背後必有一套理念制度來配合，這套理念制度，就是企業文化。近代中國企業發展，經歷困難重重，能夠維持一定規模，持續興旺一段時期的，其企業文化自有可貴之處。以大生企業而言，創辦者張謇以傳統精神文化作底稿，再參考其他同行的實務手則，建立起一套可行而有效的管理制度文化。穆藕初創辦的企業，代表著時代的變化，傳統的制度企

46　上海社會科學院經濟研究所編：《榮家企業史料》，上冊，頁162。

47　《紀念榮德生誕辰一百三十周年學術論文集》，頁450。

業文化，並不能滿足發展需求。隨著時代發展，西方科學管理文化亦有必要引入，並且備受關注，日漸流行。不過，穆氏一時的經營成功，忽略傳統文化的特性，沒有建立起一套融合傳統與西方現代管理精神的企業文化，企業的運作終不能長久。到了榮氏企業，一切從實際出發，以企業營利行為大方向，講求經濟效益，營商成功之道。榮氏從實務中發展出一套自己的制度理念。這套制度理念，一方面採用傳統文化中可用之處，另方面引進西方新式科學管理文化。榮氏把兩者融合，建立起自己的企業文化，有力促使自身成為延續長久的大企業。在大力發展民營企業的今天，通過深入研究其經營管理理念，也可從中獲得非常有益的啟示。

試論金城銀行早期經營及其鐵路業務情況（1917-1927）

林援森[*]

一　引言

　　中國於十九世紀中葉正面臨「三千餘年的大變局，秦漢以來未有之世變」[1]。從道光二十二年（1842）南京條約到光緒二十一年（1895）甲午戰爭，局勢出現翻天覆地的變化，經濟方面同見新發展。據張玉法的統計，道光二十八年（1848）至光緒二十年（1894）創立的商辦企業只有一百五十一家；由光緒二十一年（1895）至民國五年（1916）所成立的商辦企業則達到一千一百四十八家[2]。因此於光緒二十三年（1897）前，中國工業已見發展的勢頭，但作為工商業之母的銀行業，則仍未踏出現代化的第一步。

　　中國現代銀行業發端於清末年間，同時經歷著不同時期的發展，其發展

---

[*]　香港樹仁大學新聞與傳播學系助理教授。

[1]　郭廷以：《近代中國史綱》（香港：中文大學出版社），下冊，頁10。

[2]　張玉法：《近代中國工業發展史（1890-1916）》（臺北：桂冠圖書公司，1992年），頁219-220。

　　道光二十一年（1841）至民國五年（1916）中國企業數量統計　　　單位：家數

年份／性質	外資	官辦	官督商辦	商辦
1860-1894	142	41	7	151
1895-1916	373	32	34	997
總數	479	73	41	1148

　　資料來源：張玉法：《近代中國工業發展史》，頁44-46、93、173、219-220。

與中國現代工業和建設一衣帶水，其中與鐵路發展更是息息相關。銀行與鐵路同是經濟發展的支柱，銀行為工商及基礎建設提供融資，鐵路則是運輸系統的大動脈，對經濟發展舉足輕重。其中金城銀行是近代典型的華資銀行，面對國有大銀行及外資銀行等競爭下，仍可立於一席之地，故從金城銀行的發展可見中國華資銀行發展的點點滴滴。同時，金城銀行仍為鐵路建設供融資服務，從金城銀行的放款業務亦窺見民間銀行業與鐵路發展的互動關係。

二　早期金融銀行業情況

中國近代銀行業發展蓽路藍縷，我們從三方面瞭解，一是清中葉至晚期，本土具備金融銀行功能的相關機構，如帳局、票號及錢莊等；二是外資銀行、最後是以現代銀行方式經營的本國銀行。學者黃鑒暉認為，帳局是中國最早的現代銀行業的先驅，其業務以經營存款和放款為主[3]，客戶對象以工商業商人為主，官僚也是主要的客戶[4]。最早的帳局於乾隆元年（1736）開設張家口，號名為祥發永[5]。帳局利息月息以四厘左右，見記載張家口道光三十年（1850）正月初十日見月息四點三厘[6]。

票號起始於道光年間[7]，其以經營匯兌業務為要，同時山西商人創辦，也稱作山西票號[8]。由於帳局業務局限於北方少數城市，未能配合全國金融發展，票號便應運而生。太平天國運動其間，北方帳局收帳不放，令到不少融資需求迫切的官吏、工商業等借貸無門[9]，一度造成市場恐慌。因此，錢莊原本以兌換銀錢業務，但於鴉片戰爭前開始對官吏，旗民及市民放帳；鴉片戰

---

[3]　黃鑒暉：《中國銀行史》（太原：山西經濟出版社，1994年），頁36。

[4]　同前註，頁36。

[5]　同前註，頁29。

[6]　同前註，頁36。

[7]　有關票號的起始時期，一直眾說紛紜，遠自唐末、明末、康熙、乾隆等，據黃鑒暉多年研究，初步斷定票號發生於道光年間。同前註，頁45。

[8]　同前註，頁45。

[9]　同前註，頁54。

爭後擴展至工商業借貸[10]。票號與錢莊的經營業務相若，但亦見不同處，首先是錢莊資本較少，一般一、二萬兩為度，票號則達二十萬兩，票號可在全國各地營運，但錢莊一般不設分支[11]。王業鍵指出，傳統金融機構，包括票號和錢莊，其有三大特色資本薄弱、組織簡單和責任無限[12]。

清末中小銀行資本統計（單位：銀兩）

機構	年份	家數	總資本	平均
帳局	1910	52	1138680	21897
票號	1911	23	5586000	242870
上海錢莊	1911	4	90000	22500

資料來源：黃鑒暉：《中國銀行史》（太原：山西經濟出版社，1994 年），頁 79。

外資銀行借著戰爭勝利的優勢，開始在華創立及分布業務。如英國麗如銀行便於一八四五年在香港及廣州開業，外資銀行發展迅速，主要業務集中在北京、上海和香港等。甲午以後，華資企業家開始以西方方式設銀行，以融通資金。如盛宣懷支持的通商銀行，便於一八九七年開業，以打通業務，同時成為中國現代銀行的起點。

清末外資銀行在中國情況

銀行	國家	資本	創立年份	創立地點	分支地點
麗如銀行	英國	120 萬鎊	1845	香港、廣州	上海
匯隆銀行	英國		1851	廣州	上海、香港、漢口、福州
阿加利銀行	英國	100 萬鎊	1854	上海	香港、廣州
有利銀行	英國	750 萬鎊	1854	上海	香港

---

[10] 同前註，頁 55。

[11] 同前註，頁 63-64。

[12] 王業鍵：《清代經濟史論文集》（臺北：稻鄉出版社，2003 年），頁 233。

麥加利銀行	英國	80萬鎊	1858	香港	上海、漢口
法蘭西銀行	法國		1860	上海	
匯川銀行	英國		1860	上海	香港、漢口、九江
利華銀行	英國		1861	上海	寧波
利生銀行	英國		1864	上海	
利升銀行	英國		1864	上海	
匯豐銀行	英國	500萬元	1865	香港、上海	福州、寧波、福州、汕頭、廈門、烟台、九江、廣州、北海、天津、北京、營口、基隆
德意志銀行	德國		1872	上海	
德華銀行	德國			上海	
德豐銀行	德國		1875	上海	
大東惠通銀行	英國		1890	上海	
中華匯理銀行	英國		1891	上海	
橫濱正金銀行	日本		1893	上海	營口、天津、北京
東方匯理銀行	法國		1894	香港	
華俄道勝銀行	俄國	600萬盧布	1896	上海、天津	
協隆銀行			1905	上海	
義利銀行	意大利		1905	上海	
義豐銀行	意大利		1909	上海	
荷蘭銀行	荷蘭		1909	上海	
花旗銀行	美國		1909	上海	
華比銀行	比利時		1909	上海	

資料來源：黃鑒暉：《中國銀行史》，頁82。

中國現代銀行開設情況

銀行	創設年份	創辦人	資本	總行
中國通商	1897	盛宣懷	250萬兩	上海
浙江興業	1906		100萬元	杭州
四明商業	1908		64.9萬元	上海
交通銀行	1907		100萬元	北京
中國銀行	1912	大清銀行改組	2000萬元	北京
中華實業	1912	南洋華商	600萬元	上海
中法實業	1913	中法合資	4500萬法郎	巴黎
新華儲蓄	1914	中交兩行合辦	500萬元	北京
鹽業	1915		500萬元	北京
上海商業儲蓄	1915		30萬元	上海
中國實業	1915	財政部		北京
農工	1915			北京
農業儲蓄	1916		55萬元	威海衛
中孚	1916	孫多森	200萬元	天津
蔚豐商業	1916	都登五	300萬元	北京
中法振業	1917	中法合資	200萬元	北京
金城	1917		200萬元	天津
中華匯業	1917	中日合資	1000萬元	北京
上海貿易	1917	陳連孚	100萬元	上海
工商	1917	薛仙舟	500萬元	香港
裕湘	1918	張敬堯	2000萬元	長沙
東亞	1918	簡東浦	200萬元	香港
五族商業	1918		100萬元	北京
商業	1918	李盛澤	100萬元	北京

資料來源：黃鑒暉：《中國銀行史》，頁125。

三　金城銀行的創立

　　辛亥革命後，票號和地方錢莊的衰落，加上舊貴族和軍閥的地方延展勢力，掠奪地方財富，如是舊有的金融力量消退，同時新資金出現並尋求出路，便推動新一浪的新式銀行的出現，其中包括金城銀行[13]。

　　金城銀行是民族資本金融業的一個典型個案[14]，其於一九一七年開業，其中所謂的北四行，包括鹽業、金城、中南及大陸，以金城銀行為主要支柱[15]。中國早期的商業儲蓄銀行經營困難，有關銀行包括公益銀行、厚德銀行、信義銀行等，其經營不善，先後停業。民國初元，社會經濟百廢待興，其時歐戰發生，銀漲金跌，各外商銀行無暇兼顧，中國民族資本銀行乘機發展，中國銀行及交通銀行以處理國庫及發行鈔券為主，業務在平津一帶。由於產業興起，需要金融資本，商業銀行應運而生[16]。這便是金城銀行創建背景。

　　金城銀行創立於一九一七年五月，先設行於天津，同月於北京，九月設於上海[17]。「名曰金城，蓋取金城湯池、永久堅固之意也。[18]」其主要的發起人包括大兩類，一是軍閥、官僚，包括安徽省督軍倪嗣沖，其子倪幼丹為代理人，安武軍後路局督辦王郅隆，陸軍部次長徐樹錚，天津造幣局監督吳鼎昌和段芝貴之弟段谷香，周自齊的親信兼山東財政廳長曲荔齋，陸軍部的陳星樓。另一類是與軍閥官僚相聯繫的人物，如軍閥相聯繫的交通銀行人物有總行協辦任振採、北京分行經理胡筆江、總行稽核課主任周作民[19]。

[13] 中國近代金融史編寫組：《中國近代金融史》（北京：中國金融出版社，1984年），頁144。

[14] 中國人民銀行上海市分行金融研究室編：《金城銀行史料》（上海：人民出版社，1983年），頁1。

[15] 同前註，頁2。

[16] 同前註，內頁5。

[17] 同前註，頁1。

[18] 同前註，頁2。

[19] 同前註，頁1、內頁5-8。

　　金城銀行成立時，股份分四期繳納，每期擬定繳款四分之一；先定董事五人，監察員二人；設總行於天津，公推周作民為總經理[20]。同時在北洋政農商部註冊[21]。首屆董事會，分由倪道杰、王郅隆，曲卓新、徐正志及吳元龍任董事，監察員由任拙叟和郭善堂出任[22]。其後因應部分董事公事繁忙，吳元龍等辭任，故另加段谷香、倪道煦和任拙叟出任，胡筆江任監察，同時以王祝三為總董[23]。

金城銀行董事及監成員表

●總董　○董事　◎監察

		1917	1918	1919	1920	1921	1922	1923	1924	1925	1926	1927	1928
	屆次	1		2		3			4			5	
董事	王祝三	●	●	●	○	○	○	○					
	梁士詒			○	●	●	○						
	朱寶仁				○	○	●	●	●	●	●	●	●
	段永彬	○	○	○	○	○	○	○	○	○	○	○	○
	倪道明	○	○	○	○	○	○	○	○	○	○	○	○
	徐樹諍	○	○	○	○	○	○						

---

[20] 同前註，內頁12-13。

[21] 同前註，內頁12-13。

[22] 同前註，內頁50。

[23] 同前註，內頁50。

	任鳳苞	○	○	○	○	○	○	○	○	○	○	○	○
	倪道烜	○	○										
	魏聯芳				○	○	○	○	○	○	○	○	○
	王景杭										○	○	○
	曲荔齋	○	○	○	○	○	○	○	○				
	吳鼎昌							○	○	○	○	○	○
董事	胡筆江	◎	◎	◎	◎	◎	◎	◎	◎	◎	◎	◎	◎
	郭善堂	◎	◎	◎	◎								
	鄭鳳藻					◎	◎	◎					
	吳鼎昌				◎	◎							
	曲荔齋							◎	◎	◎	◎	◎	◎
	陳國棟								◎	◎	◎	◎	◎

資料來源：中國人民銀行上海市分行金融研究室編：《金城銀行史料》，內頁54-55。

金城銀行資本金列表

	1917年		1919年		1922年		1927年	
	資本 50萬	佔%	資本 200萬	佔%	資本 500萬	佔%	資本 700萬	佔%
倪嗣沖	17	34	27	13.5	67.35	13.47	89.1	12.73
其他軍閥	10	20	45.7	22.85	88.1	17.62	121.39	17.34
王郅隆	11	22	42.7	21.35	55.6	11.12	24.1	3.44
其他官僚	7.2	14.4	48.6	24.4	102.52	20.50	118.9	16.99
小計	45.2	90.4	164.2	82.10	313.57	62.71	353.49	50.50
金城本身的購股人					10.93	2.19	89.85	12.84
金融業界	4.15	8.3	27	13.5	56.48	11.30	85.12	12.16
工商業界	0.15	0.3	7.3	3.65	93.51	18.66	121.41	17.34
小計	4.3	8.6	34.3	17.15	160.72	32.15	296.38	42.34
洋行買辦	0.5	1	1.5	0.75	25.71	5.14	50.13	7.16
總計	50	100	200	100	500	100	700	100

資料來源：中國人民銀行上海市分行金融研究室編：《金城銀行史料》，頁9。

　　金城銀行於一九一七年至一九二〇年，內部勢力以安福系[24]為主，其利用安福系的勢力，私營結合政治的勢力，以助金城發展[25]。其存款額度由四百〇四萬元上升至一一九八萬元，貸款額由三百七十八萬元升至八百五十一萬元。純利由九萬元至八十九萬元，分支由三個上升至七個[26]。金城銀行創辦時的資本額為二百萬元，實收五十萬元[27]。一九一九年收足二百萬，同年增資

---

[24] 安福系是中國北洋軍閥皖系集團，其在北京宣武門內安福胡同成立，故名取名安福系。安福系由段祺瑞總理，其後段祺瑞在直皖戰爭敗北，安福系始失勢。郭廷以：《中華民國史事日誌》，頁524。另見http://ap6.pccu.edu.tw/encyclopedia_media/main-h.asp?id=932

[25] 中國人民銀行上海市分行金融研究室編：《金城銀行史料》，頁2。

[26] 同前註，頁2。

[27] 同前註，頁7。

五百萬，一九二二年三月收足[28]。一九二三年又增資至一千萬元，一九二七年實收七百萬元[29]。

　　其後安福系失勢後，由交通系[30]的梁士詒代理總董，周作民由交通銀行轉至金城銀行任總經理[31]。同時該行亦加強中央集權，強化分行的控制及管理。安福系失敗引致金城業務的影響很快便獲得修正[32]。

　　周作民，名維新，江蘇淮安人，日本京都第三高等學校畢業，一九〇八年回國，在南京政法學堂任翻譯，辛亥革命後在南京政府財政部任職科長[33]。由於中國和交通與財政部關係密切，其後他常駐交銀，同時他亦透過工作的關，認識不少軍政要人，一九一五年他過檔交通銀行。當金城成立時，他回到北京，兼任金城銀行總經理[34]。周作民主業時代，其集大權於一身。他曾指出：「本行以經濟時有變化，總經理處又處指揮監督地位，如欲周佑各行實際情況及進行方法，不得不與各行經理隨時研究。」他又設定行政事務會議，津京兩地舉行，每三月舉行一次[35]。

28　同前註，頁7。

29　同前註，頁7。

30　交通系由梁士詒經營，其稱「舊交通系」，專責晚清鐵路、航郵通信以及銀行等事務。其後以曹汝霖為首的所謂「新交通系」當權。交通系是北洋政府主要金融力量。

31　中國人民銀行上海市分行金融研究室編：《金城銀行史料》，頁2。

32　同前註，頁2。

33　同前註，內頁5。

34　同前註，內頁5。

35　同前註，內頁62。

金城銀行收支盈利表

年份	利益（萬元）									各項開支		純利	
	總數	利息		匯兌		有價證券		雜損益		金額	利益總收%	金額	利益總收%
		金額	%	金額	%	金額	%	金額	%				
1917	13.9	9.7	70	4	29			0.05	0.4	4.3	31	9.6	68
1918	46.7	27.9	59	17.3	37	1.3	2.9	0.08	0.19	9.9	21	36.8	78
1919	81.9	41.1	50.21	37.8	46	2.7	3.4	0.01	0.18	17.2	21	64.6	78
1920	120.1	59.2	49	42.4	35	16.4	14	2.05	1.71	30.3	25	8.9	75
1921	153.7	94.2	61	25.2	16	31.6	21	2.6	1.71	33.3	21.66	120.4	78
1922	159.5	128.0	80.24	21.8	13.6	9.6	6	0.03	0.02	38.1	24	121.4	76
1923	167.5	119.6	71	23.6	14	24.3	14			38.8	23	128.7	76
1924	171.9	121.4	71	26.2	15	24.2	14			38.8	23	133	77
1925	179.7	123.1	69	25	14	30.9	17			43.5	24	135.6	76
1926	170	134	79	10.5	6.17	25.1	15	0.026	0.15	44.8	26	125.8	74
1927	149.9	125.5	87	13.5	9.4	2.3	1.6	2.5	1.8	44.8	31.16	99	69
合計	1409	984	69	547	18	168	12	7.8	0.56	344.2	24	106	75.58

資料來源：中國人民銀行上海市分行金融研究室編：《金城銀行史料》，內頁40-41。

金城銀行資產分布（％）

年份	總額	現金	同業存放	放款	有價證券	房產	其他	備註
1917	5220647	26.05	0.27	72.46	0.53	0.47	0.22	
1918	12388488	23.59	19.81	53.22	1.94	0.39	1.08	
1919	15596787	22.38	26.06	44.62	3.18	1.03	2.73	
1920	17742796	16.20	22.73	47.99	6.10	2.29	4.64	
1921	22124167	17.72	15.07	47.53	12.01	3.57	4.01	
1922	26995576	14.92	22.56	49.02	7.66	3.06	2.6	
1923	30210262	1307	20.53	50.03	9.14	3.04	4.21	
1924	35380158	13.49	20.52	48.36	11.58	2.80	3.25	
1925	44483513	12.40	18.44	52.78	9.58	3.42	3.38	
1926	49920187	11.81	17.34	51.77	11.28	3.68	4.12	
1927	56507425	12.99	13.56	48.30	12.53	3.89	8.73	

資料來源：中國人民銀行上海市分行金融研究室編：《金城銀行史料》，內頁 117。

金城銀行利益和開支列表

年份	利益（萬元）										各項開支		純利	
	總數	利息		匯兌		有價證券		雜損益			金額	利益總收%	金額	利益總收%
		金額	%	金額	%	金額	%	金額	%					
1917	13.9	9.7	70	4	29			0.05	0.4		4.3	31	9.6	68
1918	46.7	27.9	59	17.3	37	1.3	2.9	0.08	0.19		9.9	21	36.8	78
1919	81.9	41.1	50.21	37.8	46	2.7	3.4	0.01	0.18		17.2	21	64.6	78
1920	120.1	59.2	49	42.4	35	16.4	14	2.05	1.71		30.3	25	8.9	75
1921	153.7	94.2	61	25.2	16	31.6	21	2.6	1.71		33.3	21.66	120.4	78

1922	159.5	128.0	80.24	21.8	13.6	9.6	6	0.03	0.02	38.1	24	121.4	76
1923	167.5	119.6	71	23.6	14	24.3	14			38.8	23	128.7	76
1924	171.9	121.4	71	26.2	15	24.2	14			38.8	23	133	77
1925	179.7	123.1	69	25	14	30.9	17			43.5	24	135.6	76
1926	170	134	79	10.5	6.17	25.1	15	0.026	0.15	44.8	26	125.8	74
1927	149.9	125.5	87	13.5	9.4	2.3	1.6	2.5	1.8	44.8	31.16	99	69
合計	1409	984	69	547	18	168	12	7.8	0.56	344.2	24	106	75.58

資料來源：中國人民銀行上海市分行金融研究室編：《金城銀行史料》，內頁 40-41。

金城銀行佔全國銀行業比重（萬元）

年份	全國主要銀行 *			金城銀行			
	實收資本	積存	合計	實收資本	積存	合計	佔全國銀行（%）
1921	9550	2532	12083	450	36.2	486	4.02
1922	10199	2482	12681	500	60.1	560	4.42
1923	10752	2647	13400	500	77.4	577.4	4.31
1924	11271	2994	14266	550	100.1	650.1	4.56
1925	11406	3555	14961	600	130.5	730.5	4.88
1926	11499	3989	15488	650	155.9	805.9	5.20
1927	11704	4255	15960	700	175.2	875.2	5.48

* 共二十八家：中央、中國、交通、通商、浙江興業、四明、浙江實業、中華、聚興誠、
　上海、中孚、和豐、東萊、永亨、中國實業、東亞、中興、國華、墾業、廣東、江蘇、
　新華、農工、金城、中南、鹽業、大陸、四行儲蓄等。

資料來源：中國人民銀行上海市分行金融研究室編：《金城銀行史料》，內頁 34。

金城銀行一九一七至一九二七年盈利情況（元）

年份	實收資本	盈利			
		本年純利		上年度結餘	共計
		金額	對資本比率由		
1917	500000	96080	28.82		96080
1918	1000000	368478	36.85	1480	369958
1919	2000000	646913	32.35	458	647731
1920	3500000	898699	25.68	2071	900770
1921	4500000	1204621	26.77	2660	1207281
1922	5000000	1214627	24.29	1395	1216022
1923	5000000	1287263	25.75	14634	1301897
1924	5500000	1330803	24.2	1718	1332521
1925	6000000	1356266	22.6	5780	1362046
1926	6500000	1258543	19.36	9166	1267709
1927	7000000	990617	14.15	2646	993263
合計		10652910	280.82 平均25.53		

資料來源：中國人民銀行上海市分行金融研究室編：《金城銀行史料》，內頁46-47。

　　第一次大戰結束後，列強向中國市場銷售貨品，國內的民族工業發展遭遇阻滯。但金城與其他銀行一樣，吸納北洋政府的公債，以及利用商品銷情的需要，發展銀行業務。到一九二七年其存款上升至三千四百九十八萬元，貸款額及有價證券亦增萬元。分支上升至十五處，從一九一七到一九二七年間，總純利達一億六百五十六萬元，年純利對資本比率平均為百分之二十五點五三，一九一八年更達百分之三十六點八五[36]。

　　歐戰後，中國新產業發展迅速，資金需求十分，同時北京政府大肆發行公債，其公債抵押利息高、折扣多、利益厚，這是銀行生意所在也。故銀行

---

[36] 同前註，頁3。

如雨後春筍，但良莠不齊，誠信破產，停擺及破產比比皆是[37]。另方面，當時的金融市場十分混亂，幣制為甚，銀本位推行，但全國通行通貨見銀元及銀兩兩種，發行鈔票除國家銀行外，私營及外資銀行亦見發行，並不統一，貨幣市場十分混亂[38]。

如是，當時中國銀行及交通銀行發生鈔券風潮，外國銀行滯發，通商銀行尤多。為了利權及增加實力，聯合銀行的構想由是而起。中國聯合銀行便在這個背景下應運而生。中國聯合銀行以股份公司方式組成，全為華股，總行設在上海，營運年限初定六十年。資本百萬元，先收四分一，實收二十五萬，每股一百元，業務包括發行鈔票，貼現票據，抵押放款，經營公債，代理公司股票及匯兌業務等[39]。管理方面，設董事會，董事最多七人，監事最多三人，董事長由董事會推舉，董事會下設發行部及營業部。總行設發行股、營業股、會計股及文牘股[40]。

北四行便在這個背景下應運而生。金城於一九二一年與鹽業、中南組成聯營機構，大陸銀行於一九二二年加入[41]。這四行的總經理由吳鼎昌、周作民、胡筆江及談荔蓀為領導人，吳鼎昌任主任。四行於一九二一年成立聯合準備庫，並共同行發行中南的鈔票；一九二三年各出資本二十五萬元，設立四行儲蓄會，陸續吸引大量儲蓄存款，後來又合辦四行信託部。一九三四年以儲備會的資金在上海建一座二十二層的國際飯店[42]。

鹽業、金城、中南、大陸四行聯合營業事業所，任儲蓄會主任，發行鈔票，吸收軍閥存款，為北洋軍閥解決財政困難，為自己攫取高額利潤，成為金融界巨頭。這是早期金城銀行的經營情況。

---

[37] 同前註，內頁77。

[38] 同前註，內頁77。

[39] 同前註，內頁77-78。

[40] 同前註，內頁77-78。

[41] 同前註，頁2。

[42] 同前註，頁3。

四行存款與全國情況（元）

年份	全國存款	四行存款	四行佔全國%
1923	551427259	1188396	0.22
1924	625663967	3604401	0.58
1925	783297475	9521497	1.22
1926	934821402	17151124	1.83
1927	976122496	23466900	2.4

資料來源：中國人民銀行上海市分行金融研究室編《金城銀行史料》，內頁106。

四行放款與全國情況（元）

年份	全國存款	四行存款	四行佔全國%
1923	573527890	852213	0.15
1924	636162794	2530133	0.4
1925	763738118	4473009	0.58
1926	887344434	11039925	1.24
1927	908019930	17530478	1.93

資料來源：中國人民銀行上海市分行金融研究室編《金城銀行史料》，內頁109。

四　金城銀行與其鐵路業務

　　自從五口通商後，先進的西洋科技不斷傳入清朝，許多清政府內部的官員漸漸認識到發展鐵路的重要性，其中包括李鴻章。李鴻章認識西洋科技的先進之處，明白到如欲自強，非發展洋務不可，其中包括開拓鐵路事業。同治十三年（1874）十二月十日，當時的直隸總督李鴻章首次提出修築鐵路的建議[43]，他認為沿海七省可以利用鐵路連成一線，不但有助物資的運輸，更重

---

[43] 〈李鴻章致郭嵩燾函〉（光緒三年六月初一日），收入宓汝成編：《中國近代鐵路史資

要的是可在軍事上有效率地調動及部署軍隊；故此他當時主張建築鐵路並非基於經濟因素，而是軍事上的需要。清政府內部對建築鐵路一直分為支持及反對兩派，反對派有內閣學士張家驤[44]、通政使司參劉錫鴻[45]及河南道御史余聯沅[46]；支持派則有李鴻章、張之洞及奕訢等。當津通鐵路的議案提出之後，支持及反對兩派紛紛提出各自的主張。鐵路發展是歷史潮流，縱然遇上不少阻力，但大方向還是發展下去。

　　中國近代鐵路事業的展開可以吳淞鐵路為開始，自吳淞鐵路之後，不少的鐵路工程隨之展開。據嚴中平編《中國近代經濟史統計資料選輯》一書中顯示，光緒二年（1876）至民國三十七年（1948）之間，中國共有兩次的築路高潮，第一次在中日甲午戰爭後到辛亥革命之間，期內曾建造鐵路達九千二百五十三公里，每年築路達五百四十四公里[47]。第二次在日本發動九一三事變至七七盧溝橋事變，中國全面抗日為止。期間築路六千九百七十七公里，每年平均築路達一千一百三十一公里[48]。

　　鐵路業務對於早期金城銀行發展十分重要，其早期以官方業務為主，但其後續持下跌，加上政局多變，把握十分困難及複雜。但鐵路業務則發展迅速，資金需求大，加上業務明顯，借貸計算較直接政府財政貸款較易把握，故金城鐵路業務增長是全部相關金融業之首。

　　金城銀行對鐵路的融資方式可分成兩方面，一是直接借貸，二是透過投資鐵路相關的公債，以作鐵路資金。首先是鐵路借貸方面，金城的貸款業務可分為工礦企業、商業、工人、鐵路和軍政等。工礦放款於一九一九年為百分之十五，一九二三年為百分之三十一點九四，到了一九二七年回落至百分之二十五點五五。商業放款於一九一九年為百分之三十一點五九，一九二三

　　料（1863-1911）》（以下簡稱《鐵路史資料》），頁79。

[44] 〈內閣學士張家驤未可輕議開造鐵路摺〉（光緒六年十一月），同前註，頁88。

[45] 〈通政使司參劉錫鴻罷議鐵路摺〉（光緒七年正月十六日），同前註，頁97。

[46] 〈李鴻章致奕議駁京僚諫阻鐵路各摺函〉（光緒十四年十二月二十八日），頁150。

[47] 《吳淞鐵路停車》，同前註，頁58。

[48] 《吳淞鐵路停車》，同前註，頁58。

年為百分之十九點〇四，到了一九二七年回落至百分之十五點七六。軍政
放款於一九一九年為百分之三十一點十二，一九二三年下跌至百分之十六點
三二，到了一九二七年持續回落至百分之十四點三六。工人放款於一九一九
年為百分之十七點六七，一九二三年為百分之二十一點七四，到了一九二七
年回落至百分之二十四點三三。一九一九年金城的鐵路放款二十二萬元，
佔全部放款額百分之三點九一；一九二三年則為百分之六點〇一；但到了
一九二七年，其金額則上升至四百〇一萬元，佔總額十四點六四[49]。由此可
見，金城從一九一九至一九二七年間，主要的借貸業分項的成比，除了工人
及鐵路，其餘均見下降，其中工人借貸增長率僅為從一九一九年至一九二三
年為百分之二十三點二三，一九二三至一九二七年則為十一點四五。但鐵路
從一九一九年至一九二三年為百分之五十三點七〇，一九二三至一九二七年
則為百分之一百四十三。可見鐵路業務的增長十分可觀，同時勝於其他借貸
業務。

金城銀行營運情況

| 年份 | 資金運用 # | 政府機構、鐵路及公債合計 | | 其中 | | | | | |
| | | | | 政府機構 | | 鐵路 | | 公債 | |
		金額	%	金額	%	金額	%	金額	%
1919	745	244	32.76	173	23.23	22	2.92	49	6.61
1923	1788	444	24.83	218	12.17	80	4.4	146	8.17
1927	3438	1339	38.95	393	11.44	401	11.66	545	15.85
1931	6310	2577	40.84	530	8.4	655	10.38	1392	22.06
1935	12481	4216	33.78	866	6.94	1045	8.37	2305	18.47
1937	16828	7420	44.1	1032	6.14	1643	9.76	4745	28.20

#全部放款加有價證券
資料來源：中國人民銀行上海市分行金融研究室編：《金城銀行史料》，頁11。

---

[49] 中國人民銀行上海市分行金融研究室編：《金城銀行史料》，內頁183。

金城銀行放款情況

年份	放款額	工礦		商業		鐵路		政府		其他	
		金額	佔%	金額	佔%	金額	佔%	金額	佔%	金額	佔%
1919	556	83	15	176	31.59	22	3.91	173	31.12	102	18.38
1923	1333	426	31.94	253	19.04	80	6.01	218	16.32	256	26.69
1927	2738	700	25.55	431	15.76	401	14.64	393	14.36	813	29.69
1933	6249	1217	19.48	1688	27.01	977	15.63	684	10.95	1683	26.93
1937	9616	2415	25.12	1869	19.43	1643	17.08	1032	10.74	2667	27.63

資料來源：中國人民銀行上海市分行金融研究室編：《金城銀行史料》，頁14。

金城放款客戶的分類

項目	1919年	1923年	1927年
總額	6563674	1334893	27386314
工礦企業%	15.00	31.94	25.55
商業%	31.59	19.04	15.76
工人%	17.64	21.74	24.33
鐵路%	3.91	6.01	14.64
軍政%	31.12	16.32	14.36
其他%	0.74	4.95	5.36

資料來源：中國人民銀行上海市分行金融研究室編：《金城銀行史料》，內頁155。

金城借貸業務與全國同比較

年份	金城放款*	全國放款	金城佔
1921	14719279	515318170	2.886
1922	20385270	548202707	3.72
1923	22894164	573527890	3.99
1924	25738167	636162794	4.05

1925	33056717	763738118	4.33
1926	36581272	887344434	4.12
1927	36392368	908019930	4.01

資料來源：中國人民銀行上海市分行金融研究室編：《金城銀行史料》，內頁157。
* 包括存放同業、同業透支、拆款、暫欠，應收未收利息、未收票據、托款等。

交通與鐵路借貸方面，截至一九二七年止，總借貸達四百萬，其中以京漢鐵路借款為最多，達到一百七十六萬兩千五百九十七元，佔總百分之四十三點九六。其次是交通部，達到八十一萬五千三百五十四，佔總百分之二十點三三。

京綏鐵路和津浦鐵路則各分佔百分之十五左右，隴海鐵路則見百分之三點〇五，高線鐵路為百分之一點六三。

一九二七年金城銀行鐵路總貸款統計

戶名	貸款金額（元）	佔全部放款額 %
交通部	815354	20.33
隴海鐵路	122464	3.05
京綏鐵路	608072	15.17
京漢鐵路	1762597	43.96
津浦鐵路	635905	15.86
高綫鐵路	65220	1.63
總額	4009612	

資料來源：中國人民銀行上海市分行金融研究室編：《金城銀行史料》，內頁183-184。

單項鐵路借貸方面，金城銀行以參與銀團方式進行，承接金額視乎項目的要求，由五萬到七十萬不等。如一九二一年九月四日，京漢鐵路借款二百

萬為期十月，按月分付，息一分六七[50]。金城負擔七十萬元[51]。

另見一九二一年九月二十八日，京綏鐵路向金城、交通、中南、新華、大陸、中國、鹽業等七行訂立借款及透支，共計二十二項，利息最低一分二厘五至月息一分五厘，最多最高月息分七厘[52]。其中金城協定本行透支予京綏鐵路，以五萬元為度[53]。

隴海鐵路為應付歐洲借款利息，向中國銀團透支十四萬五千鎊，匯價八點八元，折合銀元一百二十七萬六千，金城佔四分，鹽業及中南各佔三分，交通佔二分，共計十三分。該款企於一九二五年十月二十日及十一月二十日兩期，共由路局撥還二千六百九十一點四一元[54]。

另外，交通部因為籌付廣九鐵路借款利息，及包購料款利息等，於一九二五年五月二十九日，向天津北洋保商銀行、中比銀公司、北京中孚銀行及金城等，由北京保商為代表行，息借銀元四十萬元，月息一分三，每六個月一次，並以正太餘利全部三分一為保。

與其他借款比較，其金額並不算偏高。如一般商業借貸，以五萬至數萬不等。如裕元公司於一九一八年一月與金城銀行訂立借貸合同，裕元公司以廠方機器、房屋地基，共值一百八十萬元，向金城借定期及透支者，借入最多五萬元，月息八厘。往來透支以半年一結，分別為六月二十日及十二月二十日，期則按期清[55]。另見大生紗廠個案，其於一九二二年六月十五日向金城續借入三十萬兩，以機器及地基抵押，另欠舊款二十四萬兩，在新合同中加保，其利息按月一分零半厘，訂約一年[56]。金城亦對久大和永利提供財支援。金城與久大協商借出款項，其由利直借貸，部分為定期，部分為透支，

50　同前註，內頁188。
51　同前註，內頁189。
52　同前註，內頁189。
53　同前註，內頁190。
54　同前註，內頁190。
55　同前註，內頁161-163。
56　同前註，內頁161-163。

至一九二六年共達六十萬元；息率定期及透支均以月息一分計算[57]。可見商戶的借款額以五至七十萬不等。利率由月息八厘至約一分計算。

與軍政機關情況比較，金城對機關部門的借貸以中央和地方財政部為主，金額由數千至數百萬不等。但單項借款多百萬以下為主。如滬紙烟捐局於一九二一年一年印花稅票六十三萬元，二五捐收入七十七萬元[58]。另於一九二二年曾與金城擬定借欠七十萬元，以印花稅票一百一十萬元及二五捐作抵押[59]。原定利率十五厘，九九交款。現定十四厘，足額交款[60]。期為十二月，利息預扣[61]。

鐵路的相關放款平均利率為一分四五厘，軍政放款平均利率為一分三厘。一般商戶則以八厘至一分左右。金城的放款多以月息一分至一分二厘貸出。

金城銀行對鐵路借款的分類

項目	年份	金額	利率
京漢鐵路	1921年9月4日	總額200萬。金城負擔70萬元。	月息一分六七
京綏鐵路借款	1921年9月28日	總額100萬。金城透支五萬元。[62]	月息一分五厘
隴海鐵路	1925年10月20日	總額145,000鎊，匯價8.8元折合銀元1276000金城佔四分，約510400元。	月息一分二厘

57　同前註，內頁164。
58　同前註，內頁196。
59　同前註，內頁196。
60　同前註，內頁196。
61　同前註，內頁196。
62　同前註，內頁190。

| 正太鐵硌 | 1925年5月29日 | 總額40萬元，天津北洋保商銀行、中比銀公司、北京中孚銀行及金城共同借出。 | 月息一分三 |
| 津浦鐵路 | 1925年至1927年 | 428萬元，天津交通、大陸、中南、新華、和金城共同借出。 | 月息一分六厘 |

資料來源：中國人民銀行上海市分行金融研究室編：《金城銀行史料》，內頁155、188-190。

金城銀行對各機關的借款分布

部門類	放款額	百分比
軍政機關	708296	18.10
財政部	1646900	41.88
其他	1577302	40.11

資料來源：中國人民銀行上海市分行金融研究室編：《金城銀行史料》，內頁194。

金城銀行對非軍政及財政機關的借款分布

部門類	放款額
直隸財政廳	2367600
河南財政廳	77090
湖北財政廳	57400
湖北財政委員會	92874
江蘇財政廳	77117
江蘇財政廳結束軍事惜款	1900
江蘇財政廳清理舊債	11734
交通部保商借款	50000
交通部保商借款欠息	487

交通部出納科經費	1520
公府收支處	372285
鹽務署	335343
長蘆鹽運署協餉	17046
京師稅務監督公署	35797
湖北官錢局	6666
湖北全省印花稅處	5691
江蘇交涉署	3000
天津縣公署	26550
上海縣公署	10000
卷烟稅局	110040
京漢貨損局	25000
上海造幣廠	9050
參院宿費	103
鄭懸公署	8200
市政公所會計科	5649

資料來源：中國人民銀行上海市分行金融研究室編：《金城銀行史料》，內頁195。

金城銀行對政府機關的放款

戶名 / 項目	利率
財政部一般借款	15-18
財政部押品及擔保借款	10-12
財政部中交兩行擔保	10
財政部外資相關	10-13
財政部稅務行政署	12-15
教育部	12

直隸財政廳	16
江蘇財政廳	10-14
湖北督軍省長署	15
湖北管錢局	15-18
其中金各分行借款公布	
北京	10-18
天津	16
上海	10-14
漢口	15-18

資料來源：中國人民銀行上海市分行金融研究室編：《金城銀行史料》，內頁193。

金城銀行放款利率比重（1927）

按月息計（厘）	佔戶數
10-12	72
12.5-14	8
15	3.2

資料來源：中國人民銀行上海市分行金融研究室編：《金城銀行史料》（上海：人民出版社，1983年2月），頁18。

鐵路公債投資

　　金城透過放款對鐵路融資外，亦投資相關公債。相關投資乃指購買證券[63]。其公債買賣分現期和定期兩種，現期按當天公債價格交易，定期則以買空賣空和套頭為多。所謂買空賣空是做多頭或放空的投機買賣。在公債行市低水時先進期貨，待行市上升時脫手，叫作做多頭。反之行市高水時，先沽

---

[63] 同前註，內頁200。

空，市價下落時進，叫做空頭，但市場變化可造成賠損[64]。套頭是公債的套做，其有套利和兩地套做種，前者是不同期貨買賣上的套做，俗稱利或套，後者是兩地不同市場的套做[65]。

所謂套利，乃指公債定期買賣，其往往受到局勢變化、銀根鬆緊及投機因素等左右。遠期價格一般較近期為高，如一九二四年八月一日整理金融公債的北京行市，八月期為九十二點四元，九月期九十三點七五元，如在當天買進八月份期貨票面一萬元，成為是九千二百四十元，同時賣出九月份期貨一萬元價定為九三點七五元，成本九千三百七十五元，相差一點三五元，可獲利一百三十五元，利潤為月息分四厘六毫（計佣金）[66]。

所謂兩地套做，乃指同一種公債，其行市在北京或上海，彼此未必相同，利用差異做兩地套做。以一九二四年八月一日行市為例，七年期公八月期，北京叫七四點七五元，上海叫七四點一五元，差為○點六元，如在上海買，北京沽出，利潤為○點六元[67]。

金城一九一九年至一九二二年的公債投資

時期	本金	利息	本利合計
1919年6月30日	12.5	3.00	15.5
1919年12月31日	12.5	23.63	15.13
1920年6月30日	12.5	2.25	14.75
1920年12月31日	12.5	1.88	14.38
1921年6月30日	12.5	1.5	14.00
1921年12月31日	12.5	13.62	3.16
1922年6月30日	12.5	0.75	13.25

---

[64] 同前註，內頁200。

[65] 同前註，內頁200。

[66] 同前註，內頁200。

[67] 同前註，內頁201。

1922年12月31日	12.5	0.37	12.87
合計	100	13.5	113.50

資料來源：中國人民銀行上海市分行金融研究室編：《金城銀行史料》，內頁201。

一九二○年前後金城購入北洋公債，最初以七年短債最多，在一九一九年帳額佔百分之五四點五一，到了一九二一年則降至百分之二五點五二[68]。七年短債價為七八點○五元[69]。另外鐵路公債投資六十八萬元，佔總公債投資的百分之十二點六，僅次於首位政府公債，其佔比為逾百分之七十四。

金城公債投資表（1927）

項目	金額	百分比
北洋政府	4064003	74.56
鐵路	686995	12.61
國民黨政府	377125	6.92
地方債	201421	3.70
其他	120443	2.21

資料來源：中國人民銀行上海市分行金融研究室編：《金城銀行史料》，內頁202-203。

五　結論

金城作為早期主要商業銀行，其創辦以軍閥資金及關係支持，得以發展起來，而早期業務亦以軍閥及政府相關存貸為要。但其後隨著時局的變化，第一次大戰後商業發展迅速，加上鐵路發展持續，金城的鐵路業務發展受惠，從其存貸的變化可見，相關政府金融業務減少，但鐵路業務則此長彼消長，不但超過政府機關的業務，其增長也是眾多業務之首。

---

[68] 同前註，內頁200。

[69] 同前註，內頁200。

試論穆藕初在近代棉紡織業
方面的貢獻

朱蔭貴[*]

　　近代中國是一段社會劇烈轉型變化的時期。在這段時期裏，西方資本主義強國憑藉工業革命的威勢，對東方各國進行侵略衝擊。中國國門被強行打開後，強大的武器和先進的工業製造品，對中國社會形成強烈衝擊。西方工業品、思潮、觀念伴隨著資本以及堅船利炮蜂擁而入，使得近代中國各種事物交集碰撞，各種思潮和改革實踐興起，社會也因此醞釀著大的變化。在此過程中，新的事物新的力量在鬥爭中萌發生長，新的人物登上歷史舞臺並在不同的領域發揮作用。這種「數千年未有之變局」下各種變化的合力，最終促成傳統中國向近代中國的轉變，促成以大機器工業為代表的中國工業化的誕生和推進。近代中國工業化的進程，在抵制西方列強侵略和「實業救國」的大背景下出現和發展。在這個進程中，湧現出不少傑出人物，發揮過重要作用，做出了使人至今難忘的貢獻。

　　其中，穆藕初就是這樣的代表人物之一。

　　穆藕初（1876-1943），名湘鑰，以字行。上海浦東人。一九〇九至一九一四年，穆藕初在美國攻讀農學、植棉、紡織和企業管理，一九一四年取得碩士學位之後回國。穆藕初回國之後從事過多種實業救國活動：他從棉紡織業開始，在不長的時間裏，相繼創辦「德大」、「厚生」、「豫豐」等規模龐大的棉紡企業。其後，「復手創上海紗布交易所，中華勸工銀行，同時

---

[*]　復旦大學歷史學系教授。

仍經營棉種試驗場。其物由棉而紗而布，其事由農而工而商而金融，其地由海疆而中州，行將進規西北。苟無戰爭為之梗阻，與年壽為之制限，直不知其事業之所底止。」[1]

在穆藕初從事和經營的實業中，以棉紡織業和圍繞棉紡織業的事業為中心，成績也最為突出。因此，這裏就以穆藕初圍繞棉紡織業為中心進行的工業和金融活動，來考察穆藕初從事的事業和做出的貢獻。

一　穆藕初以「科學管理」引領實業風氣

一九一四年穆藕初留學歸國之時，正值中國近代棉紡織業大規模興起之際。至一九一一年清朝統治結束時，中國的近代棉紡織廠已有二十餘家，此後繼續快速增長，到二十世紀二十年代初，已有五十多家棉紡織企業出現。南通的張謇大生企業集團、無錫的榮宗敬、榮德生企業集團、周學熙的華北華新紡織公司和南洋華僑商人郭氏兄弟為首的永安紡織公司等等大型棉紡織企業集團都是在此時期產生。這幾大紡織集團的創辦者，張謇是傳統士大夫，狀元出身；榮家兄弟是傳統商人出身；周學熙為北洋政府官僚出身；郭氏兄弟為華僑商人出身。他們在企業的經營管理上都有自己的特點。穆藕初作為留學美國並研究過西方「科學管理法」的留洋碩士，與上述這些紡織企業家相比，有著自己獨特的優勢。

穆藕初回國後投身實業救國的經歷中最明顯的特點，就是重視引進西方式的經營管理方式並親身實踐和推廣。穆藕初如此做，與他的經歷密切相關。在美國留學時，穆藕初結識了科學管理理論的創始人泰羅（F・W・Taylor）及其弟子吉爾培萊（F・B・Gilbreth），多次同他們探討有關現代化大生產的科學管理問題。一九一三年泰羅出版了他的著名專著《科學管理原理》後，穆藕初就與人合作翻譯了這本書，並以《工廠適用的學理

---

[1]　黃炎培：〈追憶穆藕初先生〉，重慶《新華日報》第3版（1943年10月6日）。〈代序〉，收入趙靖主編：《穆藕初文集》（北京：北京大學出版社，1995年），頁1。

學的管理法》為名，由中華書局於一九一六年出版發行。這本書也成為近代
中國最早介紹西方科學管理理論的譯著。

穆藕初歸國後首先從事的實業是紗廠。但是，當時通行的紗廠管理，都
是工頭負責制。在工頭制下，紗廠管理系統分為文場和武場兩部分。文場實
際上就是賬房，只管賬，不過問生產；武場直接指揮生產，其頭目就是工
頭，一切大權都掌握在工頭手中。但是，工頭大多是無工廠技術知識、不懂
管理的人，有些還是封建行幫中的人，這些人對生產的管理完全按照自己的
習慣和主觀意願行事。根據調查和研究，穆藕初尖銳地指出當時國內紗廠普
遍存在的弊病：

> 是時紗廠之工作，均托之於工頭，……紗質之良否，出數之多寡，悉
> 聽之於工頭。[2]

重權握於無知工頭之手，以轉動機器為能事，不明技術為何物，機器損
壞不知修，零件失落不知補。[3]

> 工人則由工頭任意招呼，對於以前工作成績如何，既無嚴密之考查，
> 對於任用以後之工作效能，又置諸不問。雖有一二勵精圖治之人，欲
> 以工作效能之優劣為進退升降及賞罰之標準，亦復形格勢禁而無所用
> 其長。[4]

整個生產過程「並無稽核調查及各種報告」。[5]

顯而易見，這種管理狀況正好與穆藕初翻譯的泰羅的科學管理法所要求
的規範和原則形成鮮明的對比。也可以看出，穆藕初的批評無疑也是以泰羅
制的規範原則為基準進行。因此，他決心建立起一套以泰羅制理論精髓為藍
本的管理制度體系，主要分為以下幾個方面：

2　穆藕初：〈藕初五十自述〉，《穆藕初文集》，頁39。
3　穆藕初：〈救濟棉業計劃案〉，《穆藕初文集》，頁308。
4　穆藕初：〈我國棉紡織業之前途〉，《穆藕初文集》，頁346。
5　穆藕初：〈藕初五十自述〉，《穆藕初文集》，頁39。

第一，建立新的生產指揮系統。其特點是總經理負責制，總經理掌握企業的人事任免權，總經理下面設科室、車間，直接負責對生產的指揮調度；科室、車間的負責人主要由工程師和技術人員擔任；工程師和技術人員負責制定生產操作、原材料消耗、設備工具使用維修等各種技術操作的規範程序和指標。穆藕初追求的是「施之以精密之管理」這樣一種管理狀態，因為這樣就可以使「各工人不空費時間，不耗費材料，且能愛護機件，尊重廠規，惟日孜孜，盡心工作」。

第二，建立起比較科學的用人制度。雇傭的工人必須經過考核，工人或工頭可以推薦自己的親友入廠，但必須通過廠方的考核，解雇工人必需按廠規，工頭不能任意解雇工人，這樣一來，就把用人置於比較客觀規範的制度之下，用制度進行管理，從而改變「由工頭任意招呼」工人的狀況，破除工人對工頭的人身依附關係。

第三，建立一套制度對工人進行嚴格的科學訓練，以使工人的操作規範化。穆藕初認為：紗廠「出紗之優劣，三分在機器，七分在人為。」工人受到一定的科學訓練，使其操作規範化，這樣，就能夠在其他條件不變的情況下提高單位時間的產量和產品質量，這是泰羅管理理論中的重要原則。中國的機器工業歷史很短，工人大都來自農村，因此，泰羅的理論中這一原則對中國的企業具有更重要而緊迫的現實意義。穆藕初在自己的企業中興辦職業學校，舉辦短期培訓班，實行養成工制，使工人的操作水準大大提高，以致後來其他各紗廠也紛紛請其為自己代培技術工人。

第四，建立嚴格的財務管理制度。財務管理制度是現代企業管理的一個十分重要的方面，它對生產過程、供銷過程的控制和總結的作用對現代企業來說是不可或缺的，而在中國，當時許多企業還採用簡單的流水帳式的舊式會計方式來管理財務，有的乾脆無帳可言。企業在資金運用上家和廠不分，甲廠與乙廠之間混用，公積金與股息紅利混淆，總之，完全就是一筆糊塗

帳。其後果，必然是資金使用混亂、浪費。[6]

在建立一套制度的基礎上，穆藕初身體力行，從實踐上進行改革。他歸國後組織了一個資本二十萬兩的紗廠。本著泰羅管理法「節省時間、精神、物質」的精髓三大綱，從事工廠的建設工作。在「築建廠房、安排機件、規劃督策」等方面，都「一一親任其勞。」穆藕初在工廠開機前後約計半年，日間督策工作，夜間創制各種報告表格，每日操勞達十四五小時，[7]改變以往各紡織廠建廠靠工頭，進度無報表的傳統管理形式。

穆藕初進行的改革，特別是他創制的報告式樣，受到各方重視並引起效仿，「為後來各廠普遍採用」。[8]穆藕初的努力和實踐，以及隨後連續創辦的紗廠和取得的成效，很快就無形中成為樣板，並由此把中國棉紡織業的管理水準，推上了一個新的臺階。

除對工廠建設和管理進行改革外，穆藕初深知企業生存的根本在於產品質量。為此，他運用他的知識，採用各種辦法努力提高產品質量，他說，「是時，市上棉紗舶來品尚多，其紗質之精良，售價之高昂，以日本紗為最。」為達到和超過進口紗，穆藕初進行多種試驗，「搜集市上最佳之紗若干種，逐一檢驗其優點所在，」並把各紗的優點彙集於本廠所出之紗，在不斷的改革試驗之下，不出數月，質量有明顯提高，「竟膾炙人口，翌年，北京賽會得列第一。」[9]《密勒氏評論報》針對穆藕初取得的成績評論說：

> 當時一般人認為，中國是永遠不能在棉紗工業方面和日本人競爭的，任何促進這一工業發展的努力也注定是徒勞的。然而穆先生作為經理對德大紗廠的出色管理否定了這個不適宜的結論。[10]

6　以上參見〈穆藕初章〉，收入趙靖主編：《中國經濟管理思想史教程》（北京：北京大學出版社，1993 年）。

7　穆藕初：〈藕初五十自述〉，《穆藕初文集》，頁 39。

8　穆藕初：〈穆藕初先生傳略〉，《穆藕初文集》，頁 604。

9　穆藕初：〈藕初五十自述〉，《穆藕初文集》，頁 39。

10　鄺富灼編著：《現代之勝利者》（北京：商務印書館，1923 年）。轉引自穆家修、柳和城、穆偉傑編著：《穆藕初先生年譜》（上海：上海古籍出版社，2006 年），頁 104。

　　穆藕初非常重視企業的管理，還在留學美國時，他就親身考察西方企業
管理，並認為振興實業的要點有三：一曰原料；二曰製造；三曰市場，「三
者缺一即無以躋國運於隆盛。」但中國實業未能進入振興的軌道，根本原因
在於「缺乏實業界適用之人才」。穆藕初認為這種實業界適用的人才分為兩
種，一種是科學人才，一種是管理人才。他解釋說，科學人才就是技術家，
在製造業上佔有重要地位。但是管理人才在事業管理上所佔的地位更為重
要，凡是增進精良之產品和產額，節省無謂之消費，都與其有直接的關係。
這種人才與工廠是否興旺，國家富源能否得以開拓，都有直接間接的關係。
在一個企業中，自經理以下的各部門，如經濟部、貨物部、機械部、儲藏
部、勞作部、雜役部、以及稽查、督率、裝潢、輸送等各部分，在在須得相
當之人。如果一個部分職守鬆弛，結果可能是「全局蒙其痛苦」，因而「管
理人才所負責任為至重。」他認為，有科學人才而缺乏管理人才，失敗難以
避免，如果獲得管理人才，即使科學人才一時未得相當之人，但「以管理得
人故，竟能措施合宜，立足於不敗之地」。也因此，他得出結論：「吾國工
業不興，實以缺乏管理人才故。」[11]特別是在創辦大規模之工廠時，「管理法
為最要之一點」。[12]

　　穆藕初總結說，「管理是一種特到之學識」。他認為管理方法千頭萬
緒，「惟在當事者全神貫注，不少鬆懈，果能遵斯道以行之，則紡織業中，
雖一時未得專門人才，而與世界紡織業家相搏戰」，亦「未始不可以競存於
現時代，而卓然立一赤幟也！」[13]

　　穆藕初通過引進西方式的經營管理方式並親身在紗廠中實踐，取得明顯
成效。通過講演、示範和編寫文章等各種方法對科學管理方式進行推廣，取
得了良好的社會效應。也因此，穆藕初被後人譽為「中國第一位把西方科學
管理思想理論與中國工業的具體實踐相結合的開拓者，是我國近代企業管理

---

[11]　穆藕初：〈學理的管理法自序〉，《穆藕初文集》，頁219-220。
[12]　穆藕初：〈藕初五十自述〉，《穆藕初文集》，頁38。
[13]　穆藕初：〈紗廠組織法〉，《穆藕初文集》，頁87。

體制改革的先驅。」[14]

二 創辦上海華商紗布交易所

穆藕初在紡織業界所做的另一重要事情，是創辦並長期擔任中國第一家紗布交易所，即上海華商紗布交易所的理事長，使上海華商紗布交易所在發展和維護中國棉紡織業發展方面發揮了重要作用。

考察穆藕初創辦上海華商紗布交易所的初衷，主要有以下兩方面原因：

其一，改變中國棉紡織業信息不靈、組織不健全、視野狹窄、面對強大的外商勢力缺乏競爭力的狀況。穆藕初認為，「我國最大之實業為棉業」。[15]但是，中國最大的這個實業雖然存在中華棉業聯合會這樣的團體，會員數達數百人，每年的棉業交易量也達到五、六千萬兩，營業不可謂不大。可是深入瞭解其實際情況，卻是「各碼頭、棉布消息有傳達機關否？無有也。問印度、美國、日本逐日通電報告花市否？無有也。問每年各產地出數若干，吾同業確有所見否？無有也。問出口貨有統計表否？無有也。問每歲新花上市以前曾派幹員至各鄉調查實況否？亦尚未辦也」。但是，這些中國棉花商人卻「日日至洋行內，探聽印美花漲落如何，三品價格漲落如何，東洋匯水如何？由外人處一得漲起信，則欣欣然有喜色，走相告曰：『市面漲矣』。得一市面衰落之信息，則蹙蹙然憂曰：『噫！市面衰落矣』」。穆藕初對這種狀況感到十分憂慮，他直指中國棉花棉紗市場的「漲落情形，由外人之口述而定」，「商情如此，商戰云乎哉」？[16]這是他想創辦華商紗布交易所的第一個原因。

第二個原因，是為抵制日本在華設立交易所，為抵制日本直接控制掌握中國棉花棉紗市場的野心。穆藕初說，我國最大之實業是棉業，但是，「棉

---

[14] 唐國良主編：《穆藕初——中國現代企業管理的先驅》（上海：社會科學院出版社，2006年），〈序〉。

[15] 穆藕初：〈藕初五十自述〉，《穆藕初文集》，頁52。

[16] 穆藕初：〈對於華商創辦交易所在棉業聯合會演講辭〉，《穆藕初文集》，頁117。

業唯一之勁敵為日本」。他指出，當前紡織界面臨的狀況是，「日本紡織界集成若干大組合，來華設廠。借我土地作戰壘，役我工人為戰員，減少製造費，避去入口稅，制吾華紗布之死命」。「歐戰前日人在我國經營之紗廠僅數家，紡紗錠數約十萬左右」。可是「迄今十年間，錠數激增至一百五十萬枚，竟及我國紗錠之半數」。「已有壓倒華廠之氣概」。而這些僅僅是日本關西方面財團組合所做，關東財團最近另外有大組合，準備「俟我國內亂稍為平靖，擬盡力搜刮我國淹淹垂斃之紗廠，並組織新公司」。穆藕初痛心地指出：「再過十年後，我國紡織業不知受何之影響，我國大多數人日用所需之棉織物，不知被人壟斷至若何程度」。[17]但最讓穆藕初擔心的是日本在上海設立交易所，因為在上海設立的日本交易所，「內部組織，一切職務均由日人主持，無我人插足之餘地」，「大權操諸外人手中」，我國商人只能「受其壟斷，仰其鼻息」。他大聲疾呼，日本交易所於上海，是「壟斷花紗布業之第一步」；設紗廠於各商埠，是「傾軋我國紗布業之第二步」。「花紗布業如此，他業亦何獨不然，茫茫大陸上之實業權，能握在吾本國人手中者能有幾何？嗚呼痛哉！」[18]

事實上，穆藕初先生的擔心並非多餘，日本交易所成立後，一九一九年十一月中旬，棉「紗價受人操縱，竟達二百三十餘兩」，可是「不兩月竟跌去八十兩」，棉「花價亦受其影響，漲落不定」，使得「花紗業中之倒閉或脫逃者踵相接」。在這種情形下，穆藕初認為「不得不研究自衛方法」，「另組一交易所以維持之」。因此在一九二○年冬，集合同志六人，代表十一個廠家，「派人赴京向當局陳述利害」並獲得批准。在這種狀況下，上海華商紗布交易所遂得以設立。[19]

十五年後，穆藕初在回顧這一段歷史時說：「在我國今日情形下，外人藉不平等條約之護符，掌握我經濟之大權，而又藉其雄厚之資力，隨時壓

---

[17] 穆藕初：〈藕初五十自述〉，《穆藕初文集》，頁52-53。

[18] 穆藕初：〈對於華商創辦交易所在棉業聯合會演講辭〉，《穆藕初文集》，頁118-119。

[19] 穆藕初：〈藕初五十自述〉，《穆藕初文集》，頁54。

迫我各業之產品銷路。各業如無交易所之組織，則不特各業無以謀自身之聯絡，而產品之實際的需給情況，亦無由以探索。於是標準之價格，亦無由以確定。售價過昂，則銷路日蹙，售價過低，則營業日虧，而此時徒予外人以進襲我各產品之大好機會。更進一步，則徒予外人以操縱我產品價格之大好機會」。他在回憶籌組上海華商紗布交易所的經過時說：「往日華商交易所未成立以前之上海花紗市面，即為若干洋商洋行所操縱。數百花商，日日奔走於洋行以探聽市價之漲落。迨後日人設立取引所（即交易所）於上海，此一時期中之紗市，即完全被操縱於日商之壟斷」。在放眼今日上海存在的各種華商交易所時，他說，「今各業有交易所之組織，則大量之需給，皆集中於各自之交易所，適應經濟市場之物價可以決定，而需給遂可以得適當之調和，且外人之操縱亦可因以免矣」。[20]

在創辦上海華商紗布交易所時，鑒於當時國內各界對交易所的性質作用不瞭解，以及對成立華商紗布交易所存在各種疑慮和擔憂，穆藕初先後發表「對於華商創辦交易所在棉業聯合會演講詞」、「組織華商紗布交易所之釋疑」、「交易所之性質責任及其功效」和「論交易所之利弊」等文，並在不同場合和不同演講中解釋和回答關於交易所的各種問題，普及宣講交易所的原理作用以及存在的特性等等。例如，對於交易所之性質，穆藕初就解釋說，「交易所之性質，雖不過一種法定機關，但其任務，關係商況者甚大，舉凡買賣成交，由彼保證；何方愆約，由彼理處；貨品優劣，由彼定斷；盈虛消息，由彼傳布。此外凡關於本業之種種事件，如促物資之進步，助市況之發展，固貿易之信用，完全責任均由其擔負」。他進一步宣稱，因為交易所有如此之特點，因此「證諸文明各國商場中，不論何業，皆有此一種團體，樹交易上鮮明之旗幟，堅固之壁壘者也」。[21]對於設立上海華商紗布交易所的必要性，穆藕初宣稱：「紗業系我國最大之實業，去年棉織品進口竟達二萬萬有零。國內紗業在近若干年中雖稍稍發達，而事業之拓展尚需群策群

---

[20] 穆藕初：〈中國交易所之歷史及其價值〉，《交易所週刊》（創刊特大號，1935年1月5日）。

[21] 穆藕初：〈對於華商創辦交易所在棉業聯合會演講辭〉，《穆藕初文集》，頁118。

力庶能有濟。我紗業買賣之實權萬不能落於蓄意傾覆我國棉業之外人手中，遂有華商紗布交易所之組織。小之為本業前途計，大之為國家經濟計，此項組織，實所必要」。[22]在上海華商紗布交易所開幕時，穆藕初以董事長身份向社會各界公開陳述該所所負的責任和期望，他說，「擬與英印美日棉業市場相聯絡，通聲氣，隨時將各國棉市消息貢獻同業，消息既靈，局中人不致暗中摸索而受不虞之虧損。由是得以達兩種之目的：一保障棉業，免受意外之虧折；一發展棉業，鞏固同業均等之利益」。[23]

上海華商紗布交易所在籌備成立時，穆藕初被推薦為籌備副主任，可是因正主任「久不在申」，各種組織籌備之事，均由穆藕初「負責執行之」。[24]紗布交易所成立後，穆藕初也長期擔任領導工作。在穆藕初的領導和同仁的努力下，上海華商紗布交易所不僅安然渡過一九二一年底爆發的「信交風潮」，成為留存下來的六所交易所之一，[25]而且影響日漸擴大，一九三一年七月在上海華商紗布交易所成立十周年紀念活動時，穆藕初發表的講話就是一個證明。他說，「本所之花紗市場，不但為上海一埠之標準，因電信交通之便利，全中國之花紗買賣，咸以本所市價之高低，而有所變動。漢口棉業公會，每日專電，報告本所上下午開盤收盤之市價，以為談判交易之標準，即為一好例」。[26]

近代中國，棉紡織業是最大也是最重要的產業之一，棉紡織業能夠有這樣的地位，原因當然並非單一。但是可以肯定的是，上海華商紗布交易所在其中發揮的作用不能低估，上海華商紗布交易所在溝通國際國內棉花棉紗信息、平抑花紗交易市場波動、推動和便利各方交易和統領全國花紗市場價格等方面，都發揮了不可替代的作用。也因此，作為上海華商紗布交易所創辦

---

[22] 穆藕初：〈組織華商紗布交易所之釋疑〉，《穆藕初文集》，頁165。

[23] 穆藕初：〈華商紗布交易所開幕演說辭〉，《穆藕初文集》，頁169。

[24] 穆藕初：〈藕初五十自述〉，《穆藕初文集》，頁54。

[25] 自一九二一年春夏之交開始，上海出現大量設立交易所和信託公司投機的現象，最多時上海據說有一百四十七個交易所。該年底大量交易所信託公司支撐不下去而倒閉，造成社會經濟金融混亂，史稱「信交風潮」。

[26] 〈在紗布交易所十周年紀念會上的講話〉，《紡織週刊》第1卷第13期。轉引自《穆藕初文集》，頁349。

者和長期領導人的穆藕初，其貢獻和作用也應當給與充分的肯定。

三　穆藕初與《交易所周刊》

　　一九三五年一月，穆藕初創辦了《交易所周刊》雜誌，這是穆藕初對近代中國棉紡織業和金融業方面做出貢獻的又一個領域。穆藕初任該刊主編和發行人。交易所周刊第一期出版於一九三五年一月五日。一九三五年共出版五十期，一九三六年出版三十期，後因經濟困難而停刊。該刊主要刊登論述國內國外經濟貿易等問題的論文、交易所各種功能、組織、理論和問題的論述介紹、國內各地經濟調查資料及對外貿易情況、交易所一周行情、國際國內重大經濟新聞等，是當時有影響的經濟金融刊物之一。

　　與其它經濟金融類雜誌相比，交易所周刊有幾個明顯的特點：一是固定有刊登一周花紗、麵粉、債市、金市和一周間的雜糧行情；二是刊登上海幾大交易所即上海華商紗布、上海華商證券、上海金業、上海雜糧油餅、上海麵粉交易所經紀人一覽表；三是刊登的各種經濟資料和信息中，以涉及花紗和金融貨幣問題的內容最為突出，報道也最有特點。

　　一九三五年一月二十八日第一卷第四期交易所周刊刊登的一組文章，就很典型和有代表性。

　　這組文章首先刊登的是上海申新等十四家紗廠向南京政府行政院和實業部所上的呈文，呈文請求政府以行政手段遏止紗花投機。文中說：「竊維交易所之設，原所以調劑供求，平准物價，乃各經紀人並不設定代理同業商號買賣，不論何人，僅須酌數付少數證金，即為之投機拋多，甚或全憑信用，證金亦通融免收，故每日有棉紗數萬包，棉花十數萬擔之交易。迨月底實際交割，恒不足百一之數，其為純屬投機無待贅言。年來洋花因金價昂貴，匯票奇漲，價格並不過大，合銀已屬不廉，國產棉花因此居奇；日商復故抬其價，百方操縱，在原料一方已屬如此；外商更巨量拋賣棉紗，俾國商紗廠常受虧拆；而國內投機分子昧其此情，乘機傾賣，國商紗廠大多資本竭蹶，無巨額收貨實力，以致江河日下」。呈文認為紗布交易所是棉紗市場投機的重

要推手，特別是超範圍經營棉花，影響更大，「查紗布交易所，以紗布兩項貨品命名立案，應以開拍紗布為範圍，不應拋用布匹，而侵及紗布原料之棉花，此曾界說極為淺顯明白，不知該交易所何為拋棄原來之紗布立場，而侵漁及此。蓋原棉自經該交易所列為主要貨品，終歲震蕩，顛頓於賣空買空之漩渦中，實使國營紗廠采購原料，感受莫大痛苦，顧名思義，棉花交易，尤應亟予摘除。想鈞部維持實業，遏止頹風，不遺餘力，對此當能出其根本之圖，以挽此全國最大實業之紗廠危機也」。[27]

很明顯，這十四家紗廠是把當時棉貴紗賤的責任追究到交易所開拍棉花上來，認為紗布交易所營業範圍應該限於紗布，不應該涉及棉花。這種認識在接下來刊登的華商紗廠二十八家請求取締棉業投機呈國民政府行政院實業部暨上海市政府文中，表達的更清楚，文中說：「查年來棉貴紗賤，業紗廠者，已虧累不堪，毫無生氣。而一般投機家，明知國內產棉不敷廠用，猶復抬價竟收，囤積居奇，以致紗布交易所拍出花紗兩價，相差甚遠，不能平衡，紗業之危，不可終日。考世界各國，凡有棉產之地，其交易所從無以花紗兩項同時拍價者，蓋恐價值懸殊，妨害紗業也。乃上海華商紗布交易所則不然，花紗兩種，同時開拍，棉花一項，專以國棉為標準，致令投機家得逞其壟斷操縱之手段，花價愈拍愈高。而紗價則瞠乎其後」。因此該呈文要求政府「火速救濟」，否則「全局崩潰，即在目前」。要求政府派遣幹員來滬「切實調查實況」，一面對棉花價格加以限制，「如以標準棉花市秤四百三十斤換算二十支標準殺價，其製造各項費用（統稅在外），不足四十五元時，應即停止拍板，俟市價恢復相當差額，然後照常開拍」。[28]

但是紗廠的這種看法並非社會各界各方都同意，緊接著上文刊登的〈上海市農會呈社會局專請維持棉花期貨買賣〉一文，就表達了不同看法。這份農會的呈文中首先表達了對要求壓低棉花價格的不滿：「竊近日報載少數紗

---

27 〈申新等紗廠代表請求遏止紗花投機呈行政院實業部文〉，《交易所週刊》，第1卷第4期（1935年1月28日），頁23。

28 〈華商紗廠二十八家請求取締棉業投機呈行政院國民政府實業部暨上海市政府文〉，同前註，頁24。

廠以花貴紗賤，請求取締華商紗布交易所棉花期貨買賣，以資救濟。閱悉之下，殊深詫异，夫棉花價格之高低，恒依供求之趨勢而定，供少求多，其價必高，反之則賤，且交易所原為調劑供求，平准物價而設，其逐日市價，自必依法訂定，決非少數人所能操縱壟斷也明矣。查棉花為我國之大宗農產，亦即農民之大宗收益，其價格之高低，關係於農村經濟者至巨。況上年世界各國棉價，以我國為最低，豈能再事壓之使低，以剝削農民收益，而礙及農村經濟哉！」因此他們要求上海市社會局鑒核，准賜轉呈主管部門，「轉飭華商紗布交易所照常維持棉花期貨買賣，以安農民，實為公便」。[29]

對於雙方不同的看法，交易所周刊並未作一簡單的處理或評判，而是採取讓各方說理的辦法進行解決。因此，下面接著刊登的另一篇文章，是棉花業界談花貴紗賤原因的文章，文章中指出：「比來花貴紗賤，固為紗廠厄運，但花貴謂由於大戶操縱，則不儘然。人類不能無苟得之心，即市場不能無操縱之人。第操縱之市價，可暴變於一時，而難維持於長久。今紗賤花貴，由來已久，當必有自然之趨勢，而非人力所能強制。蓋長期操縱，我國尚未有具此氣魄財力者也。棉商與紗廠，唇齒相依，未有紗廠不振，而棉商獨能向榮者，絕境自陷，非至愚者不為也」。該文將棉花價貴的原因歸納為以下幾點：（1）洋花高漲，及洋花進口稅之增加；（2）棉花取締摻雜摻水，品質提高，成本加大；（3）陝鄭棉花，積存海州者過多；（4）陝豫晉魯產棉之地，得銀行界農村放款之益，不肯賤售；（5）日商大量收買；（6）無線電廣播，產地消息靈通，可以觀望」。該文再將紗價日跌，紗廠日危的原因歸納為：「一、本年內水旱洊臻，購買力自然減少；二、東北市場喪失；三、川省非產棉之地點，亦無紗廠，往年銷數甚巨，本年因匯兌飄忽不無減少；四、我國紗廠機器陳舊，廠繳過大，成本不能減輕；五、日商傾銷」。該文最後總結道：「觀此則花貴紗賤，實為自然之趨勢」。[30]

該組文章的最後一篇，是上海紗布交易所呈實業部答辯申新紗廠等華商

---

[29] 〈上海市農會呈社會局轉請維持棉花期貨買賣〉，同前註，頁24。

[30] 〈本市棉業界談花貴紗賤之原因〉，同前註，頁25。

紗廠主張取締投機限制買賣停拍棉花的呈文。文章首先對交易所的性質功能進行強調說明：「按交易所者，近代經濟組織中之產物也。歐美各國倡之於先，日本繼起於後；而我國又繼日本之後。其所以需此組織者，蓋以近代市場之貿易，日趨複雜，競爭至烈，非有公定市價之構成，不足使供求之實況，反映於市場；非有套買之機會，不足使企業界運用自如；非有大量買賣之集中地點，不足使供求兩方得其調和；交易所即為適應此需要而產生，亦即近代經濟組織進步過程中必有之階段也」。該文進而說明供求雙方不必是同業的理由：「交易所之使命固為調劑供求，平准物價；但必須供者求者，人人均有委托經紀人代為買賣之機會，方有調劑可言；亦必須供求兩方，采競爭買賣之方式，以有易無，注此挹彼，方有平准可言。如曰在交易所買賣者，以同業為限，則必須供者求者盡屬同業方可；如其不然，交易所雖欲完成其調劑平均之使命，亦何從而完成之？」

該文進而解釋每月底實際交易數額，不足每月交易數的百分之一是正常現象：「至每月月底實際交易之數額，不足百一，則本為交易所必然之現象。蓋交易所既有套買套賣之事實，又有轉賣買回之方法；每日買進賣出，極為自由，初不必待交割日之割交，隨時均可了結。且即以交割言，亦有自行交割與實行交割兩種。凡經交易所於交割日執行交割者，謂之實行交割；如經紀人在每屆交割前，彼此接洽妥善，自行交割，一方交貨，一方收款，以省手續者；謂之自行交割。故每月實行交割之數額，較諸每月買賣之數額，不逮百一，無足為怪」。

對於紗廠之虧損，呈文中也提出自己的看法，並拿中外紗廠的情況進行了對比：「按國內紗廠，除華商之外，外商紗廠亦復不少，就屬所所知，過去一年中，紗業虧耗者，固居多數；但獲利者，亦非絕無。外商固不論，即就原呈所列名之各廠言，亦未始無盈餘者，可見紗廠之虧折，原因至為複雜，亦必有其本身之種種弱點；如機器之陳舊也；出品之未良也；經營之未合宜也；官利負擔之太重也；歷年折舊之不足也；貸款利率之太高也；外商之賤價傾銷也；人民購買力之減退也；在在均足招致虧耗。豈僅原料昂貴之單純原因？是其虧折，實與屬所渺不相涉，而必欲取締他人之合法營業，以

徇其私見乎？」

　　該交易所在呈文中再一次強調自己是合法經營，開拍棉花亦是註冊章程中早已核定：「蓋屬所買賣物品之種類，原系遵照前物品交易所成例，及現行交易所法之規定，採用棉紗棉布棉花三項釐定於註冊章程，及營業細則內，呈經前北京農商部及實業部核准有案，豈能以名稱中有棉布二字，即認為不當開拍棉花？信如此說，則百貨商店之名稱，所在多有，豈其販賣之貨品，亦以百種為限耶？」

　　對於無錫申新等廠和上海永安等二十八廠呈文中所說各點，該呈文也進行了批駁：「概括言之約有兩點：其一謂紗廠之虧折，由於花貴紗賤；而花貴紗賤，則由於投機家之操縱壟斷；為防制計，似宜停止屬所開拍棉花。此為治本。其二謂須令飭屬所對於棉花兩價之開拍，設法保持平衡；如以標準紗花市秤四百三十斤換算二十支標準紗，其製造各項費用，不足四十五元時，應即停止拍板。此為治標。關於第一點，其理由與申新等紗廠所主張者大致相同，屬所已答辯於上文，不再贅述。關於第二點，則屬所既為遵照特別法規組織之合法營業，一切行為自當受法律之保障，豈能視同紗廠之附屬機關，而由其驅使主配？且廠商如以花價與棉價不相等，而要求屬所停拍棉花，則棉商將來與紗價與花價不相等時，亦可要求屬所停拍棉紗矣。此端一開，流弊何窮？」[31]

　　筆者不厭其煩引述上述各方的呈文意見，目的是要說明，交易所周刊採用的是一種讓各方將理由公開表明，交易所周刊本身不進行主觀評論和價值判斷，而讓社會各界自己進行評價的做法，是一種很有特色的做法。這種做法，在當時很能給人耳目一新的感覺。

　　這種集中刊登一組圍繞某個問題各方不同看法和意見的做法，在交易所周刊兩年的生命存續期內，多次出現。例如一九三五年十一月的法幣改革，是中國信用貨幣取代沿用幾千年金屬貨幣的重大改革，是中國經濟史上

---

[31] 〈紗布交易所呈實業部答辯申新等華商紗廠主張取締投機限制買賣停拍棉花文〉，同前註，頁25-27。

的重大事件。為此，交易所周刊打破一期一版二十頁左右的篇幅，以五期連續一百零五頁的篇幅，合成一期關於法幣改革的專號。對於如此做的理由，穆藕初在卷頭語中做出說明，他說：法幣改革影響非常大，「影響到國際貿易、國內財政金融制度、工商業經濟、農村經濟」。換句話說，「對於整個的中國經濟，沒一處不連帶地發生變動。」他認為，「對於這樣重大的事件，實在是每一個國民應該認識的」。但是，「自改革幣制令頒布後，以至於最近為止，凡是有關係的法令，改革幣制的經濟，國際上對這事件的動態，對外貿易的變動，各地金融業工商業和農業的影響，以至於國內外輿論和專家的批評，都散見各報」，他認為，這種現象對於研究「中國經濟重大變動事件的人，搜集起來是非常不易，而且看起來也無系統」，因此「本刊為適應這種需要起見，故特編輯這一專刊」。[32] 難能可貴的是，在這一專刊號中，關於法幣改革的國內外動態、國內各省區的反應和各種報紙雜志的不同代表性報道和意見都有反映，使讀者對法幣改革的來龍去脈有一個比較全面的瞭解，確實給研究者帶來很大方便。

這種以幾期合刊集中討論和反映某一重要問題的做法，在交易所周刊中並非偶然出現。例如一九三六年七月一日交易所周刊就又以第九至十四期近六十頁的篇幅集中刊登「華北走私特輯」。主要欄目包括華北私運真相與檢討、走私與整個國民經濟之關係、華北走私問題嚴重性、走私實況、華北走私稅收損失統計、中央通訊社對於造謠日本報之反駁、輿論一般和日本商界對走私之調查等欄目。其用意也是從多個方面將此問題立體的展現給讀者，同時也給研究者提供很大的方便。這樣的做法，是交易所周刊的經常做法，也是其特色之一。

從上述三方面歷史史實來看，作為個人的穆藕初，在近代中國經濟史的發展歷程中，特別是在棉紡織業的發展過程中發揮過很大的作用。而且，這種作用並不因為時間的過去而被人們遺忘，反而越來越引起我們的重視，並從其中吸取歷史的經驗和啟發。

---

[32] 〈卷頭語〉，《交易所週刊》，第 1 卷第 45-49 期（1932 年 12 月 14 日）。

Fashion Development in Modern China

Chi Kong Lai[*]

Fashion in China changed dramatically during the twentieth and twenty-first centuries due to political and social transformation and the attendant rise of modernity and consumerism. Historically, fashion trends have represented either liberalization or suppression for Chinese women, and have had strong connotations in their representations of gender in a cultural and political context.

Modernity in a Chinese Context

By the early twentieth century, Chinese society had experienced immense political and social upheaval that had led to the rise of the domestic fashion industry (Finnane 2005, p. 588). After the fall of the Qing dynasty in 1912 women's fashion evolved parallel to society; footbinding was outlawed, for example, and the government sought to prescribe an appropriate dress code. Courtesans and prostitutes had been the fashion trendsetters whose styles were emulated by other women, but by the 1930s the leading fashion icons of China were popular actresses (Finnane 2007, p. 95).

By the 1920s "modernity" was equated with Westernization (Lee 1999, p. 45). As Antonia Finnane notes, the switch to Western style of dress was

---

[*] Reader in History, University of Queensland

believed by anti-Qing political reformers to be a prerequisite for the formation of a democratic political system（Finnane 1999, pp. 119-132）. Consequently, Chinese dress started to display traces of Western influence. Styles evolved rapidly, fuelled by a volatile political climate. People were identified as citizens of the Republic by their changes in attitudes, attire, and customs（Harrison 2000, p. 75）. Foreign dress was worn for its exotic appeal, its ostentatious nature, and the shock it generated; Western fashion represented liberty and equality（Harrison 2000, p. 54）. Middle-class women in particular "were susceptible to the effects of life in the modernizing cities," and "what they wore assumed a transcendental importance, signifying the hegemony of the modern"（Finnane 1996, p. 111）.

It was evident that domestic fashion trends were shaped by international and cross-cultural communications（Finnane 2005, p. 588）. For example, spectacles were worn by some for aesthetic rather than practical reasons, simply because they were perceived as a symbol of modernity. Despite the seemingly blind mimicking of Western culture, clothing style was usually a hybrid that incorporated both Western and Eastern elements（Chang 2003, p. 434）.

In the 1920s Shanghai matured into a cosmopolitan city, and its booming fashion industry was a sign of the city's dynamism. Shanghai's first fashion show was held in 1926 by Whitelaw's Department Store in the Nanjing Road under the direction of a Chinese graphic artist, Ye Qianyu（1907-1995）, whose role was to promote Western material and the store's new products. Chinese dress in Shanghai in the 1930s was a mix of "indigenous as well as cosmopolitan"（Finnane 2007, p. 102）.

The Rise of Nationalism

Political, economic, and social forces soon affected domestic fashion culture. Nationalistic sentiments, in reaction to the Nationalist movement as well as mounting Japanese encroachments in China in the 1930s, began to counteract the notion of modernity, and the adoption of Western-style dress eventually sparked concern about the corruption of Chinese integrity. Fears that the populace was "more motivated by modernity than by nationalist considerations" led to calls for action by local textile guild leaders; the alleged threat to the domestic commercial sector was a strong factor (Carroll 2003, p. 445). Consequently, nationalist campaigns such as the Anti-foreign National Goods movement were implemented to encourage patriotism and popular support for domestically produced textiles. Karl Gerth (2003, p. 4) asserts that efforts to create a nationalistic consumer culture had innumerable social manifestations, making the consumption of domestic goods an essential part of Chinese nationality.

The climate of nationalism in the 1920s sparked a resurgence in the popularity of older garments such as the *qipao*. The *qipao* was inspired by the *changyi*, a long, one-piece garment worn by Manchu women that looked like the *changpao* worn by male scholars. The *qipao* was a common form of attire for politically active women, especially those who followed Madam Sun, a trendsetter of the "anti-imperialist" new look. (Edwards 2006, p.7) Western style of dress was now viewed with suspicion and interpreted as antinationalist. It was during this time that the *qipao* attained "weighty political, social, and moral meanings" (Finnane 2007, p. 4).

Nationalistic sentiment was not the only reason behind the revival of the *qipao*. Women's fashion was sensitive to change because the period was dominated by freedom of expression and the emancipation of women in the social sphere (Roberts 1997, p. 20). Finnane attributes the rise in popularity of *qipao* to the trend toward androgyny, arguing that it was a rejection of womanhood in its 1911 guise (1996, p. 113); similarly, Eileen Chang posits that the decision to wear *qipao* was not a display of allegiance to the Qing dynasty or support for its restoration, but a reflection of women's desire to look like men (2003, p. 434).

This ideological change was due in part to the 1920s literary renaissance that attacked Confucian teachings for their neglect of women's rights (Finnane 1996, p. 114).

For men, there was a shift from the traditional long gowns to a military-style suit. The Sun Yat-sen suit became the signature suit, a symbol of independence, modernization, and nationalism during the Nationalist revolution (Finnane 2007, p. 176; Roberts 1997, p. 19). The country was divided in two groups: the Nationalists wearing Sun Yat-sen military look-alike uniforms, showing their party allegiance, and the successful businessmen from the city wearing Westernized suits that signified modernity as well as wealth (Finnane 2007, pp. 178-179).

The Influence of Communism

Nationalist sentiment, revolution, and ideology continued after the establishment of the People's Republic of China in 1949 under Mao Zedong. Stringent rules were enforced; although clothes were personal artefacts, they could be used to "emphasize ideological agendas" (Wilson 1999, p. 173). Western-style attire was no longer perceived as modern, and even local style of dress such as the *qipao* came under fire as being "counter-revolutionary" or "un-Chinese." Mao inspired a new wave of militarized fashion, including a variation of the Sun Yat-sen suit (Zhongshan zhuang) referred to as the "Mao suit" (Mao Zhuang), which appeared during the Yan'an period, and women began wearing suits called "cadre suits" or "Lenin suits" (Lenin Zhuang), which were extremely popular with the female revolutionaries of the time. The suits for both sexes were most popular in blue, green, or grey. Most women dressed similarly to the proletariat, in loose-fitting unisex clothing, dull in color and lacking ornamentation (for merely practical reasons). The unisex uniform was meant to alleviate gender discrimination and promote equal rights in the workforce and in the political sphere; for women, wearing military dress meant indentifying with the Maoist revolution (Finnane 2007, p. 235). At the time, the frugality and simplicity of this style of dress were celebrated as supporting the revolutionary cause (Wilson 1999, pp. 173-177). In spite of the enforced homogeneity, though, instances of subtle variation in women's attire were apparent (Roberts 1997, p. 22).

Because cotton harvests were low and textiles were costly, recycling of old clothes — including the *qipao* — was encouraged. In 1956 Yu Feng (1916-2007) launched a new dress reform campaign designed to refresh the national look for women. She attempted to rescue the folk customs of ethnic minorities and a romantic rural tradition in designing a women's dress for the masses — a dress that would convey Chinese identity and legacy with a deep meaning of identification. But politics militated against the success of the Dress Reform movement, and other campaigns such as the Hundred Flowers movement took precedence in the social sphere. Eventually it was decided by the central government, with Russian influence, that Chinese women should wear skirts because they were cheaper than trousers to make, as well as practical and aesthetically pleasing (Finnane 2007, pp. 206-207, 220).

The Cultural Revolution bought with it another change in fashion, which this time was enforced strictly by the government. Approved clothing included imitations of the military uniforms; colorful or fashionable clothing was seen as bourgeois. Women who paid too much attention to appearance were subject to public humiliation. Rationing and limited income hindered people's consumption during Mao's reign, and of necessity, clothes were replaced only when they were beyond repair (Roberts 1997, p. 23). In the 1970s the Gang of Four member Jiang Qing designed a dress to represent Chinese feminity that was inspired by the Tang dynasty; it had a low neckline offset by a band and a pleated skirt. However, the dress never did catch on with the common people (Finnane 2007, p. 253).

Fashion in the Reform Era

After Mao's death, in the era of reform and opening China became more accepting of Western fashion, but fashion's return to the social sphere after 1978 was a gradual process. According to Roberts（1997, pp. 22, 97）, dress was one of the first area to benefit from the government's more relaxed attitude toward social behavior. Women, who had been unable to express their femininity and individuality through dress, began to adorn themselves with colorful, printed clothing with a notable absence of patriotic phrases, which had been printed on clothing previously.

Foreign fashion trends were once again seen as cutting edge. There was also a reawakening of femininity, though the *qipao* was still perceived as the attire of old-fashioned minorities and prostitutes; it was only in the 1990s that the *qipao* became the national dress of China. Despite the newfound desire for modernity, Finnane argues that during the 1980s people's limited spending power posed a constraint to their desire to "break with the immediate past" and to be "up-to-date by international standards." As a result, they wore what "was available, affordable and conventional"（Finnane 2005, p. 591）.

From 1979 to 1981 there were debates with regard to Westernization versus the "goal of building a strong socialist nation" and the right to express one's individuality（Steele and Major 1995, p. 65）. Globalization began to affect the Chinese market as people were allowed to travel more freely and foreign mass media became more accessible. Indeed, the growth of the global economy in the 1980s spurred the development of "world fashion"（Eicher 1995, p. 300）. Major economic reform introduced China to the benefits of capitalism, and in this new climate of openness, people began to embrace the international community and the fashion trends it promoted. During the early years of the twenty-first century

American icons such as "jeans, sweatshirts, T-shirts, and sneakers" were the clothing choice of global youth (Taylor 2005, p. 602). American brands such as Levi Strauss and Nike became popular among the Chinese youth.

This development was triggered by "exploitative mechanisms of the globalization of clothing manufacture, distribution, and retailing, and by new technologies, global commodity advertising of branded leisure clothing, and the cultural and political domination of the United States." (Taylor 2005, p. 603). Taylor maintains that these clothes signified youth, modernity, and the eagerness to belong to a globalized, capitalist world (Taylor 2005, p. 603).Capitalism and globalization brought new wealth, and created a new materialistic culture in China.

In 1978 the fashion designers Hanae Mori (b. 1926) and Pierre Cardin (b. 1922) visited China, marking the opening of China to the outside fashion world. Major style influences came from Japan, Korea, Taiwan, and Western nations (Finnane 2007, pp. 260-261, 271-272, 290). Clothing styles worn by the general populace changed slowly, helped along by media of popular culture. China's first fashion magazine, *Zhizhuang* (Fashion), appeared in 1979 featuring items on beauty, culture, and fashion. International women's fashion magazines such as *Vogue* also became popular, reflecting the high interest in personal appearance, beauty, and consumer culture.

Chinese Fashion Designers

Institutional signs of change were strong. Universities and technical schools incorporated programs in clothing design, and graduates were hired by big companies. In the 1990s many new designers emerged, including Zhou Guoping, Liu Yang, and Zhang Zhaoda, who introduced professional modeling to China. Zhang's elegant and individual designs, which draw inspiration from Chinese history, made him the most successful and famous Chinese designers at home and abroad. In 1985 he established his own brand, Mark Cheung（Finnane 2007, p. 264）. The designer Feng Ling combines the *qipao* with the Mao suit and army uniforms, using silks and satins to reference China's Chinese past, yet Chinese have difficulty recognizing her retro designs as fashion, and up to 70 percent of her customers are foreigners. Another important designer is Ma Ke（Coco Ma）, whose designs have a Korean theme. One of China's most popular designers, the Milan-based Guo Pei（b. 1967）, is clearly influenced by European fashion. Mao Jianguo from Shanghai Garment Group Limited and their label T & A （Technology & Art）target profitable youth markets. Jimmy Choo（b. 1961）is known worldwide for his fashionable women's bags and shoes. Other important contemporary Chinese designers include Sun Jian（b. 1967）and William Tang （b. 1959）, who started their careers by working for foreign designers and international labels before setting out to create their own labels. Designers such as Liu Yang, Li Keyu, Xu Wenyuan, Jing Jinrui, Feng Ling, Shi Lin and Lu Yue have presented collections abroad, showing that Chinese fashion can compete on the international stage. Similarly, the success of the Chinese menswear label LiLang at the 2007 Milan Fashion Week demonstrated that a Chinese-designed clothing line could make an important contribution to the global fashion industry. Chinese designers produce a culturally distinctive and internationally recognized and respected brand of fashion that refers to their history for inspiration, underlining the importance of historical clothing to their identity（Finnane 2007, pp. 278, 289）.

The Hong Kong textile industry also helped to launch many Chinese fashion designers. Peter Lau's（b. 1955）experience in the textile, knitwear, and manufacturing industry complemented his education at the Polytechnic University in Hong Kong. Lau established his own business in 1982 targeting the female market, and in 1990 he started a new label, XC VIII Ninety-Eight, using vivid colors, patterns, and textures. Lau's designs incorporate traditional Chinese colours and patterns with Western tailoring. Pacino Wan, another graduate of the Hong Kong Polytechnic University, launched his own brand, He & She Limited, which focuses on casual wear, accessories, and bags for young women (Roberts 1997, p. 94).

Many aspects of the modern fashion industry that had been present in the West for decades, such as modeling, fashion magazines, and international recognition of designers, were introduced to China only in the late 1970s and developed throughout the 1980s. There are not many Chinese models on the international catwalks, but one of the most famous in China is Lu Yan. Despite the modernization and development of the Chinese fashion industry, Chinese designers in the twenty-first century generally have not garnered the same international prestige as Western and Japanese designers, and China is still considered to be an export goods country rather than a fashion design empire. Nevertheless, China's impact on the global fashion industry was realized during the Ninth Asia-Pacific Economic Cooperation Summit in October 2001, when all the heads of the member nations wore Tang-style clothes.

The Future of Fashion in China

In 2006 China's economy grew 10.7 percent, resulting in an increase in overall wealth and a popular change in attitude toward luxury. The rise of the middle class and their search for modernity and symbols of affluence brought an increased demand for designer goods. The effects of this were evident in Fendi's decision to stage a fashion show on the Great Wall of China in 2007 (Reuters 2007).

The symbiotic relationship between social climate and dress in China is evident from the effects of social, economic, and political events such as Westernization, modernity, globalization, and nationalism. These factors have influenced social attitudes, and therefore fuelled fashion trends in twentieth- and twenty-first-century China. The Chinese state has had an enormous influence and impact in the development of fashion, which it has employed as a means of social control; it is only since the 1980s that the state has loosened its grip, allowing fashion to function as a means of personal expression. Chinese designers have tried to promote individuality and change, but they will be embraced by the international fashion network only after they are freed from the symbolic meanings in their creations.

Bibliography

Carroll, Peter. "Re-fashioning Suzhou: Dress, Commodification, and Modernity". *Positions* 11 (2003) : 445.

Chang, Eileen. "A Chronicle of Changing Clothes". *Positions* 11 (2003) : 434.

The Economist. Luxury's New Empire: Conspicuous Consumption in China. June 19, 2004.

Edwards, Louis. "Dressing for Power: Scholars Robes, School Uniforms, and Military Attire in China." *IIAS Newsletter* 46 (2006) : 6-7.

Eicher, Joanne B, ed. *Dress and Ethnicity: Change across Space and Time*. Oxford: Berg, 1995. Finnane, Antonia. "What Should Chinese Women Wear?: A National Problem". *Modern China* 22 (1996) : 99-131.

Finnane, Antonia. "Military Culture and Chinese Dress in the Early Twentieth Century". in *China Chic: East Meets West*, ed. by Valerie Steele and John S. Major, New Haven, CT: Yale University Press, 1999.119-131.

Finnane, Antonia. "China on the Catwalk: Between Economic Success and Nationalist Anxiety." *China Quarterly* 183 (2005) : 588, 591.

Finnane, Antonia. *Changing Clothes in China: Fashion, History, Nation*. New York: Columbia University Press, 2007.

Gerth, Karl. *China Made: Consumer Culture and the Creation of the Nation*. Cambridge, MA: Harvard University Press, 2003.

Harrison, Henrietta. *The Making of the Republican Citizen: Political Ceremonies and Symbols in China*. New York: Oxford University Press, 2000.

Lee, Leo Ou-Fan. "In Search of Modernity: Reflections on a New Mode of Consciousness in Modern Chinese Literature and Thought". in *Ideas across Cultures: Essays in Honor of Benjamin Schwartz*, ed. by Paul A. Cohen and Merle Goldman, Cambridge, MA: Harvard University Press, 1990, 110-111.

Lee, Leo Ou-Fan. *Shanghai Modern: The Flowering of a New Urban Culture in China, 1930-1945*. Cambridge, MA: Harvard University Press, 1999.

Reuters. "China's Great Wall Gets First Fashion Show". October19, 2007. http://in.reuters.com/article/lifestyleMolt/idINPEK1387120071019?pageNumber=1.

Roberts, Claire, ed. *Evolution and Revolution: Chinese Dress, 1700s-1990s*. Sydney, Australia: Powerhouse, 1997.

Steele, Valerie, and John S. Major, eds. *China Chic: East Meets West*. New Haven, CT: Yale University Press, 1999.

Taylor, Lou. "Dress". in *New Dictionary of the History of Ideas*, vol. 2, ed. by Maryanne Horowitz, Detroit, MI: Charles Scribner's Sons, 2005. 596-605.

Wilson, Verity. "Dress and the Cultural Revolution". in *China Chic: East Meets West*, ed. by Valerie Steele and John S. Major, New Haven, CT: Yale University Press, 1999. 167-186.

回首來時路[1]

全漢昇

　　民國二十四年（1935）我從北京大學歷史系畢業後，因恩師陳受頤先生的推薦，得以進入中央研究院歷史語言研究所，自此與史語所結下終身不解之緣。

　　由於大學三、四年級時，我曾多次投稿於另一恩師陶希聖先生所主編和發行的《食貨半月刊》上，發表一些不成熟的有關行會的文章。所以進入史語所後，傅斯年先生即囑付我專門研究中國經濟史，期盼我能拓墾這尚未有人耕耘的園地。當時，所內人數並不多，除傅先生外，幾乎是一人治一朝代史的情況，例如：考古和上古史方面有董作賓、李濟、高去尋、陳槃等諸位先進，勞榦先生專治秦漢史，李光濤先生潛心於明史研究，我從宋代的商業著手。或許是因為每個人所關心的時代和專題不一樣，人數又寥寥無幾，在傳統的研究風氣下，我們只閉門讀書，專心找資料，彼此之間很少有公開機會討論。

　　七七事變後，我跟著史語所輾轉於湖南長沙、雲南昆明和四川李莊，仍然繼續探索宋代經濟，並逐漸上溯至唐代，得到摯友嚴耕望先生的不少啟示。除了探討北宋首都汴梁（開封）的商業發展外，並注意到揚州和廣州在國內外貿易中所扮演的角色。而我認為交通運輸的便利是促進此不同性質的三個城市（基本上，汴梁屬於行政功能色彩濃厚的城市，揚州是國內商業重鎮，而廣州是國際貿易商埠）得以繁榮的一重要因素。我進一步思索連結唐

---

[1] 本文原載《古今論衡》創刊號（1998年）。經中央研究院歷史語言研究所同意轉載，特此致謝。

宋時期經濟重心的南方和軍事政治重心的北方的大運河之重要性，完成了
《唐宋帝國與運河》一書，根據史實分析運河的暢通與否和唐宋國運盛衰的
關係。

　　另一方面，或許是由於戰時通貨膨脹的現狀，使我注意到貨幣和物價變
動問題，不料，三十歲出頭的經驗與體會卻成為我畢生心血所灌注的課題。
在〈中古自然經濟〉一文中，我受到德國歷史學派權威 Bruno Hildebrand 啟
發，試圖從貨幣制度解釋中國經濟發展的內涵。我發現到從漢末魏晉南北朝
時期直到唐代中葉，實物貨幣取代金屬貨幣成為人們交易、租稅、地租和
工資支付的主要手段，而此與人類歷史發展──從自然經濟演變到貨幣經
濟──相悖現象之所以出現的主因是錢幣的供給量與需求量俱減。在供給方
面，當時銅產大減和佛寺廣鑄銅像，使主要幣材（銅）的供給缺乏；其次，
漢末到隋初，戰爭的結果導致人口銳減、土地荒蕪、交通中斷和商業衰落，
自然降低了對錢幣的需求。此後，經過貞觀和開元之治的太平盛世，商業得
以發展，幣材亦增，所以金屬貨幣再度取得支配地位，唐德宗因此能把往昔
以徵收實物為主的租庸制度改為徵收錢幣為主的兩稅法。

　　對貨幣制度的興趣驅使我把研究的時間向後延伸到清代，探討自金屬貨
幣演變到信用貨幣的過程，以及從信用貨幣再迴歸到金屬貨幣的因素。發現
到在南宋和元代，紙幣的發行與流通，大致都經過價值穩定、溫和通貨膨
脹，和惡性通貨膨脹三個階段；而紙幣之所以不穩定的重要因素都是戰爭，
由於軍事支出龐大，稅收不足，只好以通貨膨脹政策來彌補財政赤字，此歷
史事實幾乎與烽火下的大後方經濟實況相似，也隱約可以看出政治演變過程
中，人們感到最切身的經濟生活的一面。

　　在物質匱乏的那些日子裏，史語所同仁仍孜孜於「上窮碧落下黃泉，動
手動腳找東西」的生活。初出茅廬的我也深信只要有史料，就能夠寫出好論
文的哲理，因此如何擴大史料蒐集的範圍成為我努力的目標。民國三十三年
（1944），終於碰到了千載難逢的機會。由於傅先生和社會所陶孟和先生的提
拔，我得以和丁聲樹先生一起到美國哈佛和哥倫比亞大學進修，同時，社會
所梁方仲先生則由美國到英國。

在美國東岸，我不時見到恩師胡適先生，也與楊聯陞先生重逢，我與他是《食貨半月刊》時代以來的朋友。我當初可以說幾乎是為了生活才與此期刊結緣的。由於家境清寒，我的學業有中輟之虞。幸虧恩師陶希聖先生鼓勵我投稿《食貨半月刊》，且出版了習作《中國行會史》，靠著筆耕，我大學三、四年級的生活費始有著落。此恩此德，我永誌難忘，現今憶及，亦淚潸潸而視茫茫。

當時，我除了爬梳史料於哈佛燕京圖書館外，並經常逛書店，閱讀西洋經濟史方面的著作。其中，印象最深刻的一本書是John Ulric Nef的 *The Rise of the British Coal Industry*，書中詳細分析英國煤礦業的興起與當地交通運輸、資本、技術等因素的關係，亦論及煤礦業及其相連結的鋼鐵業在英國資本主義發展過程中所扮演的舉足輕重角色。我受到此書的啟發，又覺得日本於明治維新以後，短短七十年的經濟發展，即能稱霸東方，威脅強雄的美英兩先進國，究其因素，工業化乃是日本踏上侵略亞洲之途的動力。並且我在太平洋戰爭末期，能遠離貧困的家園，親身體驗美國富庶的物質文明，不免感慨萬分；所以閱讀此書後，我開始推敲近代中國工業化遲緩的問題。

戰爭結束後，民國三十六年（1947）我回到南京的史語所工作，一面在中央大學經濟系兼課，除講授中國經濟史外，並代梁方仲先生的西洋經濟史課程。時局不安，政府財政困窘，金圓券價值不穩，我以〈唐宋政府歲入與貨幣經濟的關係〉一文，為自己的中古史研究劃下中止符。

一年多以後，我和家小毅然決然地追隨傅先生，從上海坐招商局海黔號到臺灣（在這大動亂的時代中，知識份子幾乎陷於去留兩難的抉擇中，例如丁聲樹先生的書籍已先運到臺灣，但因夫人的反對而未渡海）。我接受傅先生的囑付，到臺灣大學經濟系講授中國經濟史，為培育這方面的人才而盡力。在研究方面，我從漢陽鐵廠著手鑽研醞釀於腦中已有五年之久的近代中國工業化問題。我受John Ulric Nef的啟發，注意到漢陽鐵廠的成功與否和煤礦資源的地理位置之相關性、鐵路運輸的重要性，以及資本對報酬遞減的礦業的影響力。由於漢陽鐵廠所產鐵砂從一九〇四年即開始根據合約，出售給日本八幡制鐵所，所以日本很早就垂涎中國的煤鐵礦，終於利用大量貸款給

中國而控制漢冶萍公司。其實，除了該公司外，日本所投資的煤礦（例如撫順煤礦、山東魯大煤礦公司等）產量約佔中國煤產總量的六成，日本資本在中國工業化過程中扮演相當重要的角色。但因為當時不易蒐集到日文資料，我只能利用臺灣所藏資料，所以對此領域的研究大致在民國五十年（1961）左右即告一段落。

另一方面，我注意到當時臺灣工業化的程度較大陸進步甚多，這種現象與二十世紀前半臺灣環境較中國安定，並未飽受戰亂的摧殘（此為漢冶萍公司凋零的一大因素）息息相關。我接受美援會的委託，與 Dr. Arthur Raper、陳紹馨教授等人率領一群臺大經濟系的學生，針對臺灣的城市與工廠，做了詳盡的調查工作，這可以說是一向埋首於故紙古書中的我，生平唯一的田野調查工作。中國的歷史學者經常漫步於前人的書林之中，却鮮少擷取現狀；日本學者在戰爭期間屢屢到中國調查實況，或許有其政治性動機，但似乎形成一種學術傳統。直到今日，我所交往的一些戰後才受教育的研究亞洲史的日本學者，仍然承襲此習慣，根據他們的興趣，到中國、韓國和東南亞等地待上一年半載，實際體驗當地的生活和文化習俗。如今，戰爭期間的日本人所完成的調查報告，就如同十九世紀的 S. Ball、R. Fortune 等人的書籍一般，成為我們研究相關課題的重要資料。我也希望在民國四十三年（1954）根據當時田野工作而以中英兩種語文出版的《臺灣之城市與工業》，能有助於學界對日據後期和戰後初期的臺灣經濟的瞭解。

同時，我亦未對貨幣和物價史忘情。《臺灣之城市與工業》一書問世後，我有機會重遊哈佛大學，閱讀近代西方殖民史的書籍，與費正清教授論學，沉思東西經濟交流與互動的證據，我發現到西班牙經營下的美洲白銀影響到明末以後的中國財政與經濟生活。民國四十四年（1955）我接受胡適先生的建議，經過歐洲回國後，由於王業鍵先生在史語所的協助，我乃能進一步利用史語所庋藏的各種資料，探究清代物價，瞭解到十八世紀的物價有長期上昇的趨勢，這種上昇趨勢和當時美洲白銀的大量進口有莫大的關係，而美洲白銀之所以大量進口是為了交換中國絲貨。不僅如此，當時各地區間糧價高低不一，於是價格較低的長江中上遊地區的米糧，經長江水路運到價格

較高的下游和東南沿海銷售；長江下游生產的棉布和過剩的人口，則流入中上游一帶，造成中國境內的經濟交流和人口移動，結果內地農業資源得以開發，解決東南沿海糧食不足的危機。後來，王先生利用經濟發展和貨幣學的理論，講研究範圍拓展到全中國和整個清代的開發中區域與已開發區域的貿易、人口流動和物價波動等，推翻了 Skinner 的區域理論，對中國經濟史的研究貢獻很大，我感到非常地欣慰。

研究工業和物價的這段期間，我曾先後擔任臺灣大學經濟系系主任和中央研究院代總幹事，這是除了史語所的研究專職外，我在臺灣所負責過的行政工作。尤其後者，受命於胡適之先生，我雖自知資質平庸，但也只有硬著頭皮盡力而為。在財源困窘的當時，為新所（如經濟所、近史所、民族所、動物所、植物所、化學所等）的籌備與史語所的設備擴充而煞費心思，幸賴能幹的黃國樞先生幫助我處理庶務，始能度過一段繁忙的日子。由於我已開始進入十八世紀中國經濟的領域，所以感到近代史研究的重要性。雖然或許史語所有些同仁認為歷史研究有其一貫性，不希望近代史研究獨立於史語所之外，但我未曾以當時的行政職位來干擾近史所的發展。即使在代總幹事後期，胡院長曾問我是否有意願接任近代史所籌備處主任時，我都以自己能力有限而力勸挽留郭廷以先生。這些情況外界不瞭解，甚至誤認我不喜歡近史所成立，流言紛紜，為了維護胡老師的聲譽，我沉默至今。

民國五十年（1961）九月，我辭去代總幹事一職，第三度到美國，以兩年的時間先後在芝加哥大學、西雅圖華盛頓大學和哈佛大學訪問，看到了 *The Philippine Islands*，開啟了我從中、菲、西班牙貿易來析論美洲白銀與中國絲貨貿易的研究之門。民國五十四年冬到香港後，身處國際貿易明珠的我，更深深感受到十六世紀以來東西經濟交流在中國經濟史上的重要性。在香港三十載，我幾乎都朝著這個方向在努力，將中西貿易與明清時期的金屬貨幣制度（銀兩和銅錢兼充市場交易的媒介和支付的工具）相連結，從銀銅幣材的供給面思考，希冀完成我三十歲以來的對中國貨幣史的體系化研究。

回首與史語所結緣的這一甲子，可以說是我學術生涯萌芽、成長、逐漸沉潛淡化的寫照。生於貧困家庭、長於戰亂頻仍的大環境，若非恩師、先

進、同儕和晚輩的提拔、鼓勵與協助，我決不可能持續徜徉於一千多年的中國經濟史的園地中。記得剛進史語所時，只知遵照傅先生的「閉門讀書」的指示，却因此養成習慣，找資料和寫論文成為我一生中的工作與嗜好。或許因為拙於言辭表達，除非必要，我很少開口；然而却先後在南京中央大學、臺灣大學、香港中文大學和新亞研究所講授了五十載的中國經濟史。這五十年來，臺灣政治環境較安定，從廢墟中一躍而為經濟大國，中央研究院的預算也漸充裕，史語所各部門的人才和設備都可媲美歐美先進國，與當初以考古和上古史著稱世界的狀況相較，已不能同日而語。而一起渡海到臺灣的不少同仁却先後凋零。現今院內的歷史人才似乎不僅見於本所，這些年來，我忝為史語所、近代史研究所和中山人文社會科學研究所的諮詢委員，雖然開會時依舊寡言，但心中却一直誠摯地希望大家能跨越「所」的藩籬，攜手共同為臺灣史學界創造出足以傲視世界史學界的成績而奮鬥。

全漢昇在中國經濟史研究上的重要貢獻

王業鍵*

　　全漢昇先生，廣東順德人，民國二十四年畢業於北京大學歷史系。隨後進入中央研究院歷史語言研究所，潛心於中國經濟史研究。民國三十八年以後，並先後於臺灣大學、香港中文大學、新亞研究所，講授中國經濟史。民國七十三年當選中央研究院院士。全先生治學，務實求真。半世紀以來專題著述甚多，上自魏晉以迄戰前，綿延壯闊，根基深厚。他的學術見解與成就，舉世重視。本文擬將他在中國經濟史上的重要貢獻作一簡略介紹，掛一漏萬。讀者如果希望作進一步瞭解。請參考後文所附全先生著作目錄。

一　唐宋帝國與運河

　　在中國經濟史上，全先生對於唐宋時期的研究，貢獻最著。《唐宋帝國與運河》一書，尤為千古不刊之作。在這本書裏，他把運河的重要性，即運河的暢通與否和唐宋國運盛衰的關係，根據史實作生動的敘述與有條不紊的因果分析。這一創作的學術價值，不僅在唐宋史研究上極為重要，即對於瞭解近代以前中國政治、經濟、軍事、文化的發展，亦有莫大貢獻。中國自商周以來至秦漢，政治、經濟、文化重心都在北方的黃河流域，南方廣大地區多未開發。但是，從魏晉到隨唐的幾百年間，中國經濟南北二大區的相對生產力發生空前變動。漢末至南北朝時期，北方由於戰亂頻仍，胡人入侵，生

---

*　中央研究院院士。

產力大受破壞，漢人大規模南移。結果，北方經濟衰退，南方不斷開發。當中國再度統一（即隋唐時代），南方於是取代北方，一躍而為全國經濟重心所在。

他方面，中國東南沿海地區在近代輪船兵艦發展以前，海洋實為天然屏障。中國邊患，因此都在北方。歷代都必須在北方沿邊佈重兵，以防亞洲內陸游牧民族入侵。同時，為了便於瞭解邊情，控制邊郡守軍，以收指臂之效，中央政府也仍設於北方之心要。在這種情形之下，如何維持邊境龐大駐軍和首都的皇族及朝廷大小官員，便成為一個非常嚴重的問題。要解決這個問題，唯有把南方剩餘的糧食和其他物資大量北運。然而，中國主要河流都是由西向東，沿海交通在輪船發展以前又多危險（風暴及海盜）而不可恃，於是有建設一條南北交通的大動脈之必要。隋煬帝之開鑿運河，主要原因在此。在這條運河把北方的軍事政治重心和南方的經濟重心聯繫起來，對於盛唐武功有無比貢獻，以後這條運河能否暢順，也和唐宋帝國國運息息相關。

唐初行府兵制，兵農合一，且中央政府機構還算簡單，國都所在地的關中，糧食供需尚不致大相懸殊。可是到了七世紀後半的高宗時代，朝廷機構大為擴張，長安人口膨脹，同時府兵制又漸變為募兵制，軍需民食大增，關中糧食供應便大成問題。原來隋煬帝修運河，自洛陽以達長江。從洛陽到長江一段，有三門險灘，尚末顧及。所以，唐初南方物資。可籍運河暢運洛陽，卻難以大量輸送至長安。高宗於是設洛陽為東都，此後直到玄宗（西元713-755年）前期，天子及從臣常於春夏之間東幸，甚或常駐洛陽，時人稱玄宗為「逐糧天子」。玄宗後期，由於名臣裴耀卿和韋堅相繼改善河道運輸──改直運為分段運輸、修陸路繞三門險灘、關中另開運河以達至長安──成效大著。江淮米糧及其他物資，可源源運至關中。最盛時年達四百萬石。玄宗非但無須就食東都，而且可傾力向西北發展，大唐帝國聲威遠播，使開元、天寶年間成為中國政治史上的黃金時代。

安史之亂（西元755-763年）後，藩鎮割據局面形成，運河的濬修與維護大不如前，運河的交通又不時被地方兵將阻斷，大大地失去聯繫南方經濟重心的作用，唐朝國勢於是中衰。吐蕃、回紇相繼侵凌。到末年各藩鎮自擅

兵賦，互相爭奪，運河水道破壞，長安供應被切斷，政府財政破產，李氏王朝便不再也不能維持下去。五代期間（西元907-959年），沒有一個帝王能控制運河沿線地區，他們的政權也無法長久維持。

北宋建都開封（汴州），在黃河平原上，與遼及西夏對峙。就地理形勢來說，無險可守。一旦有患，實防不勝防。然而，和長安或洛陽比較起來，開封有一大優點，對於宋太祖選擇國都起了決定性的作用。當時從南方運到這裏的糧食，每年多達六百萬石。此外尚有其他貨物，源源到達，支持北方軍糧民食。北宋之能長久和北邊及西北二大異族抗衡，運河一脈暢通，聯繫南方，貢獻莫大。到了徽宗時侯，蔡京用事，政府用於購買糧食時的巨額準備消失，又改分段轉運法為直運法，結果北運米糧減少。欽宗時，汴京被金人圍攻，運河上游又被盜賊破壞而潰決，河口淺阻，漕運不通，北宋軍事上難以支持，終於崩潰。

此後宋室南遷，定都臨安（杭州）。宋金兩國以淮河為界，對立一個世紀，以後分別為新興的蒙古所滅。據全先生觀察，宋金對峙，運河南北分屬二個不同的政權，而且北段完全湮塞，失去溝通南北經濟大動脈的作用，使宋金二國國力變得分散而薄弱。另一方面，杭州居運河南端終點，和長江南岸的鎮江相連。長江諸路財賦，可以經由鎮江入運河而達杭州，源源供應。南宋所以能偏安一隅，達一個世紀之久，運河的經濟功能仍然是個重要因素。

全先生在唐宋經濟史上另一重大貢獻，是他對於商業發展與都市化的研究。首先，為探討交通運輸對都市發展的可能影響，他選擇這個時期運河沿岸三個重要城市——揚州、開封（汴梁）、杭州（臨安）——做深入的觀察。其中開封及杭州分別為北宋與南宋首都，由於政治及軍事上的重要功能，加上運河交通便利，使他們很快地成為龐大的商業城市。這兩個大都市有個共通的特點，即首都所在，有大量人口（官員、軍人、學生、地主、遊客……）能將首都以外的財力轉移到這裏，以供消費。因此，它們的購買力很大，能夠吸收全國各地甚至國外的貨物到這裏來銷售。例如，開封所需糧食及工業品（絲織品、漆器、書籍、紙、筆、硯等），大都從東南的皖、

蘇、浙、閩、贛等地輸入。藥材和一部份絲織品，取給於四川。此外，木材取給於山西、陝西；鹽來自山東、山西；鐵器及陶器分別從河北，陝西輸入；奢侈品如象牙、珍珠、香藥之類來自海外；戰馬自西夏、于闐而來，這種消費性城市的擴張，促進國內商業的發展；交通運輸的便利，又加速都市的膨脹。[1]

揚州的興起，在經濟史上更具重要性。唐宋以前，中國都市大都由於行政或軍事功能而形成。從這個觀點來看，開封和杭州在宋代的繁榮，仍不脫離傳統，不過規模遠較前代為大而已。揚州在唐代的繁榮及以後取代揚州而興起的真州，卻純由其商業功能的發揮所致。在〈唐宋時代揚州經濟景況的繁榮與衰落〉一文中，全先生闡述這個城市在唐代繁興的重要原因，是由於它「位於長江和運河的交叉點上，為南北交通要衝，實是全國貨物最理想的集散地。」不但南方鹽、茶、藥材各貨，即海外舶來品，也多集中於此，再經運河北運銷售。商業發達，工業、運輸業、金融業等亦相應而生。除商業大都會的興起外，他也發現宋代若干地方，或由於人口增加，由墟市演變為市鎮（見〈南方的墟市〉一文）。商業功能城鎮的出現與增加，象徵著都市發展的新階段。全先生在這方面的研究，無疑地起了帶領作用。

其次，唐宋時代經濟和以往不同的另一方面，是國際貿易方面的轉變。中國在唐宋以前的國際貿易，多沿「絲綢之路」與中亞各國交易。唐宋以還，由於南方的開發，航海技術的改進，及阿剌伯商人在海上的活躍，中外貿易大都轉移到東南沿海。唐宋時期，中國沿海國際貿易商埠相繼勃興。廣州、泉州、明州（寧波），可說是其中最重要的幾個。在唐代和北宋，廣州更居首位。全先生在〈宋代廣州的國內外貿易〉一文中，對於瞭解當時國際貿易的性質和廣州在國內外貿易所扮演的角色，做了一番切實的考察。根據他的研究，宋代廣州輸入品多為珍珠、象牙、犀角、香藥等奢侈品。這些貨品大多來自南洋。輸出品則多為工業製造品，如五金、布帛、瓷器、漆器。

---

[1] 參考全漢昇的論文〈北宋汴梁的輸出入貿易〉和〈南宋杭州的消費與外地商品的輸入〉。

此外，銅錢輸出很多，廣泛流布海外，遍及日本、南洋、印度、非洲東岸，幾成為國際貨幣。

宋代國際貿易的經營，阿剌伯商人最為活躍。但是，華商和中國官吏經營南洋貿易者也很多。無論外商或華商，他們也從事廣州與國內各地間的貿易。例如，將進口外貨及兩廣多餘的米鹽，運銷各處。當時廣州與國內交通路線，大致有二條：一條沿著現今粵漢鐵路或附近北上，通長江西至四川，或經運河以達華北。另一條由海道至福建、浙江、江蘇、山東等沿海城市。廣州的繁榮是建立在轉運貿易之上。這也是由於發揮商業功能而興盛起來的城市（全先生在唐宋經濟史上尚有其他重要貢獻，將併入下節論述）。

二　貨幣經濟

中國經濟自先秦至兩漢，金屬貨幣的使用有逐漸推廣的趨勢。但是漢末及魏晉南北朝期間，貨幣發展開倒車，實物貨幣盛行，自然經濟居支配地位。唐宋時代，金屬貨幣再度流行，而且進入紙幣階段，使中國成為世界上最早使用紙幣的國家比歐洲最先使用的國家──瑞典──還要早六個世紀。然而，自南宋末期經元代以至明初，由於政府對貨幣管理不善，發行漫無限制，自壞幣信；明清兩代又回復到金屬貨幣階段。一直到一九三五年的法幣改革，中國才完全廢棄金屬，採用紙幣為通貨。從早年開始研究中國經濟史到現在，全先生一直對於貨幣與物價變動很感興趣，他這方面的成就也非常大，他人實難企及。

民國三十年底，他在中央研究院歷史語言研究所集刊第十本發表一篇長文〈中古自然經濟〉。這篇論文，到現在仍然是研究魏晉以至唐朝中葉中國貨幣演變的最重要著作。如前所述，魏晉南北朝時期，自然經濟居支配地位。在這篇論文中，他提出三個問題，並從多方面考察，以求解答。第一自然經濟何以在這個時期產生？他認為最重要的原因是戰爭。從漢末到隋初，前後有黃巾之亂、董卓之亂、八王之亂、五胡亂華、侯景之亂……等，結果人口銳減，土地荒蕪，交通困難。尤以北方為甚，嚴重影響商業的衰落。其

次一個重要原因，是主要幣材——銅——的短缺。這又由於當時銅產大減及佛寺廣鑄銅像所致。銅的供給萎縮，鑄幣隨之急遽減少。錢幣缺乏，實物貨幣便自然地出而取代。第二，實物貨幣的使用，普及到何種情度？他從交易、租稅、地租、及工資的支付各方面加以考察，都發現以實物（絹、帛、穀）為支付手段者多。第三，這種現象持續到何時才改觀？據他的觀察，一直到唐朝中葉安史之亂前後，一方面由於商業的發展，一方面由於鑄錢的增加，金屬貨幣才再度取得支配地位。唐德宗建中元年（西元780年）的稅制改革，將以徵收實物為主的租庸制度改為以徵收錢幣為主的兩稅法，便是這種演變的明顯標誌。

他的〈中古自然經濟〉的見解，在學術界並非沒有異議。何茲全便以為這個時期南北二個區域情形迥異。北方因受戰亂破壞，逆退到自然經濟的境地。南方經濟由於大量移民的遷入，反而逐漸開發與繁榮，貨幣經濟乃居主導地位。[2] 彭信威認為，「這一個時代，大體上可以說是錢帛本位的時代，錢為主，帛為副。」[3] 這個時期，政治上四分五裂，戰亂迭起，朝代更迭頻仍，使用實物貨幣的普及程度，自然因時因地而異。但是，無論南北，這個時期錢幣缺少和紊亂，是明顯現象。在這種情形下，實物貨幣便相應出現。考察最近有關此一時期的一些著作，自然經濟居優勢之說，仍多為史家所接受。[4]

中國貨幣的發展，宋代已進入信用貨幣階段，到元朝紙幣成為唯一通貨。然而，宋元時代實施紙幣，最後都歸失敗。檢查中國過去實行紙幣失敗的經驗，全先生寫了二篇重要論文——〈宋末通貨膨漲及其對物價的影響〉及〈元代的紙幣〉。據他的研究結果，不論南宋或元代，紙幣的發行與流通過程，大致都經過了價值穩定、溫和通貨膨漲，及惡性通貨膨漲三個階段；

2　何茲全：〈東晉南朝的錢幣使用與錢幣問題〉，《中央研究院歷史語言研究所集刊》，第14本（1939年）。

3　彭威信：《中國貨幣史》（上海：人民出版社，1979年），頁214。

4　參閱王仲犖：《魏晉南北朝史》（上海：人民出版社，1979年），頁490-495；韓國磐：《南朝經濟試探》（上海：人民出版社，1963），頁173-179；傅筑夫：《中國經濟史論叢》（北京：三聯書店，1980年），下冊，頁555-581。

而且紙幣幣值穩定與否的原因也如出一轍。

　　兩代初期發行紙幣幣信之所以良好，主要由於發行數額有限，且有充分現準備。但是這種謹慎的發行政策，都因對外作戰而無法維持。南宋在十三世紀初屢與金人交戰，金亡後又屢與蒙古為敵。軍事支出龐大，稅收不足，只好以通貨膨漲手段來應付。元世祖統一中國後，仍不繼征伐海外如日本、占城、爪哇等地，耗資至鉅，後來更加上諸王賞賜及佛事費用激增，財政匱乏，於是很快步上南宋的後塵，以通貨膨脹政策彌補財政赤字。到了末期，宋受蒙古進逼，領土日蹙。元末各地群雄並起，加以天災頻仍，收入銳減，紙幣現金準備完全耗費，發行額則急遽增加。結果，幣值狂落，信用掃地，兩代政權都在惡性通貨膨脹的狂潮中覆亡。經過這二次慘痛教訓，中國幣制在明清兩代又退回到金屬本位。

　　明代中葉以後及清代約四個世紀期間，中國幣制可說是銀銅複本位，即銀兩和銅錢兼充市場交易的媒介和支付的工具。銀銅複本位的實施，必須以這種金屬的充分供應為前提。全先生對明清兩代貨幣之研究，就是著重探討貨幣供給，以明瞭幣制之發展。在這方面沒有人做得比他多，也沒有人的成就比他大。為探究白銀和銅的來源，他接連發表下面十二篇論文──〈美洲白銀與十八世紀中國物價革命的關係〉、〈明季中國與菲律賓的貿易〉、〈明清間美洲白銀的輸入中國〉、〈自明季至清中葉西屬美洲的中國絲貨貿易〉、〈明代中葉後澳門的海上貿易〉、〈明代的銀課與銀產額〉、〈明清時代雲南的銀課與銀產額〉、及〈清代雲南的銅礦工業〉、〈再論明清間美洲白銀的輸入中國〉、〈明中葉後中國黃金的輸出貿易〉、「*Trade between China, the Philippines and the America during the 16-18th Centuries,*」「*The Chinese Silk Trade with Spanish America from the Late Ming to the Mid-Ch'ing Period*」。這些著述大大地增進我們對於明清幣制形成的認識。

　　據全先生多年研究結果，明清時代銀銅複本位之所以能相當順利地運行，是由於銀和銅這二種幣材的供給大為增加的緣故。先就銀的供給來說，國內銀礦產額對於貨幣用銀的增加，自有貢獻。其中最主要的銀礦是雲南銀礦，從明代中葉到清代中葉，每年產量可能在三十餘萬至四十餘萬兩。

但是，當時銀的主要來源是國外，而不是國內；美洲和日本的銀產，尤為重要。自從十五世紀末十六世紀初西方人發現新大陸和東方的新航路後，歐洲海上強權紛紛在美洲和亞洲掠奪殖民地。西班牙人首著先鞭，於十六世紀上半十六世紀上半征服中南美洲的墨西哥、秘魯（Peru）、和玻利維亞（Bolivia）一帶，又於一五六五年自墨西哥出發，佔領了菲律賓，而成為一個跨越大西洋和太平洋的海上大帝國。他方面，從十三、四世紀開始，已有中國商船往來南洋各地，並有不少華人聚居菲島。西班牙人佔據菲島後，中菲貿易大量展開。中國與美洲間的貿易也通過菲律賓而快速發展起來。當時菲島生產落後，在那裏統治的西人生活必需品（如糧食）以至軍需用品，都要靠華僑商人供應。中國絲貨更為菲島及美洲西人所喜好。中國商品（特別是絲貨）於是大量往菲島輸出，大部份絲貨更以大帆船從菲島輸往美洲。為購買中國貨物，西班牙人找不到適合的貨物來交換。但是他們有一項產品，中國人都樂意於收受，那便是西屬美洲出產的豐富白銀。這樣一來，隨著中菲貿易的進展，每年都有大批白銀從美洲經菲島輸入中國。據全先生觀察，初時每年僅數十萬銀元，十六世紀末葉超越百萬元，到了十九世紀增至二百萬元以上，十八世紀每年更高達三、四百萬元，到了十九世紀初期減至一百五十萬元。他的估計從一五一七至一八二一年的二個半世紀期間，約有二萬萬銀元自美洲經菲律賓流入中國。

其之，與西班牙人爭雄海上的葡萄牙人於一五五七年佔領澳門。葡人以澳門為據點，也積極開展中外貿易。他們向中國大量收購絲貨、棉布、瓷器……等，分別往三個方向輸出，以謀鉅利。第一，往西運至葡人在印度的根據地果亞（Goa），一部份更轉運至歐洲。第二，往北運至日本長崎。明末倭寇為患，中國政府禁止日本通商，葡人趁機充中日貿易媒介，以滿足日人對中國貨物的需求。第三，也往南運至菲律賓。結果，大量白銀也不斷地由這三個方向流入中國。十六、七世紀之交，日本為世界上僅次於美洲的盛產白銀之地。據估計葡船當時運往長崎的中國貨物，每年約值一百萬兩以上，稍後有時甚至高達二、三百萬兩。

十八世紀以至十九世紀早期，英、美、法、荷諸國也載運大量白銀到

中國，以購買絲、茶等產品。英屬東印度公司輸華白銀數量更居魁首。十八世紀後半，廣州一地每年輸入白銀達四、五百萬銀元之多。據摩爾斯（H.B Morse）估計，由一七○○年至一八三○年期間，廣州一地淨輸入白銀約共四萬萬銀元；再加上其他港口的輸入，總數當在五萬萬元左右。

再看銅的供給情形。明代銅產不盛，鑄錢遠較前代為少（元朝除外）。十五世紀紙幣停止流通後，用銀多於銅錢。有清一代，不但白銀日多，銅錢流通數量亦大為擴張。清初鑄錢用銅，多從日本進口，稱為洋銅。從十八世紀早期開始，清政府積極發展國內銅礦，雲南銅礦產量扶搖直上。雍正朝（1723-1735）前期，每年產量從一百萬斤增至四百萬斤。從乾隆五年（1740）到嘉慶十六年（1811），年產大多維持在一千萬斤以上。銅產豐富，足以滿足全國鑄錢的需要。十八世紀到十九世期早期，銅錢流通額持續大量增加，白銀流通額並駕齊驅。銀銅複本位制，可說已發展至成熟境地。

三　物價史研究

關於中國物價史的研究，全先生更屬開路先鋒。[5][6]研究二十世紀以前的中國物價，非常困難。首先是材料缺乏，無論是官書、地方志、或私人著述，記錄零碎而又多不明確。原始材料如商店帳簿、土地買賣契券、收租簿、官方報告，保存無多。其次，中國過去幣制和度量衡不統一，斗的大小、秤的輕重、尺的長短、地畝的寬狹，因地因時而異。銀兩和銅錢的成色及重量，也各地互異，且有公鑄、私鑄之別。因此，即使千辛萬苦收集到一些物價材料，仍然難以作時間上或地區間的比較。在重重困難之下，全先生多年來日以繼夜地蒐求整理，做出可觀的成績。今天我們對於民國以前約一千三百年間的物價變動，有一個粗略的瞭解，不能不歸功於他。

---

[5]　柳詒徵在一九三○年寫了一篇〈江蘇各地千六百年間年間之米價〉，發表於《史學雜誌》2：3、4。這篇文章屬筆記性質，作者沒有進一步做科學的研究。

[6]　清代各省官員向皇帝奏報的糧價資料，相當豐富，現存臺北故宮博物院及北京第一檔案館。

　　滿清入關以前的物價變動的趨勢，除前述二篇有關宋、元紙幣通貨膨漲的著述以外，他還著有〈唐代物價的變動〉、〈北宋物價的變動〉、〈南宋初年的物價大變動〉、〈宋明間白銀購買力的變動及其原因〉、及〈明代北邊米糧價格的變動〉等論文。現將他研究唐、宋物價的成果簡述如下：關於唐代約三個世紀期間，他發現曾經發生三個物價下落時期和四個物價上漲時期：（一）開國後十年（西元618-627年）因承隨代幾度對外征伐之後，加以農產失收，物價昂貴。（二）從貞觀初期到高宗前半期許（西元629-666年）約共三十八年間，政府鼓勵生產，改善錢幣，田禾豐稔，百物低廉，是政治史上的貞觀永徽之治。（三）高宗後期到玄宗即位之前近世紀期間，錢幣貶值，水旱間發，物價有騰漲之勢，不過上漲程度並不厲害。（四）開元、天寶時期（西元713-755年），社會經濟繁榮，百物豐盈，物價廉賤，是歷史上難得的昇平盛世。（五）公元七五五年安祿山叛亂，結束了這個千古歌頌的黃金時代。此後三十年間，因受戰爭破壞，凶荒迭見，以致物價空前飛漲。（六）從德宗貞元間到宣宗大中年間（西元785-859年）的七十餘年，物價有長期下降之勢。這是由於政府實施斫稅法，人民必須以錢納稅；同時，商業發達，對於錢的需求亦增。他方面，銅產不足，佛寺及工業用銅又大量增加，市場上錢的供給不能適應需求，演變為錢重物輕的現象。（七）唐代的最後四、五十年（西元860-907年），戰亂連年，災荒頻仍，物品供應非常缺乏，物價於是又扶搖直上。

　　同樣地，全先生也把北宋物價變動勾畫出一個輪廓。他將北宋一百六十多年的物價變動劃分為四個時期：第一個時期（西元960-1022年），物價長期下跌，主要是由於農產增加和貨幣緊縮二個因素所造成。第二個時期（1023-1067），因受西夏戰爭影響，耗費甚鉅，財政收支失去均衡，物價上漲。第三個時期（1068-1100），物價趨向低落。他認為當時物價下降的主要原因，是王安石實行募役、青苗等新法，對於貨幣的需要大增。第四個時期（1101-1127），物價升騰。此時政府鑄錢貶值，加以私鑄流行，所以幣值大跌，被金人圍攻時，交通阻斷，更加速物價飛躍趨勢。

　　考察北宋鑄錢數額，在第一時期內每年低至五十萬貫，高不過一百八十

萬貫。在第二個時期，每年大都鑄錢百餘萬貫。第三個時期，鑄額突增，每年最少約二百九十萬貫，最高達五百萬貫以上。[7]王安石新法，固然大為增加貨幣需求，同時貨幣供給也大幅擴張，所以物價是否趨向下跌，值得商榷。當然，當時物價水準，如王對西夏用兵時，那樣高漲，是易於瞭解的。

全先生對於清代物價研究，用力最勤。他對於這個時期物價史的貢獻，我以為比他在唐宋物價研究上的貢獻還大。他研究清代物價的著作包括後列數種：《清中葉的米糧市場與貿易》（*Mid-Ch'ing Rice Markets and Trade*, 與 Richard A. Klaus 合著）、〈美洲白銀與十八世紀中國物價革命的關係〉、〈清雍正年間的米價〉（與筆者合著）、〈清中葉以前江浙米價變動趨勢〉、〈近代四川合江縣物價與工資的變動趨勢〉（與筆者合著）、及〈清康熙年間江南及附近地區米價〉。他的糧價研究，對於增進清代經濟之瞭解有二大貢獻：第一，他發現從十七世紀末直到十八世紀終，糧食和其他物價有長期上升的趨勢，而且這種上升趨勢和當時美洲白銀的大量進口有莫大關係。如前所述，明清時代，白銀已成為中國主要貨幣之一。但是，中國國內銀產不豐富，白銀的來源主要在國外，尤其是美洲。當時西方人到東方殖民貿易者日多，對中國絲、茶等產品需求很大，於是隨著中外貿易的發展，越來越多的白銀流入中國。白銀進口越多，市面上流通的貨幣數量也愈多，結果造成長期物價上升的趨勢。

有一點值得指出，即十八世紀的中國經濟空前擴張。人口約從二億上升至三億左右，耕地從七億五千萬畝增加到十億至十一億畝。其次，國際貿易大社發展，國內各地區間貿易也顯著增加。再次，若干專業的工商市鎮紛紛出現。這些現象均顯示，當時全國的生產與所得也大幅膨脹。[8]生產與所得增加，市場交易數額擴大，對於貨幣的需求也必相應增大。在這種情形下，白銀流通額增加，未必會造成物價的上漲。

7　彭信威：《中國貨幣史》，頁451。

8　參閱拙著：《中國近代貨幣與銀行的演進（1644-1937）》（中央研究院經濟所，1981年），頁25。

　　不過，十八世紀在中國流通的貨幣不只白銀一種。金屬貨幣還有銅錢，而且銅錢鑄造和流通額也大量膨脹。還有，到十八世紀後半，由於商業發展的需要，市場上私票（錢票及銀票）流行。這些私票，係由銀錢業或商號發行，大多無十足準備。一元現金準備發行數元私票額，是通常的事。這樣一來，私票儼然而為貨幣一新部門，和白銀、銅錢鼎足而立。它們不但大大增加貨幣流通量，而且促成流通速度的增加。所以，我以為十八世紀的物價長期上升，是這三種貨幣同時大量擴充所造成。

　　他在清代物價研究上第二個重大貢獻，是他對於各地區間糧價水準的差異和各地間經濟交流的考察。在十八世紀間，中國南方產米各省的糧價水準，以東南沿海的粵、閩、浙、蘇等省為最昂貴，長江中上游及內地各省（安徽、江西、湖廣、四川、廣西）則比較低廉，這是由於前者人稠地狹、糧食不足，後者人口相對稀少，糧食有餘，這種現象—各地區間糧價水準的差異——對於促進各地區間經濟交流發揮莫大的推動作用。一方面，每年都有大量米價從四川、湖廣、江西、安徽等地經長江水路運到下游及東南沿海銷售；廣西剩餘米糧地也經由西江順流而下，運到廣東各地出賣。當時東南沿海地區糧食不足問題，主要是透過市場的運行而解決的。清政府的糧食政府運用，如常平倉積儲、截留漕糧備賑等，其效果遠不如市場機能。

　　其他方面，東南沿海人口過剩地區向內地輸出二項主要東西：一為人力，一為工業品。整個十八世紀中國國內人口流動，最主要的方向是從長江下游及東南沿海一帶往江西、湖廣、四川等地移動。大量移民的結果，內地農業資源得以開發，也解決東南沿海人多地少、糧食不足的危機。鴉片戰爭前長江下游出產工業品內銷的最明顯例子，是江蘇的棉紡織品。在這裏生產的棉布，通過長江運銷到內地各省。[9] 由此可見，全先生從貨幣、物價、國內外貿易、人口移動等多方面探討，把清代經濟史研究推展到新的境界。他的研究大大地增加我們對清代經濟的認識。

---

[9] 參閱全漢昇：〈鴉片戰爭前江蘇的棉紡織業〉及他與筆者合著的〈清代的人口變動〉二文。

四　中國近代工業化

　　受到鴉片戰爭和英法聯軍二次失敗的教訓之後，中國在晚清同治、光緒年間產生仿效西方練兵製器的洋務運動，這也是中國工業化運動的開始。和近鄰的日本，約略同時起步。然而，幾十年後兩國成績相去霄壤。日本到二十世紀初已在東方稱雄海上，第一次世界大戰後一躍而成為世界五強之一。中國到抗戰前夕，卻依然是個經濟落後的國家，全部國民生產中由現代部門所貢獻者，不過佔八分之一。[10]中國近代的工業化何以成績如此令人失望？這個問題也是全先生多年來注意的一個重點。對於這個歷史上的重要課題，他也成為研究的先驅。

　　對於這個問題的處理，他一方面就中國近代工業化的進展做一個廣泛的考察，一方面對於一些關鍵企業、關鍵地區，和關鍵問題作深入的個案探討。〈甲午戰爭以前的中國工業化運動〉和〈近代中國的工業化〉二文便屬於前一項。〈清季的江南製造局〉、《漢冶萍公司史略》、〈清季鐵路的官督商辦制度〉、〈清季的商辦鐵路〉（與何漢威合著）、〈清季鐵路建設的資本問題〉、〈上海在近代中國工業化中的地位〉、〈山西煤礦資源與近代中國工業化的關係〉等論著，都是後一類的研究成果。

　　他把中國近代工業化的進展（至抗戰前夕止）區分為三個階段。第一個階段從同治四年（1865）江南製造局成立到一八九四年甲午戰爭為止。這個時期工業化的最大特點是國防或軍事工業的建設。除了江南製造局外，福州船廠、天津機器局、漢陽槍炮廠、漢陽鐵廠等都在這個時間設立；目的在採用西方機器來製造槍炮輪船，加強國防。同時，這些工業都是官辦企業。第二個階段，從甲午戰爭到第一次大世大戰前夕（1895-1914）。這個時期，由於列強在華獲得直接投資特權，各國紛紛在華設立工廠和建築鐵路，所以外

---

[10] Ta-Chung Liu and Kung-chia Yeh, *The Economy of the Chinese Mainland 1933-1959* （Princeton: Princeton University Press, 1965）, pp.66, 69.

資在中國居重要地位。其次，除了外人在華築路以為政治經濟侵略的工具外，國人也感到發展交通運輸的重要，因此鐵路建設大有進展。再次，政府鼓勵私人興業，以增加財富，在商戰中挽回利權，因而商個時期有好些民族資本企業和輕工業的興起。第三個階段從一九一四到一九三七年。在第一次世界大戰及戰後短期間，歐美各國工業品輸華數額大減，給予中國民族工業一個發展的大好機會，尤其紡織工業，空前蓬勃。但是到了二〇年代，民族工業又遭受到外資的沈重壓力，日本資本更一直在華加緊擴充，以致戰前許多重要工礦企業都在外資控制之下。還有，戰前工業都集中在極少數地區——上海、天津、武漢、東北。上海一隅，工業生產竟居全國之半。現代企業在廣大的內地，仍寥若星辰。全國每人平均工業生產價值，和歐美甚至日本比較，微不足道。

他的許多關於近代中國工業的個案研究，主要在探求戰前中國工業化不能起飛的原因。他這方面種種著作中可歸納而得的結論，給人印象最深刻的是下列因素：資本缺乏，人才缺乏，計劃、組織和管理不當，社會政治環境不良。的確，江南製造局的機器設備不完善，商辦鐵路成績低劣，漢冶萍公司債臺高築，終至為日人所控制，山西豐富的煤礦不能大量開發等等，資金籌措困難，都是很重要的原因。關於這一點，全先生更進一步探究，他認為國民所得低、儲蓄微薄；信用機構不健全；及屢次對外戰爭失敗，賠款負擔很重等三點，是造成資本貧乏的主要原因。

資本和人材的缺乏，是後進國家經濟發展中普遍遭遇的障礙，但是，當時中國是否貧窮得幾無餘力投資，有待商榷。據最近美國一學者研究，戰前中國國民生產淨額除去大眾基本消費之外，潛在剩餘（potential surplus）當不下國民生產的四分之一。然而，當時投資僅佔國民生產的百分之五左右。這些數字明白顯示，當時國民生產中一可觀部份，耗用於非必要的消費上了。[11] 所以，我覺得戰前中國工業化的資本問題，關鍵不在太窮，而在於不能將潛在的剩餘導入投資途徑。

---

[11] 參閱拙著：《中國近代貨幣與銀行的演進（1644-1937）》，頁85-86。

要將潛在剩餘導入投資，不外三個途徑：一為投資人自籌資本，或組織公司，發行股票及債券。二為以銀行為樞紐，吸收游資，然後以貸款或承購（underwriting）方式，將資金轉移到生產途徑。三為政府以課稅或公債方式，減少不必要消費，而將潛民間的剩餘資源徵集起來，用於直接投資（如交通運輸、教育、衛生等），或輔助私人企業。依喬欣克隆（Alecxander Gerschenkron）的研究，依靠第一種籌款投資途徑，只有在經濟較發達、商業信用較建全的國家，才有可能；經濟愈落後，信用愈不健全的國家，政府在籌措建設資金方面必須負擔起越大的責任。[12]十九世紀後半到二十世紀初工業化的國家中，德國主要靠投資銀行（investment bank）負起籌集資本的功能，俄國則主要靠政府的強制課程方式。日本則一方面改革稅制，一方面鼓勵銀行的設立，雙管齊下，以解決工業資本問題。但是，中國銀行業發展遲緩，到一九三〇年代還不及日本經濟起飛前夕（一八八〇年代）的水平。[13]中國政府從清末至戰前，又沒有對稅制作根本改革，掌握財源很有限，因此每每捉襟見肘，難有作為。[14]

同樣地，為解決工業化人才問題，德國和日本政府在十九年世紀後半期，都建立起一個全國性的教育制度，包括義務性的小學教育，以至訓練專才的大學及研究所。結果，到十九世紀末二十世紀初，不但文盲幾乎全部掃除，而且產生了大批的科學家及技術人才。然而中國的傳統科舉取士，到一九〇五年才取消，此後三十年，政府對於教育之投資人，也沒有積極進展。人才缺乏，企業界的計畫、組織、及管理，自然難望健全。

至於二十世紀上半社會政治不安，戰亂頻仍，對於工業發展有極不良影響，更無庸諱言。全先生在他的《漢冶萍公司史略》中指出，民國成立以

---

[12] Alecxander Gerschenkron, *Economic Backwardness in History Perspective*（Cambridge, Mass: Harvard University Press, 1962），pp.5-30.

[13] 拙著：《中國近代貨幣與銀行的演進（1644-1937）》，頁88。

[14] 我曾作一初略估計，滿清政府末年的課稅收入，尚不及國民生產總額的百分之三。見拙著 *Land Taxation in Imperial China,1750-1911*（Cambridge, Mass: Harvard University Press,1973），p.133.

來，內亂時發，漢陽鐵廠每每爐毀廠停，萍鄉煤礦常因戰事停工，大冶鐵礦
屢被迫向地方政府捐款。在這種情形下，營業如何能望興旺？他又說：「當
日中國一般的工業，也像漢冶萍公司一樣，飽受軍閥或政府的摧殘，以致
凋零衰落，能夠逃出這個不幸的命運的，簡直是鳳毛麟角。」[15]豈不令人扼腕
興嘆！事實上，當時上海一地工業化之所以一枝獨秀，除了它的地理位置優
良，交通運輸方便以外，外人租界所在，環境較為安定，以致內地資本與人
口紛紛流入上海，也是一大原因。上海和廣大的內地互相對照，猶如沙漠中
的孤島，實為中國近代工業發展的畸形現象。

---

[15] 全漢昇：《漢冶萍公司史略》（香港：中文大學，1972年），頁242。

全漢昇先生事略[1]

何漢威[*]

　　先生諱漢昇，廣東順德人，一九一一年十一月十九日生。一九一五年因避水災，舉家遷居佛山鎮。先生初就讀佛山私塾，一九二六年移讀廣州；翌年入讀市立第一中學，一九三一年夏畢業。旋負笈北平，考入國立北京大學史學系。在學期間，受政治系教授陶希聖、史學系系主任及教授陳受頤、中央研究院歷史語言研究所所長及史學系教授傅斯年影響尤大。陶先生講授中國社會經濟史，先生跨系修讀，對之極具興趣，深感該門學問亟待開發之新領域尚多，遂決定以此為終生志業。先生因家境貧困，學業時有中輟之虞；陶先生鼓勵先生投稿《食貨半月刊》，並出版其習作《中國行會制度史》，藉筆耕，先生大學三、四年級生活費用方有著落。對此大德，每一憶及，先生猶感念不已。陳先生推薦先生班上兩篇習作〈清末的「西學源出中國說」〉及〈清末反對西化的言論〉於《嶺南學報》刊出；論者有謂〈清末的「西學源出中國說」〉一文實早期國人治晚清思想史者以「單一概念」作中心題旨僅有之兩種論著之一。傅先生治學求博求深，教導學生認真蒐羅史料，不尚空言；此一務實求真之治學態度，日後遂成為先生之研撰方針。一九三五年甫畢業，蒙陳先生推薦，傅先生拔尖，進史語所為助理員，隸第一（歷史學）組，自此潛心研究，與史語所結下終身不解之緣。

　　抗戰軍興，先生追隨史語所輾轉於湖南長沙、廣西桂林、雲南昆明及四

---

[1] 　本文原載《香港中國近代史學報》No.2（2004年）。經作者及學報同意轉載，特此致謝。

[*] 　中央研究院歷史語言研究所研究員

川南溪李莊。一九四一年二月晉助理研究員，一九四三年九月晉副研究員。期間先生與中研院社會科學研究所梁方仲先生交誼至契。先生每有新撰，梁氏必細加校閱，並提出批評意見，遂深獲良友砥礪問難之益。

先生自入史語所至安止李莊，研究興趣集中唐、宋時期，兼及魏晉南北朝及元代，而先從宋代商業著手。唐、宋經濟史研究中，《唐宋帝國與運河》一書，根據史實，剖析連結經濟重心南方及軍事政治重心北方之大運河，其或暢或礙，與唐、宋國運盛衰之關係，至為突出，因獲教育部特別頒獎。此書研究要旨現已納入一般教科書，成為歷史常識。先生另一重大貢獻厥為探研商業發展與杭州、汴梁、揚州和廣州四個性質不同城市之都市化，尤著眼於交通運輸與國際貿易對都市發展之可能影響。

或因戰時通貨膨脹之經驗與體會，貨幣與物價變動遂成為先生畢生最感興趣之研究課題；先生亦因之成為中國物價史研究之前驅。一九四二年先生所撰〈宋末的通貨膨脹及其對於物價的影響〉一文發表於《史語所集刊》，備受學界讚譽。東北史及宋遼金史名家金毓黻先生閱後，於其日記中謂此文「頗致研幾之功」、「蓋南宋末年史料極為缺乏，……全君於宋人文集蒐討至勤，苟有片言隻字亦必具錄，以成此篇，可謂難矣。」復於翌年正月致傅先生函中謂先生「治學之勤劬，近所罕見。」先生另一發表於《集刊》之長文〈中古自然經濟〉，迄今仍為研究魏晉至唐中葉中國貨幣演變之最重要論著。中國物價之歷史研究，因史料缺乏及過去幣制與度量衡不統一而不易展開，唯先生仍作出可觀成績。吾人對民前千餘年間物價變動有一概略認識，先生厥功至偉；其於此一領域之卓越成就，非他人所能企及。

一九四四年十月蒙傅先生及社科所所長陶孟和先生提拔，先生獲派赴美，先後於哈佛、哥倫比亞及芝加哥三所著名學府進修，從遊於 Abbott P. Usher 、Shepherd B.Clough 及 John U.Nef 等經濟史大師，汲取國外經濟史學界之新觀念及新方法，並與西方經濟史家建立聯繫，奠下日後學術交流基礎。先生既於二次大戰末期遠離貧困家園，親身體驗美國先進富庶之物質文明，復深受 Nef《英國煤礦工業之崛興》一書之啟發，遂開始關注中國近代工業化成績何以遲緩而乏善可陳此一重要歷史課題。

一九四七年先生回南京，除史語所本職外，復於中央大學經濟系兼課，講授中國經濟史及西洋經濟史。

一九四九年一月先生隨史語所渡臺，累遷為終身職研究員；復受時任臺灣大學校長之傅先生囑托，任臺大經濟系教授，為培育經濟史人才而盡力。一九五二至一九五六年間並兼系主任。胡適之先生出掌中研院期間，先生為代總幹事，迄一九六一年九月赴美研究止。其時財源困窘，先生為新所籌建與史語所設備擴充，煞費苦心。

一九四九年以降，先生研究重心轉移至明、清及近代，大致集中於兩大課題：近代工業建設及近世貨幣與物價史研究。一九六一年先生赴美前，或對中國近代工業化作廣泛考察，或對箇中關鍵企業、地區及問題作深入個案探討。研究成果中，有關漢陽鐵廠及漢冶萍公司、江南製造局、甲午戰前中國工業化等論著，俱為力作。一九五五年先生重訪哈佛大學後，經歐洲回國，開始探研明、清以還東西經濟之交流互動，尤著力於美洲白銀流入對中國財政與經濟生活之影響此一課題。藉高弟王業鍵先生襄助，乃能進一步利用史語所庋藏資料，備盡心力，探究清代物價，發現從十七世紀末至十八世紀結束百年間，糧價及物價呈現長期上昇趨勢，而此實與其時美洲白銀大量進口息息相關。另先生亦對地區糧價差異與經濟交流詳加考察。嗣後，王先生利用經濟發展及貨幣學理論，拓展研究範圍，對中國經濟史研究貢獻良多，先生尤感欣慰。

一九六一年先生第三度赴美，以兩年時間訪問芝加哥、西雅圖華盛頓及哈佛三大學，得閱《菲律賓群島》此一重要史料，日後先生自中、菲、西班牙商貿互動以析論美洲白銀與中國絲貨貿易，實在以此為契機。

一九六五年十一月先生應聘至香港中文大學新亞書院歷史系任教，講授中國社會經濟史、中國經濟史專題研究等課程；一九七五年任新亞書院院長，兩年後從中大退休，轉任中國文化研究所資深研究員一年。嗣專任新亞研究所教授兼教務長。一九八○年二至八月應邀任東洋文庫訪問學人。一九八三年起任新亞研究所所長凡十一年。一九八四年十二月當選為中研院第十五屆人文組院士。一九八九年起出任中研院史語所、近代史研究所及中

山人文社會科學研究所學術諮詢委員。一九九五年九月先生夫婦離港返臺，定居新竹。

先生居港三十載期間，尤集中於探研明中葉以還，中、西、日、葡、荷之貿易關係及金銀比價儲問題。明中葉以降約四百年間，中國幣制堪稱為銀銅複本位制；先生之研究尤著重於期間之貨幣供給，藉以明瞭幣制發展，嘗發表〈明季中國與菲律賓貿易〉、〈明代的銀課與銀產額〉、〈清代雲南的銅礦工業〉及〈明中葉後中國黃金的輸出貿易〉等重要論文多篇。賴先生從貨幣、物價、國內外貿易等多面性深入探討，吾人方能對清代整一經濟體系之演變面貌，獲更為完整之認識。

先生治學六十年來，著作宏富，上自魏晉以迄抗戰前夕，綿長遼闊，經初步統計，凡專書九、論文一百一十五、書評十、雜著六；於史料窮徵博引，於分析細針密線。其學術見解及成就，深受學界同道重視推崇。

先生甫進史語所，但知遵照傅先生「閉門讀書」之指示，遂養成習慣，孜孜不息，以擴大史料蒐集範圍、發掘問題，撰為論著為一生之志業與嗜好，並不斷吸收西方經濟研究方法及成果，堪稱以一己之力為中國經濟史研究帶動新風氣，開拓新視野，並提升研究水準，極盡篳路藍縷，拓荒發軔之功。回顧二十世紀此一學術領域之發展，無處弗見先生足供後學跟進之耕耘足跡。其研究造詣之深與廣，貢獻之「多而重要」，以及獎掖後進之殷切，惠澤士林，中外仰止。對先生學術上之重大貢獻，哈佛大學故楊聯陞教授嘗題詩云：「妙年唐宋追中古，壯歲明清邁等倫。經濟史壇推祭酒，雄才碩學兩超群。」洵實錄也。

先生木訥寡言，兢兢自守，生活簡樸，身體素健。近數年始以年邁，體氣漸衰。於二○○一年九月廿一日因肺炎入萬芳醫院急診，轉加護病房，終以高齡體弱，於十一月二十九日上午十時二十分辭世，享年九十。

夫人黃蕙芳女士，廣東新會人，北京女子師範大學畢業，一九三八年十二月歸於先生，鴻案相莊，勤儉持家；生子二：任洪、任重。任洪為科羅拉多大學博士，現為休士頓United Space Alliance工程師；媳陳慈玉，東京大學博士，現職中研院近史所研究員。任重為加州大學博士，現為清華

大學數學系教授；媳郭蕙芳，加州大學博士，現執教中原大學數學系。孫三人：若望、明道、明遠；孫女一：心梅；孫媳詹欣玲。若望、欣玲，俱美國Baylor醫學院醫學博士，現在美業醫。孝子賢孫，皆善紹家風。

綜先生之生平，畢生劬學，奉獻於中國經濟史，學足傳世，年則登耄，今雖棄其後生，而鴻業長在，惟好學慕賢者之景式焉。

杖履追隨
——憶全師漢昇院士

楊永漢

　　二○○一年十一月二十九日，我正在圖書館看書，電話響起，內心忽然來了無名的憂傷，一種不祥的感覺湧上胸懷——張偉保兄告訴我，全漢昇老師在臺灣逝世。一代宗師，溘然長逝，腦際一片空白，悵然無主了片刻。按下電話，仰首蒼穹，全師的面貌神態，教學時的影像，一一重現眼前。和風秋雨，更添無限懷人愁緒。

　　就讀樹仁期間，系主任湯定宇老師經常在課堂上提到學術界幾位大師：錢穆先生、全漢昇先生、嚴耕望先生等，湯老師經常用「不得了」來形容他們的學問。諸位先生的風采已在腦海浮動，令人神往，內心早已心儀新亞研究所的教學模式及師棣關係。

　　一九八二年投考新亞研究所，筆試分三天進行，最後是面試。面試當日，全漢昇老師及嚴耕望老師是其中兩位主考。我竟在幾位史學大家面前，談論自己讀史的心得及對史事的見解，過後回想，實在有點汗顏。其後，被新亞取錄為碩士生，自覺是學業上一大成就。

　　全漢昇老師的課主要是開在星期六早上，選修人數約十多人，用國語授課，筆記寫滿黑板，討論時則用粵語，當然，少不了有同學錄音。小息後，全老師會與我們討論問題，每條問題，老師都細心作答，有時眉頭緊蹙，有時微笑點頭，但大部分時間老師都不苟言笑。

　　一九八三年，我開始撰寫論文，在選擇導師前，徵詢幾位學長的意見，

林燊祿學兄說全老師很嚴格，一定能將我們訓練成才。聽說全老師曾責罵一位同學，將論文擲到檯上，令他痛哭不已；聽說老師將一份論文發還同學，完全不予評分，要重新再寫；聽說老師細翻同學論文注釋，發現部分引文不正確而大發雷霆。種種傳說令我既驚恐又神往，因此鼓起勇氣，拿了有關王安石的資料去見全老師，告訴老師我想寫有關王安石變法的論文。老師沒有反對，並囑我先看漆俠的《王安石變法》及梁啟超、熊公哲諸學者的論著。

其後，我用了八、九個月時間看一手資料及有關論文，最後條目分明地寫了近百張資料卡，一心以為可動手寫文。見全老師當日，老師要我指出諸位學者所寫的論文見解異同，又問我所看的資料及分析有否與他們的研究不同？我回應不多。老師就直截了當地說：「那不要寫這題目了！你再在宋朝找題目吧！」。這刻真有晴天霹靂的感覺，大半年的心血，付與流水。

最後，老師要我在他的研究成果上補充資料，決定以北宋財政收入作為研究重心，更特別叮囑我要多向學術前輩請益。我先探訪中文大學蘇基朗先生，蘇先生就我的題目提出很寶貴的意見。其後拜訪香港大學林天蔚教授，林老師告訴我他對北宋的研究不太深入，未必能幫忙，但其後他却託人帶著有關北宋的資料給我，又邀請我出席香港大學的「中古史料國際研討會」，使我能接觸當代各國名家，親自向他們請教，包括池田溫、田仲一成等，獲益良多。

對我特別照顧的是梁天錫老師，他是謙厚君子，以他的學養的深度來說，我只能作他的弟子。可是，梁先生始終對我以「學兄」尊稱，此事至今仍令我愧顏。第一次見梁老師，他對宋史異常熟悉，侃侃而談，囑我以《宋會要輯稿》及李燾《續資治通鑑長編》為基石，研究北宋與遼的經濟關係。當日還與老師共進晚餐，餐後老師親自送自己的著作，上款竟署「永漢兄」，驚倒之餘，不敢接受，但老師強我所難，還說我從未上過他的課，不能算是弟子，是師兄弟好了。其後，梁老師有新著作，都託人交到我手，其情誼如此，其風範至今仍難忘。以後有關宋代的歷史問題，我都會造訪老師討教，直至我轉向研究明代，接觸才減少。

先後得到幾位學者的教誨，才開始寫作論文。論文內容有一章是關於北

宋田賦的，我寫了宋代田的分類及演變，自以為得意之作。老師看過後，眉頭皺起來說：「這些資料是你從第一手資料找出來，抑或是用別人的成果？」我點頭承認是從研究論文輯下來的，老師說：「那這一章不必寫在論文內，在緒論簡介就可以了。」老師說凡是別人的學術成果，我們都不能掠美，就算複查了資料，也應寫出參考書名。我的心就沉了一沉，自以為鴻篇巨制，給老師看穿是東拼西湊的作品。這使我以後寫文，下筆較為謹慎。

碩士論文始終寫得不太好，只有討論「草市」的一節，我新用了《老學菴筆記》的資料作依據，其它大都是老師和時人的研究成果。老師批改極仔細，用鉛筆刪改內文，連句讀都兼顧，用字更加要求明確。有次我用「已而」起句，老師就罵我舞文弄墨，要改寫「不久」。老師沒有認真罵過我，對我不滿時只作搖頭，這樣我就知道自己的功力。論文雖然過關，但真的有愧於心，沒有創見。

我申請就讀博士班時，與林燊祿兄商量，林兄建議我研究明代，因為很多資料尚待發掘；最後，決定研究明代軍餉。軍餉所包含的意思非常闊，林兄要我從此入手，再定題目，最後決定研究「遼餉」。老師吩咐我先看王毓銓先生《明代的軍屯》，再把《明實錄》翻一遍，自神宗以後就要仔細看及做筆錄。這樣，我開展忙碌的論文寫作。通常我一或兩星期會向老師請益，討論完畢，一班同學會和老師午飯。有次我叫張偉保兄一起用膳，他告訴我，其他同學不敢邀請全老師午飯。我說他們都弄錯了，與老師午飯是我所的傳統，這個傳統至今仍實踐著。記得有一次我談論胡適先生的「大膽假設，小心求證」會出現問題，老師只是微笑。何漢威先生忽然拍了我一下說：「胡先生是你的師祖，你可要小心說話。」老師也笑了起來。

我幾次拿有關遼東的第一手資料與老師討論，老師覺得我看得不透徹。有一次，老師忽然問我每月的開支費用，若不是太高，他願意支付我日常的開支，希望我能放棄工作，專心完成論文。執筆至此，淚水盈睫，老師的神態，宛如目前，敦厚長者提攜後輩的心，昭然如日，使我終生感謝。我實在不知如何說句感激，自老師後，我從未遇過一位與老師同一心態的學者，能不教人傾慕。

　　寫博士論文期間，我兩次到中研院看書。第一次到達，是廖伯源學長替我訂房，還說全老師早已找人通知他要照應我。閒話幾句，卻使我感動不已，從沒想過全老師會為我的事操心，更沒法想象老師會一早為我安排。在臺的兩個暑假，主要是看明人畢自嚴的《度支奏議》，明代的版本，彌足珍貴。除《度支奏議》外，我先後看了很多明代第一手資料，包括畢自嚴的《督餉疏草》、明人汪汝淳的《毛大將軍海上情形》等。二百多冊的《度支奏議》，看了兩個暑假，寫滿兩本筆記。首次到中研院，《度支奏議》尚未製成底片，全用手抄；第二次到達時，已可透過儀器影印，省去很多抄寫工作。回港後，老師看過我的筆記，叫我用朱慶永及郭松義的論文作參考，著手撰文。

　　由於要動手寫論文，我向老師要求，先看《明實錄》神宗以後的資料。老師認為可以，但林燊祿兄卻罵了我一頓，林兄認為研究明代歷史而未看畢《明實錄》是不能接受。林兄叮嚀，此次例外，往後不能不看整套《明實錄》，並命我翻看明末清初所有現存的地方志。我翻看了五十多套《天一閣藏明代地方志選刊》及《續編》，只得幾處地方有三餉的記錄，包括崇禎《吳縣志》。最後，林兄要我再看研究所所藏的地方志底片。我看了幾本，眼睛很疲倦，發覺並沒有資料，餘下就懶得去看，誰知《清江縣志》有三餉的記錄。林兄問我是否已看畢所藏地方志，我硬說看完，他將資料遞給我，不住搖頭，這下子令我實在難堪，現在想起，臉還赤熱。以後做研究，看過說看過，沒看過說沒看過。一九九五年，我到英國唸教育學，全老師給我寫了一封信，其中一句勉勵我「有一分證據，說一分話；有七分證據，說七分話」，不知是否與此事有關？

　　全老師對學者非常尊重。張仁青老師從臺灣到港教學，全老師邀請香港多位學者接風，包括單周堯教授、陳耀南教授等。還記得有一次王業鍵先生到香港，全老師致電給我工作的地方，要我立即放下手頭工作，到尖沙咀向王先生請益。

　　星期六下課後，全老師通常與同學一起午飯。我們為表示勤力，很多時影印大量資料給全老師看，希望博他讚賞。有一回，他看過我的資料，

輕聲說：「不要看這些，多看梁方仲先生的論著。」平時老師很嚴緊，說話小心，但當房間只有師徒兩人時，很多時直截了當地說不要花時間一些沒有建樹的論文上，功力不足的，最好不看，有時更會將與學者通信的論學內容給我看。對有學養的學者，老師皆推崇備至，例如老師曾說過嚴耕望老師的《唐代交通圖考》是「不得了」的鉅著。又如老師命我倘有機會到北京，一定要探訪王毓銓先生。可惜我多次到京都沒有拜訪王先生，直至二○○三年，知道王先生離世，才有失諸交臂，愧對老師之感。有次老師跟我說：「做研究是看材料，發覺有問題存在，再追尋答案。」我銘記於心，不濫竽充數的寫論文。

博士論文的毛病與碩士論文一樣，太龐雜。林燊祿兄為我批閱初稿，他看了第一章，發覺我將王毓銓先生軍屯的分類都寫下來，怒不可遏，罵得我面無人色，繼而面命，若不引用地方志，將拒絕看我的論文。誰知當年暑假，王業鍵先生從美國回來，要到內地開會。全老師希望我將初稿先給王先生看看，這下子真尷尬。惟有先將軍屯一章刪掉，直接寫萬曆期間至崇禎期間的收入，已沒有時間引入清初地方志。一星期後，王先生約我到酒店見面，當日先生指出我的數據前後有矛盾之處，要我小心處理和解釋，繼而翻看參考書目，與我討論如何取材，如何運用資料，還謙說自己看得不認真。

全老師將論文交給何漢威先生批閱。何先生看得很仔細，包括圖表不足之處，缺乏橫面比較，分析不夠深入等，他以「捉到鹿不懂脫角」來形容我處理材料的態度。他舉例說英國的稅收很重，但為何沒有出現如明代流寇的情況？要小心比較考慮；甚至用字，何先生亦很用心的提示，寫歷史論文，不宜用過於感性的字句。前後多次與何先生見面討論，聆聽教誨，才能完成論文，再給全老師修改。真的要多謝林燊祿兄及何漢威先生，不嫌我魯鈍，多方鼓勵引領。

博士論文通過後，全老師希望我到美國作「博士後研究」。我不置可否，老師就聘我為副研究員，留校研究三飾。是全老師帶我進入研究學術之途，至此，已不能親口說聲多謝，惟有默默懷念。

其後我任教大學或指導研究生，都以全老師為楷模，從不馬虎對待學生

的論文。二〇〇一年，在全老師香港的追悼會上，我帶領十多個學生一同向
老師鞠躬，是感謝他的教誨，感謝他對我如同子侄的情誼，感謝他終生奉獻
學術，亦象徵老師的治學精神不會中斷。

全漢昇先生著作目錄

何漢威編

一 專書

1 中國行會制度史

上海市　新生命書局　1934年

臺北市　食貨出版社　1978年 影印本

天津市　百花文藝出版社　2007年 簡體字重排本

2 唐宋帝國與運河

中央研究院歷史語言研究所專刊之24　重慶市　商務印書館　1944年

臺北市　中央 究院歷史語言 究所　1995年 重排版

3 臺灣之城市與工業（與 Arthur F. Raper、陳紹馨等合著）

臺北市　國立臺灣大學　1954年　此書以中、英兩種文字刊行，英文書

名 *Urban and Industrial Taiwan Crowded and Resourceful* .

4 漢冶萍公司史略

香港　香港中文大學　1972年

近代中國史料叢刊續輯　第927冊　臺北縣　文海出版社　1982年

5 中國經濟史論叢

香港　新亞研究所　1972年

臺北縣　稻鄉出版社　1992年 影印本　臺北縣　稻禾出版社　1996年

全漢昇經濟史著作集　北京市　中華書局　2011年 簡體字重排本

6 *Mid-Ch'ing Rice Markets and Trade: An Essay in Price History*（co-authored Richard A. Kraus），Cambridge , Mass. : East Asian Research Center , Harvard University , 1975.

7 中國經濟史研究

香港　新亞研究所　1976年　上、中、下冊

臺北縣　稻鄉出版社　1991年 影印本　上、下冊

全漢昇經濟史著作集　北京市　中華書局　2011年 簡體字重排本

8 明清經濟史研究

臺北市　聯經出版公司　1987年

9 中國近代經濟史論叢

臺北縣　稻禾出版社　1996年

全漢昇經濟史著作集　北京市　中華書局　2011年 簡體字重排本

二　論文

1 宋代都市的夜生活

《食貨半月刊》　第1卷1期　頁23-28　1934年

2 中國廟市之史的考察

《食貨半月刊》　第1卷2期　頁28-33　1934年

3 中國苦力幫之史的考察

《中國經濟》　第2卷1期　頁1-4　1934年

4 中國古代的行會制度及其起源

《現代史學》　國立中山大學史學研究會　第2卷1、2合期　頁149-164 1934年

5 中國佛教寺院的慈善事業

《食貨半月刊》　第1卷4期　頁1-7　1935年

6 宋代女子職業與生計

《食貨半月刊》　第1卷9期　頁5-10　1935年

《文史雜誌》 第2卷5-6期 頁29-32 1942年（以筆名皮倫發表）

21 唐代物價的變動

《中央研究院歷史語言研究所集刊》 第11本 頁101-148 1944年

22 唐宋時代揚州經濟景況的繁榮與衰落

《中央研究院歷史語言研究所集刊》 第11本 頁149-176 1944年

23 北宋物價的變動

《中央研究院歷史語言研究所集刊》 第11本 頁337-394 1944年

24 南宋初年物價的大變動

《中央研究院歷史語言研究所集刊》 第11本 頁395-423 1944年

25 宋金間的走私貿易

《中央研究院歷史語言研究所集刊》 第11本 頁425-447 1944年

26 元代的紙幣

《史料與史學》 上冊 中央研究院歷史語言研究所集刊外編之2 頁1-57
1944年

《中央研究院歷史語言研究所集刊》 第15本 頁1-48 1948年

27 宋代南方的虛市

《中央研究院歷史語言研究所集刊》 第9本 頁265-274 1947年

28 唐宋政府歲入與貨幣經濟的關係

《中央研究院歷史語言研究所集刊》第20本上 頁189-221 1948年

29 清末漢陽鐵廠

《中央研究院歷史語言研究所集刊》 第21本 頁63-97 1948年

《社會科學論叢》 第1輯 臺北市 國立臺灣大學法學院 1950年

30 從工業生產觀察英國在世界經濟中之地位的轉變

《社會科學論叢》 第2輯 1951年

31 煤、水力、石油在近代機械動力上的地位

《財政經濟月刊》 第1卷1期 頁48-53 1950年

32 清季的江南製造局

《中央研究院歷史語言研究所集刊》 第23本上 頁145-159 1951年

33 世界動力資源與世界工業化

《財政經濟月刊》 第1卷2期 頁55-62 1951年

34 近代中美工業化運動的比較

《財政經濟月刊》 第1卷3期 頁39-44 1951年

35 二次大戰前後的遠東經濟

《財政經濟月刊》 第1卷4期 頁44-48 1951年

36 論工業革命

《財政經濟月刊》 第1卷5期 頁59-63 1951年

37 二次大戰前後的日本紡織工業

《財政經濟月刊》 第1卷7期 頁16-20 1951年

38 論落後地區的經濟發展

《財政經濟月刊》 第1卷8期 頁21-24 1951年

39 二次大戰前後東歐與西歐間的貿易

《財政經濟月刊》 第1卷9期 頁47-49 1951年

40 從人口問題談到台灣的工業化

《財政經濟月刊》 第1卷11期 頁8-13 1951年

41 韓國戰爭與遠東經濟

《財政經濟月刊》 第1卷12期 頁32-35 1951年

42 交通建設在落後地區經濟發展中的地位

《財政經濟月刊》 第2卷1期 頁21-25 1951年

43 二次大戰前後北大西洋兩岸工業生產的變動

《學術季刊》 第1卷1期 頁146-151 1952年

44 從東南亞經濟談到台灣經濟

《財政經濟月刊》 第2卷2期 頁3-7 1952年

45 從布價狂漲談到台灣棉紡織工業的保護

《財政經濟月刊》 第2卷4期 頁9-12 1952年

46 落後地區的外資問題

《財政經濟月刊》 第2卷5期 頁53-56 1952年

47 論西歐鋼鐵煤礦工業聯營的許曼計劃

《財政經濟月刊》　第2卷6期　頁6-9　1952年

48 美國的鋼鐵工業

《財政經濟月刊》　第2卷7期　頁5-9　1952年

49 論台灣的工業化

《財政經濟月刊》　第2卷9期　頁20-23　1952年

50 美國工業對於外國礦業資源的倚賴

《財政經濟月刊》　第2卷11期　頁37-40　1952年

51 二次大戰後世界動力燃料生產的趨勢

《財政經濟月刊》　第3卷1期　頁38-41　1952年

52 從貨幣制度看中國經濟的發展

《中國文化論集》　第1卷　頁117-123　1953年

53 清季鐵路建設的資本問題

《社會科學論叢》　第4輯　1953年

54 論台灣工業化與對外貿易的關係

《財政經濟月刊》　第3卷3期　頁13-16　1953年

55 清季英國在華勢力範圍與鐵路建設的關係

《社會科學論叢》　第5輯　頁115-128　1954年

56 清季鐵路的官督商辦制度

《學術季刊》　第3卷2期　頁63-66　1954年

57 甲午戰爭以前的中國工業化運動

《中央研究院歷史語言研究所集刊》　第25本　頁59-79　1954年

58 清季西法輸入中國前的煤礦水患問題

《中央研究院院刊》　第1輯　頁83-89　1954年

59 清季的貨幣問題及其對於工業化的影響

《中央研究院院刊》　第2輯下　頁51-60　1955年

60 美國經濟與世界經濟

《大陸雜誌》　第11卷11期　頁28-32　1955年

61 山西煤礦資源與近代中國工業化的關係

《中央研究院院刊》 第3輯 頁161-185 1956年

62 美洲白銀與十八世紀中國物價革命的關係

《中央研究院歷史語言研究所集刊》 第28本下 頁517-550 1957年

63 上海在近代中國工業化中的地位

《中央研究院歷史語言研究所集刊》 第29本下 頁461-497 1958年

64 鴉片戰爭前江蘇的棉紡織業

《清華學報》 新1卷3期 頁25-51 1958年

65 清雍正年間（1723-35）的米價（與王業鍵合著）

《中央研究院歷史語言研究所集刊》 第30本 頁157-185 1959年

66 清中葉以前江浙米價的變動趨勢（與王業鍵合著）

《慶祝董作賓先生六十五歲論文集》 上冊 中央研究院歷史語言研究所
集刊外編第四種 頁351-357 1960年

67 鐵路國有問題與辛亥革命（載吳相湘主編）

《中國現代史叢刊》 第1冊 臺北市 正中書局 頁209-271 1960年

68 漢冶萍公司之史的研究（載吳相湘主編）

《中國現代史叢刊》 第2輯 臺北市 正中書局 頁277-385 1960年

69 清代人口的變動（與王業鍵合著）

《中央研究院歷史語言研究所集刊》 第32本 頁139-180 1961年

70 近代四川合江縣物價與工資的變動趨勢（與王業鍵合著）

《中央研究院歷史語言研究所集刊》 第34本上 頁265-274 1962年

71 略論宋代經濟的進步

《大陸雜誌》 第28卷2期 頁25-32 1964年

72 從徐潤的房地產經營看光緒九年的經濟恐慌

《中央研究院歷史語言研究所集刊》 第35本 頁283-300 1964年

73 乾隆十三年的米貴問題

《慶祝李濟先生七十歲論文集》 下冊 臺北市 清華學報社 頁333-
352 1965年

74 從西班牙物價革命談到中國物價革命

載中國文化學院西班牙研究所編纂 《中國與西班牙文化論集》 臺北市

中國文化學院 頁147-154 1965年

75 美洲發現對於中國農業的影響

《新亞生活雙週刊》 第8卷19期 1966年

76 近代中國的工業化

《新亞生活雙週刊》 第9卷15期 1967年

77 宋明間白銀購買力的變動及其原因

《新亞學報》 第8卷1期 頁157-186 1967年

78 明代的銀課與銀產額

《新亞書院學術年刊》 第9期 頁245-267 1967年

79 明季中國與菲律賓間的貿易

《香港中文大學中國文化研究所學報》 第1期 頁27-49 1968年（以下

簡稱《中國文化研究所學報》）

80 明清間美洲白銀的輸入中國

《中國文化研究所學報》 第2卷1期 頁59-80 1969年

81 清朝中葉蘇州的米糧貿易

《中央研究院歷史語言研究所集刊》 第39本下 頁71-86 1969年

82 明代北邊米糧價格的變動

《新亞學報》 第9卷2期 頁49-96 1970年

83 自宋至明政府歲出入中錢銀比例的變動

《中央研究院歷史語言研究所集刊》 第42本3分 頁391-403 1971年

84 自明季至清中葉西屬美洲的中國絲貨貿易

《中國文化研究所學報》 第4卷2期 頁345-369 1971年

85 明中業後太倉歲入銀兩的研究（與李龍華合著）

《中國文化研究所學報》 第5卷1期 頁123-157 1972年

86 明代中業後澳門的海外貿易

《中國文化研究所學報》 第5卷1期 頁245-273 1972年

87 明代中葉後太倉歲出銀兩的研究（與李龍華合著）

《中國文化研究所學報》　第6卷10期　頁169-244　1973年

88 清代雲南銅礦工業

《中國文化研究所學報》　第7卷1期　頁155-182　1974年

89 明清時代雲南的銀課與銀產額

《新亞學報》　第11卷上　頁61-88　1974年

90 The Chinese Silk Trade with Spanish America from the Late Ming to the Mid-Ch'ing Period,」in Laurence G. Thompson ed., *Studia Asiatica: Essays in Felicitation of the Seventy-fifth Anniversary of Professor Ch'en Shou-yi*（CMRASC Occasional Series No. 29, San Francisco: Chinese Materials Center, Inc., 1975）, pp. 99-117.

91 近代早期西班牙人對中菲美貿易的爭論

《中國文化研究所學報》　第8卷1期　頁71-85　1976年

92 清季的商辦鐵路（與何漢威合著）

《中國文化研究所學報》　第9卷1期　頁119-172　1978年

93 The Economic Crisis in 1883 As Seen in the Failure of Hsu Jun's Real Estate Business in Shanghai,」in Chi-ming Hou and Tzong-shian Yu eds., *Conference on Modern Chinese Economic History*（Taipei: Institute of Economics, Academia Sinica, 1979）, pp. 537-542.

94 清康熙年間（1662-1722）江南及附近地區的米價

《中國文化研究所學報》　第10卷上　頁63-103　1979年

95 再論明清間美洲白銀的輸入中國

《陶希聖先生八秩榮慶論文集》　臺北市　食貨出版社　頁164-173　1979年

96 清代蘇州的踹布業

《新亞學報》　第13卷　頁409-437　1980年

97 Trade between China, the Philippines and the Americas during the 16-18 th Centuries,」

《中央研究院國際漢學會議論文集》　臺北市　中央研究院　頁849-854　1981年

98 明中葉後中國黃金的輸出貿易

《中央研究院歷史語言研究所集刊》　第53本2分　頁213-225　1982年

99 明中葉後中日間的絲銀貿易

《中央研究院歷史語言研究所集刊》　第55本4分　頁635-649　1984年

100 略論新航路發現後的海上絲綢之路

《中央研究院歷史語言研究所集刊》　第57本2分　頁233-239　1986年

《近代中國史研究通訊》　第2期　頁30-37　1986年

101 美洲白銀與明清經濟

《經濟論文》　第14卷2期　頁35-42　1986年

102 明清間中國絲綢的輸出貿易及其影響

《國史釋論：陶希聖先生九秩榮慶祝壽論文集》　上冊　臺北市　食貨出版社　頁231-237　1987-1988年

103 從馬禮遜小冊子談到清末漢陽鐵廠

《清季自強運動研討會論文集》　下冊　臺北市　中央研究院近代史研究所　頁707-723　1988年

104 略論明清之際橫越太平洋的絲綢之路

《歷史月刊》　第10期　頁72-80　1988年

105 略論宋代的紙幣

《國際宋史研討會論文集》　臺北市　中國文化大學史學研究所　頁3-6　1988年

106 略論大唐帝國與運河

《第一屆國際唐代學術會議論文集》　臺北市　中華民國唐代研究學者聯誼會　頁1-6　1989年

107 略論十七八世紀的中荷貿易

《中央研究院歷史語言研究所集刊》　第60本1分　頁123-129　1989年

108 三論明清間美洲白銀的輸入中國

《第二屆國際漢學會議論文集：明清與近代史組》 上冊 臺北市 中央研究院 頁83-94 1989年

109「The Import of American Silver into China during the 16 th -18 th Centuries,」

《第二次中國近代經濟史會議》 臺北市 中央研究院經濟研究所 頁 23-27 1989年

110 從山西煤礦資源談到近代中國的工業化

《中國現代化論文集》 臺北市 中央研究院近代史研究所 頁399-403 1991年

111 美洲白銀與明清間中國海外貿易的關係

《新亞學報》 第16卷上 頁1-22 1991年

112 再論十七八世紀的中荷貿易

《中央研究院歷史語言研究所集刊》 第63本1分 頁33-66 1993年

113 略談近代早期中菲美貿易史料：《菲律賓群島》——以美洲白銀與中國絲綢貿易為例

《中央研究院歷史語言研究所集刊》 第64本1分 頁223-229 1993年

114 略論新航路發現後的中國海外貿易

《中國海洋發展史論文集》 第5輯 臺北市 中央研究院中山人文社會科學研究所 頁1-16 1993年

115 鴉片戰爭前的中英茶葉貿易

《新亞學報》 第17卷 頁237-255 1994年

116 明清間美洲白銀輸入中國的估計

《中央研究院歷史語言研究所集刊》 第66本3分 頁679-693 1995年

三　書評

1 評陶希聖、武仙卿著　《南北朝經濟史》《文史雜誌》　第4卷5-6期　頁
　 52-56　1944年（以筆名皮倫發表）

2「Review of Lien-sheng Yang, Notes on the Economic History of the Chin
　 Dynasty,」Journal of Economic History VII. 1（1947）: 98-100.

3「Review of John King Fairbank, Trade and Diplomacy on the China Coast : The
　 Opening of the Treaty Ports 1842-1854 ,」Bulletin of the Chinese Association
　 for the Advancement of Science II. 1（1954）: 1-3.

4「Review of Ssu-yu Teng and John K. Fairbank, China's Response to the West:
　 A Documentary Survey, 1839-1923 ,」Journal of Economic History XVI. 1
　 （1956）: 100-102.

5 評普利白蘭克（Edwin G. Pulleyblank）：安祿山叛亂之背景（ The
　 Background of the Rebellion of An Lu-sh an ）
　 《清華學報》　新1卷2期　頁265-268　1957年

6 評費慰愷（Albert Feuerwerker）：中國早期工業化：盛宣懷與官督商辦企
　 業（China's Early Industrialization）
　 《清華學報》　新5卷1期　頁142-146　1965年

7 評崔維澤（D. C. Twitchett）教授對於唐代財政史的研究
　 《中央研究院歷史語言研究所集刊》　第36本下　頁427-434　1966年

8「Review of W. Allyn Ricket, Kuan-Tzu: A Repository of Early Chinese
　 Thought, 」Journal of the Hong Kong Branch of Royal Asiatic Society 6
　 （1966）: 138-140.

9 評楊聯陞：從經濟方面看中國在統一帝國時代的公共工程
　 《中國文化研究所學報》　第2卷1期　頁246-249　1969年

10 評 Dwight H. Perkins, Agricultural Development in China, 1368-1968,」
　 《中國文化研究所學報》　第6卷1期　頁347-351　1973年

四 其他

1「鬼市子」與「黑市」

《食貨半月刊》 第1卷8期 頁17 1935年

2 移植美洲的中國理髮師

《食貨月刊》復刊 第1卷3期 頁176 1971年

3 全漢昇教授來信

《食貨月刊》復刊 第1卷5期 頁342 1971年

4 第二十九屆國際東方學人會議概述 《中國學人》 香港 新亞研究所

第5期 頁257-264 1973年

5 香港におけち中國經濟史研究（大島立子譯）

《東方學》 60輯 頁166-169 1980年

6 E-tu Zen Sun（孫任以都）, Forward, *Selected Essays in Chinese Economic History* 臺北市 學生書局 香港 新亞研究所 頁i-ii 1981年

7 陳慈玉《近代中國的機械繰絲工業‧序》 臺北市 中央研究院近代史研究所 頁1 1989年

8 黃啟臣、鄭煒明 《澳門經濟四百年‧序》 澳門 澳門基金會 頁1-2 1994年

9 回首來時路

《新學術之路——中央研究院歷史語言研究所70周年紀念文集》 下冊 臺北市 中央研究院歷史語言研究所 頁487-494 1998年

《古今論衡》 1期 頁81-85 1998年

全漢昇先生年表

張偉保編

時間	地點	事蹟
民國元年（1912）十一月十九日	廣東順德	出生。
民國四年（1915）	廣東佛山	舉家遷居佛山鎮，就讀佛山私塾。
民國十五年（1926）	廣東廣州	移讀廣州。
民國十六年（1927）	廣東廣州	入讀廣州市立第一中學。
民國二十至二十四年（1931-1935）	廣東廣州／北京	中學畢業；考入國立北京大學史學系，受政治系教授陶希聖、史學系系主任及教授陳受頤、中央研究院史語所所長及史學系教授傅斯年影響尤大。同學有何茲全、高去尋、楊向奎等。
民國二十三年（1934）	北京	先生自言「由於家境清貧，學業恐有中輟之虞，幸虧得恩師陶希聖先生鼓勵我投稿……靠著筆耕，我大學三、四年級的生活費始有著落」。是年，開始發表著作，包括習作《中國行會制度史》（陶希聖校；上海：新生命書局，1934年）；同年，多次投稿於《食貨半月刊》。先生一生對清貧的弟子特別體恤關照，大概也與其自身經歷有關。

時間	地點	事蹟
民國二十四年（1935）	北京／南京	北京大學歷史系畢業；獲恩師陳受頤教授推薦，任南京中央研究院歷史語言研究所為助理員，隸第一（歷史學）組；〈清末的「西學源出中國說」〉於《嶺南學報》第4卷第2期刊出。
民國二十五年（1936）	南京	首次在《史語所集刊》發表論文兩篇：〈南宋杭州的消費與外地商品之輸入〉和〈宋代官吏之私營商業〉；而〈清末反對西化的言論〉則發表於《嶺南學報》第五卷第3/4期。
民國二十六年（1937）至民國三十三年（1944）	四川李莊	抗戰軍興，追隨史語所輾轉於湖南長沙、廣西桂林、雲南昆明及四川南溪李莊；晉升副研究員（1943年9月）。先生於1942-1944年間於《史語所集刊》，連續發表了八篇（請參看著作目錄）和一本專著（《唐宋帝國與運河》），備受學界讚譽。
民國三十三年（1944）十月	美國	蒙傅斯年先生、陶孟和先生提拔，與梁方仲、丁聲樹一起獲派赴美；先後於哈佛、哥倫比亞及芝加哥三所著名學府進修。先生在哈佛時，時常逛書店，廣泛閱讀西洋經濟史名著，其中印象尤深的是 J.U.Nef 的 *The Rise of the British Coal Industry*。書中詳述英國煤礦業的興起與當地交通運輸、資本、技術等因素的關係。先生受此書的啟發，研究重點乃轉到近代中國工業化的各種課題。
民國三十六年（1947）	南京	回南京，繼續任史語所本職，並於中央大學經濟系兼課，講授中國經濟史及西洋經濟史。
民國三十八年（1949）一月	臺灣	隨史語所渡臺，累遷為終身職研究員。先生初遷臺時，暫在臺大醫學院安頓。其後，臺灣大學校長傅斯年先生將部分研究人員合聘於臺大，由臺大提供宿舍，並在臺大支薪授課。其時生活條件極其艱苦，幸獲師母悉心照料，先生乃能專注於教學與研究。在臺大

時間	地點	事蹟
		任職時，先生研究重心轉移至明、清及近代，大致集中於兩大課題：近代工業建設及近世貨幣與物價史研究。
民國四十一至五十年（1952至1961）間	臺灣	兼臺大經濟系系主任（1952-1956）；1955年以美國國務院訪問學人身份到哈佛進修訪問，為期半年，再經歐洲回國，開始探研明、清以還東西經濟之交流互動，尤著力於美洲白銀流入對中國財政與經濟生活之影響之課題。胡適之先生出掌中研院期間，先生任代總幹事（1958-1961）職，迄民國五十年九月赴美研究止。其時中研院在財源上頗為困窘，先生為新所的籌備熬費心思，幸賴能幹的黃國樞先生幫助，始能度過一段繁忙的日子。
民國五十年（1961）	美國	辭去代總幹事一職，第三度赴美，以兩年時間訪問芝加哥、西雅圖華盛頓及哈佛三大學府。
民國五十四年（1965）十一月	香港	應聘擔任香港中文大學新亞書院歷史系高級講師（英制），講授中國社會經濟史、中國經濟史專題研究等課程；兼任新亞書院研究所研究員兼導師。
民國五十七年（1968）	香港	《香港中文大學中國文化研究所學報》創刊，連續十一年任編輯委員會主席（1968-1978），對《中國文化研究所學報》的長期發展，建樹良多。
民國六十年（1971）	澳洲、美國、英國、西班牙等	二月，先生到澳洲坎培拉參加國際東方學人會議，然後先到美國（主要在哈佛），再到英國及西班牙Seville。先生於訪英時，參觀了大英博物館，英國國家檔案局；訪問劍橋大學The Faculty of Far Eastern Studies 及倫敦大學SOAS 圖書館。

時間	地點	事蹟
民國六十三年（1974）	香港	香港中文大學新亞書院校長余英時教授於七月二十五日敦聘先生自八月一日起為文學院歷史學系主任。
民國六十四年至六十六年（1975-1977）	香港	新亞書院董事長七月十八日宣佈聘先生「任代理校長，並即行視事」。八月中，先生真除香港中文大學新亞書院校長職。其後，香港政府建議中大改制，將學科教學的工作統一歸由大學中央辦理，書院僅負責學生福利及通識教育等工作。新亞書院校董以此違反中文大學創辦時之「聯邦制」本意為由，集體辭職抗議；而先生亦於一九七七年二月榮休。一九七七年三月，中大改制，各書院校長改稱院長。
民國六十六年（1977）	香港	先生轉任中國文化研究所資深研究員一年；嗣專任新亞研究所教授兼教務長。
民國六十九年（1980）	香港	二月至八月，應邀任東洋文庫資深訪問學人。
民國七十二至八十四年（1983-1995）	香港	任新亞研究所所長，凡十二年。先生多年來都在週六早上上課，課後接見研究生、指導論文、處理公務。之後，研究生常陪伴先生到研究所附近酒樓用膳。席間閒話家常，對研究生的學習和生活多加關懷和鼓勵，漸漸便產生潛移默化的作用。每當有國內外學者到訪研究所，先生也盡量讓研究領域相近的研究生參與和報告所學，以開拓他們的視野。先生早在臺大、中大時期已培養不少優異的研究生，如王業鍵、何漢威等。而自八〇年代以來，共完成指導博士論文十篇，碩士論文二十餘篇，研究生如黎志剛、林榮祿、鄭潤培、鄭永常等均能學有所成，不負先生的悉心指導。

時間	地點	事蹟
民國七十三年（1984）十二月	臺灣	當選為中研院第十五屆人文組院士。
民國七十八年（1989）起	臺灣	出任中研院史語所、近代史研究所及中山人文社會科學研究所學術諮詢委員。
民國八十四年（1995）九月	臺灣新竹	辭任新亞研究所所長職，離港返臺，定居新竹。
民國九十年（2001）	臺灣臺北	九月廿一日因肺炎入萬芳醫院急診，轉加護病房，於十一月廿九日上午十時二十分辭世，享年九十。王業鍵教授敬撰輓聯：　　漢昇我師千古　窮探南北運河糧食供輸析唐宋國運盛衰士林同輩北斗　精研中西海道絲綢貿易察明清經濟變革學壇共仰高山　　　　　　　受業王業鍵拜挽

史學研究叢書・歷史文化叢刊 0602002

邦計貨殖——中國經濟的結構與變遷
全漢昇先生百歲誕辰紀念論文集

主　　編	廖伯源	
編　　輯	吳家嘉	
	游依玲	

發 行 人　林慶彰

總 經 理　梁錦興

總 編 輯　張晏瑞

編 輯 所　萬卷樓圖書股份有限公司

　　　　　臺北市羅斯福路二段 41 號 6 樓之 3

　　　　　電話 (02)23216565

　　　　　傳真 (02)23218698

發　　行　萬卷樓圖書股份有限公司

　　　　　臺北市羅斯福路二段 41 號 6 樓之 3

　　　　　電話 (02)23216565

　　　　　傳真 (02)23218698

　　　　　電郵 SERVICE@WANJUAN.COM.TW

香港經銷　香港聯合書刊物流有限公司

　　　　　電話 (852)21502100

　　　　　傳真 (852)23560735

ISBN 978-957-739-782-9

2022 年 10 月初版二刷

2013 年 1 月初版一刷

定價：新臺幣 680 元

如何購買本書：

1. 劃撥購書，請透過以下郵政劃撥帳號：

　帳號：15624015

　戶名：萬卷樓圖書股份有限公司

2. 轉帳購書，請透過以下帳戶

　合作金庫銀行 古亭分行

　戶名：萬卷樓圖書股份有限公司

　帳號：0877717092596

3. 網路購書，請透過萬卷樓網站

　網址 WWW.WANJUAN.COM.TW

大量購書，請直接聯繫我們，將有專人為您服務。客服：(02)23216565 分機 610

如有缺頁、破損或裝訂錯誤，請寄回更換

國家圖書館出版品預行編目資料

邦計貨殖 -- 中國經濟的結構與變遷 ： 全漢昇
先生百歲誕辰紀念論文集 / 廖伯源主編. -- 初
版. -- 臺北市 ： 萬卷樓, 2012.12

面 ； 公分. -- (史學研究叢書)

ISBN 978-957-739-782-9(平裝)

1.經濟史　2.文集　3.中國

552.29　　　　　　　　　　　　101026655